나만의 데이터 분석 플랫폼

엘라스틱서치

나만의
데이터 분석
플랫폼

키바나와 함께하는 빅데이터
시스템 구축 및 데이터 시각화

엘라스틱서치

주정남 지음

BJPUBLIC

감사의 글

이 책은 KCNET이라는 IT 회사를 다니면서 수행한 관세청의 빅데이터 분석사업의 결정체라 해도 과언이 아니다. 당시 회사에서는 4차 산업혁명의 근간이 되는 빅데이터 사업 수행에 박차를 가하고 있었고, 주요 고객사인 관세청에서는 빅데이터 기술을 선도하기 위해 다수의 전문가와 업체를 통해 빅데이터 기술의 이점을 업무에 활용할 방법을 강구 중이었다.

그리고 개발자인 필자가 KCNET의 막중한 책임 아래 아낌없는 지원을 받으며 관세청의 빅데이터 사업 수행에 적합한 기술을 찾기 위해 다각도로 노력한 결과 알게 된 것이 바로 엘라스틱서치다.

개발자로서 새로운 기술을 개발사업에 접목하는 데 초점을 맞추고 상당한 시간을 들였다. 업무시간 외에도 엘라스틱서치를 집중적으로 파고들어 실제 사업에서 활용이 가능한지 검토하고 실험하는 데 시간을 쏟아부었다. 그중 시각화 도구인 키바나를 주로 공부했으며, 그 자세한 내용을 이 책으로 결실하게 되었다.

혼자 버둥거리며 공부할 때 소소한 취미 삼아 해오던 네이버 블로그가 제 몫을 단단히 해주었다. 직접 실습을 하며 키바나의 기능을 하나씩 터득한 뒤에 네이버 포스팅을 위해 실습을 한 번 더 반복했다. 그러고 나서 네이버 포스팅이 완료되면, 하루 이틀 뒤에 포스팅 내용을 활용하여 영상을 제작하고, 한 번 더 주의 깊게 실습을 반복했다. 마지막으로 영상을 편집하면서 4차 실습을 하여 완성도를 높였다.

이런 과정을 이어가는 중에 비제이퍼블릭으로부터 집필 제의를 받았다. 처음 집필하는 책이니만큼 생각보다 쉬운 작업은 아니었지만, 많은 시간을 들여 공부해온 내용과 품을 팔아 얻은 비법을 최대한 담으려고 노력했다. 부디 이 책을 선택한 독자 여러분이 원하는 만큼 충분한 정보를 얻기를 바란다.

본격적으로 설명을 풀어내기에 앞서 엘라스틱서치와의 인연을 주선해준 많은 분께 감사의 인사를 전한다. 먼저 4차 산업혁명이라는 중요한 때에 핵심 사업 부문에서 주요 개발자로 마음껏 기량을 펼칠 기회를 준 KCNET에 감사한다. 현재 대표이신 양승권 대표이사님, 신기술사업본부를 이끌고 계시는 배승호 본부장님, 필자와 함께 빅데이터 사업을 주도하는 PM(project manager)이자 데이터 사업부의 사업부장님이시고 이 회사에서 10년 가까이 한 팀으로 사업을 수행하고 계시는 이국열 상무님께 감사드린다. 더불어 늘 빅데이터 분야에 대한 영감을 주시는 박기홍 교수님께도 감사를 전한다. 그리고 부족한 필자에게 집필 기회를 주신 비제이퍼블릭에게 감사한다.

사업을 수행하는 중에 집필을 하느라 더 깊은 내용까지 다루지 못해 아쉽지만, 개발자로서 쉽게 할 수 없는 소중한 경험으로 남으리라 생각한다. 더없이 유익한 시간이었다. 여러 분의 지원과 배려 덕분에 개발자로서 비범한 신세계를 경험할 수 있었음에 깊은 감사를 드리며, 앞으로도 꾸준히 발전하고 회사와 데이터 분석 부문에 이바지할 수 있도록 한결같이 노력하는 개발쟁이가 되겠다.

들어가며

"빅데이터 분석, 이제 키바나로!"

국내에 빅데이터 바람이 분 지 5년 정도의 세월이 흘렀다. 필자는 약 3년 전부터 관세청의 빅데이터 사업을 필두로 빅데이터 관련 사업에 종사하며 다양한 경험을 했다. 관세청에서는 한국의 수출입 통관, 특송이나 적하목록 따위의 수출입 적하목록 신고 정보와 국내외 출입국 여행자 정보와 승무원 정보 등 다양한 분석을 수행한다.

그중 3년에 걸쳐 여행자 분석 정보를 활용한 시스템 개발에 투입되어 그래프DB 기반의 여행자 관계 분석 시스템을 구축할 수 있었다. 이 시스템은 그래프DB에 모델링된 데이터를 조회하여 네트워크 시각화 기능을 통해 시각화하고, 그를 뒷받침하는 근거 자료를 여행자별 프로파일 기능을 이용하여 데이터 분석/통계 후 제공한다. 말하자면 월 590만 명(2018년 12월 기준)에 육박하는 여행자의 약 5년치 입출국 데이터를 다루는 빅데이터 관계 및 시각화 분석 시스템이다.

또한 공급망 분석에서는 해외 거래처, 해운사, 운송사, 창고, 화물운송 주선업자(포워더), 수화주를 아우르는 다양한 업체들 사이의 관계를 그래프 모델을 이용하여 모델링하고, 이를 동일한 방식으로 그래프DB에 적재하며, 네트워크 시각화 및 프로파일 기능을 이용하여 시각화한다. 그러면 실무 담당자들은 이런 기능들을 통해 여행자, 통관 관련 업체 등을 모니터링할 수 있게 된다.

마지막으로 체납자 분석에서는 수출입 통관 정보를 수집하여 수출입 시 신고된 정보를 토대로 수출자와 수입자의 속성을 수집하고, 이를 그래프 기반의 모델링을 통해 그래프DB에 적재한다. 적재된 데이터는 위와 동일한 방법으로 네트워크 시각화 기능을 통해 시각화되고, 근거 자료가 될 만한 정보를 통계하여 프로파일링 정보로 조회되도록 제공한다. 자세한 모델링 내역은 보안상 공개하지 못했으나 대략 정리하면 이와 같다.

보통 공공기관이나 다양한 민간 기업에서 발주하는 사업은 일정 수준의 성능을 갖춘 고사양 서버를 다량으로 구성한 뒤 빅데이터 플랫폼으로 다양한 솔루션과 개발 기술이 집약된 형태의 시스템을 구축하는 것을 주요 골자로 한다. 그리고 이와 같이 개발사업을 통해 구축되는 분석 시스템에서는 개발 초기에 요구사항을 수집할 때 인터뷰를 통해 빠짐없이 최대한 접수하고 의견을 충분히 조율한다. 하지만 개발된 결과물이 "사용자를 만족시킬 수 있는가?"란 질문에 "그렇다"라고 자신 있게 답할 사람은 아마 없을 것이다.

개발자로서 항상 하는 생각이 있다. 좀 더 고객의 입장에서 자유로운 데이터 분석을 할 수 있다면, 좀 더 쉬운 방법으로 데이터 분석 환경을 갖추고 비전공자도 자신이 가진 데이터를 다양하게 분석해볼 수 있는 환경이 주어진다면, 그래서 고객의 입장에서 데이터 분석에 대해 좀 더 노련하게 요구할 수 있게 된다면 좀 더 좋은 시스템이 만들어지지 않을까.

데이터 분석에서 데이터 시각화가 차지하는 비중이 매우 크다는 생각에 이를 때쯤 엘라스틱서치를 알게 되었다. 그중에서도 키바나라고 하는 시각화 플랫폼이 눈에 띄었다. 키바나는 신선한 충격을 주었고, 오픈소스이지만 유료 플랫폼과 비교해도 손색이 없을 만큼 완성도가 높은 기능에 다시 한번 놀랐다.

이 책에서는 키바나를 사용하기 위한 기반 환경 구축과 그의 실습을 다룬다. 엘라스틱서치에서 제공하는 손쉬운 사용법과 데이터 탐색 방식을 통해 개발자 없이도 직접 데이터를 분석할 수 있는 도구를 갖추길 바란다. 엘라스틱서치는 꽤 빠르다. 키바나는 참 쉽고 정말 강력한 시각화 도구다.

이 책을 집어든 독자라면 데이터 분석을 희망하는 만큼 고민도 많을 것이다. 부디 그런 분들에게 이 책이 도움되길 바란다.

"빅데이터 시스템 구축은 꼭 필요한 걸까?"

결과적으로 볼 때 빅데이터를 필요로 하는 업체는 대부분 대국민 서비스를 하거나 금융권이거나 언론사, 대형 시스템을 운영하는 공룡기업(네이버, 구글, 아마존 알리익스프레스)이 아닐까? 흔히 회자되는 "빅데이터 시스템을 필요로 한다"는 데이터 규모의 기준은 과연 어느 정도가 적당할까?

개인적으로는 100테라바이트 이상이리라 생각한다. 예로 든 "빅데이터를 필요로 하는 업체"가 그 대상이 될 것이다. 그런데 현재 상황을 보면 대형 업체만이 아니라 소, 중형 업체도 "빅데이터는 꼭 필요하다"고 이야기하면서 빅데이터의 필요성을 강조한다. 정말 빅데이터 시스템을 갖춰야 할까?

제대로 기능하는 빅데이터 플랫폼을 구축한다고 할 때, 기본 사양으로 하드웨어를 직접 구축한다는 전제하에 하둡 에코시스템과 분석시스템, 시각화 시스템을 개발한다고 보면 최소 10억 내지는 20억가량의 예산이 필요하다.(기본적인 3노드 하둡 기준) 또한 온프로미스로, AWS나 여러 클라우드 시스템을 이용하여 구축하더라도 소형 시스템을 24시간 운영한다고 보면 월 5000만원가량이 지출된다.(필자가 비용을 직접 산출해본 경험으로는 그렇다.)

자체 빅데이터 시스템을 구축한다고 할 때 소, 중형 업체는 물론이고 대형 업체도 선불리 투자할 만한 금액은 아니다. 왜냐하면 반드시 필요한지, 무엇이 얼마만큼 향상될지를 확신하지 못하기 때문이다. 결국 시대의 흐름에 편승하여 많은 업체가 빅데이터 플랫폼의 필요성을 감지하기는 하지만, 기술상의 문제와 예산, 불분명한 목적과 같은 장벽 앞에서 철회하는 경우가 많다.

따라서 빅데이터 시스템 구축에 앞서 데이터 분석 가능성을 타진하고 기술적인 필요 요소를 갖추었는지, 분석의 대상이 되는 데이터가 충분한지 등을 확인해야 한다. 바로 이런 사전 작업에 엘라스틱서치 활용을 추천한다. "100%"는 못 되더라도 충분한 데이터의 탐색과 시각화를 통해, 빅데이터 시스템 구축을 수행할 때 좀 더 노련해지고 꼭 필요한 부분에 집중할 수 있는 여유를 갖게 될 것이다.

한편 데이터 분석의 실 수요자인 실무자들이 데이터 분석에 대한 정확한 요구와 방향을 제시하는 것도 매우 중요하다. 다양한 분야에서 데이터 분석 업무를 수행하는 분들에게도 엘라스틱서치가 유용한 길잡이가 되기를 바란다.

"빅데이터의 꽃은 데이터 시각화!"

그렇다면 정말 빅데이터를 필요로 하는 수요자들에게 필요한 것은 무엇일까? 필자가 이 질문을 받는다면 한치의 망설임도 없이 **"데이터 시각화!"**라고 말할 것이다.

빅데이터를 바라보는 관점을 조금 바꿔본다면, 결국 빅데이터 시스템을 구축하는 목적은 자사 데이터를 효율적으로 관리, 분석하고 시각화하려는 데 있다. 좀 더 협의로는 실무자들이 보유하고 있는 데이터의 시각화가 최종의 목적 데이터가 되지 않을까.

빅데이터 프로젝트를 수행하면서 많은 분석 실무자, 업무 담당자를 만나고 인터뷰해보았다. 그들 대부분은 업무 핵심이자 각자의 노하우가 녹아든 데이터를 자신의 업무용

PC에 엑셀과 같은 특정 업무 프로그램으로 작성된 데이터로 갖고 있었다.

하지만 이런 데이터를 업무에 활용하려면 불가피하게 많은 단계를 거쳐야 한다. 연간 단위로 수행되는 빅데이터 사업을 통해 주어진 일정 기간의 인터뷰와 구축을 거치고 오픈 일정을 따라 비로소 분석할 수 있는 플랫폼을 얻는다. 그 후 실제로 분석 기능을 사용해보면서 갖가지 보완 및 추가 기능의 개발 요청이 이어지면서 차년도 사업 계획으로 이월되고, 그러면 또다시 같은 과정을 밟으면서 시스템 구축을 완성해간다.

이와 같은 과정을 통해야만 자신이 가지고 있는 데이터를 분석할 플랫폼을 가질 수 있게 된다. 물론 완벽하게 요구사항을 충족하는 기능이 나오기까지는 수년간의 데이터 분석 수행과 경험이 녹아들어야겠지만 말이다.

"이 책을 통해 전하고 싶은 것"

엘라스틱서치가 이 책의 주된 내용이다. 그동안 많은 솔루션을 접했지만, 엘라스틱서치야말로 사용자의 편의를 최대한 도모한 솔루션이라고 생각한다. 물론 유상 라이선스와 무상 라이선스 버전의 기능적 차이가 있는 상태로 오픈되었지만, 무상 라이선스 버전의 기능만으로도 개인 데이터 분석용으로는 충분한 효율을 낸다.

특히 엘라스틱서치에 곁들여 배포되는 키바나는 사용자의 편의성을 최대치로 끌어올려 매우 편리한 UI가 특장점인 시각화 플랫폼이다. 이후 내용을 보면 알겠지만, 키바나 사용자는 키보드를 두드리는 일보다 마우스를 조작하는 일이 더 많다. 물론 개발사업상 엘라스틱서치를 접하는 분들은 데이터 수집 과정에서 반드시 소스 코딩을 해야 한다. 하지만 개인용으로 활용하면서 자신의 데이터를 시각화하는 일에는 마우스 조작만으로도 다채로운 결과를 얻으리라 생각한다.

많은 분이 담당 업무를 수행할 때 다양한 업무 시스템을 사용한다. 일반적으로 업무 시스템은 분야별 업무에 맞게 필요한 기능을 설계해서 고안한 시스템이라 주로 업무에 표준화된 기능으로 구성된다. 그러므로 개별적이고 특수한 데이터 분석 요소를 담기에는 부족하다.

만일 데이터 분석이 꼭 필요한 일이 생긴다면, 별도의 분석 사업을 수행하든가 시스템을 개편하여 요청에 의해 데이터 분석을 수행해야 할 것이다. 하지만 엘라스틱서치의 쉬운 사용법을 익혀 데이터를 적재하고 시각화해내는 능력을 획득한다면, 앞으로 데이터를 바라보는 시각이나 활용도를 넓히게 될 것이다.

이 책을 통해 많은 분이 데이터 분석과 시각화에 한걸음 더 가까이 다가가길 바란다.

저자 소개

주정남

2011년부터 관세청 수출입 적하 목록 취합 시스템 구축을 시작으로 관세청의 수출입 관련 업무 전문가이자 개발자로서 경험을 쌓았다. 2017년부터는 관세청의 빅데이터 분석 사업에 개발자로 투입되어 사업을 수행해왔고, 2019년부터는 역할을 확장하여 관세 데이터 분석가로서의 경험을 쌓고 있는 중이다.

지금은 케이씨넷에 근무하면서 성균관대학교 지능정보융합원 데이터사이언스융합학과 석사 과정을 병행하고 있다. 또한 블로그(http://blog.naver.com/xomyjoung) 및 유투브(https://www.youtube.com/c/주차장TV)를 운영하며 엘라스틱서치를 포함한 다양한 분야를 공부하고 정리한 자료를 공유하고 있다.

2008~2010 이썸테크, 유통망 EDI 중계 시스템 개발 및 유지보수(신세계 I&C)
2010~2011 지프런티어, 웹 포털 사이트 구축 프로젝트 수행
2011~2017 케이씨넷, 관세청 수출입 적하 목록 취합 시스템 구축 및 유지보수
2017~2021 케이씨넷, 관세청 빅데이터 그래프 DB 기반 분석 사업 수행(FINDER 시스템 구축)
           - 여행자 동행 관계 분석(금괴, 마약, 가짜 상품 등의 우범자)
           - 체납자 관계 분석(우회수입 체납자)
           - 적하 목록 연관관계 분석(우범업체와 일반업체 간)

베타 리더 리뷰

현업에서 실무 업무를 진행하다 보면 자연스럽게 '데이터 분석'이라는 경험을 하게 됩니다. 이때 다양한 방법들로 데이터를 입맛에 맞게 재가공하고 시각화하게 되는데, 검색엔진으로 알려진 오픈소스인 엘라스틱서치는 간단한 설치와 몇 번의 쉬운 설정만으로 데이터 수집부터 시각화까지 기대 이상의 분석 결과를 보여줍니다. 저자는 엘라스틱서치에 대한 간단한 소개부터 최종적으로는 대시보드를 구성하며 어떻게 활용을 하는지에 대해, 한 번도 경험하지 못한 독자의 시선에서 친절하게 한 땀 한 땀 설명을 해주고 있습니다. 특히 현업에서 구성한 대시보드를 어떻게 활용하는지 설명한 부분이 인상적입니다. 엘라스틱서치에 대해 들어만 보았거나 나만의 데이터 분석 도구를 얻고 싶은 분들께 추천합니다.

권태관

엘라스틱서치에 대해 들어는 보았지만 대규모 시스템에만 적용 가능할 것 같아서 살펴보지 못했는데, 이 책을 통해 엘라스틱서치를 개인적으로도 쓸 수 있겠다는 생각을 하게 되었습니다. 특히 디지털 트랜스포메이션과 관련하여 기존 영역에서 데이터 흐름을 구축하고자 하는 저같은 분들께 추천 드립니다.

송석리

엘라스틱서치의 기초와 개념을 충실히 설명하고 있고, 특히 문법 위주가 아닌 활용 중심의 설명이 돋보인 책이었습니다. 어려운 설명 없이 마치 사수가 지식을 전달하듯 메뉴얼 방식으로 하나하나 따라 하면 되는 방식이 마음에 들었습니다. 보통 입문 서적에서는 기술 자체에 대해서만 설명하는 경향이 있는데, 실무에서 어떻게 활용하면 좋을지에 대해 꾸준히 얘기를 해주기 때문에 프로젝트를 설계하거나 적용할 때 참고하기 좋은 책이라고 생각합니다.

송진영

엘라스틱서치, 로그스태시, 키바나의 설치와 실행을 통해 ELK 스택의 주요 기능을 간단하게 살펴볼 수 있는 책입니다. 이 책에서 특히 주안점을 두는 부분은 키바나를 통한 데이터 시각화로, 마우스 클릭만으로 데이터를 분석하고 대쉬보드를 구성하는 부분이 인상적입니다.

이요셉

엘라스틱서치를 처음 배우는 사람들에게는 많은 도움이 되는 책입니다. 누구나 엘라스틱서치의 설치와 실습을 쉽게 진행할 수 있도록 도와주기 때문에, 초보 또는 예비 개발자 분들이라면 엘라스틱서치의 기능과 사용 방법을 확실히 배울 수 있습니다. 실습 방법이 상세하게 설명되어 있어서 따라 하는 데 크게 어려운 점은 없습니다. 엘라스틱서치에 대한 기본을 다지기에 좋은 책입니다.

장대혁

CONTENTS

PART 1 엘라스틱서치 (Elasticsearch) 소개

PART 2 알고 가면 도움이 되는 엘라스틱서치의 API

CONTENTS

PART

8 적용 사례와 활용 아이디어 소개

PART

7 키바나의 시각화 결과를 내 시스템에 적용

1

엘라스틱서치 (Elasticsearch) 소개

엘라스틱서치는 잘 알려진 검색 기술인 루씬(Lucene) 기반의 검색엔진이다. 1부에서는 엘라스틱서치의 탄생 배경과 기술, 그다음 엘라스틱서치의 구성 제품, 즉 엘라스틱서치, 키바나, 로그스태시, 비츠를 설명한다. 특히 키바나는 엘라스틱서치의 데이터를 키보드 사용 없이 마우스만으로도 활용 가능하게 해주는 기특한 제품이다. 이 책의 주된 내용은 바로 키바나와 관련된 내용이 될 것이다.

엘라스틱서치는 이미 많이 알려진 검색 기술인 루씬(Lucene) 기반의 검색엔진이다. HTTP를 통한 인터페이스를 기반으로 하고, JSON 타입의 데이터 저장 방식과 데이터 분산 저장을 지원하는 분산 처리 환경까지 제공한다. 그리고 자바로 개발된 아파치 라이선스가 적용되는 솔루션이다. 위 내용은 보편적으로 엘라스틱서치를 설명할 때 소개되는 내용이다.

한편 필자의 말로 설명하자면, 엘라스틱서치는 데이터 분석용 플랫폼이자 효과적인 오픈소스 플랫폼으로, 데이터를 적재하는 저장소이자 ETL 도구이고 적재된 데이터를 시각화할 수 있는 기능을 두루 갖춘 플랫폼이다. ETL이란 소스 데이터를 추출(Extract)하여 원하는 형태로 변환(Transform)한 뒤에 원하는 목적 시스템에 적재(Load)하는 과정을 단축하여 부르는 용어이다.

엘라스틱서치 사용자는 굳이 코딩을 하지 않아도 검색을 위한 인덱싱 기술에 기반하여 데이터를 저장하고, 마우스와 약간의 타이핑만으로 저장된 데이터를 용도에 맞게 시각화할 수 있다.

어떻게 이런 일이 가능한 걸까?

우선 엘라스틱서치의 탄생 배경과 기술을 간략하게 소개한다. 그다음 엘라스틱서치를 구성하는 제품군과 그 구성에 속하는 엘락스틱서치, 키바나, 로그스태시, 비츠에 이르는 제품을 설명한다.

1. 탄생 배경

엘라스틱서치 홈페이지의 소개 글을 인용하여 설명하면 이렇다. 창립자인 샤이 배논

(Shay Banon)이 요리 공부를 하는 아내를 위해 요리 레시피를 재빨리 검색할 수 있도록 검색엔진을 구축하기 시작했고, 그 작업을 통해 구축된 것이 현재 엘라스틱서치의 모체인 컴파스(Compass)다.

컴파스를 아파치 루씬 기반으로 다시 개발한 것이 지금의 엘라스틱서치 초기 버전이다. 그리고 이를 오픈소스로 공개한 뒤 많은 사용자의 지지 속에서 사용자가 급증하고 커뮤니티가 생겨나면서 몇몇 주요 관계자들과 함께 엘라스틱서치라는 검색엔진 회사를 설립하게 되었다. 그 후 엘라스틱서치 본 제품 외에 시각화를 위한 키바나, 로그스태시, 비츠가 합류되면서 지금의 엘라스틱서치(ELK) 제품을 구성하게 되었다고 한다.

한편 엘라스틱서치는 오픈소스로 많이 알려져 있지만, 유료 모듈을 별도로 두고 그를 통해 영업수익을 올린다. 그것이 바로 X-pack이다. X-pack 사용 시에는 유상 라이선스 계약을 해야 라이선스를 발급받고 사용할 수 있는 권한을 획득한다. 물론 오픈소스 엘라스틱서치를 구성하여 사용해도 검색엔진, 시각화 도구로는 문제가 없다. 하지만 외부 기관의 사업에 엘라스틱서치를 구축해야 할 경우, 유상 라이선스에서 제공하는 머신러닝 기술이나 그래프 검색 기능, 보안(로그인, 사용자 보안, 데이터 보안)과 관련된 부분이 반드시 필요할 테니 그 내용도 함께 설명하고자 한다.

2. 엘라스틱서치 구성 및 소개

앞서 소개한 내용처럼 엘라스틱서치의 메인 제품 ELK는 엘라스틱서치(ElasticSearch), 로그스태시(Logstash), 키바나(Kibana) 3가지 제품을 의미하며, 최근 Beats가 추가되면서 ELK Stack이라고 부르기도 한다. 물론 개별로도 사용이 가능하지만, 플랫폼으로서의 이미지를 만들기 위해 묶은 것이라 생각된다.

흔히들 알다시피, 엘라스틱서치는 데이터의 저장소 역할을 하면서 고속의 검색이 가능하도록 데이터 저장 시 데이터를 인덱싱하여 저장하고, 분산 환경을 기본으로 지원한다는 장점이 있다. 요즘 하둡 못지않게 빅데이터 플랫폼으로 이름을 알리는 이유가 분산 환경 지원 덕분인 듯싶다.

로그스태시는 엘라스틱서치에 데이터를 적재하기 위해 필요한 제품이다. 이와 비슷한 제품으로 비츠(Beats)가 있다. 이 2가지 제품은 모두 다양한 외부 플랫폼에서 데이터를 조회하고, 엘라스틱서치에 저장할 수 있는 형태로 전달하는 역할을 수행한다.

키바나는 엘라스틱서치의 제품 중 필자가 가장 아끼고 사랑하는 기능이다. 현재 배포되고 있는 키바나는 엘라스틱서치에 종속된 형태로 제공되는데, 엘라스틱서치의 데이터를 키보드 사용 없이 마우스만으로도 활용 가능하도록 해주는 기특한 제품이다. 이 책의 주된 내용은 바로 키바나와 관련된 내용이 될 것이다.

2.1 엘라스틱서치

엘라스틱서치는 엘라스틱서치 구성품 중 데이터 저장소 역할을 한다. 엘라스틱서치가 근래에는 하둡을 대체하는 빅데이터 플랫폼으로 이름을 알리고 있는데, 바로 다음과 같은 장점 덕분일 것이다. 엘라스틱서치는 분산 환경으로서 하둡과 같이 자유롭게 Scale out을 지원하며, 데이터 적재 시 수행되는 인덱싱 처리와 메모리 캐싱을 통한 빠른 검색이 가능하도록 지원하고, 사용자 접근이 쉽도록 RestFul 방식을 이용한 접근법 등을 제공한다. 사실 이 책에서는 엘라스틱서치에 대한 내용보다 키바나에 대한 내용을 주요하게 다루고 엘라스틱서치에 대해서는 주요 기능만 소개한다.

2.1.1 분산 처리 환경의 지원

엘라스틱서치가 빅데이터 플랫폼으로 활용될 수 있는 가장 큰 이유라고 생각한다. 지금까지 빅데이터의 수장은 하둡 에코시스템(Hadoop Ecosystem)이었다. 하둡 에코시스템은 분산 처리 환경, 바로 클라우드 환경을 지원하면서 MR(Map Reduce)을 이용한 빠른 분산 처리, 스파크와 같은 인메모리 기반의 솔루션을 이용한 빠른 데이터 처리라는 장점이 있는 플랫폼이다.

그런데 이 기준은 바뀌어야 할 듯싶다. 간단하게 설명하면 하둡 에코시스템을 구성하고 빅데이터 플랫폼으로 운영하려면, 기본적인 구성만 하더라도 약 20개의 모듈이 조합된 형태의 하둡 에코시스템이 구성될 것이다. 그리고 그 시스템을 운영하려면, 모든 모듈을 운영할 줄 아는 사람이 있거나 모듈별로 전문가를 편성하여 운영해야 하는 막막한 상황에 놓이기 십상이다.

쉽게 말하면, 빅데이터를 처리하기 위해서는 하둡 에코시스템이 꼭 필요하지만 그런 대형 시스템을 운영하고 유지보수하려면 막대한 비용이 들기 때문에 많은 업체가 시도했다가 실패하는 사례가 비일비재하다는 말이다. 어떻게 생각해보면 이런 틈새를 엘라스틱서치가 적절하게 파고들었다고 할 수 있다.

빅데이터 플랫폼으로서의 엘라스틱서치

엘라스틱서치는 분산 환경을 지원하는 검색엔진이다. 이 말의 의미를 잘 생각해보자. 기술상의 차이가 있을 수 있지만, 엘라스틱서치도 하둡 에코시스템처럼 자유롭게 Scale out이 가능한 분산 환경을 지원하는 플랫폼이다. 즉 데이터 용량에 제한 없이 필요에 따라 자유로이 스토리지, 자원, 서버 등을 확장할 수 있기 때문에 빅데이터의 처리가 가능하다는 말이다.

고속 검색을 위한 인덱싱 기술

엘라스틱서치의 최대 강점 하나는 인덱싱 처리 기술이다. 엘라스틱서치에 데이터를 적재할 때에는 기본적으로 검색에 최적화되도록 데이터를 인덱싱하는 과정을 거친다. 인덱싱된 데이터는 모두 Document라는 단위의 데이터로 생성되고 이것들이 메모리에 캐싱되어서 고속 검색이 가능한 것이다.

다른 데이터베이스나 솔루션에도 이와 비슷한 처리 방식이 있지만, 자주 사용하는 인덱스를 캐싱하여 항상 빠른 검색이 가능하도록 유지한다. 또한 클라우드 기반 플랫폼인 만큼 클라우드 서버의 메모리를 기반으로 분산 처리하기 때문에 굉장히 빠른 속도의 검색과 집계가 가능하도록 구성할 수도 있다.

참고로, 필자가 투입된 사업에서도 데이터베이스 서버로 사용하는 장비와 달리 엘라스틱서치는 메모리를 512GB까지 구성하여 사용하고 있다. 이런 환경에 SSD까지 스토리지로 지원한다면, 쾌적하고 신속한 검색과 집계가 가능한 검색 서버가 될 것이다.

도커 기반의 환경

클라우드 기반인 만큼 엘라스틱서치는 도커 기반의 설치 환경을 미리 구성하여 제공한다. 엘라스틱서치 홈페이지에서 다운로드할 수 있으며, 엘라스틱서치를 설치할 환경에 도커를 설치한 뒤에 다운로드한 도커 이미지를 복사하여 사용하면 된다. 여러모로 사용자의 편의를 고려한 제품이다.

2.1.2 HTTP Restful API

엘라스틱서치를 활용할 때 요긴한 장점이다. HTTP 프로토콜을 이용한 Restful API 방식을 제공한다. Restful API 방식의 경우, 플랫폼의 제약 없이 URL을 이용하여 엘라스틱서치의 데이터를 조회하거나 명령을 보낼 수 있다. 필자가 투입된 프로젝트에서도 엘라스틱서치 서버에 대해 자바 환경인 웹 프레임워크와 스프링 배치 프레임워크, 그리고 파이썬 코드에서 동일한 방식으로 엘라스틱서치의 데이터를 조회하거나 등록하는 작업을 수행했다.

특히 스프링 배치 프레임워크에서 엘라스틱서치에 데이터를 적재할 때에는 엘라스틱서치 HTTP Client를 이용하여 "Bulk" 모드로 대량 건을 한 번에 적재할 수 있는 기능을 활용하기도 했다. 약 100,000건 단위로 실시간(약 5분 간격) 데이터를 적재해본 결과, 지연 없이 잘 적재됨을 확인했다. 보안과 관련된 이슈가 있겠지만, 그런 경우 HTTPS로 보안이 적용된 방식을 이용하면 문제 되지 않을 것이다.

```
List<TbTest01> list = items.stream().map(v → (TbTest01)v).collect(Collectors.
toList()); // DB에서 조회해온 레코드를 배열에 담는다.
RestHighLevelClient client = new RestHighLevelClient(RestClient.builder(new
HttpHost ("localhost", 9200, "http")/*, new HttpHost("localhost", 9200,
"http")*/)); // 엘라스틱서치에 접속할 수 있는 RestHighLevelClient 객체를 생성한다.
BulkRequest bulkRequest = new BulkRequest(); // 엘라스틱서치에 Bulk(일괄등록)하기
위한 객체를 생성한다.

int cnt = 0;
for (TbTest01 tbTest01 : list) { // 반복문을 이용해서 레코드를 처리한다.
        System.out.println("### ELK0101001 Batch Elasticsearch"+tbTest01.
toString());
        IndexRequest indexRequest = new IndexRequest() // Index 생성을 위해
IndexRequest 객체를 선언한다.
        .index("test_index_20200210") // 인덱스 이름을 지정한다.
        .id(tbTest01.getCol01()) //인덱스의 PK(Primary Key)로 사용될 값을 지정한다.
        .source(XContentFactory.jsonBuilder() // Field별로 등록할 값를 등록한다.
        .startObject()
        .field("col01",tbTest01.getCol01())
        .field("col02",tbTest01.getCol02())
        .field("col03",tbTest01.getCol03())
        .field("col04",tbTest01.getCol04())
        .field("col05",tbTest01.getCol05())
        .field("col06", cnt)
        .field("@timestamp", EtlUtil.getTimeStamp()) // 데이터 시각화의 기준이 되는
시간 정보를 등록한다.
        .field("colDt",tbTest01.getColDt())
        .endObject());

        UpdateRequest updateRequest = new UpdateRequest() // 데이터가 중복될 경우
업데이트 될 수 있도록 UpdateRequest 객체를 생성해둔다.
        .index("test_index_20200210")
        .id(tbTest01.getCol01())
        .doc(XContentFactory.jsonBuilder()
```

```
        .startObject()
        .field("col01",tbTest01.getCol01())
        .field("col02",tbTest01.getCol02())
        .field("col03",tbTest01.getCol03())
        .field("col04",tbTest01.getCol04())
        .field("col05",tbTest01.getCol05())
        .field("col06", cnt)
        .field("@timestamp", EtlUtil.getTimeStamp())
        .field("colDt",tbTest01.getColDt())
        .endObject())

        .upsert(indexRequest); // Upsert 구현을 위해 UpdateRequest를 함께 사용


        bulkRequest.add(updateRequest);    // 생성된 객체를 등록하기 위해 bulk 객체
에 담는다.

        cnt++;
}

BulkResponse bulkResponse = client.bulk(bulkRequest, RequestOptions.DEFAULT); //
bulkRequest 객체에 담긴 데이터를 미리 만든 client를 이용하여 전송한다.

if(bulkResponse.hasFailures()) {
        System.out.println("## # Error! - " + bulkResponse.buildFailureMessage());
}else {
        System.out.println("## #Success! - " + bulkResponse.toString());
}

client.close();
```

위 코드는 엘라스틱서치에 데이터를 적재하기 위해 사용한 ItemWriter.java의 일부를 발췌한 것이다. 위처럼 대용량 데이터도 Bulk 모드를 이용하여 한 번에 적재하는 것이 가능하다.

2.1.3. 데이터 저장 방식(JSON)

엘라스틱서치는 데이터의 적재 및 관리를 위해 JSON 타입을 사용한다. 데이터를 문서(Document) 단위로 나누어 적재하며, 모든 데이터는 key/value 형태의 JSON 형태를 따른다. 데이터만이 아니라 엘라스틱서치의 내부적인 설정 관리나 키바나의 설정 정보, 로그스태시, 비츠 등 대부분 제품의 설정파일도 JSON 타입으로 되어 있음을 알 수 있다. 사실 이런 JSON 타입이기 때문에 속도가 빠르다거나, 효율적이라고 말할 수는 없다.

속도 문제나 효율성보다는 key/value 형태로 데이터를 명확하게 관리할 수 있다는 점이 큰 장점이라고 할 수 있다. 또한 관계형 데이터베이스의 경우에는 칼럼값이 Null인 경우에도 물리적인 메모리가 할당되기 때문에 불필요한 공간을 낭비할 수 있지만, JSON의 경우에는 값이 있을 때만 Field를 생성한다. 이 점은 Relation Database처럼 Record 방식이 아니라 JSON 타입의 Document 단위이기 때문에 가능하리라 생각한다. 불필요한 영역의 데이터를 사용하지 않는다. 단, 데이터마다 개별로 key 값이 매칭되기 때문에 용량이 불어나는 현상이 있다.

그런데 사실 데이터 저장 방식을 이렇게 별도로 설명하는 이유는 따로 있다. 바로 Field명과 관련된 내용으로, 지금 이 책을 쓰게 된 이유와도 어느 정도 관련이 있다. 엘라스틱서치가 데이터의 관리를 key/value로 하기 때문에 가능한 것이 바로 자유로운 Field명일 것이다. 사실 종래에 우리가 사용하던 수많은 데이터베이스나 업무 시스템은 개발 가이드 기준에 따라 대부분의 칼럼명이나 프로그램명 등의 작성 시 사용하는 영문 사전이 있다. 개발사업에서는 개발 표준이 매우 큰 비중을 차지하므로 어느 정도 규모가 있는 시스템이라면 영문 사전이 반드시 있기 마련이다.

그런데 그런 경우에 데이터의 이름을 이해하는 개발자가 아닌 이상, 데이터베이스의 활용은 물론이고 조회할 수 있는 환경이 주어지더라도 어떤 데이터를 조회할지 알기가 매우 어렵다. 이 경우, 예를 들어 칼럼명이 한글이나 특수문자, 숫자 등으로 기재되었다면 어떨까?

				563 hits		
기준일시	대표 전화번호	시군구	시도	의료기관명	주소 ✖ «
› 2020년 05월 29일 18시	02-3423-5555	강남구	서울	강남구보건소	서울특별시 강남구 선릉로 668 (삼성동)
› 2020년 05월 29일 18시	02-3410-2114	강남구	서울	삼성서울병원	서울특별시 강남구 일원로 81 (일원동, 삼성의료원)
› 2020년 05월 29일 18시	02-2019-3114	강남구	서울	연세대학교의과대학강남세브란스병원	서울특별시 강남구 언주로 211, 강남세브란스병원 (도곡동)
› 2020년 05월 29일 18시	02-440-7000	강동구	서울	강동경희대학교의대병원	서울특별시 강동구 동남로 892 (상일동)
› 2020년 05월 29일 18시	02-3425-8565	강동구	서울	강동구보건소	서울특별시 강동구 성내로 45 (성내동)
› 2020년 05월 29일 18시	02-2225-1114	강동구	서울	한국보훈복지의료공단중앙보훈병원	서울특별시 강동구 진황도로61길 53 (둔촌동)
› 2020년 05월 29일 18시	02-2600-5868	강서구	서울	강서구보건소	서울특별시 강서구 공항대로 561 (염창동, 강서보건소)
› 2020년 05월 29일 18시	1522-7000	강서구	서울	이화여자대학교의과대학부속서울병원	서울특별시 강서구 공항대로 260, 이화여자대학교 제2부속병원 (마곡동)

그림 1-1

그러나 엘라스틱서치에서는 [그림 1-1]처럼 사용해야 할 데이터의 제목을 모두 한글로 생성하여 관리할 수 있다. 물론 다른 데이터베이스에서도 한글 칼럼명이 지원되기는 한다. 하지만 엘라스틱서치처럼 스키마 자체를 JSON으로 관리하는 것에 비하면 제약이 많은 것이 현실이다. 자바 기반의 MVC 모델을 사용하는 경우에는 특히 그렇다.

그림 1-2

[그림 1-2]처럼 시각화 차트를 만들 때에도 한글로 된 Field명을 선택하여 시각화 기능을 구성할 수 있다. 별것 아닌 듯하지만 비개발자에게는 매우 큰 차이점으로 여겨질 것이다. 이런 기능을 활용하여 모든 데이터를 한글 Field명으로 적재한다면, 키바나를 이용하는 많은 사용자가 원하는 데이터 탐색을 할 수 있으리라 생각한다.

2.2 로그스태시(Logstash)

로그스태시는 엘라스틱서치 ELK 중 "L"이며 대표 제품을 뜻하기도 한다. 로그스태시는 자바 기반으로 만들어진 데이터 ETL 제품으로, 실상 엘라스틱서치나 키바나에 종속적이지 않고 별도로 구동되는 제품이라고 보는 것이 좋다. 자바 기반으로 구동되며, 로그스태시에는 JDK 모듈이 기본 포함되어 제공된다. 단, 기존에 자바가 이미 설치되어 있는 상태라면, 현재 설치된 로그스태시와 호환 가능한 버전인지 꼭 확인해보길 바란다. 이는 엘라스틱서치 홈페이지에서 버전별로 확인이 가능하다. ETL해야 할 대상이 있다면, 대상별로 따로따로 로그스태시를 개별 프로세스로 실행해야 한다는 단점이 있다. 이 점이 단점인 이유는 로그스태시가 실행 중인 로그스태시를 모니터링할 방법을 제공하지 않기 때문이다. 로그스태시의 xpack 설정을 통해 키바나에서 모니터링하도록 구성할 수 있다.

```
logstash.bat -f postgres_test.conf
```

윈도우 기준으로 위와 같은 명령으로 프로세스를 실행하는데, 실행된 로그스태시 프로세스를 확인하려면 서비스 목록이나 로그파일을 확인하는 수밖에 없다. 종료할 때도 서비스를 중단하거나 리눅스의 경우에는 kill 명령을 통해 종료해야 한다.

그럼에도 로그스태시를 사용하는 이유는 간단하면서도 다양한 조회, 변환, 등록 설정을 제공하기 때문일 것이다. 개인적으로 소규모의 ETL을 한다면 적극 추천하겠지만, 대규모의 데이터 ETL이 필요한 환경에서 개발사업을 수행해야 한다면 로그스태시 말고 전문 ETL 툴을 사용하길 권한다. 필자가 경험한바, 굳은 의지로 로그스태시를 공부해서 적용해놓았으나 실상 관리와 유지가 용이하지 않아서 이번 사업을 수행할 때에는 자바 기반의 스프링 프레임워크로 변경하는 또 다른 작업을 해야 했다.

로그스태시가 좋지 않다는 말이 아니다. 다만 지속적 관리가 필요한 프로젝트에서 사용하기에는 불편한 점이 있음을 귀띔해두는 것이다. 물론 엘라스틱서치 입장에서는 로그스태시의 로그를 분석하고 키바나로 시각화하여 유지보수할 수 있다고 주장할 수 있겠지만, 업무용 데이터 분석을 위해 구비한 고사양 서버에 로그스태시 로그를 넣어서 ETL을 모니터링하려고 하니, 뭔가 고객에게 설득력이 없다. 아무튼 로그스태시는 개인이 소규모로 운영하기에는 간편하고 단순하며 효율적인 ETL 모듈이다. 이제 로그스태시의 세부 기능에 대해 알아보자.

2.2.1 Input Plugin

로그스태시의 Input 플러그인은 현재 출시된 버전만으로도 많은 기능을 갖추었지만, 꾸준히 지속적으로 업데이트되고 있다. 모든 Input 플러그인을 이 책에서 다루기엔 양이 방대하므로 이 책에서 사용할 플러그인만 간단하게 설명하겠다.

Jdbc 플러그인

자바 개발자에게 익숙한 플러그인이다. Java Database Connectivity인 JDBC이다. 주요 용도는 예상하는 것과 같이 자바에서 이미 제공되고 있는 플러그인을 이용한 데이터베이스 접근을 용이하게 하는 것이다. 자바로 커넥션을 연결하려면 여러 코드가 필요했겠지만, 로그스태시에서는 모두 설정파일을 통해 설정 가능하다.

```
input {
  jdbc {
    jdbc_driver_library ⇒ "mysql-connector-java-5.1.36-bin.jar"
    jdbc_driver_class ⇒ "com.mysql.jdbc.Driver"
    jdbc_connection_string ⇒ "jdbc:mysql://localhost:3306/mydb"
    jdbc_user ⇒ "mysql"
    parameters ⇒ { "favorite_artist" ⇒ "Beethoven" }
    schedule ⇒ "* * * * *"
    statement ⇒ "SELECT * from songs where artist = :favorite_artist"
  }
}
```

input 태그로 설정파일이 시작되고, 내부에 jdbc 등의 플러그인명을 입력하여 설정파일을 작성할 수 있다. 아래에 각 옵션을 설명했다.

- **jdbc_driver_library** : jar 파일로 제공되는 데이터베이스별 드라이버 파일(jar)을 설정할 수 있다. 로그스태시에서 제공하는 가이드에서는 오픈소스인 mysql을 기반으로 하는 것을 볼 수 있다.
- **jdbc_driver_class** : 드라이버의 메인 클래스인 com.mysql.jdbc.Driver가 기재되었음을 볼 수 있다. 드라이버 클래스를 설정하는 옵션이다.
- **jdbc_connection_string** : 데이터베이스 접속을 위한 드라이버명과 호스트명, 포트, sid 등을 입력받는 옵션이다.
- **jdbc_user** : 데이터 조회를 위해 발급받은 데이터베이스 사용자 계정을 입력한다.
- **parameters** : 데이터 조회 시 파라미터를 함께 전송할 수 있다. 물론 SQL에서 파라미터를 받아 처리하기 위한 용도로 사용된다.
- **schedule** : 로그스태시 프로세스가 데이터를 조회할 때 조회 간격을 설정해준다. 이는 자바에서 제공되는 크론탭 설정 방식과 동일하다.
- **statement** : SQL을 입력받는 옵션이다. SQL을 통해 조회된 결과는 내부적으로 filter에서 변수처럼 사용할 수 있게 된다. 사용 목적에 따라 SQL에서 Alias를 잘 작성해야 할 필요가 있다.

이와 같은 옵션을 기본으로 제공하며, 이외에 실제 내부적으로 사용할 수 있는 더 다양한 옵션도 제공한다. 로그스태시의 가이드를 보면 약 수십 가지 옵션을 사용할 수 있다. 모든 옵션을 설명하면 좋겠지만, 이 책은 엘라스틱서치에 대한 개론서가 아니라 엘라스틱서치의 효율적 사용법을 설명하는 책이므로 실제 사용할 플러그인과 옵션까지만 설명하도록 하겠다.

참고로, 이 책에서 사용하는 데이터베이스는 오픈소스로 많이 알려진 Postgresql을 기반으로 하며 로그스태시를 통해 데이터를 조회하는 방법을 설명한다.

2.2.2 Filter Plugin(데이터 정제 및 필터)

filter 플러그인 역시 현재 지속적인 릴리즈를 통해 업그레이드되고 있다. 데이터의 정제, 클렌징, 조합, 분리와 같은 작업을 할 수 있는 기능이라고 생각하면 적절할 것이다.

Mutate 플러그인

이 책에서 주로 사용하는 플러그인이다. 이름 그대로 변형 플러그인으로, 데이터의 정제, 클렌징, 조합, 분리, 심지어 데이터의 유형까지 지정할 수 있는 유용한 기능이다. 데이터 분석 용도로는 이 플러그인만 사용해도 대부분의 요구사항을 충족하리라 생각된다.

```
filter {
    mutate {
        split ⇒ ["hostname", "."]
        add_field ⇒ { "shortHostname" ⇒ "%{hostname[0]}" }
    }

    mutate {
        rename ⇒ ["shortHostname", "hostname"]
    }
}
```

filter라는 태그로 설정이 시작되고, input 플러그인과 동일하게 내부에 mutate와 같이 실제 적용하고자 하는 플러그인명을 입력하여 설정을 추가한다.

- **split** : 특정 문자를 기준으로 하여 문자열을 나누는 옵션이다. 개발자라면 많이 접해보았을 것이다.
- **add_field** : 이름 그대로, 조회한 데이터를 기반으로 하여 새로운 Field를 만들어내는 옵션이다. 조합 키가 필요하거나, 조회한 값의 원본값과 변형된 값을 모두 처리해야 할 때 사용할 수 있다.
- **rename** : field명을 변경할 수 있는 옵션이다. 그러나 이 방법보다는 SQL에서 Alias를 지정하여 가져오는 것이 더 효과적일 것이다.

이렇게 filter에서는 데이터의 변화에 필요한 옵션을 제공한다. 물론 이외에도 상당히 많은 플러그인을 제공하지만, 주로 사용하는 옵션까지만 설명한다.

filter 플러그인에서는 이외에도 aggregate 같은 집계를 위한 플러그인도 제공하고 다양한 방식과 다양한 데이터 컨트롤을 위한 플러그인을 수십 가지 제공한다. 이에 대한 내용은 엘라스틱서치 홈페이지의 가이드를 참고하기 바란다. 매번 그랬지만, "이런 기능이 있을까?" 하고 고개를 갸웃하던 기능이 거의 다 개발되어 탑재되었다.

2.2.3 Output Plugin(데이터 저장)

output 플러그인은 데이터의 조회, 정제(필터링) 후에 데이터가 보내질 장소를 지정하여 사용한다. 이 플러그인도 다양한 수십 가지 플러그인을 제공하지만, 사실 이 책에서는 엘라스틱서치에 데이터를 적재하여 활용하는 방법을 설명하므로 elasticsearch 플러그인만 사용한다.

```
output {
    elasticsearch {
        hosts ⇒ ["localhost:9200"]
        index ⇒ "%{[some_field][sub_field]}-%{+YYYY.MM.dd}"
    }
}
```

비교적 매우 간단한 편이다. 사실, 실제 사용을 위해서는 좀 더 다양한 옵션을 사용해야 한다. 일단 가이드에서 제공하는 설정만 보겠다.

- **hosts** : 엘라스틱서치의 호스트명과 포트명을 입력한다. 배열로 받기 때문에 다수의 엘라스틱서치 서버로 데이터를 전송할 수 있음을 짐작해볼 수 있다. 사실 로그스태시의 가이드에서는 hosts 설정이 첫 화면에 보이지 않지만, 꼭 필요한 설정으로 생각되어 일부러 추가했다.
- **index** : 이름 그대로, 엘라스틱서치에 데이터를 적재할 때 사용되는 인덱스의 이름을 기재한다. 기재한 이름으로 인덱스가 존재하지 않으면 새로운 인덱스를 추가하고 데이터를 적재한다. 또한 인덱스명 뒤에 일자 단위로 데이터가 적재되는 것을 볼 수 있는데, 이는 데이터 관리의 효율성을 위해 권장되는 설정으로 보인다. 일자별로 인덱스가 나뉘어도 엘라스틱서치에서는 여러 개의 인덱스를 한 번에 조회할 수 있다.

이처럼 2가지만 설정해도 원하는 엘라스틱서치 서버에 데이터를 적재하는 것이 가능하다. 다만 실제로 뭔가 뚜렷한 목적을 위해 로그스태시를 사용할 경우, 데이터의 중복 문제를 어떻게 해결할 것인지 또는 엘라스틱서치에 적재할 때 별도 스크립트를 이용한 조정이 필요 없는지에 따라 설정이 다소 복잡해질 수 있다.

엘라스틱서치에서는 사용자가 생각할 법한 기능을 대부분 제공하는데, 아쉽게도 RDB에서 RDB로 데이터를 전송하는 기능은 없다. 지난 프로젝트에서 활용해보려고 했는데, 가이드에 없어서 다소 의아했다. 실무자라면 누구나 떠올렸을 법한 기능이 거의 모두 있다고 생각했는데 말이다.

아무튼 이렇게 로그스태시의 소개를 마친다. 이로써 엘라스틱서치 홈페이지에서 가이드하는 내용을 간략하게나마 설명했고, 앞으로 실제 환경 구성, 사용법 소개를 이어가면서 실전에서 쓸 법한 기능을 실습과 함께 다루겠다.

2.3 비츠(Beats)

비츠는 로그스태시와 같은 데이터 전송 역할을 하는 플랫폼이다. 로그스태시와 다른 점은 경량이라는 점, 즉 비츠 자체가 PacketBeat, FileBeat, MetricBeat와 같이 각 역할에 해당하는 단순한 전송 기능을 수행하는 경량 플랫폼이라는 점이다.

Go 언어로 개발되어 플랫폼 자체가 매우 가볍다고 하며, 물론 로그스태시가 많은 기능을 지원하므로 확장성이 좋다. 그러나 로그스태시를 사용해보면 알겠지만, 데이터 소스의 종류 혹은 RDB의 경우 데이터 소스를 조회하는 SQL 단위로 프로세스가 따로 구동되어야 하기 때문에 다양한 데이터 소스를 필요로 하는 시스템에서는 로그스태시보다는 데이터 성격에 맞는 비츠를 구성하여 서비스를 구성하는 것이 더 효과적일 것이다.

2.3.1 FileBeats(파일 수집기)

예를 들어, File을 수집하는 Beats인 FileBeats는 다양한 형식의 로그파일을 수집하여 시각화하는 기능이다. 나중에 나올 Beats 순서를 보면 알겠지만, Beats 설정 내용을 보면 하단에 시각화를 위한 Dashboard까지 예제로 제공한다. 이 기능은 FileBeats를 통해 수집된 데이터를 시각화하는 전용 시각화 기능으로, [그림 1-3]과 같은 시각화 기능을 제공한다. 잘 보이지 않겠지만, 나중에 나올 Beats 설명 부분에서 자세하게 다루겠다.

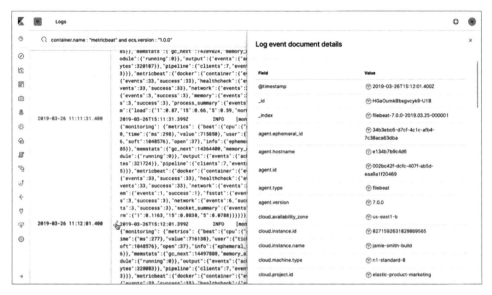

그림 1-3

2.3.2 MetricBeats(집계 정보 수집기)

서버 관련 업에 종사한다면 이 기능의 유용성을 잘 이해할 것이다. 바로 서버에서 발생하는 다양한 정보를 수집하는 Beats인데, 이 기능은 Beats가 설치된 서버의 CPU 사용률, 메모리 사용률, 파일시스템의 로그 정보, 네트워크 I/O, 디스크 I/O 등 다양한 정보를 수집하여 엘라스틱서치로 전송한다.

여기서 중요한 점은 Beats를 설치하는 필자나 당사자들이 서버의 이러한 정보를 수집하기 위한 별도의 지식이 없어도 MetricBeats만 설치하면 알아서 가져다준다는 것이다. 무척 유용한 기능이다. 그리고 이 기능도 마찬가지로 Beats가 수집한 데이터를 시각화할 수 있는 대시보드를 함께 제공한다. 이 기능도 나중에 자세하게 다뤄보기로 하자.

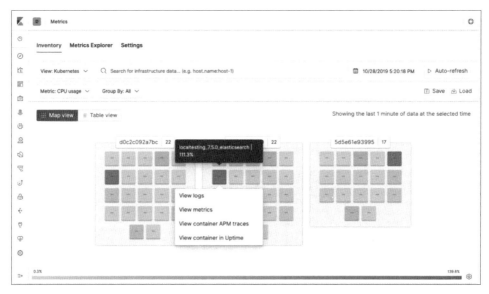

그림 1-4

2.3.3 WinlogBeats(윈도우 로그 정보 수집기)

이 기능은 개인 용도로 사용하기는 좋을 듯싶다. 이름 그대로 우리가 사용하는 윈도우 PC의 정보를 모니터링하는 기능이다.

여느 기능과 마찬가지로, 이 기능을 사용하여 윈도우에서 로그인한 이력, 장치가 연결되었던 이력, 새 서비스나 프로그램의 설치 이력, 삭제 이력 등 다양한 정보를 수집할 수 있지만, 윈도우에서 제공하는 수많은 설정에 대해 알고 있을 필요는 없다.

그저 WinlogBeats를 설치할 수만 있다면 자신의 PC가 잘 운용되고 있는지를 시각화 기능을 통해 확인할 수 있다. 이 기능도 나중에 살짝 살펴보겠다.

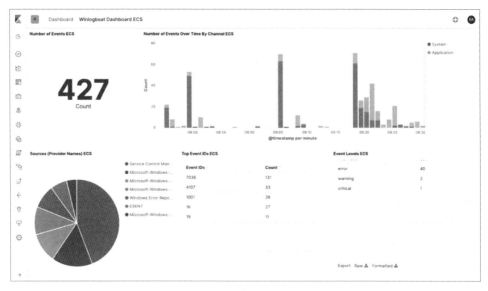

그림 1-5

2.4 키바나(Kibana)

키바나는 엘라스틱서치의 시각화를 담당하는 모듈이다. 엘라스틱서치는 정말 훌륭한 고속 검색엔진이지만, 이렇게 적재된 데이터를 효과적으로 볼 수 있는 방법이 없다면 용이하게 사용하기가 어렵다. 키바나는 이런 결점을 훌륭하게 보완해주는 효과적인 시각화 도구로, 사용자는 마우스만을 이용하여 엘라스틱서치에 적재된 데이터로 시각화 차트를 만들어내고, 이를 이용하여 대시보드를 구성할 수 있다.

이 책에서 설명하는 기능 중 가장 중요한 핵심이기도 하다. 키바나에서는 많은 기능을 제공하므로, 되도록이면 간략하게나마 이들 기능을 하나씩 소개하겠다.

2.4.1 Discover

Discover는 키바나의 사용자가 맨 처음 접하는 데이터 조회 기능이다. 엘라스틱서치에 적재된 인덱스로 키바나에서 인덱스 패턴 객체를 생성하면 Discover를 통해 데이터 적재 현황을 확인할 수 있다.

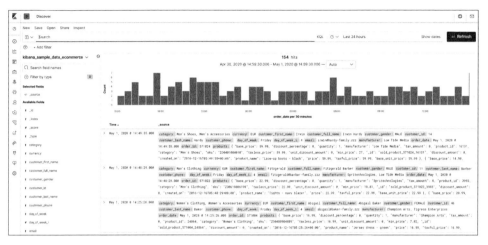

그림 1-6

기본적으로 인덱스 패턴 생성 시 일자 필드를 설정하면, 적재시간을 기준으로 데이터를 막대 그래프로 시각화해주고, 하단에는 데이터를 key/value 형태로 목록화하여 보여준다(그림 1-6).

원본 데이터는 JSON 타입이지만, 보기 좋은 형태로 변환해주는 개발자의 배려가 돋보이는 기능이다. 그 외에도 필드별로 목록 화면을 조정할 수 있는 기능과 필드명을 클릭하면 볼 수 있는 필드별 통계 기능도 제공한다. 막대 그래프로 시각화된 차트에는 마우스로 드래그하여 검색 범위를 조정하는 기능도 있다. 기능의 자세한 내용은 실습 과정을 통해 소개할 것이다.

2.4.2 Visualize

이 책의 핵심이 되는 기능이라고 해도 과언이 아니다. 키바나에서는 주요 시각화 기능을 제공하고, 사용자가 이들 기능을 이용해 직접 데이터를 시각화하고 대시보드를 직접 구성하여 각자 개인별로 필요한 분석을 할 수 있도록 편의 기능을 제공한다.

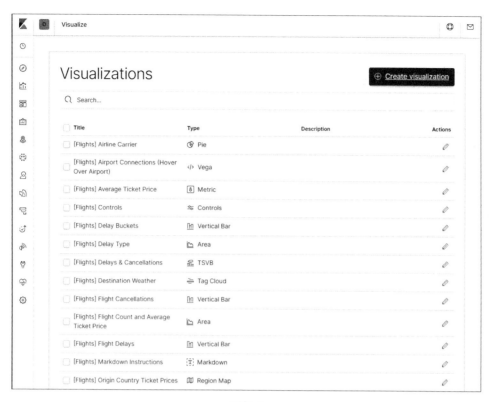

그림 1-7

[그림 1-7]처럼 기존에 생성된 시각화 기능을 목록 형태로 조회할 수 있고, 작성된 시각화 차트를 수정 및 보완하거나 신규로 생성할 수도 있다.

[그림 1-7]의 "Type"을 보면 다양한 차트가 생성되었음을 알 수 있다. 이 차트 목록은 키바나를 통해 로딩할 수 있는 기본 샘플 3종에 대한 적용을 마치면 볼 수 있는 시각화 차트다. 이 샘플들의 사용법 또한 실습을 통해 설명하고, 여기서는 시각화 기능을 대략 설명하겠다.

기본 차트(Line, Area, Bar Chart)

가장 기본이 되는 라인 차트, 영역 차트, 바 차트가 제공된다. 차트 생성을 선택하고, 데이터로 활용할 인덱스 패턴을 선택하고, 시각화할 필드를 선택한 뒤, 각종 옵션을 선택하면 시각화 차트가 완성된다.

이렇게 생성한 차트는 대시보드에 로딩해서 시각화 화면으로 구성하는 것이 가능하다. 키바나에서는 이러한 방법으로 사용자가 마우스만을 이용하여 시각화 차트를 생성할 수 있고 이를 통해 다양한 분석을 할 수 있도록 서비스를 제공한다.

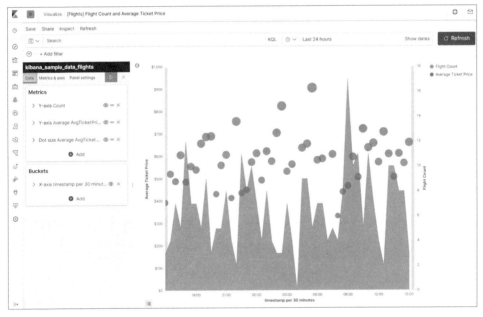

그림 1-8

Pie Chart

이름 그대로, 원형으로 그릴 수 있는 차트다. 이 또한 기본 차트처럼 마우스만으로 생성한 뒤에 대시보드에 구성할 수 있다. 시각화할 수치값을 선택한 뒤에 Buckets의 Split slices를 이용하여 원형 차트의 영역을 나눌 수 있는 기준 Field를 선택하면, Field에 존재하는 데이터를 집계하여 시각화하여 보여준다. 단순하지만 강력한 기능이 아닐 수 없다.

그림 1-9

Data Table

어찌 보면 우리에게 익숙할 수 있는 시각화 기능이다. 게시판을 만들듯이, 목록 화면을 자신이 원하는 항목들로 구성하여 만들 수 있다. 엘라스틱서치에서 제공하는 집계함수로, 평균, 합계, 건수, 중위값 등을 목록 형식으로 볼 수 있는 시각화 기능이라고 볼 수 있다. 아주 간단한 기능이지만 매우 요긴하게 사용할 수 있다.

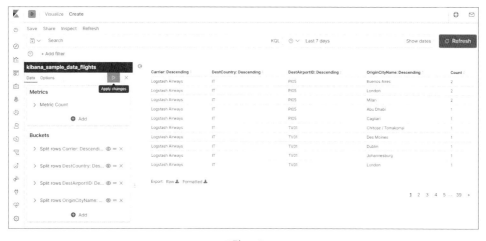

그림 1-10

Buckets 설정을 이용하여 다양한 항목을 집계해볼 수 있도록 쉽게 조정할 수 있다. [그림 1-10]의 오른쪽 끝에 있는 Count 항목은 건수 외에 평균이나 중위값, 최솟값, 최댓값 등 다양한 방식으로 집계할 수 있도록 설정 기능을 제공한다.

Metric

Metric은 특정 Field에 대한 집계 정보를 시각화하기 위한 기능이라고 보면 이해하기 쉽다. 다른 시각화 기능과 달리 설정에 따라 지정된 필드의 집계 결과를 숫자로만 표현하지만, 구성을 어떻게 하느냐에 따라 장점이 풍부한 기능이다. [그림 1-11] 예시의 경우, 엘라스틱서치에서 제공하는 항공티켓 예약정보에서 가상의 항공사별 티켓금액의 평균을 보여준다. 참 단순한 기능 같지만, 다양한 정보를 보여주는 대시보드에서 빛을 발하는 시각화 기능이다.

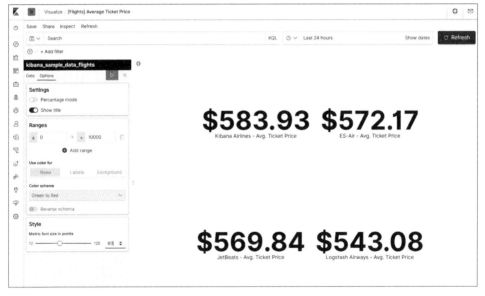

그림 1-11

Goal and Gauge

일반적인 디자인은 아니지만 게이지 기반의 시각화 기능도 있다(그림 1-12). 어떻게 보면 원형 차트와 비슷하지만 느낌이 약간 다르다. 목표치가 분명한 Field를 시각화하여 성과 관리나 성능 측정 시 사용하기에 적합한 기능이다.

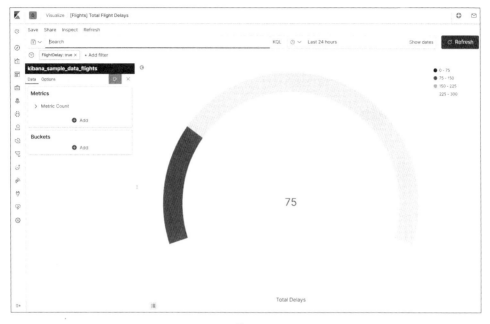

그림 1-12

Tag Cloud

이 기능은 많은 빅데이터 관련 자료에 출현하는 상징적인 시각화 기능이라고 생각한다. 키워드 기반의 시각화 기능으로 이벤트가 발생한 횟수에 따라 텍스트의 색상이나 크기, 위치 등으로 이슈가 되는 키워드를 나열하여 인사이트 정보를 제공한다(그림 1-13). 상징적인 기능인 만큼 매우 남다른 시각화 기능이라 볼 수 있다. 단점이라면, 글자가 지나치게 긴 데이터에는 "!" 이모티콘으로 경고가 뜨고 화면에 보여주지 못한다는 제한점을 들 수 있다. 가능하다면 길이가 적당히 짧은 Keyword 값으로 구성하는 것이 좋겠다.

Timelion

시계열 차트로 제공되는 키바나의 대표 기능이다. Visualize에서도 제공하지만, 별도의 대분류 기능으로 제공할 만큼 주요한 시각화 기능이다. 시간이 지남에 따라 변화되는 수치 정보를 Line, Area, Bar 등의 다양한 시각화 형태로 제공한다(그림 1-14).

이 시각화 기능은 기간별, 시기별, 계절별로 항공티켓 가격의 변화 추이를 본다거나 필자와 같은 업에 종사한다면 시기별로 수출입되는 화물의 유형이나 수입업체의 추이를 살펴보고, 매출관련 부서라면 시기별 매출액의 변화를 확인할 수 있는 유용한 기능이다.

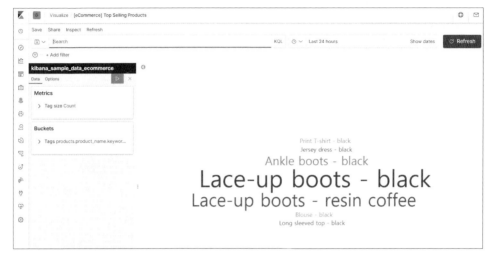

그림 1-13

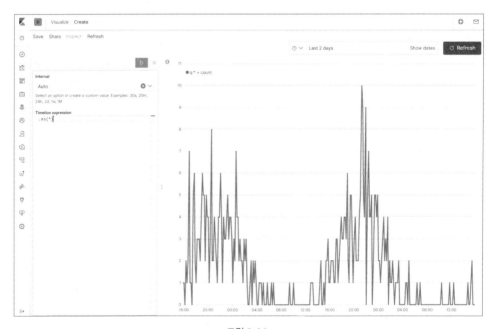

그림 1-14

Elastic Maps

지도 시각화 기능 역시 키바나의 대표 기능이자 빅데이터 분석에서 상징적인 기능이라고 볼 수 있다. 본래 빅데이터 분석에서 지도 시각화 기능은 카카오맵, 네이버맵 등과 같은 국내 지도 서비스를 포함하여 구글과 같은 전 세계 지도 서비스 플랫폼을 이용해서 시각화하는 것이 일반적이다.

엘라스틱서치의 키바나는 오픈 스트리트맵을 비롯한 몇 가지 오픈소스를 이용하여 전 세계 지도를 서비스하고, 그 위에 국가, 지역 등을 구분할 수 있는 폴리곤 정보 등을 조합하여 Elastic Maps라는 맵 서비스로 구성하여 서비스하고 있다(그림 1-15).

모든 맵 서비스가 그렇겠지만, 폐쇄망에서는 사용할 수 없으므로 공공기관 서비스에서는 서버 구축 환경을 잘 확인한 후 사용해야 한다는 단점이 있다. 필자가 종사하는 분야의 경우, 수출입 화물과 관련됨에도 서버 환경 자체가 매우 폐쇄적이어서 서비스를 사용해보지 못했다. 무척 아쉽다. 언젠가 써볼 날이 오기를 고대한다.

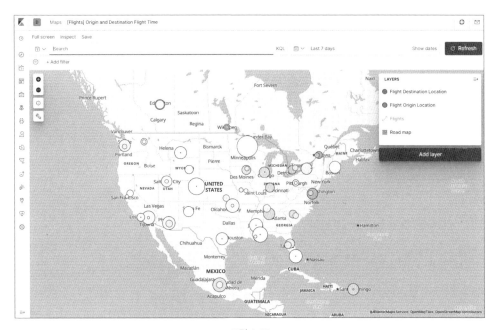

그림 1-15

Heat Map

Heat Map은 격자 형태의 영역에 색상을 이용하여 데이터의 분포를 보여주는 시각화 기능이다(그림 1-16). 주로 의료 데이터 분석에 활용되며, 이 시각화 기능 역시 빅데이터 분석의 주요 시각화 기능으로 많이 알려져 있다.

이 기능은 여행자 분석 시 사용하면 좋겠다. 일자별, 출발지별 여행객의 통계를 히트맵으로 표현한다면, 기간별로 세계 각국에서 입국하는 다양한 여행객의 수치를 한눈에 볼 수 있지 않을까? 물론 출국도 마찬가지겠지만. 언젠가는 이 기능도 써볼 날이 오리라. 물론 사용한다 한들 보안 문제로 책에 싣지는 못하겠지만 그 유용성이 무척 기대되는 기능이다.

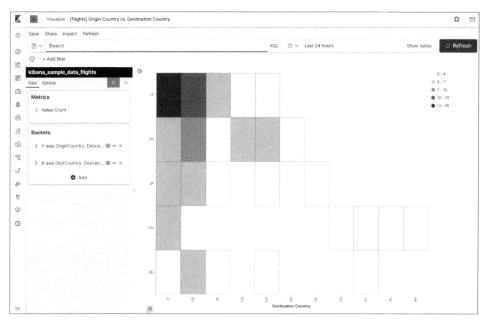

그림 1-16

Markdown Widget

과거에는 없던 기능인데, 아마도 사용자들의 요구에 의해 생긴 기능이라고 짐작된다. MarkDown 기능은 대시보드의 특정 영역에 텍스트 형태로 간단한 안내 메시지와 링크 정도의 설명문을 포함시킬 수 있다(그림 1-17).

또한 Markdown 언어를 기준으로 하는 만큼 다양한 Markdown 기능을 제공한다.

그림 1-17

Controls

이 기능도 시각화 기능이라기보다는 사용자들의 요구에 의해 생긴 기능이라고 볼 수 있다. 대시보드에 표시된 시각화 데이터의 필터링을 위한 기능으로, 슬라이드바, 목록 선택박스, 검색박스와 같은 기능을 화면 내에 배치할 수 있다(그림 1-18). 본래 키바나 대시보드 자체에서도 다양한 필터링이 가능하기 때문에 사용 빈도가 낮을 것 같다.

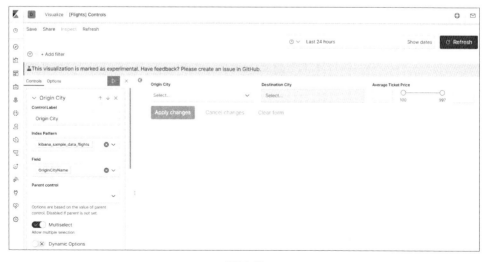

그림 1-18

Vega

이 시각화 기능은 키바나의 기능이라 볼 수 없으며 Vega(https://vega.github.io/vega/)라고 하는 시각화 전문 오픈소스를 키바나에서 사용할 수 있도록 외부 플러그인 형태로 제공하는 기능이다. 이 기능을 제대로 사용하려면 이 책을 가득 채울 만큼 긴 설명을 해야하니, 여기서는 간단하게 소개만 하겠다.

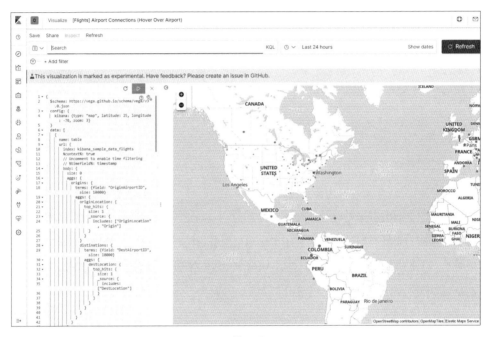

그림 1-19

[그림 1-19]를 언뜻 보면 키바나의 지도 시각화 기능과 매우 흡사하다. 하지만 왼쪽 코드를 보면 Vega에서 제공하는 오픈소스의 코드를 확인할 수 있다. 이 기능을 제공하는 목적은 키바나에서 제공하는 기능 외에 사용자가 저마다 요구하는 사항에 개별로 대응하지 않고 외부 플러그인을 활용 가능하게 함으로써 사용자에게 어느 정도의 자율성을 제공하기 위함이 아닐까 생각해본다.

[그림 1-20]처럼 Vega는 지도를 포함하여 다양한 시각화 기능을 제공한다. 엘라스틱서치는 키바나에서 제공하지 않는 별도 시각화에 대해서는 Vega의 시각화를 사용할 수 있

도록 한다. 사용하고자 하는 기능이 있다면 적용 가능 여부를 꼭 확인해보고 사용하도
록 하자.

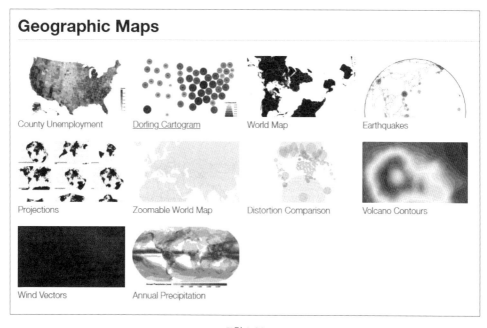

그림 1-20

2.4.3 Dashboard

대시보드는 키바나의 꽃과 같은 기능이다. 엘라스틱서치는 매우 빠른 검색엔진이지만
데이터를 조회하고 난 뒤에 어떻게 활용하느냐는 시각화의 퀄리티에 달려있다. 그 부분
을 충족해주는 것이 바로 키바나의 대시보드라고 할 수 있다.

Visualize에서 생성한 다양한 시각화 기능은 모두 대시보드를 생성하기 위해 만들어졌다
고 봐도 무방하다. Visualize에서 만든 시각화 기능도 마찬가지지만 대시보드에 구성한
시각화 기능은 키바나에서 바로 확인하는 것이 가능하다. 하지만 외부에서 확인 가능하
도록 외부로 Export하기가 가능할뿐더러 다른 시스템에서 임베디드 형태로 사용 가능하
도록 iframe 형태로 Export하는 것도 가능하다.

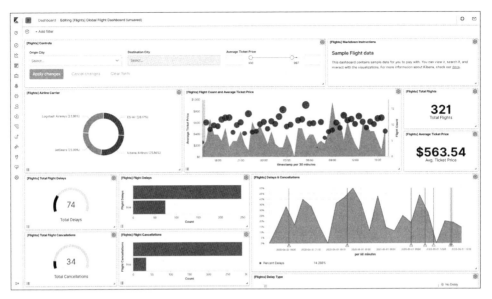

그림 1-21

[그림 1-21]과 같이 미리 생성해둔 다양한 시각화 기능을 조합하여 대시보드를 구성할 수 있고, Controls와 원형 차트, 기본 차트 등을 클릭하거나 드래그하면서 데이터의 필터링이 가능하다. 사용 목적에 따라 데이터를 적재하고, 키바나의 사용법만 어느 정도 숙지하면 누구나 마우스만을 이용해서 위와 같은 대시보드를 구성하는 것이 가능하다.

2.4.4 Canvas

대시보드와 매우 비슷하지만 약간 다른 용도로 사용되는 시각화 기능이다. Canvas는 리포팅 기능처럼 데이터를 일목요연하게 시각화하여 본다는 점에서는 동일하지만, 출력물과 같은 형태로 구성된다는 점에서 다르다. 업무용 데이터 분석 결과라기보다는 인쇄, 출판용 시각화 기능이라고 볼 수 있다.

[그림 1-22]처럼 대시보드와 달리 편집 디자인이 약간 가미된 형태의 출력물을 만들 수 있다. 관리자나 의사결정 권한이 있는 분들에게 보고할 때 사용하면 유용하다. 기술적 요소라기보다 실제 사용자들의 요구에 의해 만들어진 기능이라고 볼 수 있다.

그림 1-22

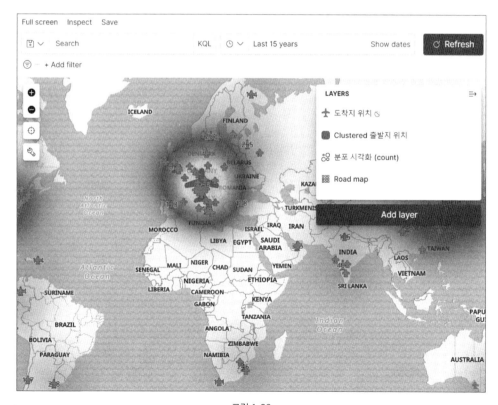

그림 1-23

2.4.5 Maps

이 기능은 Visualizations에서 잠깐 소개한 Map 기능과 동일한 기능이다(2.4.2 Visualize 참고). 아마도 사용 빈도가 높아서 별도 메뉴로 구분한 것으로 보인다. 이미 설명한 기능이므로 언급만 하고 넘어가겠다. 나중에 소개하겠지만, [그림 1-23]과 같이 다양한 지도 시각화를 만들 수 있는 기능을 제공한다.

2.4.6 Machine Learning

총 3가지 기능을 제공하는데, 키바나에서 제공하는 기능 중 상당히 쓸 만한 기능의 하나다. 자신이 갖고 있는 데이터를 업로드하여 머신러닝 기능을 이용해서 분석해보는 기능과 기존에 등록된 인덱스 패턴을 불러와서 분석해보는 기능까지 제공한다. 물론 이러한 분석 기능이 독보적이거나 완전히 새로운 것은 아니다. 그러나 마우스만으로 누구나 편

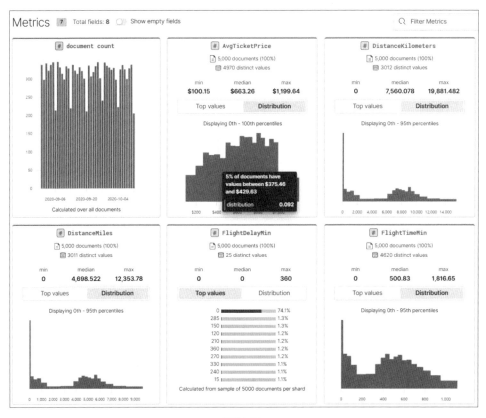

그림 1-24

리하고 쉽게 기능을 사용할 수 있다는 장점이 있다.

[그림 1-24]와 같이 기존에 등록되었거나 이미 사용 중인 인덱스 패턴에 대한 Field별 데이터 분석이 가능하다. 물론 사용자가 보유한 데이터도 CSV 타입의 텍스트 파일로 변형하여 업로드하면 [그림 1-24]와 똑같이 분석을 수행할 수 있다. 개인 데이터를 분석할 때 무척 유용하겠다.

2.4.7 Metrics

이 기능은 위에서 잠시 언급한 MetricBeats와 관련이 있다(2.3.2 MetricBeats 참고). MetricBeats를 통해 수집되고 있는 서버 정보를 시각화해준다. 서버 목록을 시각화하고, 서버별로 리소스 상태나 사용량을 확인할 수 있는 시각화 기능을 제공한다.

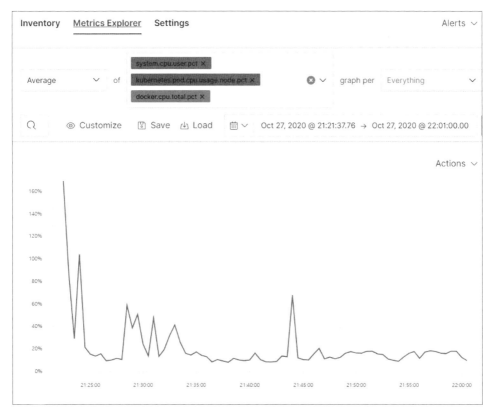

그림 1-25

2.4.8 Dev Tools

키바나에서 제공하는 개발자 툴이다. 본래 엘라스틱서치를 직접 명령어로 호출하여 사용하는 경우가 많겠지만, 이 책의 주제에 부합하려면 키바나에서 모든 명령을 사용할 수 있어야 한다. 이때 꼭 필요한 기능이 바로 Dev Tools다. Dev Tools에서는 GET 명령을 이용한 기본적인 검색 기능은 물론이고, PUT을 이용한 데이터의 삽입, 수정, 인덱스 및 엘라스틱서치 설정 등 대부분의 조작이 가능하다. 엘라스틱서치를 활용할 때 매우 중요한 기능으로 꼽을 수 있다.

그림 1-26

[그림 1-26]과 같이 왼쪽에 명령 코드를 입력한 뒤에 플레이 버튼을 클릭하면 실행 결과를 오른쪽에 보여준다.

2.4.9 Monitoring

말 그대로 엘라스틱서치의 상태를 모니터링할 수 있는 기능이다. 엘라스틱서치의 디스크, 메모리, CPU 등의 사용량을 노드 단위로 모니터링해주며, 클라우드나 다수의 서버로 구성된 경우에도 키바나 내에서 모두 모니터링이 가능하다. 오픈소스이면서 어느 정도 활용이 가능한 형태로 검색엔진인 엘라스틱서치와 시각화 도구인 키바나의 상태를 모니터링할 수 있도록 도와준다.

그림 1-27

[그림 1-27]처럼 엘라스틱서치의 버전 정보와 노드별 리소스 사용량, 엘라스틱서치에 적재된 문서 정보까지 확인이 가능하다. 또한 시각화 도구인 키바나의 리소스 사용량까지 조회 가능하다.

2.4.10 Management

이 기능 역시 이름 그대로 관리 기능이다. 키바나를 통해 제공되는 UI 기반의 관리 기능은 무료 버전일 경우에는 엘라스틱서치와 키바나에 관련된 관리 기능만 제공되지만, X-pack을 활성화하면 비츠와 로그스태시 관련 설정 기능까지 활성화가 가능하다.

엘라스틱서치의 활용을 돕는 것이 이 책의 집필 목적이므로, 여기서는 주요한 기능 위주로 간단하게 살펴보고 자세한 내용은 필요할 때 설명하겠다.

엘라스틱서치의 첫 번째 기능은 [그림 1-28]에서 보듯 Index Management로, 엘라스틱서치에 생성되는 인덱스의 목록을 볼 수 있다. 인덱스 목록의 확인은 물론이고, 클릭하여 인덱스 상세 페이지로 들어가면 인덱스의 스키마에 해당하는 Mapping 정보와 인덱스별 각종 설정 정보를 확인할 수 있다. 또한 인덱스별로 적재된 데이터의 현황을 간단하게 확인할 수 있고 인덱스의 삭제, 새로고침 등의 기본 동작이 가능하다.

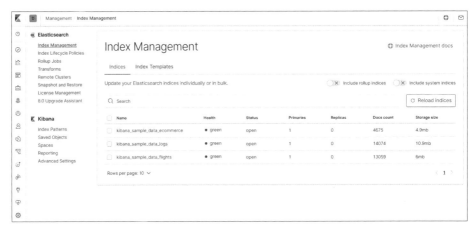

그림 1-28

오픈소스를 사용하면서 꼭 한 번은 해봐야 하는 라이선스 관련 메뉴다. [그림 1-29]의 왼쪽 메뉴는 자신이 갖고 있는 라이선스를 등록하거나 라이선스 갱신이 필요할 때 사용하는 메뉴다. 오른쪽 기능은 최초 제공 시 오픈소스로 주어지는 엘라스틱서치에서 30일 동안 사용 가능한 트라이얼 버전을 활성화하는 기능이다.

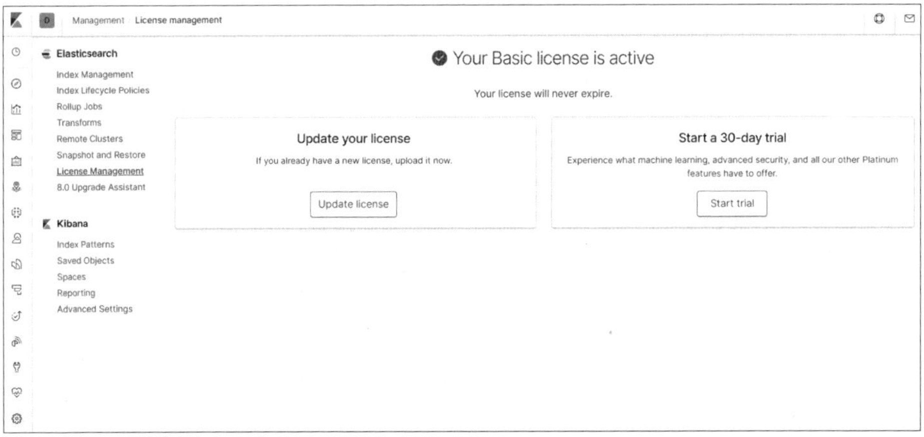

그림 1-29

참고로, 엘라스틱서치의 라이선스 관리는 생각보다 느슨한 편이어서 한 달간 무료 라이
선스를 사용한 뒤에 다시 새로운 엘라스틱서치 버전을 내려받으면, 다시 30일 동안 무
료로 사용할 수 있다(그림 1-29).

이렇게 엘라스틱서치의 설정 기능을 크게 2가지만 소개했다. 다음에는 키바나의 주요
설정을 간단하게 살펴보자.

키바나는 엘라스틱서치의 인덱스 관리 기능과 다소 차이가 있다. 키바나에서는 엘라
스틱서치의 인덱스를 조회하는 방식으로 인덱스 패턴이라는 객체를 사용한다(그림
1-30). 키바나의 인덱스 패턴 객체는 엘라스틱서치의 인덱스와 동기화되며, 사용 목적
에 따라 "userindex*"와 같은 방식으로 이름이 비슷한 엘라스틱서치의 인덱스 여러 개를
한 번에 조회 가능하도록 설정할 수 있다.

그림 1-30

또한 인덱스 패턴 생성 시 스크립트 필드와 같은 사용자 정의 임시 필드를 생성하는 것
도 가능하다. 자동생성되는 객체가 아니므로 엘라스틱서치의 인덱스가 변경되거나 삭
제, 추가되는 경우 새로고침이나 인덱스 패턴의 추가 생성이 필요할 수도 있다. 이러한
작업을 관리하는 매우 중요한 기능의 하나다.

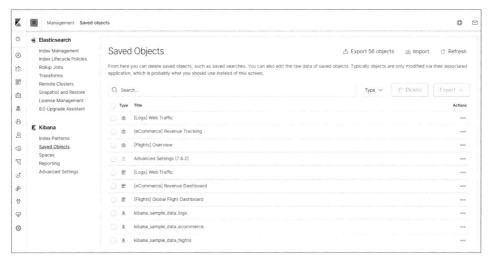

그림 1-31

[그림 1-31]에 보이는 Saved Objects는 이름 그대로의 기능이다. 키바나를 사용하다 보면 다양한 시각화 차트, 대시보드, Canvas를 비롯하여 모든 사용자가 생성한 객체를 저장하게 되는데, 그 결과를 모두 목록화하여 조회할 수 있다. 그뿐 아니라 조회한 객체를 다운로드한 뒤에 다른 키바나에 Import하여 사용하거나, 저장된 객체를 삭제하는 등의 작업도 할 수 있다. 처음에는 사용할 일이 거의 없겠지만 키바나를 지속적으로 운영하다 보면 필수 기능임을 알게 될 것이다.

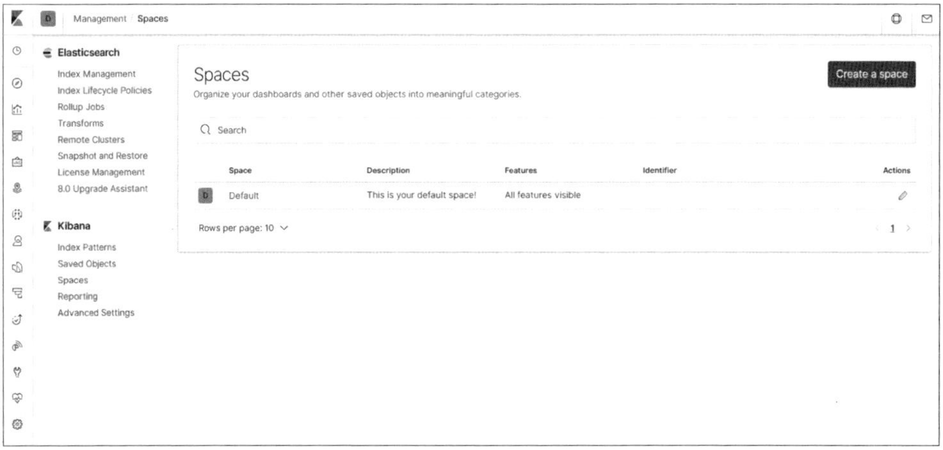

그림 1-32

다음 기능은 Spaces로, 저장공간을 관리하는 기능이다(그림 1-32). 별도의 설정이 없다면 Default 공간에 모든 키바나의 객체들이 저장된다. 또한 키바나의 화면에서 기본으로 보이는 기능을 비활성화하여 보이지 않게 조정하는 것이 가능하다. 관리 측면에서 유용한 기능이 아닐 수 없다.

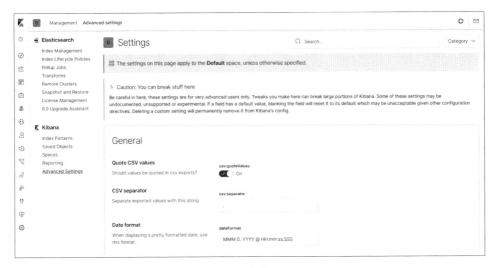

그림 1-33

마지막으로는 살펴볼 기능은 Advanced Settings로 여기서 키바나와 관련된 다양한 설정을 할 수 있다(그림 1-33). 물론 키바나의 설정 정보는 kibana.yml 파일이나 Dev Tools을 이용한 명령어 방식, 외부에서 직접 명령을 전송하는 방식 등 여러 가지 방법으로 가능한데, 자주 사용하는 기능을 UI 방식으로 제공하기 위해 마련된 기능이라고 생각하면 된다.

이 책에 모든 기능을 설명하지는 못한다. 실무를 진행하면서 사용했던 옵션이나 이 책의 실습을 위해 사용해야 하는 옵션의 사용법을 간략하게 짚고 넘어간다.

2.4.11 Security

서비스 운영 시 모든 기능의 근본이자 기본은 바로 보안이다. 엘라스틱서치는 유료 모듈에 보안 기능이 포함되었다. X-pack을 활성화하면 키바나 접속 시 로그인을 수행하도록 요구하는 페이지가 로딩된다. 폐쇄망에서 정보의 조회권한이 있는 사용자들만 사용한다면 문제 될 것이 없겠지만, 시스템 사용자가 외부에 있는 불특정 다수이거나 부서별 보안이 필요한 경우에는 오픈소스를 사용할 수 없다. 이런 경우 Security와 같은 유료 모듈이 꼭 필요하다. 개인이 사용하기에는 가격이 상당히 부담스러울 테니, 30일 평가판으로 만족하자.

2.4.12 Watcher(Alerting and Notification)

Monitoring 기능 외에 시스템의 이상치 탐색 기능을 이용한 알림 기능 설정이 가능하다. 또한 특정 조건에 해당하는 상황이 발생하면 트리거가 알림을 발생시킬 수 있게 설정할 수도 있다. 오픈소스에서는 활용할 수 없는 기능이므로, 평가판에서 가능한 내용만 소개한다. 그런데 사실 이 기능은 실무에서 사용해볼 기회가 드물다. 엘라스틱서치를 도입할 정도의 사이트라면 보통 시스템에서 발생하는 이슈를 관리할 프로세스를 갖추었을 테니 말이다.

2.4.13 Reporting

엘라스틱서치 홈페이지에 의하면, 키바나에서 생성한 시각화 기능과 대시보드를 Report 형태로 다운로드할 수 있고, Watcher 기능처럼 특정 조건에 해당하면 정해진 양식에 따라 Report를 전송하는 기능을 제공한다. 주기적인 보고를 해야 한다면 요긴하게 사용할 기능이다.

2.4.14 Graph

Graph 검색 기능이다. 정확히는 검색 및 시각화 기능이라고 봐야 한다. Graph는 엘라스틱서치에 적재된 데이터를 기반으로 Graph 탐색을 할 수 있도록 제공되는 기능이다. 많이 알려진 용어로는 네트워크 검색 기능이라고 하는데, 엘라스틱서치는 문서 간의 유사성을 분석하고 문서 간 관계를 연결하여 화면에 시각화해준다. 네트워크 분석을 위한 별도의 처리 없이 엘라스틱서치에 인덱싱된 상태 그대로를 기반으로 Graph 검색 및 시각화까지 해주는 일석이조의 기능이다.

2

알고 가면 도움이 되는
엘라스틱서치의 API

엘라스틱서치에서는 엘라스틱서치 솔루션의 사용을 위해 API를 제공한다.
정말 다양한 방식의 API를 제공하지만, 여기서는 실습에 사용하는 기능을
요약하여 설명하겠다.

엘라스틱서치를 처음 접하는 사람들은 엘라스틱서치에서 제공하는 API를 살펴보고, 엘라스틱서치를 설치해보고, 키바나로 구동해보고, 그다음에 뭘 해야 할지 몰라서 그 이상 학습하지 못하고 손을 놓곤 한다. 그래서 이 책에서는 자주 사용하는 API를 먼저 소개하고 그 API를 활용해서 어떤 일을 할 수 있는지, 어떻게 활용해야 좀 더 쉽게 접근할 수 있는지 말하고자 한다.

1. 집계함수(Aggregations)

엘라스틱서치의 기본이자 핵심이 되는 기능이 바로 집계 기능이다. 엘라스틱서치는 데이터의 적재 시 데이터의 집계나 계산, 검색에 용이하도록 인덱스 처리 과정을 거치는데, 이로 인해 빠른 검색과 그에 대한 집계 기능을 사용할 수 있게 된다. 이 책에서 집계함수를 직접 다룰 일이 많지 않으므로 간단하게 소개만 한다.

번호	구분	설명
1	Bucketing	쉽게 말해 Group과 같은 의미다. 엘라스틱서치는 Key/Value 형태의 JSON 데이터 형식을 따르는데, 특정 항목(Key)에 대해 동일한 값(Value)을 기준으로 수치값을 집계하는 단위다.
2	Metric	위와 같이 Key 단위로 수치값을 계산할 때 계산을 담당하는 집계 기능이다.
3	Matrix	다중 필드를 기준으로 집계하는 경우에 사용되는 집계 기능으로, 행렬 단위의 집계 결과를 보여준다.
4	Pipeline	다른 집계의 결과를 이용하여 다시 집계하는 기능이다.

이 내용은 글로만 봐서는 이해하기 어렵고, 실제 시각화 기능을 실습해보면서 각 기능을 파악하는 것이 좋다. 여기서는 이런 것이 있다는 정도만 알면 된다. 즉 "Bucket 단위로 Metric을 이용하여 집계할 수 있고, Matrix를 이용하여 다중 Bucket에 대한 집계를 할 수 있다. 그리고 이렇게 집계된 결과를 Pipe를 통해 다른 집계에서도 활용할 수 있다" 정도만 알면 될 듯싶다.

2. 검색 기능(Query DSL)

검색을 할 때 DSL이라는 명령어를 이용하기도 한다. 본래 일반적인 데이터베이스의 경우에는 SQL을 이용하여 SELECT, INSERT, UPDATE, DELETE 명령 등으로 검색하는 것이 일반적이지만, 루씬 기반인 엘라스틱서치는 DSL이라는 JSON 타입의 명령어를 이용하여 데이터를 조회하고 처리한다.

예를 들면 다음과 같이 GET 방식으로 "_search" 명령을 통해 검색 기능을 수행할 수 있다. 자세히 설명하면 내용이 방대하니 간단한 예제를 소개하고 넘어가도록 한다.

```
GET /_search
{
  "query": {
    "bool": {
      "must": [
        { "match": { "title":   "Search"       }},
        { "match": { "content": "Elasticsearch" }}
      ],
      "filter": [
        { "term":  { "status": "published" }},
        { "range": { "publish_date": { "gte": "2015-01-01" }}}
      ]
    }
  }
}
```

위 명령은 publish_date가 2015-01-01 이상이며, status가 published인 건을 filter 조건으로 걸러내고, 그중 title이 "Search"이면서 content가 Elasticsearch인 건을 검색하는 검색어다. 이렇게 개발자 입장에서도 일반적으로 접하기 어려운 형태의 명령어를 이용하여 검색한다. 그러나 키바나를 이용하면 이러한 검색 명령어를 직접 코딩할 일이 거의 없다.

마우스를 이용하여 검색어와 Filter를 적용해서 검색할 수 있다. 이 내용 역시 이 정도만 알고 넘어가겠다.

3. 스크립트 코딩(Scripting)

엘라스틱서치에서는 데이터의 조회와 처리, 인덱스 생성, 필드 생성 등의 과정에서 Painless라는 자체 언어를 이용한 스크립트 처리가 가능하다. 스크립트 처리의 예를 들어보자. 데이터 조회 시 SQL 문에서 사용하는 CASE 문이나 DECODE와 같이 어떤 데이터의 정제나 대체 등이 필요할 때 혹은 IF 문 같은 조건문이 필요한 경우, 엘라스틱서치에서는 스크립트를 직접 코딩하여 동일한 처리를 할 수 있다.

```
GET my_index/_search
{
  "script_fields": {
    "my_doubled_field": {
      "script": {
        "lang":   "expression",
        "source": "doc['my_field'] * multiplier",
        "params": {
          "multiplier": 2
        }
      }
    }
  }
}
```

위처럼 script를 이용하여 직접 소스코딩을 할 수 있다. 위 내용을 보면 엘라스틱서치에 저장된 Document에서 "my_field" 값을 multiplier 값에 세팅된 "2" 값으로 곱하여 "my_ doubled_field" 항목에 설정하고 있다. 이렇게 실제 존재하지 않는 값을 스크립트를 이용하여 생성한 뒤 사용할 수 있다. 이 기능도 자세하게 알아보려면 내용이 무척 많다. 이런 것이 있다는 정도만 알아두도록 하자.

4. 매핑 API(Mapping API)

매핑 API는 엘라스틱서치에서 스키마 정보에 해당하는 매핑 정보를 조정할 수 있는 API다. 본래 엘라스틱서치의 데이터 적재 시에는 별도의 지정이 없는 한, 입력되는 데이터의 속성을 기반으로 매핑 정보를 자동으로 설정한다. 단, 이런 경우 최초에 입력된 데이터를 기준으로 매핑 정보를 설정하기 때문에 뒤에 입력되는 데이터의 속성에 맞지 않는 경우가 종종 발생한다. 이런 경우를 방지하기 위해 인덱스 생성 후 매핑 정보를 수정할 수 있도록 하는데, 그때 사용하는 API가 매핑 API다.

PART

3

데이터 분석 플랫폼 구축
(Elasticsearch)

본격적으로 이 책의 주된 내용을 펼친다. 3부에서는 엘라스틱서치의 환경 구성을 시작으로, 키바나와 로그스태시의 환경을 각각 구축한다. 특히 개발 자가 아닌 일반 실무자들이 주로 사용하는 윈도우 기반 환경에서, 그다음에 는 클라우드 환경에서 구성하는 방법과 자바 설치 방법까지 소개한다.

이제부터 본론으로 들어가볼까 한다. 엘라스틱서치의 환경 구성을 시작으로 이 책의 주된 내용을 전개하겠다. 책의 제목처럼 엘라스틱서치와 키바나를 이용하여 각 독자가 갖고 있는 데이터를 분석하여 적재하고, 시각화하고, 데이터에서 어떤 인사이트를 찾아낼 수 있는 제법 쓸 만한 기능을 소개할 것이다. 엘라스틱서치의 환경 구축부터 시작한다.

현재 소개하고 있는 엘라스틱서치, 키바나, 로그스태시를 포함한 모든 환경은 직접 개발 사업에서 사용했던 환경과 솔루션을 기반으로 작성되었으며, 엘라스틱서치의 솔루션들은 JDK가 내장된 제품들임에도 JDK 설치를 별도로 안내하고 있다. 그 이유는 모든 실습 환경을 동일하게 통일하기 위함임을 이해해주길 바란다. 원하면 내장 JDK를 활용해도 되지만, 데이터베이스의 설치, 프레임워크 등의 환경을 고려하여 결정한 것임을 미리 알린다.

1. 엘라스틱서치 환경 구축

엘라스틱서치는 설치하기가 상당히 쉽다. 기본 설치의 경우, 엘라스틱서치 홈페이지에서 제공하는 설치 파일을 다운로드해서 압축을 해제한 뒤에 실행만 하면 바로 사용이 가능하다. 3부에서는 개발자가 아닌 일반 실무자들이 주로 사용하는 윈도우 기반 환경에서 엘라스틱서치를 설치하고 구동한 뒤에 간단한 옵션 몇 가지를 살펴보고 클라우드 환경으로 엘라스틱서치를 구성하는 방법까지 소개할 것이다.

1.1 준비물

엘라스틱서치를 사용하려면 엘라스틱서치의 기반이 되는 JAVA 플랫폼을 먼저 설치해야 한다. 이 책에서 소개할 개발 환경에서는 JDK9버전을 사용할 것인데, 그 이유는 엘라스틱서치가 릴리즈됨에 따라 JDK 버전도 상향되기 때문이다. 현재 시점(2020년 5월

5일)을 기준으로 엘라스틱서치 버전은 7.6.2다. 그리고 JDK9 환경에서 구동되고 있으며 준비물은 다음과 같다.

1.1.1 엘라스틱서치 7.6.2

현재 배포 중인 최신 버전 엘라스틱서치는 7.6.2버전이다. 참고로 엘라스틱서치의 버전은 상당히 빠르게 릴리즈되는 편이다. 책을 집필하는 동안에도 업그레이드되었지만, 일단 이 책에서는 7.6.2버전으로 설정하고 모든 기능을 설명한다. 엘라스틱서치의 지난 버전 릴리즈를 찾아서 다운로드하여 사용하는 방법이 있지만, 최신 버전의 엘라스틱서치를 설치하더라도 기능의 구성이 약간 다를 뿐 기능 사용에는 그닥 변화가 없을 테니 최신 버전을 다운로드해도 문제가 없을 것이다.

- 경로 : https://www.elastic.co/kr/downloads/elasticsearch
- 버전 : elasticsearch-7.6.2

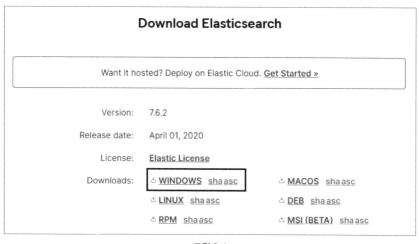

그림 3-1

 엘라스틱서치에서 제공하는 설치 버전을 보면, Docker에 구성된 형태의 컨테이너 기반 설치 환경을 제공한다. 아마도 클라우드 환경 사용자들을 위한 배려로 보이는데, 이를 이용하면 Docker 환경을 이용하는 사용자들도 손쉽게 구성할 수 있다. 배려가 깊다.

1.1.2 JAVA 9.0.4

현재는 엘라스틱서치 7.6.2를 사용하기 때문에 JDK9 버전을 다운로드하여 환경을 구성한다. 단, 엘라스틱서치에서 제공되는 제품들에는 내장된 OpenJDK가 포함되어 있기 때문에 원하지 않으면 이 단계를 넘어가도 좋다. 모두 동일한 환경에서 실습하기 위해 JDK 설치 부분을 포함해두었다.

- 경로 : https://www.oracle.com/java/technologies/javase/javase9-archive-downloads.html
- 버전 : JDK 9.0.4

 TIPS 알 만한 사람은 알겠지만, JDK를 다운로드하려면 오라클 홈페이지의 로그인이 반드시 필요하다. 회원가입은 필수!

1.2 설치

설치는 비교적 간단한 편이다. JDK를 적당한 위치에, 특별히 설정을 변경하지 않은 상태로 기본 설정으로 설치하면 된다. 그리고 엘라스틱서치 역시 모듈별로 다운로드해서 원하는 위치에 설치하여 사용하면 된다. 단, 윈도우의 경우 종종 JDK의 위치를 못 찾는 경우가 있는데, 그에 대한 설명도 함께 해두었으니 잘 설치해보자.

1.2.1 JAVA

우선 자바를 설치한다. 자바의 설치 방법은 대부분 알고 있겠지만, 비개발자를 고려하여 차례대로 안내하고자 한다. 같은 버전을 내려받아 사용하길 권한다.

☐ 이름	수정한 날짜
☕ jdk-9.0.4_windows-x64_bin.exe	2020-05-01 오전 11:05

그림 3-2

실행파일을 더블 클릭하여 설치를 시작한다.

[Next]를 누르면 설치 경로를 선택하는 화면으로 넘어가는데, 물론 이대로 변경 없이 설치해도 실습에는 지장이 없다. 단, 외산 제품의 경우 경로에 공백이 들어가면 별도의 조치가 필요하기도 해서 필자는 항상 설치 경로를 별도 위치로 지정한다.

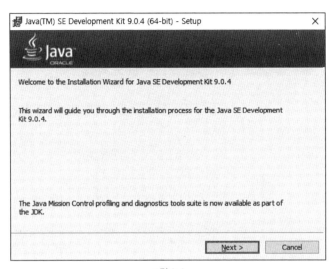

그림 3-3

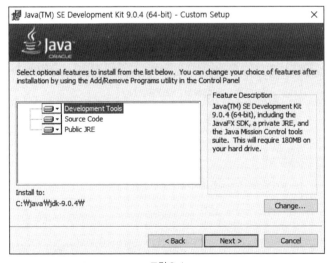

그림 3-4

"C:\Program Files\Java\jdk-9.0.4\"으로 지정된 경로를 "C:\java\jdk-9.0.4\"으로 변경하고,

[Next]를 누른다. 경로는 자유롭게 설정해도 상관없지만, 가능하면 실습에서 안내하는 내용을 따라주기 바란다. 혹시라도 환경 설정에서 문제가 생기면 돌이키기가 힘들다.

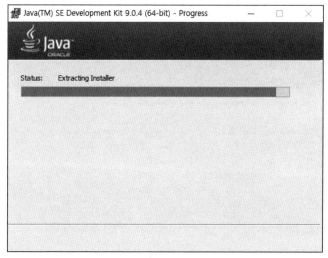

그림 3-5

JAVA의 JDK 설치가 완료되면 JRE 설치 과정으로 넘어간다.

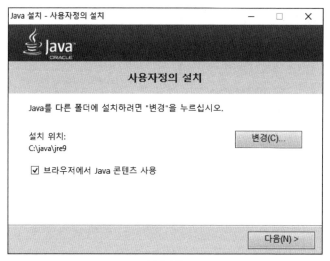

그림 3-6

이 설치 경로 역시 기본 설치 경로를 "C:\java\jre9"로 지정한 뒤 [다음]을 누른다.

그림 3-7

설치가 완료되면 마지막으로 [그림 3−8]과 같은 화면이 나온다.

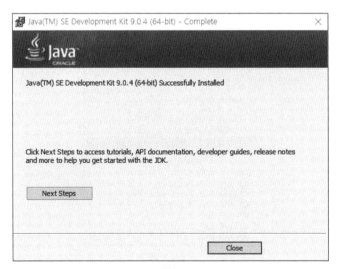

그림 3-8

이렇게 JDK는 설치 경로를 제외한 대부분의 설정을 기본으로 하여 설치했다. 여기까지는 크게 복잡한 부분이 없기 때문에 모두가 잘 설치되었을 것이다.

1.2.2 엘라스틱서치 설치

엘라스틱서치의 설치는 오히려 JAVA 설치보다 더 간단하니 윈도우 기반 설치 중에 발생할 수 있는 문제를 살펴보며 설치 과정을 설명한다.

그림 3-9

현재 받을 수 있는 최신 버전의 엘라스틱서치 설치 파일이다. 엘라스틱서치의 설치는 다운로드한 파일을 압축 해제하면 끝난다. 디렉터리 이름은 자유롭게 변경해도 상관없다. 필자는 기본으로 설정된 이름을 그대로 사용하겠다.

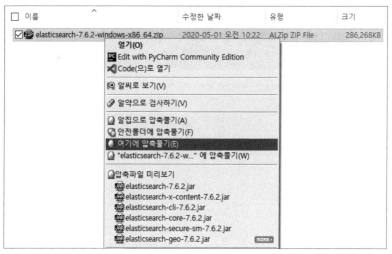

그림 3-10

[그림 3-10]과 같이 압축을 해제하면 된다.

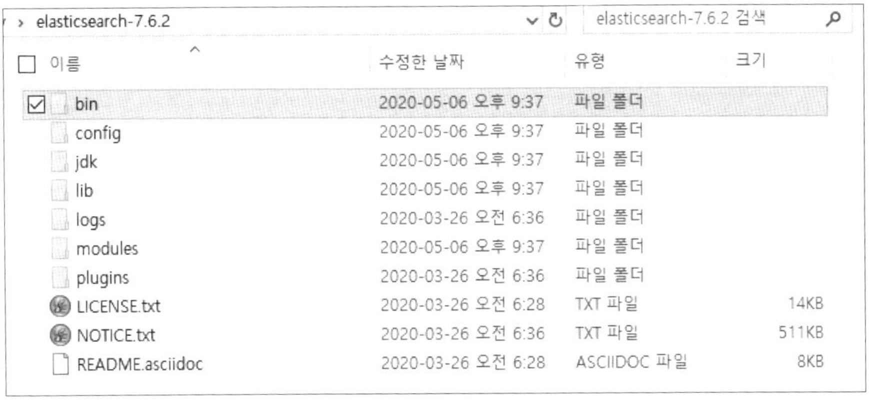

그림 3-11

설치가 끝났으니, 엘라스틱서치를 실행해보자. 엘라스틱서치는 bin 폴더의 elasticsearch. bat 파일을 더블 클릭하여 실행할 수 있다(그림 3-11 참조). 그대로 실행해도 대부분은 문제 없이 잘 구동하지만, 가능하면 "관리자 권한으로 실행"을 이용하여 실행하기를 권한다. 간혹 개인 PC에 설정된 권한 때문에 실행되지 않을 가능성을 차단하기 위함이다.

```
[2020-05-25T21:57:27,383][INFO][o.e.h.AbstractHttpServerTransport] [DESKTOP-
SE922PC] publish_address {127.0.0.1:9200}, bound_addresses {127.0.0.1:9200},
{[::1]:9200}
[2020-05-25T21:57:27,384][INFO][o.e.n.Node] [DESKTOP-SE922PC] started
[2020-05-25T21:57:27,506][INFO][o.e.c.m.MetaDataIndexTemplateService] [DESKTOP-
SE922PC] adding template [ilm-history] for index patterns [ilm-history-2*]
[2020-05-25T21:57:27,659][INFO][o.e.c.m.MetaDataIndexTemplateService] [DESKTOP-
SE922PC] adding template [.slm-history] for index patterns [.slm-history-2*]
[2020-05-25T21:57:27,801][INFO][o.e.c.m.MetaDataIndexTemplateService] [DESKTOP-
SE922PC] adding template [.monitoring-logstash] for index patterns [.monitoring-
logstash-7-*]
[2020-05-25T21:57:27,942][INFO][o.e.c.m.MetaDataIndexTemplateService] [DESKTOP-
SE922PC] adding template [.monitoring-es] for index patterns [.monitoring-es-7-*]
[2020-05-25T21:57:28,095][INFO][o.e.c.m.MetaDataIndexTemplateService] [DESKTOP-
SE922PC] adding template [.monitoring-beats] for index patterns [.monitoring-
beats-7-*]
```

```
[2020-05-25T21:57:28,341][INFO][o.e.c.m.MetaDataIndexTemplateService] [DESKTOP-
SE922PC] adding template [.monitoring-alerts-7] for index patterns [.monitoring-
alerts-7]
[2020-05-25T21:57:28,518][INFO][o.e.c.m.MetaDataIndexTemplateService] [DESKTOP-
SE922PC] adding template [.monitoring-kibana] for index patterns [.monitoring-
kibana-7-*]
[2020-05-25T21:57:28,727][INFO][o.e.x.i.a.TransportPutLifecycleAction] [DESKTOP-
SE922PC] adding index lifecycle policy [watch-history-ilm-policy]
[2020-05-25T21:57:28,867][INFO][o.e.x.i.a.TransportPutLifecycleAction] [DESKTOP-
SE922PC] adding index lifecycle policy [ml-size-based-ilm-policy]
[2020-05-25T21:57:29,055][INFO][o.e.x.i.a.TransportPutLifecycleAction] [DESKTOP-
SE922PC] adding index lifecycle policy [ilm-history-ilm-policy]
[2020-05-25T21:57:29,200][INFO][o.e.x.i.a.TransportPutLifecycleAction] [DESKTOP-
SE922PC] adding index lifecycle policy [slm-history-ilm-policy]
[2020-05-25T21:57:29,468][INFO][o.e.l.LicenseService] [DESKTOP-SE922PC] license
[0e3a9eab-c9d1-47f1-ab5c-84cae234d812] mode [basic] - valid
[2020-05-25T21:57:29,470][INFO][o.e.x.s.s.SecurityStatusChangeListener] [DESKTOP-
SE922PC] Active license is now [BASIC]; Security is disabled
```

엘라스틱서치를 실행하면, 엘라스틱서치에 함께 구동되는 수많은 모듈과 접속 포트 정보 같은 주요 사항을 로그로 표현해준다. 일단 여기서는 엘라스틱서치가 잘 구동되었는지 확인만 하면 되는데, 위처럼 "Started" 메시지가 보인다면 정상적으로 실행이 완료된 것이다. 로그의 2번째 줄에 "started"가 보이고 이후에는 엘라스틱서치에 사용되는 index pattern과 index들이 추가되었으며, "mode[basic]"이라는 메세지를 통해 현재 라이선스가 BASIC 라이선스임을 알려준다. "Security is disabled" 메시지를 보면 현재 보안 기능은 활성화되지 않은 상태임을 알 수 있다.

서비스가 정상적으로 구동되고 있는지를 확인하려면, http://localhost:9200로 접속해보자. 그러면 [그림 3-12]와 같이 "You Know, for Search"라는 메시지와 함께 정상적으로 구동되고 있는 것을 확인할 수 있다.

로그의 맨 마지막에는 "Active license is now [BASIC]; Security is disabled"라는 메시지가 보이는데, 오픈소스로 설치하면 BASIC 라이선스로 설치되기 때문에 보안 기능이 해제된 상태라는 메시지다.

```
{
  "name" : "DESKTOP-SE922PC",
  "cluster_name" : "elasticsearch",
  "cluster_uuid" : "Qpc4rz7FQHi8QtdoMkQW6w",
  "version" : {
    "number" : "7.7.0",
    "build_flavor" : "default",
    "build_type" : "zip",
    "build_hash" : "81a1e9eda8e6183f5237786246f6dced26a10eaf",
    "build_date" : "2020-05-12T02:01:37.602180Z",
    "build_snapshot" : false,
    "lucene_version" : "8.5.1",
    "minimum_wire_compatibility_version" : "6.8.0",
    "minimum_index_compatibility_version" : "6.0.0-beta1"
  },
  "tagline" : "You Know, for Search"
}
```

그림 3-12

개발자로 살다 보면 로그와 많은 시간을 보내곤 한다. 어떠한 솔루션의 로그에는 정말 많은 정보가 담긴다. 시스템이 정상인지, 문제가 없는지, 이외에 다양한 정보가 담긴다.

엘라스틱서치를 실행하면 출력되는 로그를 한번 살펴보자.

```
OpenJDK 64-Bit Server VM warning: Option UseConcMarkSweepGC was deprecated in
version 9.0 and will likely be removed in a future release.
[2020-05-06T22:06:42,157][INFO][o.e.e.NodeEnvironment] [DESKTOP-SE922PC] using
[1] data paths, mounts [[(D:)]], net usable_space [704.6gb], net total_space
[931.3gb], types [NTFS]
[2020-05-06T22:06:42,157][INFO][o.e.e.NodeEnvironment] [DESKTOP-SE922PC]
heap size [989.8mb], compressed ordinary object pointers [true]
```

로그의 시작은 엘라스틱서치가 자동으로 설치된 하드웨어의 스펙을 확인한 결과를 보여준다. 엘라스틱서치가 설치된 드라이브와 포맷 상태, 가용한 디스크 용량과 전체 용량 등을 보여준다. 힙 메모리 사이즈는 기본이 989.8mb로 지정되었음을 확인할 수 있다.

```
[2020-05-06T22:06:42,298][INFO][o.e.n.Node] [DESKTOP-SE922PC] node name
[DESKTOP-SE922PC], node ID [lfcV8ln3Qom9SYqwL_Q3MA], cluster name [elasticsearch]
[2020-05-06T22:06:42,298][INFO][o.e.n.Node] [DESKTOP-SE922PC] version[7.6.2],
pid[21924], build[default/zip/ef48eb35cf30adf4db14086e8aabd07ef6fb113f/2020-03-
26T06:34:37.794943Z], OS[Windows 10/10.0/amd64], JVM[AdoptOpenJDK/OpenJDK 64-Bit
Server VM/13.0.2/13.0.2+8]
[2020-05-06T22:06:42,298][INFO][o.e.n.Node] [DESKTOP-SE922PC] JVM home
[D:\elastic\study\elasticsearch-7.6.2\jdk]
[2020-05-06T22:06:42,298][INFO][o.e.n.Node] [DESKTOP-SE922PC] JVM arguments
[-Des.networkaddress.cache.ttl=60, -Des.networkaddress.cache.negative.
ttl=10, -XX:+AlwaysPreTouch, -Xss1m, -Djava.awt.headless=true, -Dfile.
encoding=UTF-8, -Djna.nosys=true, -XX:-OmitStackTraceInFastThrow, -Dio.
netty.noUnsafe=true, -Dio.netty.noKeySetOptimization=true, -Dio.netty.
recycler.maxCapacityPerThread=0, -Dio.netty.allocator.numDirectArenas=0,
-Dlog4j.shutdownHookEnabled=false, -Dlog4j2.disable.jmx=true, -Djava.locale.
providers=COMPAT, -Xms1g, -Xmx1g, -XX:+UseConcMarkSweepGC, -XX:CMSInitiatingO
ccupancyFraction=75, -XX:+UseCMSInitiatingOccupancyOnly, -Djava.io.tmpdir=C:\
Users\ADMINI~1\AppData\Local\Temp\elasticsearch, -XX:+HeapDumpOnOutOfMemoryErr
or, -XX:HeapDumpPath=data, -XX:ErrorFile=logs/hs_err_pid%p.log, -Xlog:gc*,gc+age
=trace,safepoint:file=logs/gc.log:utctime,pid,tags:filecount=32,filesize=64m, -XX:M
axDirectMemorySize=536870912, -Delasticsearch, -Des.path.home=D:\elastic\study\
elasticsearch-7.6.2, -Des.path.conf=D:\elastic\study\elasticsearch-7.6.2\config,
-Des.distribution.flavor=default, -Des.distribution.type=zip, -Des.bundled_
jdk=true]
```

엘라스틱서치의 노드 ID와 클러스터의 이름(elasticsearch), pid와 엘라스틱서치 구동 시 사용된 JAVA의 버전과 구동 시 사용된 옵션을 확인할 수 있다. 로그를 보면 OpenJDK 64bit라고 기재된 내용과 JVM의 홈디렉터리 위치를 알 수 있다. 그런데 경로가 엘라스틱서치가 설치된 경로 내부로 기재된 것을 볼 수 있다.

JVM home [D:\elastic\study\elasticsearch-7.6.2\jdk

컴퓨터에 JAVA가 설치되어 있지 않아도 엘라스틱서치의 구동이 가능하다. 그럼에도 별도로 설치한 이유는 모든 독자에게 동일한 환경을 배경으로 설명하기 위함이다.

직접 설치한 JAVA를 기반으로 구동되도록 JAVA_HOME 환경 변수와 Path 환경 변수에 bin 디렉터리를 추가한다. 이 내용은 JAVA 설치 과정에서 설명하려다가 위와 같이 자체 JDK가 포함되었음을 설명하기 위해 후반부로 미뤄뒀다.

JAVA_HOME 환경 변수를 등록하는 방법은 [그림 3-13]과 같다.

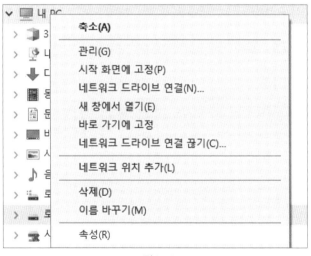

그림 3-13

탐색기를 실행한 후 왼쪽의 폴더 목록의 [내 PC]에서 마우스 오른쪽 키를 클릭하고 [속성]을 누른다.

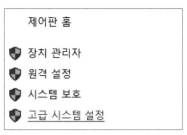

그림 3-14

[고급 시스템 설정]을 클릭하면 환경 변수를 변경할 수 있는 화면이 나온다.

그림 3-15

하단에 위치한 [환경 변수]를 클릭한다.

그림 3-16

[새로 만들기]를 클릭한다.

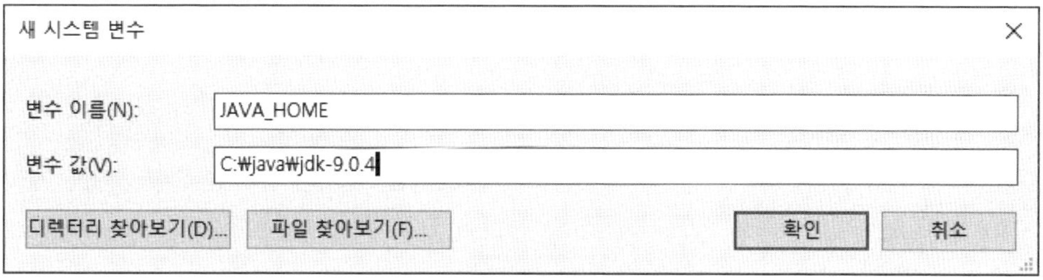

그림 3-17

설치 과정이 필자와 동일했다면 위와 같이 입력하고 [확인]을 누른다. 만약 경로를 변경하지 않고 설치했다면 "Program Files"라는 경로를 추가한 상태로 입력해야 한다. [디렉터리 찾아보기] 기능을 이용해서 추가하기를 권한다.

그림 3-18

Path 환경 변수를 찾고 [편집]을 클릭한다.

그림 3-19

위처럼 [새로 만들기]를 클릭하여 "%JAVA_HOME%\bin"를 입력한 뒤에 [위로 이동 (U)]을 클릭하여 상단으로 이동시킨다. 맨 위로 올리는 이유는 유사한 환경 변수, 예를 들면 두 번째와 같이 특정 솔루션을 위해 설치된 자바와 충돌하는 상황을 방지하기 위해서다. 우선순위를 지정해준다고 생각하면 이해가 빠를 것 같다.

이렇게 설정하고 엘라스틱서치를 다시 구동해보자. 재구동하려면 실행 중인 엘라스틱 서치(CMD 창)를 종료하고 다시 elasticsearch.bat 파일을 실행하면 된다. 실행하고 나면 다음과 같이 JAVA의 버전이 직접 지정한 JAVA 설치 경로(강조 표시)를 바라보게 변경된 결과를 확인할 수 있다.

```
future versions of Elasticsearch will require Java 11; your Java version from
[C:\java\jdk-9.0.4] does not meet this requirement
Java HotSpot(TM) 64-Bit Server VM warning: Option UseConcMarkSweepGC was
deprecated in version 9.0 and will likely be removed in a future release.
[2020-05-25T16:25:14,570][INFO][o.e.e.NodeEnvironment] [DESKTOP-SE922PC] using
[1] data paths, mounts [[(D:)]], net usable_space [693.4gb], net total_space
[931.3gb], types [NTFS]
[2020-05-25T16:25:14,570][INFO][o.e.e.NodeEnvironment] [DESKTOP-SE922PC] heap
size [989.8mb], compressed ordinary object pointers [true]
[2020-05-25T16:25:14,726][INFO][o.e.n.Node] [DESKTOP-SE922PC] node name
[DESKTOP-SE922PC], node ID [eoMZqVISQlm64fPwHGpE8Q], cluster name [elasticsearch]
[2020-05-25T16:25:14,741][INFO][o.e.n.Node] [DESKTOP-SE922PC] version[7.6.2],
pid[20784], build[default/zip/ef48eb35cf30adf4db14086e8aabd07ef6fb113f/2020-03-
26T06:34:37.794943Z], OS[Windows 10/10.0/amd64], JVM[Oracle Corporation/Java
HotSpot(TM) 64-Bit Server VM/9.0.4/9.0.4+11]
[2020-05-25T16:25:14,741][INFO][o.e.n.Node] [DESKTOP-SE922PC] JVM home [C:\java\
jdk-9.0.4]
[2020-05-25T16:25:14,741][INFO][o.e.n.Node] [DESKTOP-SE922PC] JVM arguments
[-Des.networkaddress.cache.ttl=60, -Des.networkaddress.cache.negative.
ttl=10, -XX:+AlwaysPreTouch, -Xss1m, -Djava.awt.headless=true, -Dfile.
encoding=UTF-8, -Djna.nosys=true, -XX:-OmitStackTraceInFastThrow, -Dio.
netty.noUnsafe=true, -Dio.netty.noKeySetOptimization=true, -Dio.netty.
recycler.maxCapacityPerThread=0, -Dio.netty.allocator.numDirectArenas=0,
-Dlog4j.shutdownHookEnabled=false, -Dlog4j2.disable.jmx=true, -Djava.locale.
providers=COMPAT, -Xms1g, -Xmx1g, -XX:+UseConcMarkSweepGC, -XX:CMSInitiatingO
ccupancyFraction=75, -XX:+UseCMSInitiatingOccupancyOnly, -Djava.io.tmpdir=C:\
Users\ADMINI~1\AppData\Local\Temp\elasticsearch, -XX:+HeapDumpOnOutOfMemoryErr
or, -XX:HeapDumpPath=data, -XX:ErrorFile=logs/hs_err_pid%p.log, -Xlog:gc*,gc+
age=trace,safepoint:file=logs/gc.log:utctime,pid,tags:filecount=32,filesize=64m,
-XX:MaxDirectMemorySize=536870912, -Delasticsearch, -Des.path.home=D:\elastic\
elasticsearch-7.6.2, -Des.path.conf=D:\elastic\elasticsearch-7.6.2\config, -Des.
distribution.flavor=default, -Des.distribution.type=zip, -Des.bundled_jdk=true]
```

간혹 엘라스틱서치나 키바나, 로그스태시가 JAVA_HOME을 찾지 못하고 오류를 발생시키는 경우가 생긴다. 필자도 첫 실습 때 동일한 문제를 겪었는데, 반복된 실습 과정에서 그런 현상이 사라졌다. 혹시라도 그런 현상이 발생한다면 아래 파일을 메모장 등으로 편집하기로 열어서 "SET JAVA_HOME=C:\java\jdk-9.0.4"라는 명령어를 직접 기입해주자.

이렇게 하면 JAVA_HOME이 설정되어 있지 않아도 강제로 자신이 원하는 JAVA 버전을 기반으로 엘라스틱서치를 구동시킬 수 있다. 다시금 강조하지만, 별도로 자바를 설치 하는 것은 독자의 PC 환경이 어떻게 되어있는지 알 수 없기 때문에, 동일한 환경에서 실습하기 위함이다. 원하면 자바를 설치하지 않고 사용해도 무방하다.

2. 키바나 환경 구축

2.1 준비물

키바나도 자바의 설치가 필요하지만 엘라스틱서치를 설치하는 과정에서 이미 완료했으므로 건너뛰고, 키바나의 설치에 대해서만 설명한다. 키바나는 엘라스틱서치 홈페이지에서 다운로드할 수 있다.

- 경로 : https://www.elastic.co/kr/downloads/kibana
- 버전 : kibana-7.7.0

그림 3-20

엘라스틱서치는 제품의 릴리즈가 매우 빠른 특징이 있다. 책을 집필하고 있는 기간에도 버전이 한 번 업그레이드되었다. 책이 발간되고 나서 버전이 달라지더라도 기본 기능은 동일할 테니, 크게 걱정하지 않아도 되겠다.

[그림 3-20]에 사각으로 표시한 버튼을 클릭하여 설치 파일을 적당한 위치에 다운로드한다.

2.2 설치

키바나의 설치 역시 엘라스틱서치처럼 압축을 해제하기만 하면 끝난다. 압축을 해제하고 키바나가 제대로 실행되는지 확인하겠다.

압축 해제

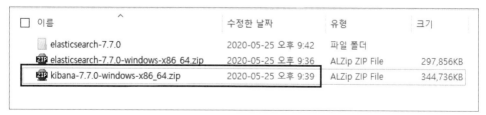

그림 3-21

설치가 완료되면 [그림 3-22]와 같은 폴더와 파일을 확인할 수 있다.

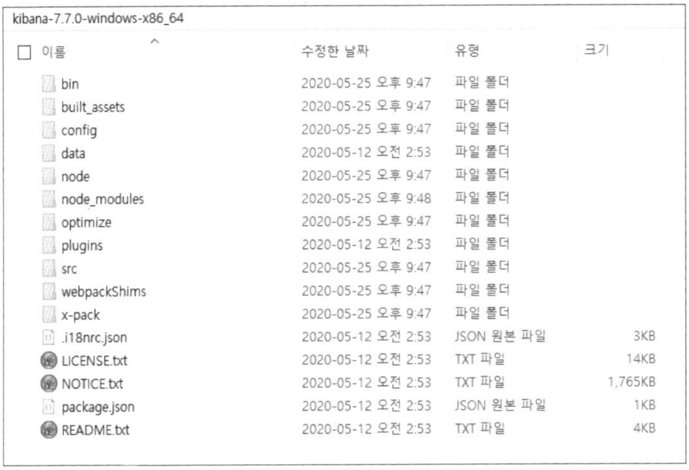

그림 3-22

bin 디렉터리에 들어가서 kibana.bat를 실행하여 정상적으로 구동되는지 확인한다.

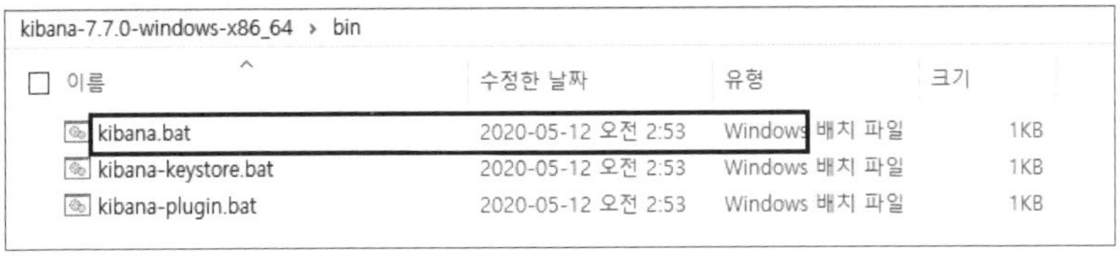

그림 3-23

다음과 같이 메시지가 나오면 정상적으로 설치와 실행이 완료되었다고 볼 수 있다.

```
log    [12:58:48.317] [warning][reporting] Generating a random key for xpack.
reporting.encryptionKey. To prevent pending reports from failing on restart,
please set xpack.reporting.encryptionKey in kibana.yml
log    [12:58:48.325] [info][status][plugin:reporting@7.7.0] Status changed from
uninitialized to green - Ready
log    [12:58:48.361] [info][listening] Server running at http://localhost:5601
log    [12:58:48.719] [info][server][Kibana][http] http server running at
http://localhost:5601
```

강조 표시된 URL로 접속하면 키바나가 실행되는 것을 확인할 수 있다. 이렇게 간단하게 키바나를 설치할 수 있다.

3. 엘라스틱서치 분산 환경 구축

엘라스틱서치가 앞으로 지속적으로 발전할 수밖에 없는 이유가 이것이 아닌가 생각된다. 엘라스틱서치는 기본적으로 클라우드 환경에서 구동되는 클라우드 기반 플랫폼이다. 흔히 이야기하는 하둡의 병렬처리 기능과 유사하게 자유로운 Scale out 기능을 지원한다. 즉 데이터를 처리해야 하는 범위에 따라 서버의 구성을 늘리고 줄이는 등의 자원 관리가 가능하다. 이는 동시에 대용량 데이터의 처리가 필요한 경우에 수많은 서버를 분산 환경으로 구성하여 활용하거나 AWS와 같은 클라우드 시스템에서 사용할 수 있다는 의미가 되기도 한다. 실제로 AWS에서는 엘라스틱서치의 오픈 라이선스 수준의 서비스를 탑재하여 제공하기도 한다.

그림 3-24

[그림 3-24]처럼 클라우드 플랫폼에서도 엘라스틱서치를 자유롭게 사용할 수 있다.

이번에는 엘라스틱서치를 이용하여 다중노드로 엘라스틱서치를 구성하는 방법을 알아본다. 물론 PC를 여러 개 구성하여 실습하면 좋겠지만, 대부분의 사용자들은 필자처럼 개인용 PC에서 실습할 테니 한 컴퓨터 내에서 여러 개 노드를 구성하는 방법을 알아보려고 한다.

3.1 준비물

준비물은 모두 예상하는 바와 같이 엘라스틱서치 설치본만 있으면 된다. 우리는 엘라스틱서치 설치본 1개를 각각 2개의 이름으로 나눠 master와 slave라는 이름으로 저장할 것이다. 그리고 각 엘라스틱서치가 연동되도록 설정하고, 키바나를 마저 설치하여 두 서버가 정상적으로 모니터링되는지 확인한다. 엘라스틱서치 설치본과 키바나 설치 파일을 준비한다.

3.2 설치

일단 지금까지 실습하던 엘라스틱서치를 두고, 새로 구성한다. 분산 환경 구성은 각 서버를 따로따로 기동해줘야 하기 때문에 실습하기에 적합하지 않다. 한번 구성하여 확인해보고 넘어가는 수준으로 다뤄보자.

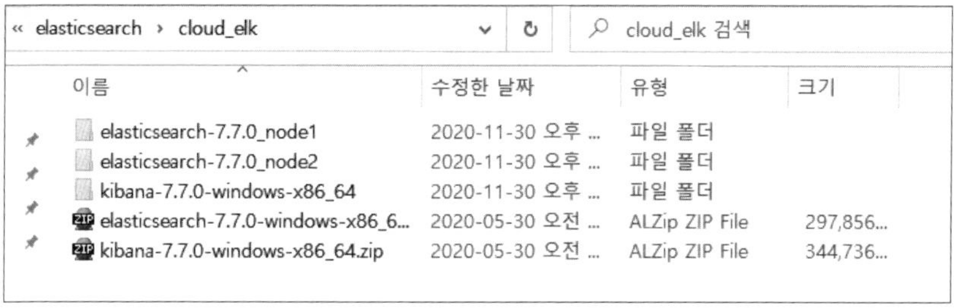

그림 3-25

이렇게 엘라스틱서치 폴더명 뒤에 node1과 node2를 추가하여 2개 폴더로 구성했다. 키바나는 하나만 구성하면 되기 때문에 1개만 존재한다. 그럼 이제 설정파일을 살펴보자.

우선 엘라스틱서치의 elasticsearch.yml 파일을 수정하는 일부터 해야 한다. 설정파일을 열고 수정해야 할 설정만 별도로 소개한다. 기본적으로 대부분의 설정은 Default 설정값이 존재하기 때문에 주석 처리된 상태로 제공된다. 그중 아래의 설정에 대해서는 주석을 해제하고 실제 원하는 설정 값을 넣어보자.

node1번의 elasticsearch.yml 설정파일

```
# 클러스터의 이름을 지정한다.
cluster.name: my-application

# 노드의 이름을 지정한다. 마스터로 사용하고, 데이터도 직접 저장하도록 한다.
node.name: node-1
node.master : true
node.data : true

# 아래 설정은 데이터와 로그파일 저장위치 지정이 필요할 경우 설정하도록 한다. (현재는 주석)
# Path to directory where to store the data (separate multiple locations by comma):
#
# path.data: /path/to/data
#
# Path to log files:
#
# path.logs: /path/to/logs

# 분산 환경 설정 시 ip는 0.0.0.0으로 설정해준다.
network.host: 0.0.0.0

# 포트 번호는 노드 번호를 인지하기 위해 기본 9200이지만 9201로 node1번의 ip를 지정한
다. node 간 통신을 위한 포트 정보도 9300이 기본이지만 9301로 설정한다.
http.port: 9201
transport.tcp.port: 9301

# 분산 환경으로 구성되는 노드의 정보를 기입한다. 포트 번호에 유의하자.
discovery.seed_hosts: ["127.0.0.1:9301", "127.0.0.1:9302"]
```

```
cluster.initial_master_nodes: ["node-1", "node-2"]
discovery.zen.minimum_master_nodes: 1
```

이렇게 node1번의 설정을 마쳤고, node2번 서버에도 동일하게 설정하도록 한다. node2번의 elasticsearch.yml 파일을 열어서 위와 동일하게 설정하되, node의 정보를 입력하는 아래 부분에 대해서만 node2번으로 설정하고 저장 후 닫겠다.

node2번의 elasticsearch.yml 파일 변경 내용

```
# node1번의 설정을 모두 동일하게 한 뒤 아래 부분만 변경한다.

# 노드 이름을 node-2로 설정한다.
node.name: node-2
node.master : true
node.data : true


# 노드의 포트와 통신포트를 설정한다. 모두 9202, 9302로 node2를 의미하는 2로 끝나는 번
호로 설정한다.
http.port: 9202
transport.tcp.port: 9302
```

이외에 나머지 설정은 모두 동일하게 하겠다. 이렇게 하면 일단 엘라스틱서치의 설정이 마무리되는데, 설정 시 유의해야 할 점이 하나 있다. 엘라스틱서치는 파일 형태의 설정 파일을 이용하다 보니, 설정 값에 대한 규칙이 엄격한 편이다.

'엄격하다'는 표현이 그닥 적절하지는 않지만, 그렇게 말해야 독자의 이해가 빠를 것 같다. 예를 들어 다음과 같이 설정 값을 입력하면 실행 시 오류를 발생시킨다.

설정 오류가 발생하는 경우

정상적으로 실행되는 설정 방법
```
discovery.zen.minimum_master_nodes: 1
```

오류가 발생하는 설정 방법
```
discovery.zen.minimum_master_nodes :1
```

차이점을 알겠는가? 바로 콜론(:)의 위치다. 정상적인 경우에는 "*_nodes: 1"과 같이 설정이름 뒤에 콜론이 붙은 형태로 값이 입력되었다. 그러나 아래에서는 "*_nodes :1"과 같이 값에 콜론이 붙었다. 아주 작은 차이지만 값에 콜론이 붙으면 엘라스틱서치 구동 시 오류가 발생한다는 점을 꼭 명심하자. 이런 실습 과정에서는 안내대로 잘 따라오면 문제 없이 제대로 되기 마련인데, 예외적으로 안 되는 경우가 꼭 생긴다. 바로 이런 경우라고 생각되니 실수하지 않도록 유의하자.

위와 같이 설정한 뒤에 엘라스틱서치를 실행한다. 엘라스틱서치를 실행하고 나면 다음과 같은 로그를 볼 수 있는데, 약간의 설명이 필요하다. 로그 내용을 한번 살펴보자.

```
[INFO][o.e.e.NodeEnvironment] [node-1] using [1] data paths, mounts [[(C:)]],
net usable_space [349.2gb], net total_space [458.9gb], types [NTFS]
[INFO][o.e.e.NodeEnvironment] [node-1] heap size [1gb], compressed ordinary
object pointers [true]
[INFO][o.e.n.Node] [node-1] node name [node-1], node ID [Vhz1pek7RQy7uPo8S
xgexg], cluster name [my-application]
[INFO][o.e.n.Node] [node-1] version[7.7.0], pid[15968], build[default/
zip/81a1e9eda8e6183f52377
(JVM 실행부분 생략)
[INFO][o.e.p.PluginsService] [node-1] loaded module [aggs-matrix-stats]
[INFO][o.e.p.PluginsService] [node-1] loaded module [analysis-common]
[INFO][o.e.p.PluginsService] [node-1] loaded module [constant-keyword]
(플러그인 로딩부분 생략)
[INFO][o.e.p.PluginsService] [node-1] loaded module [x-pack-voting-only-node]
```

[INFO][o.e.p.PluginsService] [node-1] loaded module [x-pack-watcher]

[INFO][o.e.p.PluginsService] [node-1] no plugins loaded

[INFO][o.e.x.s.a.s.FileRolesStore] [node-1] parsed [0] roles from file [C:\
elasticsearch\cloud_elk\elasticsearch-7.7.0_node1\config\roles.yml]

[INFO][o.e.x.m.p.l.CppLogMessageHandler] [node-1] [controller/13400] [Main.
cc@110] controller (64 bit): Version 7.7.0 (Build a8939d3da43f33) Copyright (c)
2020 Elasticsearch BV

[INFO][o.e.d.DiscoveryModule] [node-1] using discovery type [zen] and seed hosts
providers [settings]

[INFO][o.e.n.Node] [node-1] initialized

[INFO][o.e.n.Node] [node-1] starting ...

(노드 1번 기동 완료)

[INFO][o.e.t.TransportService] [node-1] publish_address {192.168.43.191:9301},
bound_addresses {[::]:9301}

[INFO][o.e.b.BootstrapChecks] [node-1] bound or publishing to a non-loopback
address, enforcing bootstrap checks

위 로그는 분산 환경에서 마스터 역할을 하는 1번 노드가 기동된 로그이다. "[node-1]
starting .. ." 로그를 보면 1번 노드가 기동 완료됨을 볼 수 있고, 이후 로그에서는 분산
환경에 속할 노드를 기다리며 대기하는 로그를 볼 수 있다.

[WARN][o.e.c.c.ClusterFormationFailureHelper] [node-1] master not discovered yet,
this node has not previously joined a bootstrapped (v7+) cluster, and this node
must discover master-eligible nodes [node-1, node-2] to bootstrap a cluster:
have discovered [{node-1}{Vhz1pek7RQy7uPo8Sxgexg}{SKunF618Q3uNC1XiRmZVXg}
{192.168.43.191}{192.168.43.191:9301}{dilmrt}{ml.machine_memory=34160357376,
xpack.installed=true, transform.node=true, ml.max_open_jobs=20}]; discovery
will continue using [127.0.0.1:9301, 127.0.0.1:9302] from hosts providers and
[{node-1}{Vhz1pek7RQy7uPo8Sxgexg}{SKunF618Q3uNC1XiRmZVXg}{192.168.43.191}
{192.168.43.191:9301}{dilmrt}{ml.machine_memory=34160357376, xpack.
installed=true, transform.node=true, ml.max_open_jobs=20}] from last-known
cluster state; node term 0, last-accepted version 0 in term 0
[WARN][o.e.c.c.ClusterFormationFailureHelper] [node-1] master not discovered yet,
this node has not previously joined a bootstrapped (v7+) cluster, and this node
must discover master-eligible nodes [node-1, node-2] to bootstrap a cluster:

have discovered [{node-1}{Vhz1pek7RQy7uPo8Sxgexg}{SKunF618Q3uNC1XiRmZVXg}
{192.168.43.191}{192.168.43.191:9301}{dilmrt}{ml.machine_memory=34160357376,
xpack.installed=true, transform.node=true, ml.max_open_jobs=20}]; discovery
will continue using [127.0.0.1:9301, 127.0.0.1:9302] from hosts providers and
[{node-1}{Vhz1pek7RQy7uPo8Sxgexg}{SKunF618Q3uNC1XiRmZVXg}{192.168.43.191}
{192.168.43.191:9301}{dilmrt}{ml.machine_memory=34160357376, xpack.
installed=true, transform.node=true, ml.max_open_jobs=20}] from last-known
cluster state; node term 0, last-accepted version 0 in term 0

위 로그를 보면 "master not discovered yet, this node has not previously joined a
bootstrapped (v7+) cluster, and this node must discover master-eligible nodes
[node-1, node-2]"와 같이 설정된 정보를 로깅하면서 나머지 노드가 기동되기를 기다린다.

[WARN][o.e.n.Node] [node-1] timed out while waiting for initial discovery state
- timeout: 30s
[WARN][o.e.c.c.ClusterFormationFailureHelper] [node-1] master not discovered
yet, this node has not previously joined a bootstrapped (v7+) cluster, and
this node must discover master-eligible nodes [node-1, node-2] to bootstrap a
cluster: have discovered [{node-1}{Vhz1pek7RQy7uPo8Sxgexg}{SKunF618Q3uNC1XiRmZVXg}
{192.168.43.191}{192.168.43.191:9301}{dilmrt}{ml.machine_memory=34160357376,
xpack.installed=true, transform.node=true, ml.max_open_jobs=20}]; discovery
will continue using [127.0.0.1:9301, 127.0.0.1:9302] from hosts providers and
[{node-1}{Vhz1pek7RQy7uPo8Sxgexg}{SKunF618Q3uNC1XiRmZVXg}{192.168.43.191}
{192.168.43.191:9301}{dilmrt}{ml.machine_memory=34160357376, xpack.installed=true,
transform.node=true, ml.max_open_jobs=20}] from last-known cluster state; node
term 0, last-accepted version 0 in term 0
[INFO][o.e.h.AbstractHttpServerTransport] [node-1] publish_address
{192.168.43.191:9201}, bound_addresses {[::]:9201}
[INFO][o.e.n.Node] [node-1] started
[WARN][o.e.c.c.ClusterFormationFailureHelper] [node-1] master not discovered yet,
this node has not previously joined a bootstrapped (v7+) cluster, and this node
must discover master-eligible nodes [node-1, node-2] to bootstrap a cluster:
have discovered [{node-1}{Vhz1pek7RQy7uPo8Sxgexg}{SKunF618Q3uNC1XiRmZVXg}
{192.168.43.191}{192.168.43.191:9301}{dilmrt}{ml.machine_memory=34160357376,

xpack.installed=true, transform.node=true, ml.max_open_jobs=20}]; discovery
will continue using [127.0.0.1:9301, 127.0.0.1:9302] from hosts providers and
[{node-1}{Vhz1pek7RQy7uPo8Sxgexg}{SKunF618Q3uNC1XiRmZVXg}{192.168.43.191}
{192.168.43.191:9301}{dilmrt}{ml.machine_memory=34160357376, xpack.
installed=true, transform.node=true, ml.max_open_jobs=20}] from last-known
cluster state; node term 0, last-accepted version 0 in term 0
[INFO][o.e.c.c.Coordinator] [node-1] setting initial configuration to VotingConfig
uration{Vhz1pek7RQy7uPo8Sxgexg,aAIcS9ZjQU6_pMNk4wXV1A}

node-1 기동 후 계속 대기 중인 상태로 로깅하다가 node-2가 기동되면, "[node-1] elected-as-master ([2] nodes joined)"이라는 로그를 찍으며 node가 연결되면서 분산 환경 기동이 완료된다.

[INFO][o.e.c.s.MasterService] [node-1] elected-as-master ([2] nodes joined)
[{node-1}{Vhz1pek7RQy7uPo8Sxgexg}{SKunF618Q3uNC1XiRmZVXg}{192.168.43.191}
{192.168.43.191:9301}{dilmrt}{ml.machine_memory=34160357376, xpack.
installed=true, transform.node=true, ml.max_open_jobs=20} elect leader,
{node-2}{aAIcS9ZjQU6_pMNk4wXV1A}{WAA9Gh2jR5iQ_yCm7Ntdtg}{192.168.43.191}
{192.168.43.191:9302}{dilmrt}{ml.machine_memory=34160357376, ml.max_open_
jobs=20, xpack.installed=true, transform.node=true} elect leader, _BECOME_
MASTER_TASK_, _FINISH_ELECTION_], term: 1, version: 1, delta: master
node changed {previous [], current [{node-1}{Vhz1pek7RQy7uPo8Sxgexg}
{SKunF618Q3uNC1XiRmZVXg}{192.168.43.191}{192.168.43.191:9301}{dilmrt}{ml.
machine_memory=34160357376, xpack.installed=true, transform.node=true, ml.max_
open_jobs=20}]}, added {{node-2}{aAIcS9ZjQU6_pMNk4wXV1A}{WAA9Gh2jR5iQ_yCm7Ntdtg}
{192.168.43.191}{192.168.43.191:9302}{dilmrt}{ml.machine_memory=34160357376,
ml.max_open_jobs=20, xpack.installed=true, transform.node=true}}
[INFO][o.e.c.c.CoordinationState] [node-1] cluster UUID set to [krDyb4tOQqKAY1
FjppaUtA]
[INFO][o.e.c.s.ClusterApplierService] [node-1] master node changed {previous
[], current [{node-1}{Vhz1pek7RQy7uPo8Sxgexg}{SKunF618Q3uNC1XiRmZVXg}
{192.168.43.191}{192.168.43.191:9301}{dilmrt}{ml.machine_memory=34160357376,
xpack.installed=true, transform.node=true, ml.max_open_jobs=20}]}, added
{{node-2}{aAIcS9ZjQU6_pMNk4wXV1A}{WAA9Gh2jR5iQ_yCm7Ntdtg}{192.168.43.191}
{192.168.43.191:9302}{dilmrt}{ml.machine_memory=34160357376, ml.max_open_

```
jobs=20, xpack.installed=true, transform.node=true}}, term: 1, version: 1,
reason: Publication{term=1, version=1}
[INFO][o.e.g.GatewayService] [node-1] recovered [0] indices into cluster_state
```

분산 환경 설정을 완료하고 엘라스틱서치의 기동이 완료되는 것을 볼 수 있다.

```
[INFO][o.e.c.r.a.AllocationService] [node-1] Cluster health status changed from
[YELLOW] to [GREEN] (reason: [shards started [[.apm-custom-link][0]]]).
[INFO][o.e.c.m.MetaDataIndexTemplateService] [node-1] adding template
[.management-beats] for index patterns [.management-beats]
[INFO][o.e.c.m.MetaDataMappingService] [node-1] [.kibana_1/y60c15JfRa-
jUb4ugaz9fw] update_mapping [_doc]
[INFO][o.e.c.m.MetaDataMappingService] [node-1] [.kibana_task_manager_1/
m6inFPFaRNSxznF93EPN7A] update_mapping [_doc]
```

자세하게 설명하기 위해 로그를 직접 표시했는데 약간 복잡한 것 같다. 요약하자면 엘라스틱서치 node-1을 구동했을 때, 엘라스틱서치 엔진의 구동이 완료된 후, 클러스터 설정을 감지한 엘라스틱서치가 node-2를 찾으며 대기 상태로 들어간다. 그러는 중에 node-2가 올라오면서 상호간 통신이 이루어져 상태를 공유하는 것을 볼 수 있다. 오픈 라이선스임에도 분산 환경으로 구성할 수 있도록 기능을 제공한다.

아무튼 이렇게 하면 엘라스틱서치의 분산 환경 구성이 완료된다. 그리고 나면 키바나를 실행하여 둘의 상태가 정상적으로 연결되었는지 확인해볼 수 있다. 그런데 키바나 설정도 약간의 변경이 필요하다.

조금 전의 설정 변경 작업 중 엘라스틱서치의 포트 번호를 변경했으니, 키바나의 설정 파일에서 엘라스틱서치 관련 설정 중 포트 번호를 맞춰줘야 하기 때문이다. node-1과 node-2번으로 구성되었으니, 키바나에서 보는 마스터 노드를 node-1로 설정하겠다. 설정 값은 다음과 같다.

키바나 kibana.yml 파일

```
# The URLs of the Elasticsearch instances to use for all your queries.
elasticsearch.hosts: ["http://localhost:9201"]
```

위 부분이 "http://localhost:9200"으로 기본 설정되어 있었을 것이다. 여기서 9200을 조금 전에 엘라스틱서치에 설정한 9201로 변경해주면 키바나의 설정도 끝난다. 그다음 키바나도 구동해보자. 특별한 문제가 없는 한 정상적으로 실행된 결과를 볼 수 있을 것이다.

키바나를 실행하고 분산 환경으로 구성된 엘라스틱서치의 구동 상태를 살펴보자. 이는 키바나의 "monitoring" 기능을 통해 확인할 수 있다. 메뉴를 들어가보면 새로 구축한 엘라스틱서치이므로 [그림 3-26]과 같은 화면이 보인다.

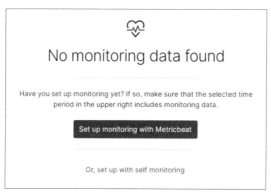

그림 3-26

맨 아래의 [Or, set up with self monitoring]을 눌러 설정을 이어간다.

[그림 3-27]의 [Turn on monitoring]을 누르면 자동으로 설정이 완료됨을 볼 수 있다. 혹시 이 과정에서 키바나가 정상적으로 모니터링 기능을 수행하지 못하는 일이 발생한다면, 엘라스틱서치와 키바나를 실행할 때 관리자 모드로 실행한 뒤에 다시 해보길 권한다. 엘라스틱서치와 키바나가 C 드라이브 하단에 위치한 경우, 파일 수정권한이 없어서

정상적으로 기능이 실행되지 않았을 수 있다.

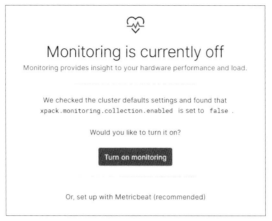

그림 3-27

my-application			

Elasticsearch ● Health is green Basic license

Overview		Nodes: 2		Indices: 6		Logs
Version	7.7.0	Disk Available	75.97% 348.7 GB / 459.0 GB	Documents	216	○ No log data found
Uptime	4 minutes			Disk Usage	1.2 MB	Set up Filebeat, then configure your Elasticsearch output to your monitoring cluster.
		JVM Heap	33.62% 688.5 MB / 2.0 GB	Primary Shards	6	
				Replica Shards	6	

Kibana ● Health is green

Overview		Instances. 1	
Requests	1	Connections	1
Max. Response Time	45 ms	Memory Usage	26.29% 382.8 MB / 1.4 GB

그림 3-28

정상적으로 실행된 경우라면 [그림 3-28]과 같은 화면을 보게 될 것이다.

"my-application"이라는 이름으로 엘라스틱서치와 키바나의 모니터링 결과가 보이는 것을 확인할 수 있다. 나중에 이 기능에 대해 자세하게 다루므로, 여기서는 간략히 클라우드 설정이 되었다는 것만 확인한다.

엘라스틱서치의 두 번째 패널인 "Nodes:2"를 보면 클라우스 설정이 완료된 것을 알 수 있다. 뒤에 기재된 "2"라는 숫자가 바로 엘라스틱서치의 노드 수를 의미한다. 눌러서 세부 내용으로 이동해보자.

Overview	Nodes	Indices						
Status	Nodes	Indices	JVM Heap	Total shards	Unassigned shards		Documents	Data
● Green	2	6	805.5 MB / 2.0 GB	12	0		442	1.5 MB

그림 3-29

현재 새로 만든 노드임을 의미하듯 "Green" 상태로 매우 원활한 노드 상태를 확인해볼 수 있다. Nodes는 "2"로, 2개의 노드가 구성되었음을 볼 수 있다. Indices는 "6"으로, 아마도 자동으로 생성된 시스템 인덱스가 아닐까 생각된다. 이외에 JVM 설정이나 문서의 건수, 용량과 같은 자원의 내용을 볼 수 있다.

Name ↑	Status	Shards	CPU Usage	Load Average	JVM Heap	Disk Free Space
★ node-1 192.168.43.191:9301	● Online	6	0% ↓ 2% max 0% min	N/A N/A max N/A min	55% ↑ 64% max 18% min	348.6 GB ↓ 348.7 GB max 348.6 GB min
▦ node-2 192.168.43.191:9302	● Online	6	0% ↓ 3% max 0% min	N/A N/A max N/A min	61% ↓ 62% max 30% min	348.6 GB ↓ 348.7 GB max 348.6 GB min

그림 3-30

그리고 좀 더 아래 쪽에는 노드의 리스트가 보이고 노드별 리소스 상태를 확인할 수 있다. 단지 한 서버 안에서 구동되는 엘라스틱서치인 만큼, 디스크 현황이 동일한 것을 볼 수 있다. 메모리 현황은 기본 노드와 서브 노드의 역할에 따라 사용량이 약간 다름을 볼 수 있다.

이 화면에서 "node-1"로 되어 있는 노드의 이름을 클릭하면 노드의 세부 상태를 볼 수 있는 화면으로 이동한다.

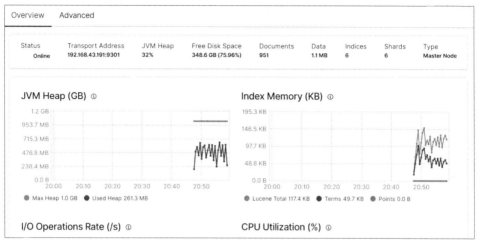

그림 3-31

세부적인 내용까지 볼 수 있도록 시각화 정보를 제공한다. 이렇게 해서 엘라스틱서치의 분산 환경을 구축하는 방법과 그 결과를 확인하는 방법까지 알아보았다.

사실 이 책의 취지처럼 개인용 데이터 분석 플랫폼으로 엘라스틱서치를 사용하는 경우에는 분산 환경까지 구성해서 사용할 일이 그리 많지 않을 것이다. 하지만 각인각색이니 금융 데이터나 수십 년간 데이터를 보관해온 능력자라면 개인용 PC에 담지 못하는 데이터를 보유할 수도 있으리라 생각하여 간단하게나마 소개해보았다. 이 정도를 구성해서 사용하려면, 별도로 전문가에게 구성을 의뢰하는 것도 좋은 방법이다.

다음에는 데이터를 적재하는 방법을 알아본다.

4. 로그스태시 환경 구축

로그스태시는 다양한 외부 플러그인을 이용하여 데이터를 조회하고 엘라스틱서치에 저장할 수 있는 기능으로, 엘라스틱서치에 데이터를 적재하기 위해 수많은 제품을 조회할 수 있는 플러그인을 제공한다. 예를 들어 JDBC 플러그인을 이용하면 JDBC에서 사용 가능한 모든 솔루션의 데이터를 조회 대상으로 사용할 수 있다. 엘라스틱서치와 동일하게 압축 해제만 하면 사용할 수 있다.

4.1 준비물

엘라스틱서치 홈페이지를 방문하여 로그스태시 다운로드 페이지에서 다운로드할 수 있다.
- 경로 : https://www.elastic.co/kr/downloads/logstash
- 버전 : kibana-7.7.0

그림 3-32

4.2 설치

엘라스틱서치, 키바나와 마찬가지로 압축 해제만 하면 일단 설치가 완료된다.

이름	수정한 날짜	유형	크기
elasticsearch-7.7.0	2020-05-25 오후 9:57	파일 폴더	
kibana-7.7.0-windows-x86_64	2020-05-25 오후 9:47	파일 폴더	
elasticsearch-7.7.0-windows-x86_64.zip	2020-05-25 오후 9:36	ALZip ZIP File	297,856KB
kibana-7.7.0-windows-x86_64.zip	2020-05-25 오후 9:39	ALZip ZIP File	344,736KB
logstash-7.7.0.zip	2020-05-25 오후 10:39	ALZip ZIP File	169,171KB

그림 3-33

설치가 완료되면 [그림 3-34]와 같은 파일 내역을 확인할 수 있다.

logstash-7.7.0

이름	수정한 날짜	유형	크기
bin	2020-05-25 오후 10:54	파일 폴더	
config	2020-05-25 오후 10:54	파일 폴더	
data	2020-05-12 오전 4:38	파일 폴더	
lib	2020-05-25 오후 10:54	파일 폴더	
logstash-core	2020-05-25 오후 10:54	파일 폴더	
logstash-core-plugin-api	2020-05-25 오후 10:54	파일 폴더	
modules	2020-05-25 오후 10:54	파일 폴더	
tools	2020-05-25 오후 10:54	파일 폴더	
vendor	2020-05-25 오후 10:55	파일 폴더	
x-pack	2020-05-25 오후 10:55	파일 폴더	
CONTRIBUTORS	2020-05-12 오전 4:38	파일	3KB
Gemfile	2020-05-12 오전 4:38	파일	4KB
Gemfile.lock	2020-05-12 오전 4:38	LOCK 파일	23KB
LICENSE.txt	2020-05-12 오전 4:38	TXT 파일	14KB
NOTICE.TXT	2020-05-12 오전 4:38	TXT 파일	587KB

그림 3-34

로그스태시는 설정파일을 기반으로 실행되는 방식으로 구성되었다. 그러므로 설치만 하고 사용과 관련된 내용은 실제 사용할 때 다루기로 한다.

5. 비츠 환경 구축

비츠는 로그스태시와 비슷한 기능인데 로그스태시에 비해 경량 ETL 기능이라고 할 수 있다. 로그스태시는 별도의 설치 후에 설정파일을 통해 다양한 플랫폼을 연동시키는 반면에, 비츠는 플러그인과 다소 비슷하게 특정 환경에 최적화된 상태로 배포되는 모듈이다. 엘라스틱서치의 가이드를 보면 알겠지만, 로그파일 분석에는 FileBeat, 사용 중인 컴퓨터의 자원을 위한 비츠로는 WinlogBeat를 사용하면 된다. 용도가 좀 더 뚜렷한 모듈이라 생각하면 되겠다.

5.1 준비물

엘라스틱서치 홈페이지를 방문하여 비츠 다운로드 페이지에서 다운로드할 수 있다.
- 경로 : https://www.elastic.co/kr/downloads/beats
- 버전 : beat-7.7.1

Beat는 다른 모듈과 약간 다르다. 용도에 따라 필요한 기능만 탑재하여 배포하기 때문에 다음과 같이 Beat 버전이 여러 가지 존재한다.

번호	Beat 이름	설명
1	Filebeat	지정된 파일을 엘라스틱서치에 적재하여 모니터링하는 모듈
2	Packetbeat	네트워크 트래픽을 모니터링하는 모듈
3	WInlogbeat	윈도우 시스템을 모니터링하는 모듈
4	Metricbeat	시스템의 자원활용량(CPU, 메모리 등)을 모니터링하는 모듈
5	Heartbeat	특정 시스템의 가동 상태를 모니터링하는 모듈
6	Auditbeat	시스템의 변경사항을 모니터링하는 모듈(시스템 파일 감시)
7	Functionbeat	클라우드 시스템의 상태를 모니터링하는 모듈
8	Journalbeat	아직 실험 중인 모듈

필요한 beat를 다운로드해서 사용하면 된다. 다만 이 책에서는 FileBeat만 활용하므로 이
것만 소개하겠다.

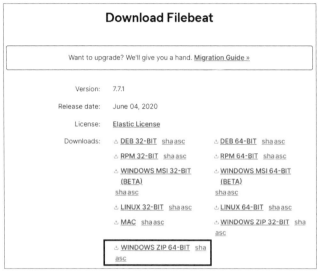

그림 3-35

5.2 설치

다른 제품들과 같이 다운로드 후 압축 해제만 하면 설치가 완료된다. 다음 파일을 압축
해제한다.

이름	수정한 날짜	유형	크기
elasticsearch-7.7.0	2020-05-30 오전 …	파일 폴더	
kibana-7.7.0-windows-x86_64	2020-05-30 오전 …	파일 폴더	
elasticsearch-7.7.0-windows-x86_64	2020-05-30 오전 …	ALZip ZIP File	297,856…
filebeat-7.7.1-windows-x86_64	2020-06-08 오후 …	ALZip ZIP File	20,980KB
jdk-9.0.4_windows-x64_bin	2020-05-30 오전 …	응용 프로그램	384,571…
kibana-7.7.0-windows-x86_64	2020-05-30 오전 …	ALZip ZIP File	344,736…

그림 3-36

설치가 완료되면 다음과 같은 파일 내역을 확인할 수 있다.

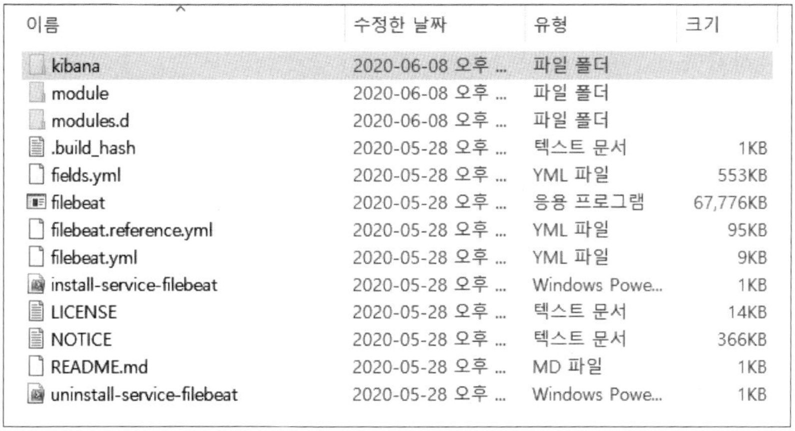

이름	수정한 날짜	유형	크기
kibana	2020-06-08 오후 ...	파일 폴더	
module	2020-06-08 오후 ...	파일 폴더	
modules.d	2020-06-08 오후 ...	파일 폴더	
.build_hash	2020-05-28 오후 ...	텍스트 문서	1KB
fields.yml	2020-05-28 오후 ...	YML 파일	553KB
filebeat	2020-05-28 오후 ...	응용 프로그램	67,776KB
filebeat.reference.yml	2020-05-28 오후 ...	YML 파일	95KB
filebeat.yml	2020-05-28 오후 ...	YML 파일	9KB
install-service-filebeat	2020-05-28 오후 ...	Windows Powe...	1KB
LICENSE	2020-05-28 오후 ...	텍스트 문서	14KB
NOTICE	2020-05-28 오후 ...	텍스트 문서	366KB
README.md	2020-05-28 오후 ...	MD 파일	1KB
uninstall-service-filebeat	2020-05-28 오후 ...	Windows Powe...	1KB

그림 3-37

압축 해제된 내용에서 특이한 점을 볼 수 있다. 로그스태시와 달리 "kibana"라는 폴더명
이 보이고, 생각보다 파일의 개수가 많다. 이 부분은 실습을 통해 설명하겠다. 시각화가
포함된 모듈이라고 예상해볼 수 있겠다.

PART

4

데이터를 적재하는 노하우

개발자만이 아니라 일반 독자도 고려하여 데이터를 적재하는 방법을 크게 3가지로 나눠 설명한다. 엑셀을 이용한 방법, 로그스태시를 이용한 방법, 스프링 배치를 이용한 방법이다. 이를 통해 엘라스틱서치의 손쉬운 활용, 로그스태시의 간편한 작동, 스프링 배치의 색다른 경험을 맛보게 될 것이다.

데이터를 적재하는 방법을 크게 3가지로 나눠 설명하려고 한다. 첫째는 가장 쉬운 방법으로, 여러분이 접근하기 쉬운 엑셀을 이용한 데이터 분석 방법이다. 둘째는 엘라스틱서치에서 기본으로 제공하는 로그스태시를 이용한 데이터 적재 방법, 마지막은 스프링배치를 이용한 데이터 적재 방법이다.

개발자가 아닌 일반 독자의 경우 엑셀을 이용한 적재 방법에 만족할 수 있겠으나, 엘라스틱서치의 장점을 활용한 데이터 분석, 개발자의 간편한 로그스태시를 이용한 적재와 스프링 배치를 이용한 배치 방법을 활용해보는 색다른 경험도 유익할 것이다.

1. 데이터 적재를 위한 준비

데이터부터 준비해야 한다. 이 책을 집필하고 있는 지금 코로나19 바이러스가 국내와 전 세계에 영향을 끼치고 있는 만큼 보건복지부에서 제공하는 전국 선별진료소의 위치 정보가 담긴 공개 데이터를 활용해보겠다.

공공 데이터 포털(https://www.data.go.kr/)로 접속한다. 접속 후 "데이터 찾기–데이터목록" 메뉴로 이동한다. "보건복지부 선별진료소 현황"으로 검색하면 다음과 같이 19,110건이 조회된다. 물론 이는 작성할 당시 2020년 5월 30일 기준이다.

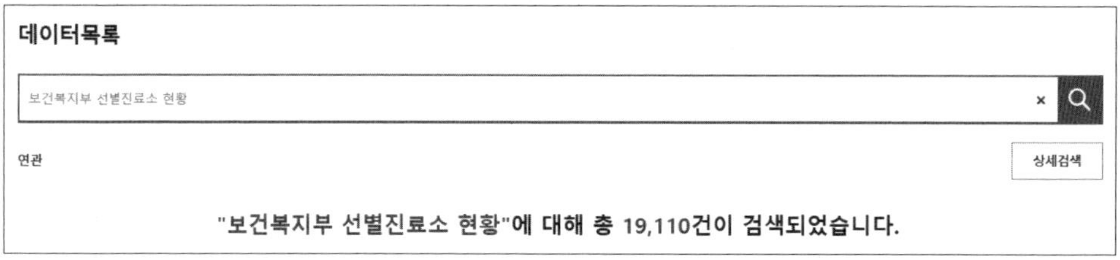

데이터목록		
보건복지부 선별진료소 현황	×	🔍
연관		상세검색
"보건복지부 선별진료소 현황"에 대해 총 **19,110건**이 검색되었습니다.		

그림 4-1

검색 결과 중 아래처럼 "보건복지부 선별진료소 현황"이라는 제목의 파일을 볼 수 있다. 제목을 클릭하면 세부 정보를 볼 수 있는 화면으로 이동한다.

그림 4-2

세부 정보에서는 선택한 데이터에 대해 자세히 설명하고, 데이터를 다운로드할 수 있는 경로 정보를 제공한다.

그림 4-3

간략히 내용을 살펴보자. 데이터를 제공하는 기관과 담당부서의 정보가 맨 위에 있고, 데이터의 등록일자와 업데이트 주기, 속성, 파일 사이즈 등의 다양한 정보가 있음을 확인할 수 있다.

우리는 그중 "URL"이라는 항목으로 기재된 링크를 활용할 것이다. 링크를 누르면 파일을 다운로드할 수 있는 사이트로 이동한다.

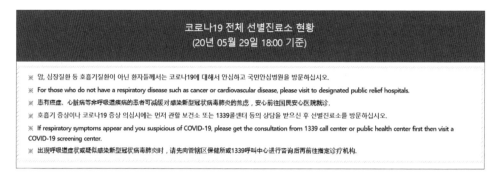

코로나19 전체 선별진료소 현황
(20년 05월 29일 18:00 기준)

※ 암, 심장질환 등 호흡기질환이 아닌 환자들께서는 코로나19에 대해서 안심하고 국민안심병원을 방문하십시오.

※ For those who do not have a respiratory disease such as cancer or cardiovascular disease, please visit to designated public relief hospitals.

※ 患有癌症、心脏病等非呼吸道疾病的患者可减缓对感染新型冠状病毒肺炎的焦虑，安心前往国民安心医院就诊.

※ 호흡기 증상이나 코로나19 증상 의심시에는 먼저 관할 보건소 또는 1339콜센터 등의 상담을 받으신 후 선별진료소를 방문하십시오.

※ If respiratory symptoms appear and you suspicious of COVID-19, please get the consultation from 1339 call center or public health center first then visit a COVID-19 screening center.

※ 出现呼吸道症状或疑似感染新型冠状病毒肺炎时，请先向管辖区保健所或1339呼叫中心进行咨询后再前往指定诊疗机构.

그림 4-4

국민안심병원	승차검진 선별진료소	검체채취 가능 진료소	전체 선별진료소

▌**전체 선별진료소 목록**

검색어를 입력하세요　　　　　　　　　[검색] [전체 목록]

시도 및 시군구, 선별진료소, 전화번호를 통합하여 검색합니다.
검색어 예시 : '서울' 또는 '중구' 또는 '보건소' 또는 '051'(전화번호 일부)

● 표시는 **검체채취**가 가능한 진료소

[x] 엑셀파일 다운로드　　[♥] 지도검색 바로가기

연번	시도	시군구	선별진료소	전화번호	지도
1	서울	강남구	강남구보건소●	02-3423-5555	지도
2	서울	강남구	삼성서울병원●	02-3410-2114	지도
3	서울	강남구	연세대학교의과대학강남세브란스병원●	02-2019-3114	지도
4	서울	강동구	강동경희대학교의대병원●	02-440-7000	지도
5	서울	강동구	강동구보건소●	02-3425-8565	지도
6	서울	강동구	한국보훈복지의료공단중앙보훈병원●	02-2225-1114	지도
7	서울	강북구	강북구보건소●	02-901-7706, 02-901-7704	지도
8	서울	강서구	강서구보건소●	02-2600-5868	지도
9	서울	강서구	이화여자대학교의과대학부속서울병원●	1522-7000	지도

그림 4-5

제일 상단에는 이 파일이 업데이트된 시간 정보를 보여준다. 정말 슬프다. 2020년 1월부터 지금까지, 코로나19 특집 뉴스가 여전히 이어지고 있다. 빨리 이 시기가 지나가길 염원한다.

아래 쪽에는 위처럼 실제 데이터와 데이터를 검색할 수 있는 기능까지 제공한다. 목록 오른쪽 상단의 [엑셀파일 다운로드]를 누르면 엑셀 파일로 다운로드할 수 있다. 이러한 데이터가 공개되는 것도 큰 변화 중 하나다. 필자에게 영감을 준 코로나맵이 탄생함으로써 데이터 분석에 대한 사람들의 인식도 살아나기 시작했다. 공공 데이터의 적극적인 공개로 앞으로 더 좋은 품질의 데이터를 분석할 수 있는 기회가 주어지길 기대한다.

파일을 다운로드하면 다음과 같은 엑셀 파일로 다운로드된다.

	A	B	C	D	E	F	G
1	기준일시	검체채취 가능여부	시도	시군구	의료기관명	주소	대표 전화번호
2	2020년 05월 29일 18시	O	서울	강남구	강남구보건소	서울특별시 강남구 선릉로 668 (삼성동)	02-3423-5555
3	2020년 05월 29일 18시	O	서울	강남구	삼성서울병원	서울특별시 강남구 일원로 81 (일원동, 삼성의료원)	02-3410-2114
4	2020년 05월 29일 18시	O	서울	강남구	연세대학교의과대학강남세브란스병원	서울특별시 강남구 언주로 211, 강남세브란스병원 (도곡동)	02-2019-3114
5	2020년 05월 29일 18시	O	서울	강동구	강동경희대학교의대병원	서울특별시 강동구 동남로 892 (상일동)	02-440-7000
6	2020년 05월 29일 18시	O	서울	강동구	강동구보건소	서울특별시 강동구 성내로 45 (성내동)	02-3425-8565
7	2020년 05월 29일 18시	O	서울	강동구	한국보훈복지의료공단중앙보훈병원	서울특별시 강동구 진황도로61길 53 (둔촌동)	02-2225-1114
8	2020년 05월 29일 18시	O	서울	강북구	강북구보건소	서울특별시 강북구 한천로 897 (번동, 강북보건소,번2동주민센터)	02-901-7706 / 02-901-7704
9	2020년 05월 29일 18시	O	서울	강서구	강서구보건소	서울특별시 강서구 공항대로 561 (염창동, 강서보건소)	02-2600-5868
10	2020년 05월 29일 18시	O	서울	강서구	이화여자대학교의과대학부속서울병원	서울특별시 강서구 공항대로 260, 이화여자대학교 제2부속병원 (마곡동)	1522-7000
11	2020년 05월 29일 18시	O	서울	관악구	관악구보건소	서울특별시 관악구 관악로 145 (봉천동)	02-879-7131
12	2020년 05월 29일 18시	O	서울	관악구	에이치플러스양지병원	서울특별시 관악구 남부순환로 1636, 양지병원 (신림동)	02-1877-8875
13	2020년 05월 29일 18시	O	서울	광진구	광진구보건소	서울특별시 광진구 자양로 117 (자양동)	02-450-1937
14	2020년 05월 29일 18시	X	서울	광진구	광진구보건소 자양보건지소	서울특별시 광진구 아차산로24길 17	02-450-7090
15	2020년 05월 29일 18시	O	서울	광진구	건국대학교병원	서울특별시 광진구 능동로 120-1 (화양동)	02-1588-1533
16	2020년 05월 29일 18시	O	서울	구로구	구로구보건소	서울특별시 구로구 구로중앙로28길 66 (구로동, 구로5동 주민센터, 구로구보건소)	02-860-2013~2015
17	2020년 05월 29일 18시	O	서울	구로구	고려대학교의과대학부속구로병원	서울특별시 구로구 구로동로 148, 고려대부속구로병원 (구로동)	02-2626-1114
18	2020년 05월 29일 18시	O	서울	구로구	구로성심병원	서울특별시 구로구 경인로 427	02-2067-1500
19	2020년 05월 29일 18시	O	서울	금천구	금천구보건소	서울특별시 금천구 시흥대로73길 70 (시흥동, 금천구보건소)	02-2627-2717
20	2020년 05월 29일 18시	O	서울	금천구	희명병원	서울특별시 금천구 시흥대로 244	02-2219-7231
21	2020년 05월 29일 18시	O	서울	노원구	노원구보건소	서울특별시 노원구 노해로 437 (상계동)	02-2116-4342~4
22	2020년 05월 29일 18시	O	서울	노원구	노원을지대학교병원	서울특별시 노원구 한글비석로 68, 을지병원 (하계동)	02-970-8000
23	2020년 05월 29일 18시	O	서울	노원구	인제대학교상계백병원	서울특별시 노원구 동일로 1342, 상계백병원 (상계동)	02-950-1114

그림 4-6

위 데이터는 공개 데이터이니 별도의 비식별 처리를 하지 않겠다. 파일 내용으로는 시도와 시/군구, 기관명, 주소, 전화번호와 같은 간단한 정보가 제공된다. 실습으로 활용하기에 부족함이 없다.

이제 분석을 위한 파일이 확보되었다.

2. 파일 기반 적재 방법

엘라스틱서치의 파일 업로드 기능은 CSV, JSON과 같이 텍스트 파일 형태의 업로드 방식을 제공한다. CSV 타입을 제공한다는 것은, 달리 이야기하면 엑셀 파일을 이용한 업로드가 가능하다는 것이다. 이 책에서는 위에서 다운로드한 엑셀 파일을 CSV 타입으로 변환하여 저장하고 키바나의 웹 기능을 이용하여 엘라스틱서치에 적재하는 실습을 해보려고 한다.

우선 파일이 확보되었으니 엘라스틱서치를 실행한다.

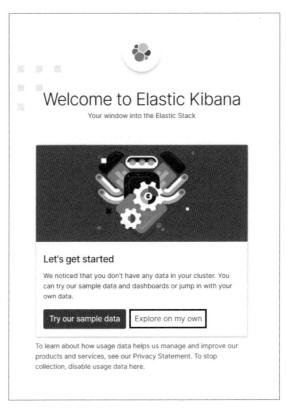

그림 4-7

엘라스틱서치는 화면이 없는 솔루션이므로 키바나를 통해 데이터를 조회할 수 있도록 한다. 처음 키바나를 실행해도 오픈소스이므로 로그인 기능을 별도로 제공하지 않는다. [그림 4-7]처럼 샘플 데이터를 이용할지, 자신의 데이터를 이용하여 분석할지 선택할 수 있는 화면이 나온다. 일단 [Explore on my own]을 눌러서 키바나 메인 화면으로 넘어간다.

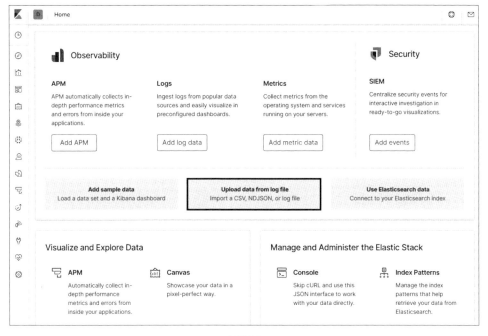

그림 4-8

키바나 Home 화면에서는 키바나에서 제공하는 다양한 기능을 소개하는데, 쓸 만한 기능이 참 많다. 가능하면 쓸 만한 기능을 모두 설명할 생각이지만, 이 단계에서 살펴볼 기능은 "Upload data from log file"이라는 이름으로 소개된 기능이다. 이 기능은 사용자가 보유하고 있는 데이터를 키바나에서 활용 가능한 형태로 변환하여 업로드하면 정적이긴 하지만 데이터 내에서 해볼 수 있는 다양한 분석을 할 수 있다는 장점이 있다.

이동하고 나면 [그림 4-9]처럼 "Visualize data from a log file"이라는 문구가 보인다. 맞다. 엘라스틱서치는 로그 분석과 같은 시스템 모니터링 기능을 위주로 활용된다.

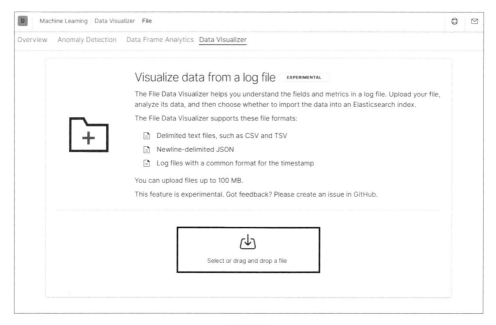

그림 4-9

하지만 용도를 달리하면 비전문가도 사용할 수 있는 효과적인 데이터 분석 툴이 되리라는 것이 필자의 생각이다. 엘라스틱서치는 제공하는 기능에 대해 상당히 자세하게 가이드하는 편이다. 안내문을 읽어보자.

안내문의 요점은 내 파일 데이터를 업로드하고 분석한 뒤에 엘라스틱서치에 인덱스 처리를 할 것인지 말 것인지를 결정할 수 있다는 것이다. 이 말은 곧 파일 데이터를 업로드하여 분석할 수 있고 원하는 경우 엘라스틱서치에 적재하여 데이터를 검색할 수 있는 시각화까지 가능하다고 이해할 수 있겠다.

그렇다면 파일을 업로드해보자. 업로드에 사용할 파일로 좀 전에 다운로드한 선별진료소 목록을 사용한다. 참고로 [그림 4-11]의 화면에서 안내하듯, 파일 업로드 형식은 CSV와 JSON 같은 형식을 지원한다. 우리가 사용할 파일은 엑셀 파일이므로 엑셀에서 직접 CSV로 저장하여 활용한다.

엘라스틱서치에 업로드할 파일은 저장할 때에 반드시 UTF8 타입으로 저장해야 한다. 저장하는 방법은 실습 내용에 포함되어 있다.

 엘라스틱서치는 해외 솔루션이다. 그래서 한글을 지원하지 않는다. 필자가 영어를 잘하는 편은 아니지만 유용한 편법(?)을 이용해서 문제 없이 사용하고 있다. 그 비법은 바로 구글 크롬(Chrome) 브라우저에 있다. 구글의 모든 페이지에서는 영문의 한글 번역이 클릭만으로 가능하다.(물론 반대의 경우도 그렇다.)

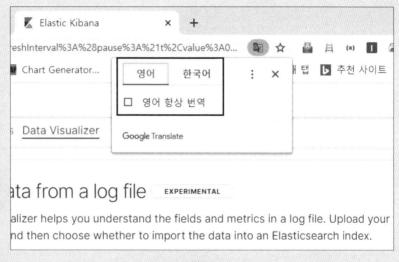

그림 4-10

위 탭에서 "한국어"를 클릭하면 완전하지는 않지만 꽤 이해될 법한 한글 번역 화면으로 변경된다.

그러면 [그림 4-11]과 같이 한글 번역이 어느 정도 가능하다. 필자는 주로 이 기능을 활용하여 영어의 장벽을 해소하는 편이다. 영어를 잘하면 다행이지만, 필자처럼 영어와 담 쌓은 분들은 구글의 자동번역 기능을 이용해보자. 유용하다.

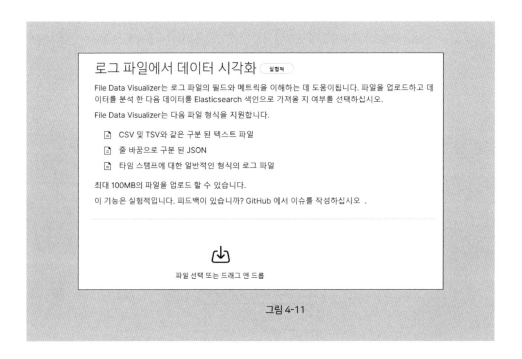

그림 4-11

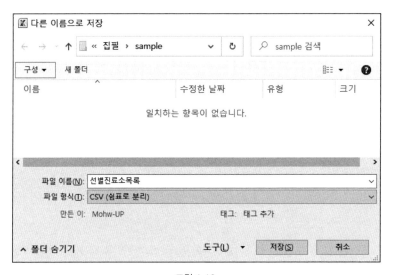

그림 4-12

저장하는 중 경고 메시지가 나오면 [예]를 누르고 넘어간다.

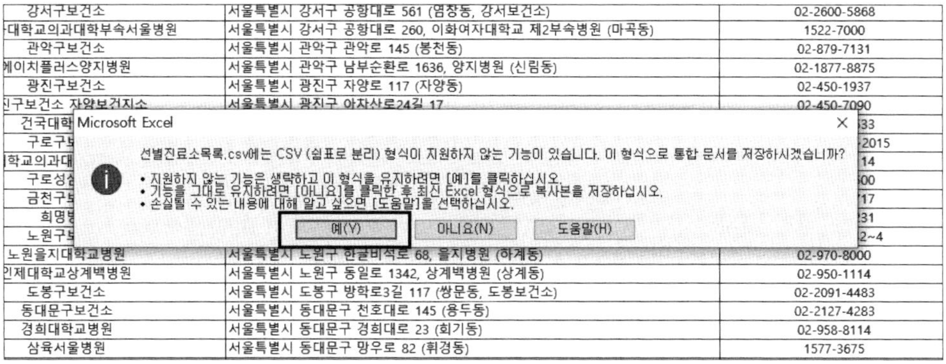

강서구보건소	서울특별시 강서구 공항대로 561 (염창동, 강서보건소)	02-2600-5868
대학교의과대학부속서울병원	서울특별시 강서구 공항대로 260, 이화여자대학교 제2부속병원 (마곡동)	1522-7000
관악구보건소	서울특별시 관악구 관악로 145 (봉천동)	02-879-7131
에이치플러스양지병원	서울특별시 관악구 남부순환로 1636, 양지병원 (신림동)	02-1877-8875
광진구보건소	서울특별시 광진구 자양로 117 (자양동)	02-450-1937
진구보건소 자양보건지소	서울특별시 광진구 아차산로24길 17	02-450-7090

그림 4-13

이렇게 저장된 파일을 메모장으로 열어 데이터를 확인해보자. 물론 잘 저장되었겠지만, 돌다리도 두들겨보는 습관은 유익하다.

파일을 열면 다음과 같은 데이터를 확인할 수 있다.

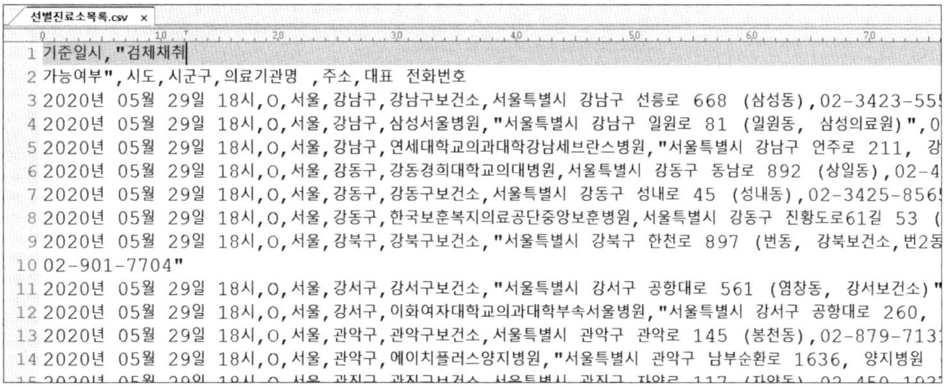

그림 4-14

몇 가지 문제점이 눈에 띌 것이다. "검체채취 가능여부"가 엑셀 파일 특성상 개행문이 포함되어 줄넘김되고, 전화번호도 문단 개행문으로 줄넘김되어 "02-901-7704"가 문의 맨 앞에 위치함을 볼 수 있다. 엑셀에서 제공하는 CSV 타입은 쌍따옴표(")로 항목을 구분한다. 위처럼 줄넘김이 되어도 키바나의 적재 기능에서는 한 항목으로 처리된다.

또 하나가 있다. 엘라스틱서치는 외산 제품이므로 파일 저장 시 인코딩 타입이 매우 중요하게 작용한다. 파일 저장 시 반드시 "UTF8"로 저장해야 한글이 깨지지 않고 바르게 표현된다.

[그림 4-15]처럼 저장한 뒤에 키바나의 업로드 기능을 이용해서 파일을 업로드한다.

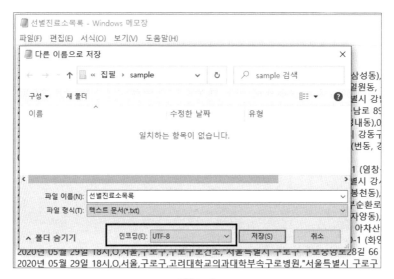

그림 4-15

그림 4-16

파일을 선택하여 업로드한다.

그림 4-17

업로드하고 나면 업로드한 파일의 일부분을 상단에 표시해준다. [그림 4-14]에서 확인한 내용과 동일하게 문단 개행문이 삽입된 상태의 결과를 보여준다. 참고로 UTF8 타입으로 인코딩되어서 한글도 정상으로 보이는 것을 확인할 수 있다.

Summary

Number of lines analyzed	621
Format	delimited
Delimiter	,
Has header row	true

[Override settings]

그림 4-18

다음에는 Summary 결과를 보여준다. 즉 데이터의 라인 수, 포맷, 구분자, 제목줄이 포함되었는지 여부 등이다. 아래에 있는 [Override settings]를 누르면 혹시라도 파일에 대한 분석 결과가 다른 경우, 위에서 이야기한 속성 정보를 조정하고 Field 제목을 수정할 수 있는 옵션을 제공한다.

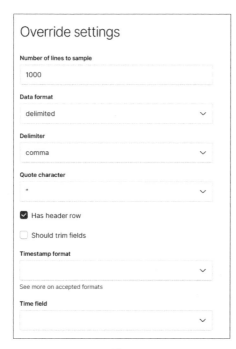

그림 4-19

그림 4-20

사용자의 편의를 상당히 배려한 기능인 듯싶다.

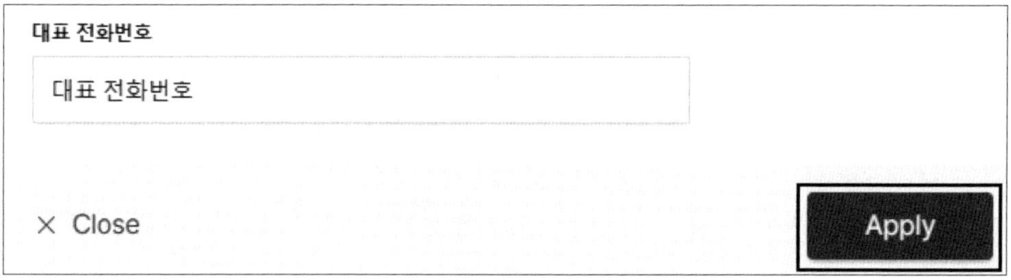

대표 전화번호
대표 전화번호

× Close   **Apply**

그림 4-21

[Apply]를 누르면 변경사항이 적용된다.

이제부터가 중요하다. "File stats"라는 탭에 데이터의 품질검사 결과를 보여주는 메뉴가 있다. [그림 4-22]의 결과를 보자.

그림 4-22

엘라스틱서치는 고맙게도 한글 칼럼을 지원한다. 이것은 바로 JSON 타입의 데이터를 처리하기 때문이다. key/value 타입이므로 칼럼명에 한글 등과 같이 다양한 문자를 사용하는 것이 가능하다.

데이터를 하나씩 살펴보면 다음과 같이 이해할 수 있다.

번호	칼럼명	분석 결과
1	기준일자	총 589건의 레코드가 적재되었고, 1가지 패턴으로 이루어진 데이터가 적재되었다.
2	검체채취 가능여부	총 589건의 레코드가 적재되었고, 2가지 패턴으로 이루어진 데이터가 적재되었다. 적재된 데이터는 O가 97.11%, X가 2.89%로 이루어졌다.
3	시도	총 589건의 레코드가 적재되었고, 17가지 패턴으로 이루어진 데이터가 적재되었다. 적재된 데이터는 경기, 서울, 전남, 경남 순으로 구성되었다.
4	시군구	총 **587**건의 레코드가 적재되었고, 218가지 패턴으로 이루어진 데이터가 적재되었다. 적재된 데이터는 서구, 중구, 남구, 동구 순으로 구성되었다. **레코드가 2개 적은 이유는 CSV 파일에 세종시의 시군구 항목이 비었기 때문이다.**
5	의료기관명	총 589건의 레코드가 적재되었고, 569가지 패턴으로 이루어진 데이터가 적재되었다. 적재된 데이터는 동구보건소, 중구보건소, 북구보건소, 서구보건소 순으로 구성되었다. **의료기관명이 서로 다른 시/도에서 구명이 같은 경우가 있어서 일부 중복제거 데이터가 존재하기 때문인 것으로 보인다.**
6	주소	총 589건의 레코드가 적재되었고, 동일한 패턴 없이 각 데이터의 패턴이 모두 다르다. 적재된 데이터는 모든 레코드가 0.17%로 균일하게 구성됨을 볼 수 있다.

이렇게 엑셀 파일(CSV)을 업로드하는 것만으로도 데이터의 구성이 어떻게 되는지, 중복된 데이터나 패턴의 순위별로 데이터를 한눈에 분석하는 것이 가능하다. 현재 사용 중인 샘플에는 없지만 숫자형 데이터가 포함된 경우 [그림 4-23]과 같이 최솟값, 중위값, 최댓값까지 분석하여 화면에 표시해준다.

[그림 4-23]은 별도의 파일을 이용해서 샘플을 만들어본 결과다. 총 33건의 document가 저장되었고, 그중 32가지 패턴으로 값이 저장되었다. 데이터는 "#" 타입으로 숫자형이고, 최솟값이 1이며 중위값이 562이고, 최댓값이 4,396,424다. 이 정도의 기본적인 분석을 수행해준다. 실무에서 데이터 분석을 수행할 때 간단해서 오히려 간과하기 쉬운 부분이기 때문에 데이터 분석 시 이를 자동으로 수행해준다면 적지 않은 도움이 될 것이다.

이렇게 분석된 데이터는 [그림 4-24]의 아래에 있는 [Import]를 누르면 최종으로 엘라스틱서치에 저장된다. 물론 당연한 말이겠지만 [Cancel]을 누르면 파일을 다시 업로드하는 화면으로 이동한다.

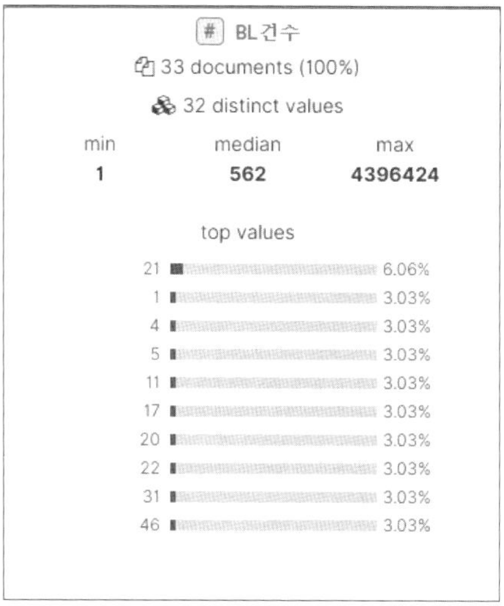

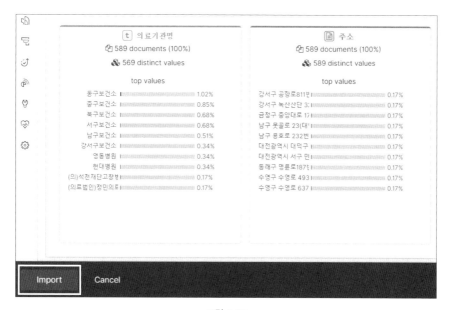

그림 4-23

그림 4-24

[그림 4-25]는 [Import]를 누르면 이동되는 화면이다. 엘라스틱서치에 저장하기 위해 파일의 인덱스명을 지정해야 한다. 탭이 2개 보이는데, "Simple"은 별도의 설정이나 변경사항 없이 인덱스 이름만 지정하여 저장하는 경우에 사용한다. 인덱스 이름은 "선별진

료소"라고 작성했다.

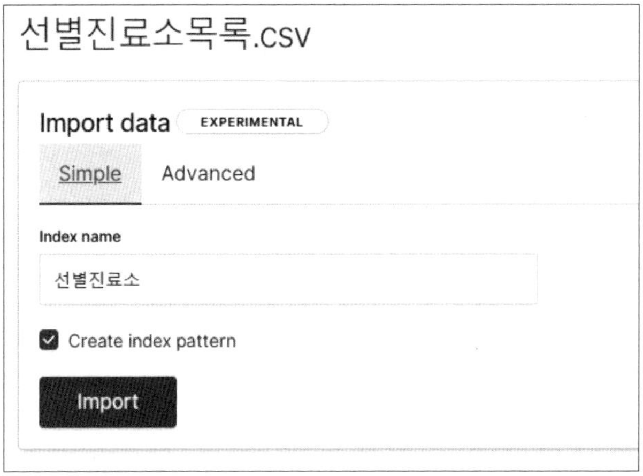

그림 4-25

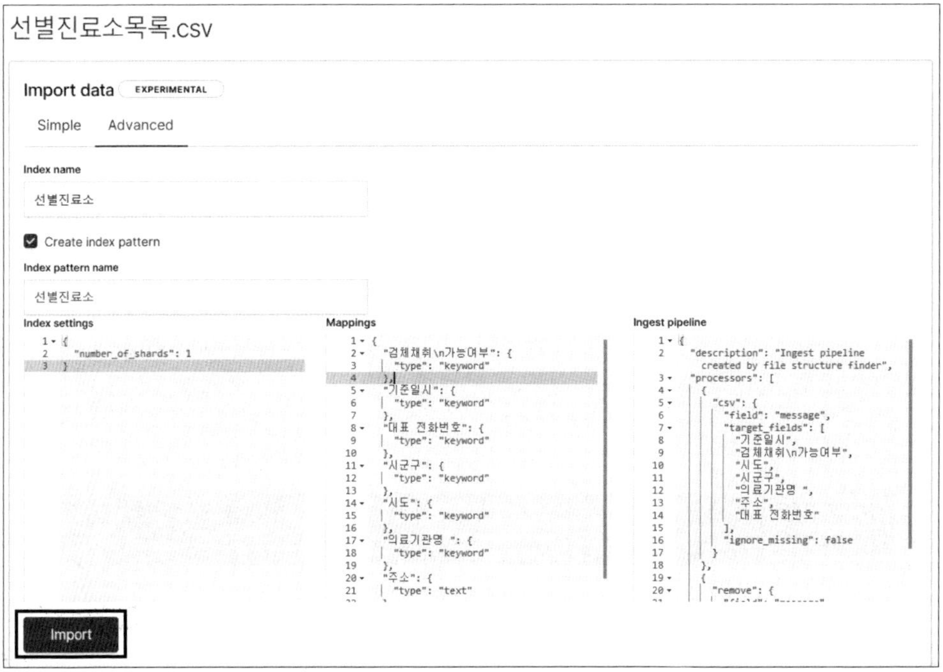

그림 4-26

"Advanced"는 [그림 4-26]과 같이 인덱스의 설정(Index settings)이나 매핑 정보의 변경

(Mappings), 적재 시 옵션(Ingest pipeline) 등을 할 수 있는 화면을 보여준다. 단, 이 설정을 모두 설명하려면 내용이 길어질 테니 이후에 실습을 진행하면서 필요한 경우 설명하겠다.

설정에 특별한 문제가 없다고 판단되면 [Import]를 눌러서 엘라스틱서치에 저장하는 일을 마무리한다. [Import]를 눌러주자.

그림 4-27

[Import]를 누르면 [그림 4-27] 처럼 Import 버튼이 Reset 버튼으로 변경된다. 엘라스틱서치에 저장이 완료되고, 변경사항이 있을 경우 수정한 뒤에 [Reset]을 누르면 설정이 변경된다. 그리고 아래로 더 내려가면 Import 이벤트에 대한 처리 결과를 확인할 수 있는 정보를 보여준다.

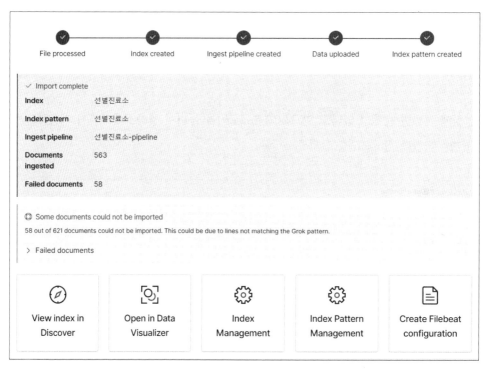

그림 4-28

[그림 4-28]을 보면 데이터 처리의 순서를 나타내는 시각화 정보가 제일 상단에 표시된다. 상태별 이벤트는 다음과 같이 설명할 수 있다.

번호	상태	설명
1	File processed	CSV 파일을 읽어들여서 엘라스틱서치 적재를 위한 처리를 한다.
2	Index created	데이터를 적재할 인덱스를 미리 생성한다.
3	Ingest pipeline created	파일 처리를 위한 파이프라인을 생성한다.
4	Data uploaded	준비된 파일의 데이터를 미리 생성한 인덱스로 등록하되, 파이프라인에 설정된 옵션에 따라 데이터를 적재한다.
5	**Index pattern created**	키바나에서 엘라스틱서치에 적재된 인덱스를 조회할 수 있도록 인덱스 패턴을 생성하여 연결해준다.

위와 같은 순서로 데이터가 저장된다. 이때 유의할 점은 엘라스틱서치에 데이터가 적재되어도 키바나에서 즉각 확인할 수는 없다는 사실이다. 로그스태시나 스프링 배치를 통한 데이터 적재 시 다시 한번 설명하겠지만, 키바나에서 엘라스틱서치 데이터를 조회하려면 인덱스 패턴을 생성하여 조회할 인덱스와의 연결이 필요하다. 반드시 기억해두자!

[그림 4-28]의 그다음 내용에서는 생성된 인덱스 이름과 인덱스 패턴, 파이프라인 정보와 등록된 document의 개수가 보이고, 맨 아래의 "Failed documents"라는 항목에서 58건이 보인다. 바로 하단에 오류 내용을 볼 수 있는 메뉴가 보인다. 오류 메시지를 확인하면 [그림 4-29]와 같은 내용을 보여준다.

그림 4-29

데이터 분석 시에는 589건의 document가 있음을 확인할 수 있었는데, 실제 데이터를 적재하면 563건만 적재된다. 오류 내용을 보면 데이터 값에 포함된 특수문자나 개행문 때문에 오류가 발생했음을 알 수 있다.

오류 메시지를 자세히 보면 다음과 같이 문단 개행문이 포함되었다.

```
0: Unmatched quote
{"message":"기준일시,\"검체채취"}
1: Illegal character inside unquoted field at 4
{"message":"가능여부\",시도,시군구,의료기관명 ,주소,대표 전화번호"}
```

한 칼럼 안에 두 줄 이상이 입력되면 파싱(parsing) 처리 중에 오류가 발생하는 것이다. 단순한 적재 기능이기 때문에 오류를 발생시키고 데이터를 적재하지 않지만, 로그스태시를 사용하거나 스프링 배치를 이용한 데이터 적재 시에는 해당 문자열을 삭제한 뒤에 처리하도록 조치할 수 있다.

마지막으로 적재된 데이터를 확인하는 메뉴들이 바로 이어진다.

그림 4-30

왼쪽부터 순서대로 확인해보겠다.

"View Index in Discover"는 키바나의 기본 데이터 조회 기능으로, 인덱스별로 데이터를 조회할 수 있는 기능이다. 앞서 시각화 소개 부분에서 설명한 기능인데, 선별진료소 내용을 기준으로 조회해보면 [그림 4-31]처럼 563개의 documnent가 적재되었음을 확인할 수 있다.

"Open in Data Visualizer"는 이전에 보았던 데이터의 항목별 분석 결과를 보여주는 데이터 조회 페이지로 다시 넘어갈 수 있는 기능이다. 버튼을 누르면 [그림 4-32]와 같이 데이터 조회 화면으로 이동하는 것을 확인할 수 있다.

"Index Management"를 누르면 [그림 4-33]처럼 파일 업로드를 통해 생성된 엘라스틱서치의 인덱스 설정 페이지로 넘어간다. 인덱스 삭제, 새로고침, 상태 조회 등의 기능을 사용할 수 있다.

그림 4-31

그림 4-32

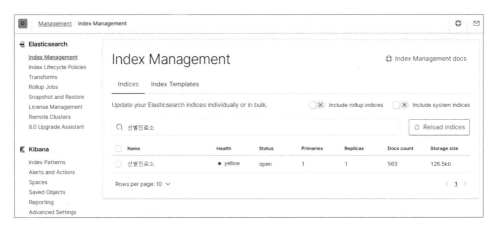

그림 4-33

우리가 생성한 "선별진료소" 인덱스가 정상적으로 생성된 것을 볼 수 있다.

"Index Pattern Management"는 엘라스틱서치의 인덱스를 키바나에서 조회할 수 있도록 생성된 인덱스 패턴에 대한 조회 및 설정 페이지로 이동하는 기능이다. [그림 4-34]처럼 인덱스 패턴에서는 엘라스틱서치 인덱스에 생성된 칼럼 단위의 매핑 정보가 조회되는 것을 볼 수 있다.

다시 느끼지만 한글로 칼럼명을 사용할 수 있다는 것은 국내에서 주로 사용되는 오라클이나 여타 데이터베이스와 차별화되는 점이고, 비개발자가 적응하기에 매우 효율적이다. 아무튼 이렇게 인덱스 패턴까지 조회할 수 있도록 연결되어 있다.

"Create Filebeat configuration"은 현재 파일 업로드에서 사용한 적재 기능을 그대로 FIleBeat 설정을 통해 재활용할 수 있도록 설정 정보를 출력해준다. 바꿔 생각하면 키바나에서 파일 업로드 처리를 할 때에도 FileBeat를 내부적으로 활용해서 업로드하는 것이라 예상할 수 있겠다.

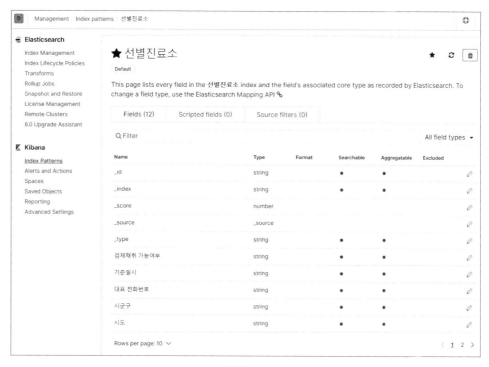

그림 4-34

```
Filebeat configuration

Additional data can be uploaded to the  선별진료소  index using Filebeat.
Modify  filebeat.yml  to set the connection information:

    filebeat.inputs:
    - type: log
      paths:
        - '<add path to your files here>'
      exclude_lines: ['^"?기준일시"?,"?검체채취
가능여부"?,"?시도"?,"?시군구"?,"?의료기관명 "?,"?주소"?,"?대표 전화번호"?']

    output.elasticsearch:
      hosts: ["<es_url>"]
      index: "선별진료소"
      pipeline: "선별진료소-pipeline"

    setup:
      template.enabled: false
      ilm.enabled: false

Where  <es_url>  is the URL of Elasticsearch.

× Close                                    Copy to clipboard
```

그림 4-35

[Copy to clipboard]를 누르면 내용이 저장된다. 설정을 보면 Fliebeat를 통해 데이터를 적재할 때 index는 "선별진료소", pipeline은 이미 내부적으로 생성된 "선별진료소-pipeline"을 활용하여 데이터를 적재함을 알 수 있다. 비츠는 다음 절에서 살펴본다.

여기까지 키바나에서 엑셀 파일을 활용하여 데이터를 적재하는 기능을 살펴보았다. 이 정도 지식을 갖춘다면 비개발자도 엘라스틱서치를 활용하여 데이터를 적재하는 일이 어렵지 않을 것이다.

3. 비츠 기반의 데이터 적재

위에서 FileBeat에 대해 언급한 바 있다. 그래서 바로 이어서 Beat를 짚고 넘어가려고 한다. 엘라스틱서치에서는 사용자의 편의를 위해 다양하고도 세심한 노력을 기울였는데, Beat도 그중 하나라고 본다. 사실 엘라스틱서치에는 로그스태시라고 하는 훌륭한 ETL 모듈이 있는데 그것은 다음에 살펴보기로 하고, 우선 Beat에 대해 알아보자.

Filebeat이기 때문에 위에서 사용한 "선별진료소.csv" 파일을 활용한다. 우선 이전에 설치한 Filebeat의 설정파일을 열어보자. Filebeat는 설정파일에 기초하여 구동되기 때문에 설정파일에 대한 작성만 잘 해주면 바로 사용이 가능하다.

Filebeat.yml 파일을 열면 다음과 같은 내용을 확인할 수 있다.

```
#==================== Filebeat inputs ====================
filebeat.inputs:
- 중략 -
- type: log
  # Change to true to enable this input configuration.
```

```
enabled: true
# Paths that should be crawled and fetched. Glob based paths.
paths:
  #- /var/log/*.log
  #- c:\programdata\elasticsearch\logs\*
  - C:\elasticsearch\filebeat-7.7.1-windows-x86_64\sample\*
```

기존 설정파일에서 enabled의 값을 "true"로 바꿔주고, 윈도우 타입의 경로를 "#"으로 주석 처리한 뒤, 새롭게 테스트할 폴더를 지정해준다.

그리고 데이터가 저장될 엘라스틱서치의 설정 정보를 확인한다. 기본으로 localhost의 엘라스틱서치를 바라보도록 설정되었다. 그대로 놔두자.

```
#-------------------------- Elasticsearch output --------------------------
output.elasticsearch:
  # Array of hosts to connect to.
  hosts: ["localhost:9200"]
```

이제 Filebeat에 설정한 경로에 샘플 파일인 "선별진료소.csv"를 저장한다.

그림 4-36

[그림 4-36]처럼 폴더 안에 파일이 준비되었다. 이제 Filebeat를 실행해보겠다. 다음과 같이 CMD 콘솔창을 실행하자.

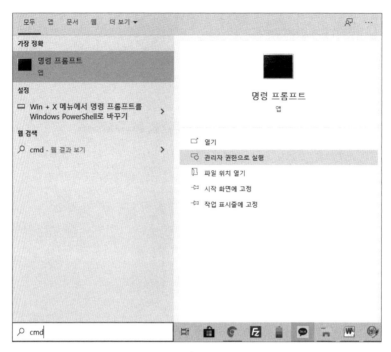

그림 4-37

[그림 4-37]처럼 "cmd"라고 입력한 뒤에 실행해준다. 이때 가능하면 [관리자 권한으로 실행]을 눌러서 실행하자.

```
cd C:\elasticsearch\filebeat-7.7.1-windows-x86_64
```

위와 같이 명령을 실행해서 Filebeat의 설치 위치로 이동한다.

그리고 직접 작성한 yml 파일을 적용해서 Filebeat를 실행해준다.

```
filebeat.exe -c filebeat.yml
```

위처럼 입력하면 Filebeat가 실행된다. 이때 실행이 잘 되었는지 확인하려면 키바나를 실행하는 방법도 있겠지만, 여기서는 Filebeat의 자체 로그를 통해 확인하는 방법을 설명하겠다.

Filebeat 설치 폴더에 있는 log 폴더로 들어가서 filebeat 파일을 열고 제일 하단에 다음과 같은 로그가 남아있음을 확인할 수 있다.

```
2020-06-09T22:11:02.420+0900    INFO    [monitoring]    log/log.go:145  N o n -
zero metrics in the last 30s    {"monitoring": {"metrics": {"beat":{"cpu":{"sys
tem":{"ticks":109,"time":{"ms":109}},"total":{"ticks":421,"time":{"ms":421},"val
ue":421},"user":{"ticks":312,"time":{"ms":312}}},"handles":{"open":259},"info":{
"ephemeral_id":"dda3870d-9f0f-4846-9fa6-cfa446c1d135","uptime":{"ms":30087}},"me
mstats":{"gc_next":15069456,"memory_alloc":8143672,"memory_total":59748984,"rss"
:48377856},"runtime":{"goroutines":31}},"filebeat":{"events":{"added":622,"done"
:622},"harvester":{"files":{"5754dd0b-e04a-4853-8e12-40afa119814c":{"last_event_
published_time":"2020-06-09T22:10:35.406Z","last_event_timestamp":"2020-06-
09T22:10:35.406Z","name":"C:\\elasticsearch\\filebeat-7.7.1-windows-x86_64\\
sample\\선별진료소목록.csv","read_offset":78267,"size":78267,"start_time":"2020-
06-09T22:10:32.419Z"}},"open_files":1,"running":1,"started":1}},"libbeat":{"config
":{"module":{"running":0},"reloads":1,"scans":1},"output":{"events":{"acked":621
,"batches":13,"total":621},"type":"elasticsearch"},"pipeline":{"clients":1,"even
ts":{"active":0,"filtered":1,"published":621,"retry":50,"total":622},"queue":{"ack-
ed":621}}},"registrar":{"states":{"current":1,"update":622},"writes":{"success"
:14,"total":14}},"system":{"cpu":{"cores":8}}}}}
```

다른 로그도 많지만, sample 폴더에 넣어둔 "선별진료소.csv" 파일이 로딩되었음을 확인할 수 있다. 파일이 로딩되지 않았다면 위와 같은 로그는 볼 수 없다.

이제 엘라스틱서치에 정상적으로 적재되었는지 확인하기 위해 키바나를 실행하고 관리 메뉴에 있는 엘라스틱서치 인덱스 내역 조회 페이지를 확인해보자.

[그림 4-38]을 보면, 누가 봐도 Filebeat로 생성된 것 같은 인덱스가 새로 만들어졌음을 볼 수 있다. 물론 인덱스명을 지정할 수도 있다. 다양한 옵션을 제공하지만, 이 책에서는 Beat에 대한 내용을 다루지 않으므로 이런 방식의 데이터 적재도 가능하다는 사실을 아는 것으로 만족한다.

그림 4-38

Beat는 주로 파일을 직접 모니터링하거나 서버 상태를 모니터링하거나 네트워크 트래픽을 확인하는 등 특정 모니터링 타입에 집중된 모듈이라고 생각하면 된다. 다음 순서에서 소개할 로그스태시는 좀 더 범용으로 사용할 수 있는 모듈로서 운영시스템에서 활용하기에도 충분하지만, 로그스태시로도 부족한 부분이 있기 때문에 스프링 배치를 이용한 배치 프로세스까지 설명하고자 한다.

4. 로그스태시 기반의 데이터 적재

로그스태시를 이용한 데이터 적재를 설명하겠다. 로그스태시는 Beat와 다르게 다양한 input과 filter 기능 그리고 output 모듈을 사용할 수 있다. 여기에서는 로그스태시에서 제공하는 다양한 모듈을 주요하게 사용하는 기능을 위주로 간단하게 설명하고, 데이터베이스에 데이터를 적재하고 로그스태시를 통해 ETL하는 과정을 설명한다.

본래 이 과정 이전에 Postgresql을 미리 설치하고 샘플을 등록하는 작업이 선행되어야 한다. Postgresql은 오픈소스 데이터베이스이므로 온라인에서 다운로드하면 무료 사용이 가능하다. 데이터베이스의 설치와 데이터 적재 방법은 뒤에 따로 정리해둘 테니 참고하여 작업 환경을 준비하기 바란다. 로그스태시는 총 3가지 과정을 통해 데이터를 조회하고 정제하고 등록한다. 이제부터 하나씩 설명해보겠다. 다음부터 이어질 내용에는 로그스태시의 플러그인 설명과 실제 데이터를 조회하고 등록하는 부분을 상세히 담았다. 테스트 데이터를 등록하기 위해 오픈소스인 postgresql을 설치하는 내용이 포함되어있는데, 다소 로그스태시의 내용을 벗어난다고 생각할 수 있겠지만, 로그스태시를 실제로 사용하기 위한 테스트라고 생각하면 될 것 같다.

4.1 다양한 플러그인

로그스태시는 각 모듈과 실습 환경의 준비, 실습까지 3단계로 나눠 설명할 것이다. 로그스태시는 실무에서도 활용할 만큼 간단하지만 강력한 기능이다. 각 플러그인부터 알아보자.

4.1.1 input 모듈

input 모듈은 제목 그대로 데이터를 로그스태시에 input해주는 역할을 한다. 일반적으로는 "데이터를 조회한다"는 말이 더 잘 어울리는 듯하다. input 모듈은 2020년 6월을 기준으로 약 54개가 업데이트된 상태다. 여기서는 몇 가지 기능만 설명한다. 모든 모듈이 궁금하다면 엘라스틱서치 홈페이지를 방문해보기 바란다.

번호	모듈명	설명
1	beats	바로 직전에 설명한 Beat로부터 데이터를 수신하는 모듈
2	elasticsearch	엘라스틱서치의 데이터를 조회할 수 있도록 지원하는 모듈
3	file	Filebeat와 비슷하게 file을 이용하여 데이터를 적재하는 모듈
4	http	http와 https에 대한 이벤트를 모니터링하는 모듈
5	**jdbc**	Jdbc를 이용한 데이터베이스 호출을 지원하는 모듈

이 책에서는 input 모듈 중 "jdbc" 모듈을 사용할 계획이다. 책의 주된 내용이 개인용 데이터 분석 시스템을 대상으로 하므로 이미 데이터베이스를 갖고 있거나, 만약에 데이터

베이스가 없다면 오픈소스인 postgresql을 이용하여 데이터베이스를 구축하고, 로그스태시를 이용하여 데이터를 조회하여 활용하는 방법을 설명하는 것이 최종 목표다.

일단 jdbc의 가이드 내용을 살펴보자.

Description

This plugin was created as a way to ingest data in any database with a JDBC interface into Logstash. You can periodically schedule ingestion using a cron syntax (see schedule setting) or run the query one time to load data into Logstash. Each row in the resultset becomes a single event. Columns in the resultset are converted into fields in the event.

가이드에 의하면, 이 플러그인은 데이터베이스의 데이터를 수집하는 기능으로서 CRON 구문을 이용해서 주기적으로 스케줄링하여 쿼리를 실행하고, 결과 집합의 단일행 단위로 이벤트되어 처리된다. 열은 필드로 변환되어 처리된다. 드라이버를 별도로 지원하지 않고 외부 라이브러리를 명시적으로 설정하여 사용할 수 있다. 스케줄은 rufus-scheduler의 구문을 따른다.

코드 내용은 다음과 같다.

```
input {
  jdbc {
    jdbc_driver_library ⇒ "mysql-connector-java-5.1.36-bin.jar"
    jdbc_driver_class ⇒ "com.mysql.jdbc.Driver"
    jdbc_connection_string ⇒ "jdbc:mysql://localhost:3306/mydb"
    jdbc_user ⇒ "mysql"
    parameters ⇒ { "favorite_artist" ⇒ "Beethoven" }
    schedule ⇒ "* * * * *"
    statement ⇒ "SELECT * from songs where artist = :favorite_artist"
  }
}
```

엘라스틱서치에서는 mysql-connector를 이용한 샘플을 제공한다. 자바 개발자라면 위 설정 내용이 익숙하겠지만, 독자 중에 비개발자가 있을 수 있으니 간략히 설명한다.

"jdbc_driver_library"는 데이터베이스 접속을 위해 데이터베이스 제작사에서 배포하는 라이브러리다. My-sql은 오픈소스 데이터베이스로서 다양한 실습과 강좌, 소규모 시스템에서 활용되며 엘라스틱서치도 이를 활용하여 다양한 샘플을 제공한다.

"jdbc_driver_class"는 위에 설정된 my-sql-connector-java-5.1.36-bin.jar 파일에 포함된 자바 클래스 중 메인 클래스에 해당하는 Driver 클래스를 설정한 것이다.

"jdbc_connection_string"은 데이터베이스에 접속하기 위해 필요한 접속 정보라고 생각하면 좋다. 웹사이트 접속을 위해 URL을 입력하는 것처럼 데이터베이스에 접속하기 위해 IP와 포트, 데이터베이스명 등의 정보를 입력한다.

"jdbc_user"는 데이터베이스에서 사용할 사용자 정보를 입력받는 항목이다. 물론 패스워드를 입력받는 jdbc_password라는 설정도 있는데, 무슨 이유인지 가이드에 작성된 설정에는 누락되었다.

"Parameters"는 접속 시 변수값을 전달할 수 있도록 제공하는 기능이다. 가이드에서는 favorite_artist라는 변수에 "Beethoven"이라는 텍스트를 대입하여 전달하는 설정을 보여준다. 이는 아래 Statement에서 변수처럼 사용할 수 있도록 제공한다.

"Schedule"은 데이터를 접속해서 조회할 수 있는 주기를 설정한다. 위에 설명한 Desction을 보면 스케줄 방식은 rufus-scheduler 구문을 따른다. rufus-scheduler까지 알 필요는 없고, 로그스태시에서 사용할 만한 기능 내에서만 알면 되겠다.

"Statement"는 데이터를 조회하는 SQL 문을 입력값으로 설정한다. 데이터를 어떻게, 어떤 형식으로 조회해서 사용할지 결정하기 때문에 옵션이 중요하며 가장 신경 써야 한다. 가이드에서 제공하는 설정에서는 songs라는 테이블을 조회함에 있어서 favorite_artist (:favorite_artist) 변수를 세팅하여 조건문으로 사용하고 있다.

이러한 설정들을 이용해서 input 플러그인을 사용할 수 있다. 당연한 이야기겠지만 플러그인마다 사용하는 옵션이 제각각 다르다. 다양하게 다루면 좋겠지만, 이 책의 주제가 개인용 데이터 분석 플랫폼이므로 데이터베이스에서 데이터를 가져오는 jdbc 플러그인에 대해서만 설명한다.

4.1.2 filter 모듈

input 플러그인을 통해 조회한 데이터를 정제하거나 가공하고, 클렌징, 신규 칼럼의 추가, 조합, 삭제 등의 작업을 할 수 있는 filter 플러그인에 대해 알아본다. 이 역시 가장 많이 사용되는 플러그인만 간단히 설명하겠다.

filter 모듈은 현재 2020년 6월 기준으로 약 46개가 업데이트된 상태다. 그중 가장 많이 사용되는 몇 가지만 설명한다.

번호	모듈명	설명
1	mutate	속성 값에 대한 변형 작업을 지원하는 모듈
2	metrics	속성 값에 대한 집계를 지원하는 모듈
3	ruby	복잡한 변형이 필요할 때, Ruby 스크립트를 코딩할 수 있도록 제공하는 모듈

가장 많이 사용하는 모듈은 mutate다. 사실 이 플러그인만으로도 많은 작업을 거뜬히 해낼 수 있는데, 대부분의 정제나 변형은 SQL 범위에서 선조치가 가능하기 때문이다. 최소한 필자가 작업할 때에는 mutate만으로 대부분의 조치를 할 수 있었다. 그럼 mutate 플러그인의 가이드 내용을 보자.

Description

The mutate filter allows you to perform general mutations on fields. You can rename, remove, replace, and modify fields in your events.

가이드에 의하면, mutate 플러그인을 통해 필드에 대한 변형이 가능하고, 이름 바꾸기, 삭제, 치환, 수정 등의 이벤트가 가능하다.

특이한 점은 mutate를 함에 있어서 기능별로 우선순위가 존재한다는 것이다.

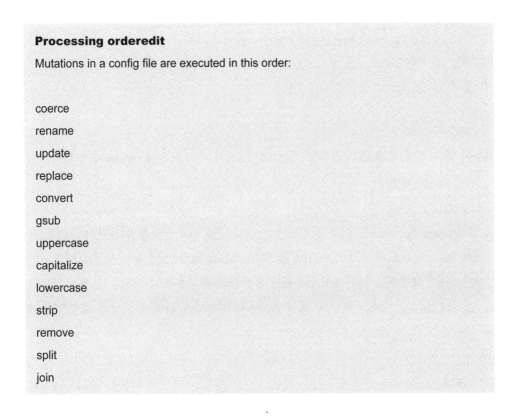

위와 같이 기능 사용에 있어서 우선순위가 있다. 그런데 이렇게 많은 기능을 혼합해서 사용하는 경우가 드물고 일부 기능만 사용하는 경우가 대부분이므로, 사용 중 뭔가 문제가 생겼을 때 참고만 하면 될 것 같다.

이번에는 설정에 대한 가이드를 살펴보자.

```
filter {
    mutate {
        split ⇒ ["hostname", "."]
        add_field ⇒ { "shortHostname" ⇒ "%{hostname[0]}" }
    }

    mutate {
        rename ⇒ ["shortHostname", "hostname"]
    }
}
```

기능이 많은 것에 비해 매우 간촐한 설정이다. 2가지 처리를 위해 mutate가 사용되었는데, 각각 해석해보겠다.

첫 번째 mutate는 hostname이라는 필드에 기재된 값을 split 명령을 이용하여 분리했다. 만약에 "aaaaa.bbbbb"라는 호스트명이 있었다면 [aaaaa, bbbbb] 형태의 배열로 변환되었을 것이다. 그리고 바로 아래에서 add_field 옵션을 통해 필드를 추가하는 설정을 이용하여 "shortHostname"이라는 필드에 hostname[0]을 기재하여 위에서 생성한 배열 중 0번째 값인 "aaaaa"을 입력하도록 작성되었다.

두 번째 mutate에서는 이렇게 shortHostname으로 생성된 필드의 이름을 hostname으로 변경했다. 이렇게 되면 기존에 "aaaaa.bbbbb"으로 기재되었던 값이 "aaaaa"으로 바뀌리라고 짐작할 수 있다.

한눈에 보기 좋게 설명하면 다음과 같다.

순서	모듈명	설명
1	input	데이터베이스에서 데이터를 조회해온다.
2	filter	필드의 정제를 위해 filter 함수를 사용한다.
3	Filter.mutate	mutate를 이용하여 hostname의 값을 정제한다.
4	Filter.mutate.split	hostname에 기재된 값을 "."으로 split하여 분리한다.
5	Filter.mutate.add_field	shortHostname이라는 신규 필드를 생성하고 hostname의 첫 번째 배열에 있는 값을 저장한다.
6	Filter.mutate.rename	이름을 shortHostname에서 hostname으로 바꿈으로써 기존의 hostname 값을 치환한다. (정제)
7	output	목표 시스템에 저장한다.

위와 같이 데이터 전송을 위한 일종의 데이터 파이프라인이 생성된다. 이 설정파일을 이용하여 로그스태시를 실행하면 위와 같이 hostname을 정제하는 데이터 파이프라인이 구동되어 자동으로 정제 작업을 수행할 수 있는 것이다. 설정파일만으로도 데이터 정제를 위한 작업을 만들어낼 수 있다. 개발을 직접 해야 했다면 상당한 시간이 소요되겠지만, 로그스태시를 사용하면 위와 같은 설정파일만으로 데이터 파이프라인의 생성이 가능하다.

이외의 설정을 보면 다음과 같이 데이터의 타입을 지정하는 옵션도 있다.

```
filter {
    mutate {
      convert ⇒ {
        "fieldname" ⇒ "integer"
        "booleanfield" ⇒ "boolean"
      }
    }
  }
```

fieldname의 데이터 타입을 integer로 지정하는 설정이다. 이 설정은 별것 아닌 것 같지만 경우에 따라서는 오류를 방지하는 중요한 설정이다. 엘라스틱서치는 데이터의 타입이 지정되지 않은 경우에 숫자 데이터가 등록되면, 데이터의 타입을 판단해서 integer나 long 같은 타입으로 자동으로 지정하여 인덱스를 생성한다.(물론 인덱스를 미리 만들어 놓고 ETL하게 되면 문제가 없겠지만.)

이런 경우에 최초에 가져온 데이터의 숫자가 integer 범위에 해당하는 값일 경우, 데이터의 타입이 integer로 설정되어 생성되는데, 이후에 소수점을 포함했거나 integer 범위를 넘어서는 데이터가 등록되면 오류를 발생시킨다. 뒤늦게 이런 경우를 발견했다고 하더라도, 데이터의 타입 변경이 불가하므로 다시 적재해야 하는 문제가 생긴다.

데이터의 mapping 정보가 이에 해당하는데, 실습하면서 그때마다 설명하겠다. 가능하면 위와 같이 filter 플러그인을 통해 데이터의 타입을 지정하거나 인덱스를 미리 생성해 놓고 작업하기를 권한다. 이외에도 copy나 gsub과 같이 다양한 설정을 할 수 있다. 모두 설명하면 책의 내용이 불필요하게 많아지므로 여기까지만 설명하겠다. 참고로, filter 모듈의 총개수는 15개나 된다.

4.1.3 output 모듈

마지막으로 살펴볼 플러그인은 output이다. output은 데이터의 조회, 정제, 가공 등의 작업이 마무리된 후에 데이터의 저장을 담당하는 플러그인이다. input, filter 플러그인과 마찬가지로 상당히 많은 플러그인을 갖고 있지만, 모두 설명하지는 않고 엘라스틱서치로 저장하는 부분만 다룬다.

아, 참고로 이야기하면 로그스태시에서는 jdbc를 이용하여 데이터베이스를 조회하는 기능을 제공하지만, output 플러그인에서는 데이터베이스에 데이터를 저장하는 기능을 제공하지 않는다. 엘라스틱서치 외에 다른 기능을 위해서도 사용할 수 있다면 좋을 텐데, 살짝 아쉬운 부분이다. 워낙 간단한 방법으로 ETL 구성이 가능하기 때문에 단순 ETL에서 사용하기에 딱 안성맞춤이라고 생각했는데 말이다.

output 플러그인도 다른 플러그인과 같이 55개의 플러그인을 제공한다. 이 역시도 모두 해보면 좋겠지만, 궁금한 플러그인은 엘라스틱서치 홈페이지를 통해 테스트해보기로 하고, elasticsearch 플러그인에 대해서만 살펴본다.

Description

If you plan to use the Kibana web interface to analyze data transformed by Logstash, use the Elasticsearch output plugin to get your data into Elasticsearch.

This output only speaks the HTTP protocol as it is the preferred protocol for interacting with Elasticsearch. In previous versions it was possible to communicate with Elasticsearch through the transport protocol, which is now reserved for internal cluster communication between nodes communication between nodes. Using the transport protocol to communicate with the cluster has been deprecated in Elasticsearch 7.0.0 and will be removed in 8.0.0

You can learn more about Elasticsearch at https://www.elastic.co/products/elasticsearch.

가이드를 보면 키바나에서 시각화를 하기 위해 엘라스틱서치에 데이터를 적재한다는 내용과 함께 그외 많은 내용이 수록되었다. 엘라스틱서치의 적재와 관련해서는 http 프로토콜을 통해 적재하는 방식을 제공하는데, 이외에 전용 프로토콜로 사용되는 플러그인은 엘라스틱서치 8버전부터 삭제될 예정이라고 하니, 이 점을 유의하기 바란다. 아마도 보안 문제 때문이겠으나 실습과는 상관없으니 참고만 하도록 하자.

다음에는 엘라스틱서치에 저장하기 위한 설정을 설명한다.

```
output {
    elasticsearch {
      index ⇒ "%{[some_field][sub_field]}-%{+YYYY.MM.dd}"
    }
  }
```

설정이 생각보다 간단하다. 실제로 사용하게 되면 이보다 더 많은 옵션이 필요하지만, 여기서는 필요한 설정만 제시했다.

Elasticsearch 플러그인을 사용함에 있어서 index명이 날짜별로 등록될 수 있도록 인덱스 명을 지정하여 생성하는 설정이다. 위처럼 설정해두면, 엘라스틱서치의 인덱스가 날짜 별로 분리되어 적재되고 활용된다. 인덱스를 날짜별로 나눈 것은 관리를 쉽게 하기 위 함일 것이다.

이렇게 input – filter – output에 이르는 로그스태시 설명을 완료했다. 이렇게 설정파일을 작성하는 것만으로도 데이터베이스에서 데이터를 조회하고 처리하여 저장하는 작업까 지 가능하다. 실습을 통해 하나씩 설명하겠지만, 로그스태시는 간편한 만큼 다른 불편 한 점이 있다.

첫째는 단일 설정파일만 적용 가능하다는 점이다. 즉 데이터를 조회해야 하는 소스 테 이블이 많으면 로그스태시의 프로세스가 여러 개 실행된다. 달리 말해보자. 원래 ETL 프로그램이라면 하나의 프로세스 안에서 여러 개의 JOB이 실행됨에 따라 자원을 효과 적으로 활용하는 것이 가능하다. 그런데 로그스태시는 각 소스 테이블마다 개별 프로세 스를 구동시켜야 하기 때문에 자원 활용 면에서는 뒤떨어진다.

둘째는 사용 로그의 관리다. 로그스태시는 로그를 남기기는 하는데, 텍스트 형태의 로 그이고 SQL 정도의 로그를 남길 수 있다. 물론 면밀히 설정을 조정하면 좀 더 노련한 로그 설정이 가능하겠지만, 로그스태시의 상태를 모니터링하기에는 부족한 편이다.

단편적으로 로그스태시를 여러 개 구동시키는 환경이 있다고 할 때, 전체 프로세스가 정상적으로 구동되는지 확인하려면 수작업으로 하는 수밖에 없다. 리눅스라면 ps 명령 을 통해 확인할 것이고, 윈도우라면 직접 실행한 cmd 콘솔창의 개수를 세어보거나, 작 업 관리자에서 프로세스 개수를 세어보면 될 것이다.

셋째는 마지막으로 처리한 플래그 값의 관리다. 보통 ETL 작업이라고 하면 실시간 연계를 떠올리기 마련인데, 로그스태시에서 실시간 연계를 하기 위해서는 최종 변경 일시나 일정 규칙이 있는 일련번호와 같은 기준 값이 반드시 필요하고, 데이터를 처리할 때마다 어디서부터 어디까지의 데이터를 처리했는지 내역을 관리해야 한다. 데이터의 누락을 방지하기 위함은 물론이고 어떤 이유로든 프로세스가 중단되었을 때 멈춘 구간부터 다시 시작하는 등의 작업을 하기 위해서는 꼭 필요한 부분이다.

로그스태시는 sql_last_value라는 변수를 통해 이 값을 관리하고 있으나, 이를 변경하거나 현황을 보거나 여러 개의 로그스태시가 한 번에 구동될 때 이 값들이 서로 영향받는 현상을 자주 보았다. 예를 들어 A와 B라는 로그스태시 프로세스가 구동되는 환경에서 A 프로세스의 sql_last_value가 2020년 1월자 데이터를 처리하고 있었다고 가정하자. A가 구동되고 있을 때 B를 2017년 1월부터 데이터를 가져오도록 실행하면 A의 sql_last_value가 B에서 사용하는 2017년 1월로 바꾸어버리는 현상을 자주 보았다.

여기까지 알아두기로 하고, 다음에서는 데이터 적재를 위한 로그스태시를 실행해보자.

4.2 실습 환경 준비

input 가이드를 보고 감을 잡았겠지만, 로그스태시는 데이터베이스에 적재된 데이터를 조회하여 처리할 목적으로 활용되는 경우가 많다. 그래서 로그스태시의 실습에서도 데이터베이스를 구성한 후 샘플 데이터를 적재하여 가상의 데이터를 등록하고, 로그스태시를 통해 조회하고, 처리하고, 등록하는 부분까지 해보겠다.

로그스태시는 초반에 이미 준비했으리라 생각하고, 데이터베이스부터 구성하겠다. 지금부터 설명되는 부분은 로그스태시 내용과는 조금 벗어난 내용이라고 생각할 수 있을 것 같다. 하지만 로그스태시의 전반적인 실행 테스트를 위하여 꼭 필요한 부분이다. 혹시 테스트 가능한 DB 환경을 갖춘 독자라면 이 부분을 건너뛰어도 된다.

4.2.1 데이터베이스 설치 및 샘플 데이터 등록

이 실습에서 사용할 데이터베이스는 postgresql이다. 오픈소스이기도 하고, 필자가 회사에서 빅데이터 사업을 수행하며 활용해온 데이터베이스이기도 하다. 오픈소스이지만 다양한 데이터의 처리가 가능하고 json 타입의 데이터를 처리할 수 있어서 쿼리나 데이터 처리 시 장점이 많다. 개인용으로 활용하기 적합한 데이터베이스라고 생각된다.

데이터베이스 다운로드 : https://www.postgresql.org/download/

다운로드 페이지의 URL이다. 혹시 언젠가 이 URL로 접속되지 않을 경우, 구글이나 네이버 등의 검색포털에서 쉽게 찾을 수 있을 것이다.

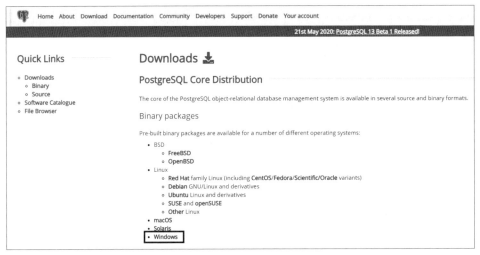

그림 4-39

우리 실습 환경은 윈도우 기반이므로 윈도우 버전을 다운로드한다.

[그림 4-40]의 상단에 있는 [Download the installer]를 누르면 다운로드 가능한 페이지로 이동된다. 이동된 페이지에서는 버전별, 운영체제별 다운로드를 제공한다.

Windows installers

Interactive installer by EDB

Download the installer certified by EDB for all supported PostgreSQL versions.

This installer includes the PostgreSQL server, pgAdmin; a graphical tool for managing and developing your databases, and StackBuilder; a package manager that can be used to download and install additional PostgreSQL tools and drivers. Stackbuilder includes management, integration, migration, replication, geospatial, connectors and other tools.

This installer can run in graphical or silent install modes.

The installer is designed to be a straightforward, fast way to get up and running with PostgreSQL on Windows.

Advanced users can also download a **zip archive** of the binaries, without the installer. This download is intended for users who wish to include PostgreSQL as part of another application installer.

Platform support

The installers are tested by EDB on the following platforms. They can generally be expected to run on other comparable versions:

PostgreSQL Version	64 Bit Windows Platforms	32 Bit Windows Platforms
12	2019, 2016, 2012 R2	
11	2019, 2016, 2012 R2	
10	2016, 2012 R2 & R1, 7, 8, 10	2008 R1, 7, 8, 10
9.6	2012 R2 & R1, 2008 R2, 7, 8, 10	2008 R1, 7, 8, 10
9.5	2012 R2 & R1, 2008 R2	2008 R1

그림 4-40

PostgreSQL Database Download

Version	Linux x86-64	Linux x86-32	Mac OS X	Windows x86-64	Windows x86-32
12.3	N/A	N/A	Download	Download	N/A
11.8	N/A	N/A	Download	Download	N/A
10.13	Download	Download	Download	Download	Download
9.6.18	Download	Download	Download	Download	Download
9.5.22	Download	Download	Download	Download	Download
9.4.26	Download	Download	Download	Download	Download
9.3.25 (Not Supported)	Download	Download	Download	Download	Download

그림 4-41

[그림 4-41]처럼 Windows x86-64 기반의 12.3버전을 다운로드한다. 다운로드할 때 여러 페이지가 실행되면서 클릭을 유도하는데, 설치 파일만 잘 받으면 되므로 다운로드가 완료되기를 기다린다. 다운로드가 완료되면 다운로드 폴더에 파일이 잘 들어왔는지 확인한다.

그림 4-42

파일이 있는 것을 확인할 수 있다. 더블 클릭하여 실행한다.

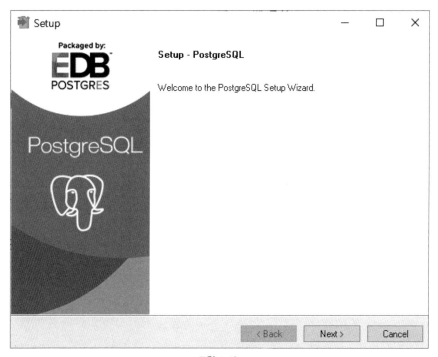

그림 4-43

[Next]를 클릭한다.

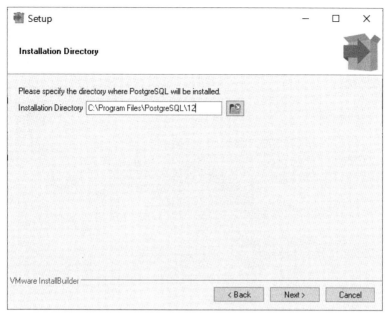

그림 4-44

설치 위치는 기본 설정을 유지한다.

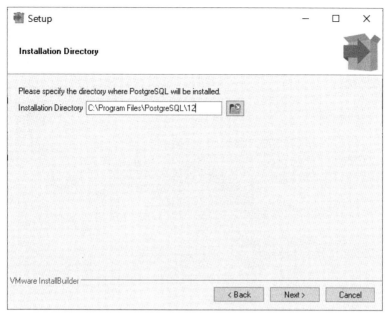

그림 4-45

설치 컴포넌트도 그대로 유지하면 된다. pgAdmin의 경우에는 선호하는 버전이 있다면 별도로 설치해도 되지만, 그렇지 않다면 기본 설정으로 설치한다.

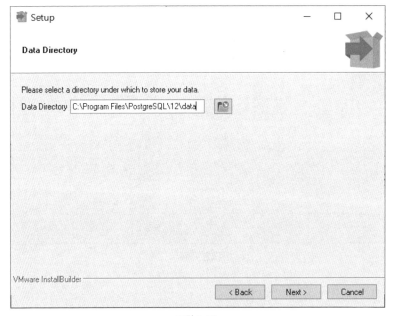

그림 4-46

Postgresql에서 저장되는 데이터의 위치를 설정해준다. 디스크가 나뉘었거나 특정 위치에만 데이터를 저장해야 하는 경우에는 이 설정을 변경해줘야 한다. 그런데 이 책을 보고 있는 분들은 개인용 데이터 분석 플랫폼을 만들고 있는 중이니, 기본 설정을 그대로 유지하고 넘어간다.

그다음 [그림 4-47]처럼 패스워드를 쉽게 "1234"로 설정하고 [Next]를 누른다.

[그림 4-48]에 보이는 부분은 필자의 결과와 다를 수 있다. 일반적으로는 포트가 "5432"로 표시되겠지만 기존에 다른 실습을 통해 Postgresql의 설치와 삭제를 반복했거나, 이미 설치된 환경에서는 "5433"으로 표시되는 경우가 있다. 대부분은 5432로 나올 테지만, 5433으로 표시되더라도 놀랄 필요는 없다. 데이터베이스 접속 시 포트 번호만 잘 기재하면 된다.

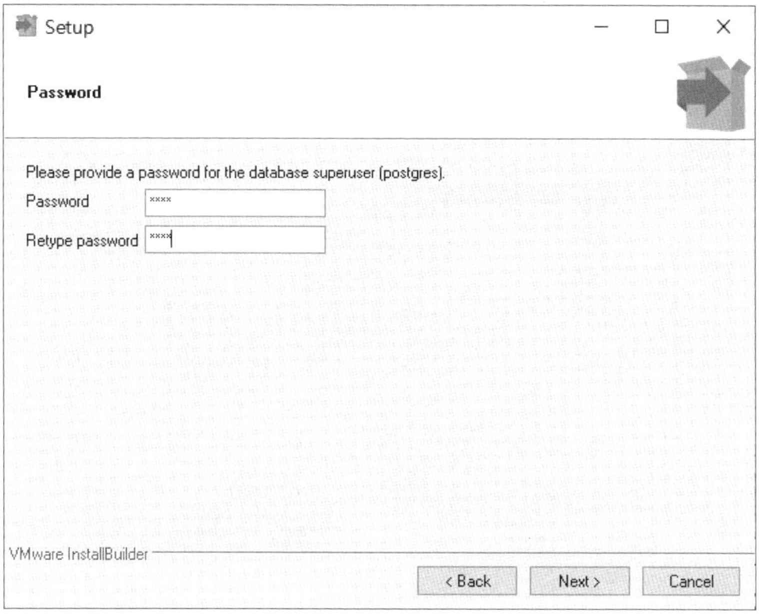

그림 4-47

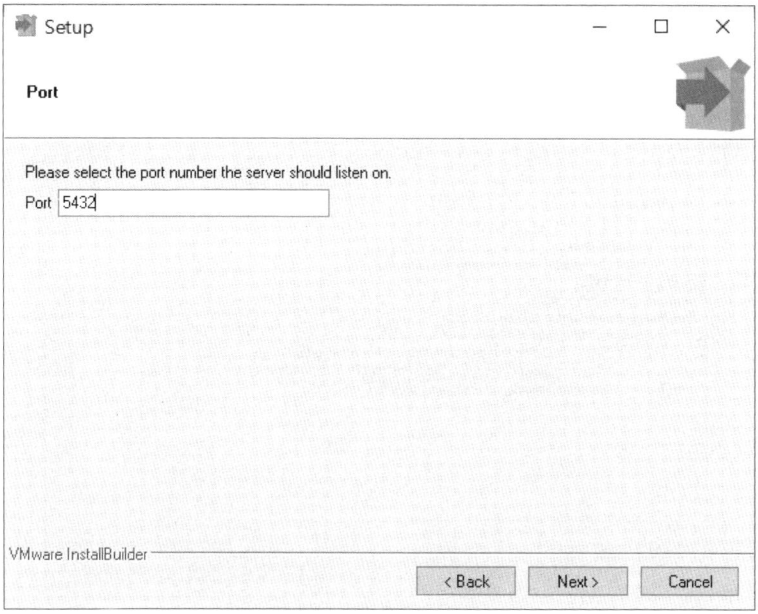

그림 4-48

Locale은 "Korean, Korea"로 설정한다.

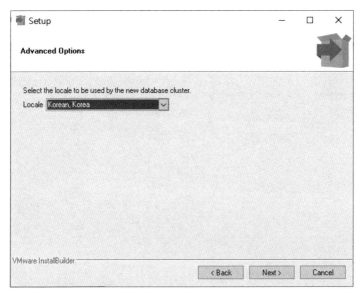

그림 4-49

마지막으로 설정된 정보를 모두 확인하고 [Next]를 누른다.

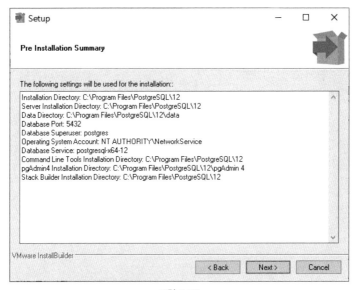

그림 4-50

이제부터 내 컴퓨터에 설치를 하겠다고? 과도한 친절이 아닌가 싶다. 사담은 그만하고

[Next]를 누른다.

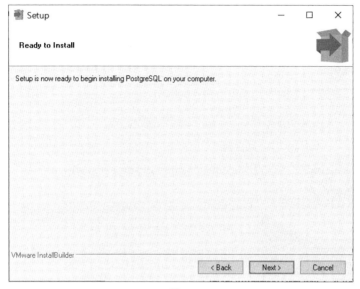

그림 4-51

그러면 설치가 시작된다.

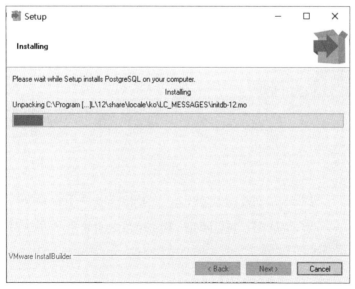

그림 4-52

설치가 완료되었다. [Finish]를 누르면 종료된다. Stack Builder는 Postgresql을 위한 유틸리티로 보이는데, 궁금하면 설치해봐도 좋다. 그런데 이 책에서 다루는 내용이 아니므로 체크를 해제하거나 설치하거나 원하는 대로 하면 되겠다.

이제 데이터베이스 설치가 완료되었으니 접속이 잘 되는지 확인해보자.

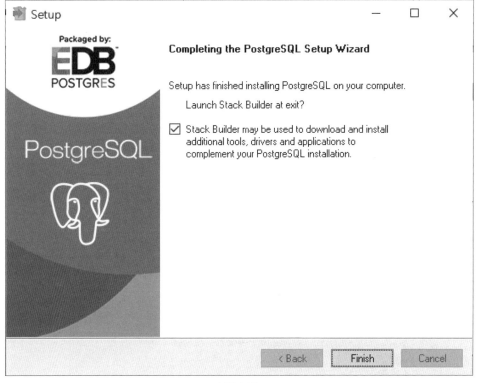

그림 4-53

PostgreSQL 12가 설치되고, 뭔가 다양한 것도 설치되었음을 확인할 수 있다. 그중 실제 사용해야 할 것은 pgAdmin 4다. pgAdmin은 Postgresql을 사용할 수 있는 데이터베이스 관리툴이다. 실행해보자.

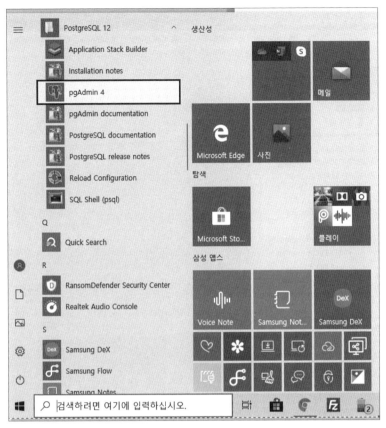

그림 4-54

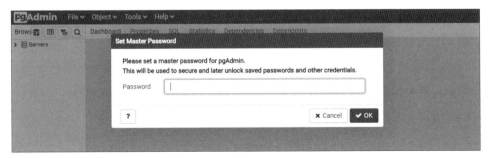

그림 4-55

[그림 4-55]와 같이 패스워드를 묻는 화면이 나오는데, 설치 시 입력한 "1234"를 입력하고 [OK]를 누르면 접속이 완료된다.

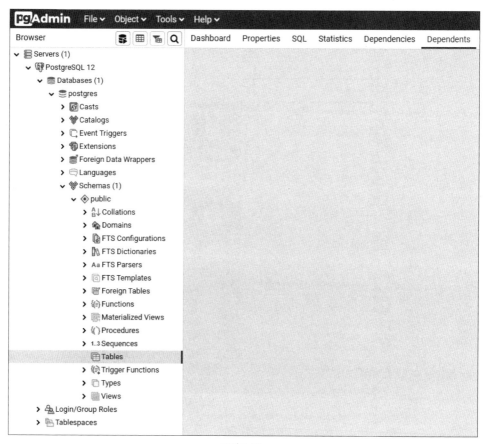

그림 4-56

접속해보면 [그림 4-56]처럼 데이터베이스에 대한 상태를 확인하거나 현황을 볼 수 있는 메뉴들이 보인다. 현재 생성된 테이블이 없으므로 테이블 카테고리에서 확인할 내역은 없다. 이제 우리는 이 데이터베이스에 테이블을 생성하고 테이블에 저장된 데이터를 로그스태시를 통해 엘라스틱서치로 적재하는 방법을 실습해볼 것이다.

Postrgresql을 선택한 이유는 데이터베이스와 데이터베이스를 조회할 수 있는 도구를 함께 제공하므로 테스트하기에 알맞다고 생각했기 때문이다. Postgresql이 생뚱맞다고 생각하는 독자가 있다면 참고해주기 바란다.

이제 테이블을 생성해보겠다. 테이블 생성을 위해서는 쿼리를 사용할 수 있는 "Query Tool"이라는 것을 실행해야 하는데, 사용할 데이터베이스를 열고 "Tables" 카테고리에서 마우스 오른쪽 키를 누르면 된다.

그림 4-57

[그림 4-57]의 메뉴를 선택하면 [그림 4-58]과 같이 쿼리를 작성할 수 있는 탭이 새로 생긴다.

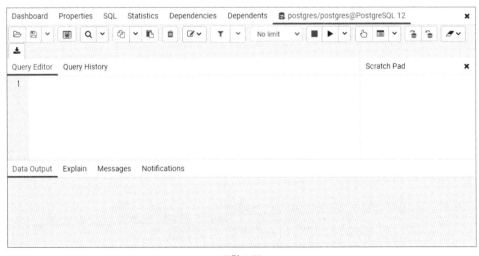

그림 4-58

탭 제목에는 기본적으로 현재 접속해 있는 계정 정보와 데이터베이스의 이름이 보인다. 많은 기능이 있지만 기본적으로 SQL을 실행할 수 있는 Query Editer와 처리 결과를 볼 수 있는 Data Output 정도만 알면 된다. 다른 기능을 사용하게 된다면 따로 설명하겠다.

사용법은 쓰면서 그때마다 설명하고 일단 테이블을 만들어보자. 샘플 데이터이니 테이블의 구조는 간단하게 구성한다.

아래는 테이블 생성을 위한 스크립트다.

```
CREATE TABLE public.tb_test01
(
    col01 character varying(10) COLLATE pg_catalog."default" NOT NULL,
    col02 character varying(10) COLLATE pg_catalog."default",
    col03 character varying(10) COLLATE pg_catalog."default",
    col04 character varying(10) COLLATE pg_catalog."default",
    col05 character varying(10) COLLATE pg_catalog."default",
    col_dt character varying(14) COLLATE pg_catalog."default",
    CONSTRAINT tb_test01_pkey PRIMARY KEY (col01)
)
WITH (
    OIDS = FALSE
)
TABLESPACE pg_default;
```

스크립트를 Query Tool에 입력하고 실행한다. [그림 4-59]의 상단에 박스로 표시한 플레이 버튼을 누르면 실행된다. 참고로, Auto commit이 기본 설정되어서 insert나 update, delete 문을 실행하면 바로 등록되므로 유의해야 한다. 지금은 Create Table이기 때문에 commit을 신경 쓸 필요가 없지만, 나중을 위해 작성해본다.

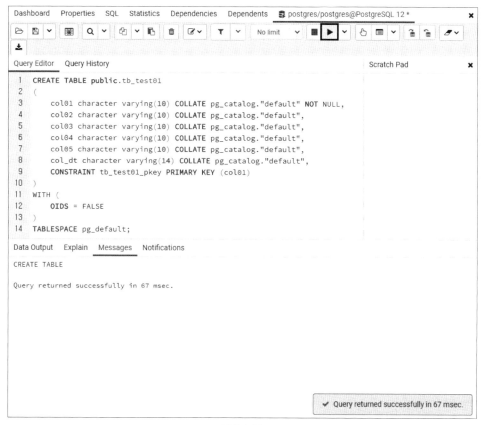

그림 4-59

실행하면 아래에 "CREATE TABLE \n Query returned successfuly in 67 msec"라는 메시지
를 보여준다. 의미를 설명하지 않아도 알리라 믿는다. 그럼 이제 샘플 데이터도 등록해
보자.

```
INSERT INTO
public.tb_test01(col01, col02, col03, col04, col05, col_dt)
VALUES ('0001', 'A-02', 'A-03', 'A-04', 'A-05', '20200621121259');
```

위와 같이 한 줄만 등록한다.

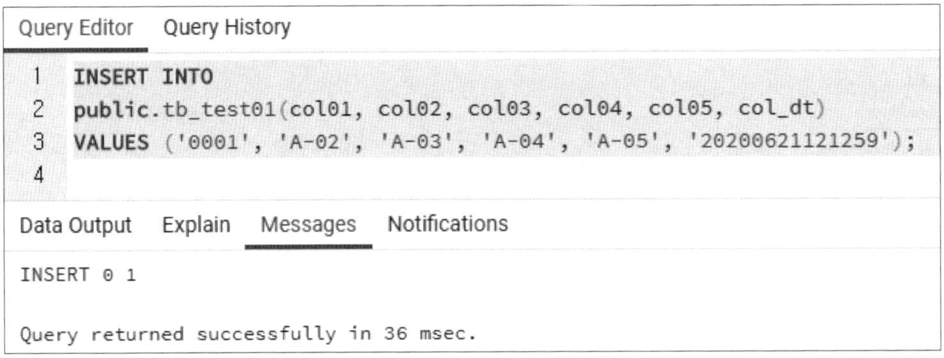

```
Query Editor    Query History

1   INSERT INTO
2   public.tb_test01(col01, col02, col03, col04, col05, col_dt)
3   VALUES ('0001', 'A-02', 'A-03', 'A-04', 'A-05', '20200621121259');
4

Data Output    Explain    Messages    Notifications

INSERT 0 1

Query returned successfully in 36 msec.
```

그림 4-60

Insert가 정상적으로 처리되었다. 다음엔 데이터를 확인해보자.

```
Select * from public.tb_test01;
```

알다시피, 한 줄을 등록했으니 결과로 한 줄이 나와야 정상이다.

```
Query Editor    Query History                                    Scratch Pad    ✖

1   Select * from public.tb_test01;



Data Output    Explain    Messages    Notifications

    col01                      col02                   col03                   col04
    [PK] character varying (10)    character varying (10)   character varying (10)   character varying (10)
1   0001                       A-02                    A-03                    A-04

                        ✔ Successfully run. Total query runtime: 173 msec. 1 rows affected.
```

그림 4-61

한 줄 등록이 완료되었다. 데이터 등록이 끝났으니 이제 로그스태시를 실행해보자. 로
그스태시의 설정과 관련된 부분은 이미 위에서 많이 다뤘다. 이 실습에서는 이미 작성
이 완료된 설정파일을 기반으로 설명과 처리 결과를 공유하는 정도로 설명한다.

일단 로그스태시에서 사용할 Postgresql의 JDBC 드라이버를 아래 주소로 접속하여 다운

로드한다.

JDBC 드라이버를 다운로드 : https://jdbc.postgresql.org/download.html

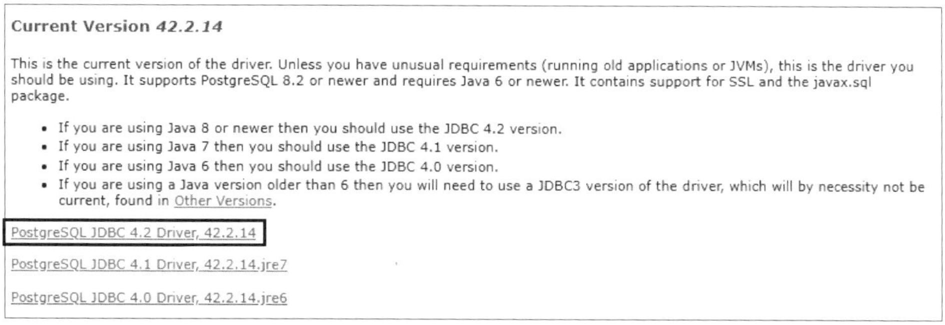

Current Version *42.2.14*

This is the current version of the driver. Unless you have unusual requirements (running old applications or JVMs), this is the driver you should be using. It supports PostgreSQL 8.2 or newer and requires Java 6 or newer. It contains support for SSL and the javax.sql package.

- If you are using Java 8 or newer then you should use the JDBC 4.2 version.
- If you are using Java 7 then you should use the JDBC 4.1 version.
- If you are using Java 6 then you should use the JDBC 4.0 version.
- If you are using a Java version older than 6 then you will need to use a JDBC3 version of the driver, which will by necessity not be current, found in Other Versions.

PostgreSQL JDBC 4.2 Driver, 42.2.14

PostgreSQL JDBC 4.1 Driver, 42.2.14.jre7

PostgreSQL JDBC 4.0 Driver, 42.2.14.jre6

그림 4-62

JDK 버전에 따라 다운로드해야 할 드라이버의 종류가 다르다. [그림 4-62]의 다운로드 버튼 위를 보면 사용해야 할 JDK 버전별로 받아야 할 드라이버를 안내하고 있다. JDBC 4.2의 경우에는 Java 8이나 그 이후 버전에서 사용 가능하다. 우리는 환경을 구축할 때 Java 9버전으로 설치해서 환경을 구성했으니 첫 번째에 있는 JDBC 4.2버전을 클릭하여 다운로드하자.

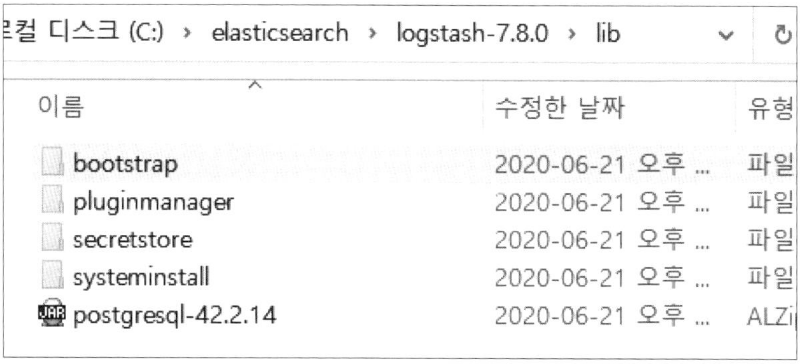

로컬 디스크 (C:) › elasticsearch › logstash-7.8.0 › lib		
이름	수정한 날짜	유형
bootstrap	2020-06-21 오후 …	파일
pluginmanager	2020-06-21 오후 …	파일
secretstore	2020-06-21 오후 …	파일
systeminstall	2020-06-21 오후 …	파일
postgresql-42.2.14	2020-06-21 오후 …	ALZi

그림 4-63

다운로드된 파일은 로그스태시의 lib 폴더에 넣어두었다. 가능하면 동일한 폴더에 넣길 바란다.

그런데 실습을 진행하면서 엘라스틱서치의 버전이 계속 릴리즈되고 있다. 집필을 시작할 땐 7.6.1이었는데 벌써 7.8.0까지 올라갔다. 계속적인 버전업이 이뤄질 테니 이 점을 감안하기 바란다.

그럼 이제 로그스태시 구동을 위한 conf 파일을 보자.

```
input {
  jdbc {
      jdbc_driver_library ⇒ "C:/elasticsearch/logstash-7.8.0/lib/
postgresql-42.2.14.jar"
    jdbc_driver_class ⇒ "org.postgresql.Driver"
    jdbc_connection_string ⇒ "jdbc:postgresql://localhost:5432/postgres"
    jdbc_user ⇒ "postgres"
    jdbc_password ⇒ "1234"
    schedule ⇒ "* * * * *"
    statement ⇒ "select * from tb_test01"
  }
}
output {
  elasticsearch {
    hosts ⇒ ["localhost:9200"]
    index ⇒ "postgres_test_%{+YYYY.DD.dd}"
  }
}
```

위처럼 설정파일을 작성했다. 라이브러리의 위치를 절대경로로 잡아주고, 접속 정보와 계정 정보를 input 플러그인에 작성했다. ouput 플러그인에는 로컬에 설치된 엘라스틱서치를 바라보도록 작성했다. 등록 시 index명은 "postgres_test_"에 오늘 날짜가 기재되도록 했다.

위 파일을 로그스태시의 bin 폴더에 저장하도록 한다. 이때 반드시 UTF8 인코딩으로 저장해야 한다. UTF8로 인코딩된 파일이 아니면, 로그스태시가 설정파일을 읽어들이고 파싱해서 실행에 필요한 정보를 취득하는 과정에서 설정파일을 읽지 못하고 오류를 발생시켜 중단될 수 있으니 꼭 기억하기 바란다.

UTF8로 저장하는 방법은 쉽다. 메모장으로도 할 수 있는데, 파일을 저장할 때 [그림 4-64] 처럼 설정하면 된다. 파일은 bin 폴더에 "postgres_test.conf"라는 이름으로 저장한다.

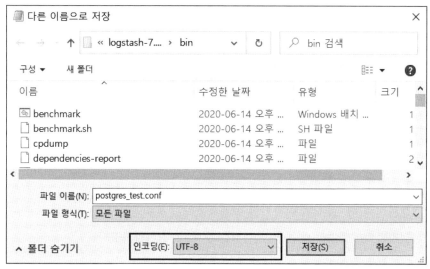

그림 4-64

참고 삼아 말하면, 메모장에서 파일을 저장하면 "postgres_test.conf.txt"라는 엉뚱한 텍스트 타입으로 저장된다. 전용 에디터를 쓰면 그럴 일이 없겠지만 메모장을 쓰기 때문에 어쩔 수가 없다. 이런 경우에는 파일 생성 후에 저장된 위치로 찾아가서 반드시 파일의 확장자를 txt에서 conf로 바꿔야 한다.

[그림 4-65]처럼 탐색기에서 파일 확장명 보기를 하면, 아래처럼 "postgres_test.conf.txt" 라는 원치 않는 이름으로 저장된 파일을 볼 수 있다. F2 키를 눌러 이름을 바꿔주자. 뒤 에 있는 ".txt"를 삭제하면 된다.

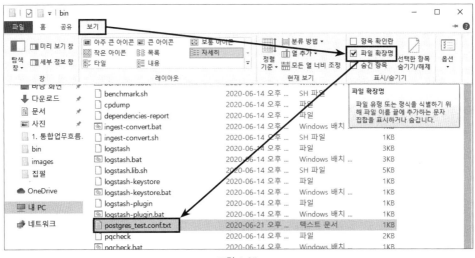
그림 4-65

이제 로그스태시를 실행할 텐데, 그 전에 데이터베이스와 엘라스틱서치가 실행 중인지 꼭 확인해보기 바란다. 둘 다 구동 중이라면 로그스태시를 실행해보자.

로그스태시의 실행 시 윈도우에 기본 탑재된 CMD 콘솔을 이용할 것이다. 개발자라면 익숙하겠지만, 이 방법이 낯선 독자가 있을 수 있으니 설명하겠다.

필자가 사용하는 운영체제는 윈도우 10이다. [그림 4-66]처럼 "CMD"를 입력하면 "명령 프롬프트"라는 앱이 검색될 것이다. (꼭 윈도우 10이 아니어도 된다. 입력창의 모양이 다를 뿐이다.) [열기]를 눌러도 되지만, 오류 발생 확률을 줄이기 위해 [관리자 권한으로 실행]을 눌러서 "명령 프롬프트"를 실행한다. 이를 줄여서 콘솔이라고 하겠다. 실행하면 새까만 사각형 창이 실행된다(그림 4-67 참조).

여기에도 많은 기능이 있지만, 쓸 만큼만 알면 된다. 우리는 로그스태시를 실행할 것이므로 로그스태시가 설치된 위치로 이동하고 파일 목록을 조회해본다.

```
cd C:\elasticsearch\logstash-7.8.0\bin
dir
```

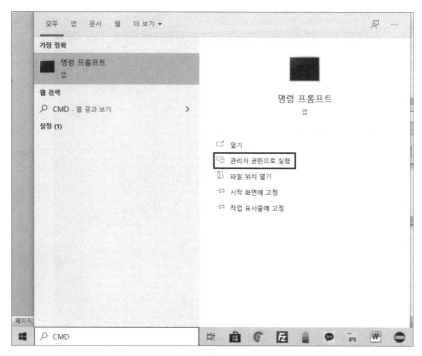

그림 4-66

그림 4-67

실행 결과를 보자.

그림 4-68

[그림 4-68]처럼 로그스태시의 실행을 위한 파일들이 조회된다. 우리가 사용할 파일은 logstash.bat이고, 설정파일은 postgres_test.conf다.

반드시 데이터베이스와 엘라스틱서치 검색엔진이 실행 중이어야 한다. 실행 코드는 다음과 같다.

```
logstash.bat -f postgres_test.conf
```

명령을 실행하면 로그스태시를 실행한 콘솔창에 다양한 로그가 표시되는데, 정상적으로 실행되었다면 [그림 4-69]와 같이 1분에 한 번씩 conf 파일에 작성한 SQL이 표시되는 것을 볼 수 있다.

```
020-06-21T16:18:00,573][INFO ][logstash.inputs.jdbc      ][main][14e43d59aa3cf02b06dddcd9593de8c30b98007372fcbd3d0f4
39327279a91] (0.009437s) select * from tb_test01
020-06-21T16:19:00,154][INFO ][logstash.inputs.jdbc      ][main][14e43d59aa3cf02b06dddcd9593de8c30b98007372fcbd3d0f4
39327279a91] (0.000056s) select * from tb_test01
020-06-21T16:20:00,147][INFO ][logstash.inputs.jdbc      ][main][14e43d59aa3cf02b06dddcd9593de8c30b98007372fcbd3d0f4
39327279a91] (0.000957s) select * from tb_test01
```

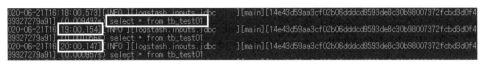

그림 4-69

[그림 4-69]처럼 로그가 출력되는 상황을 보고 로그스태시가 정상적으로 구동되고 있음을 확인할 수 있다. 엘라스틱서치의 로그에서도 확인이 가능한데, [그림 4-70]처럼 최초에 한 번 엘라스틱서치에 인덱스가 생성되는 시점에 로그가 확인된다. postgres_test_날짜 정보로 생성된 것을 볼 수 있다. 일자 정보까지는 숫자 형태로 생성되었다.

```
[2020-06-21T16:18:00,781][INFO ][o.e.c.m.MetaDataCreateIndexService] [JOUNGNAM] [postgres_test_2020.173.21] creating ind
ex, cause [auto(bulk api)], templates [], shards [1]/[1], mappings []
[2020-06-21T16:18:00,958][INFO ][o.e.c.m.MetaDataMappingService] [JOUNGNAM] [postgres_test_2020.173.21/uSu9aT7rQmS2vF_xl
EKXaA] create_mapping [_doc]
```

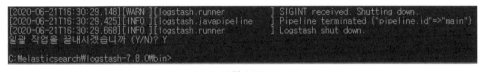

그림 4-70

스케줄러 때문에 계속 같은 저장이 반복되므로 일단 로그스태시의 프로세스는 중단한다. 컨트롤과 C 버튼을 동시에 누르고 "Y"를 입력한 뒤 엔터를 누르면 [그림 4-71]과 같이 중단된다.

```
[2020-06-21T16:30:29,148][WARN ][logstash.runner          ] SIGINT received. Shutting down.
[2020-06-21T16:30:29,425][INFO ][logstash.javapipeline    ] Pipeline terminated {"pipeline.id"=>"main"}
[2020-06-21T16:30:29,668][INFO ][logstash.runner          ] Logstash shut down.
일괄 작업을 끝내시겠습니까 (Y/N)? Y

C:\elasticsearch\logstash-7.8.0\bin>
```

그림 4-71

이어서 데이터 등록 결과를 키바나를 통해서도 확인할 수 있다. 키바나에서 인덱스를 조회해보면 [그림 4-72]와 같이 확인할 수 있다.

이전에 Filebeat를 통해 생성한 인덱스와 방금 로그스태시를 이용해 생성한 인덱스가 함께 확인된다. 작성하는 동안 처리가 계속 이어져서 Docs count가 11개로 확인되고 있다. 인덱스 패턴을 생성하여 Discover 메뉴에서도 정상으로 보이는지 확인해보자. (인덱스 패턴 생성 방법은 다음 순서인 데이터 확인 방법에서 설명하므로 생략하겠다.)

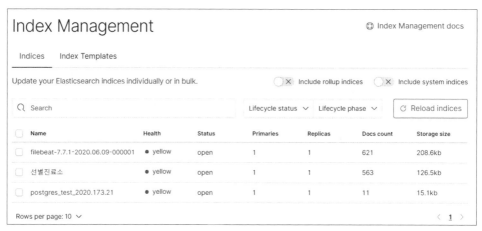

그림 4-72

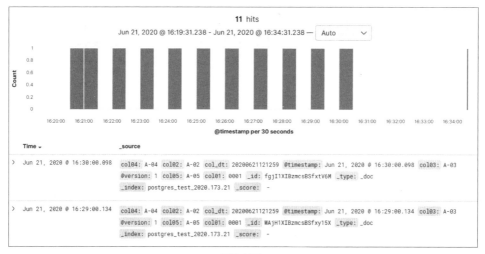

그림 4-73

[그림 4-73]과 같이 분당 한 건씩 처리한 결과를 볼 수 있다. 이렇게 데이터베이스 기반의 데이터 처리를 할 수 있다. 그런데 이 기능만으로는 부족하다. 실시간 연계를 위해서는 한 번 조회해서 처리한 데이터를 처리할 필요가 없기 때문에 이에 대한 처리를 반드시 해야 할 필요가 있다.

기본 조회 및 저장이 되었으니, 이번에는 sql_last_value 변수를 이용하여 중복 처리를 방지하도록 처리해보자. 생각하는 것보다 추가해야 할 옵션이 많다. 하나씩 설명하기보다는 일단 표로 내역을 소개하고 옵션을 설정하여 구동되는 모습을 보여주겠다.

순서	속성명	설명
1	jdbc_driver_library	JDBC 라이브러리인 jar 파일의 경로 입력
2	jdbc_driver_class	Driver의 메인 클래스의 패키지 및 클래스명 입력
3	jdbc_connection_string	접속 정보 입력
4	jdbc_user	데이터베이스 계정명 입력
5	jdbc_password	계정 비밀번호 입력
6	schedule	프로세스의 스케줄 정보 입력
7	statement	데이터 조회를 위한 SQL을 입력하고, sql_last_value 변수를 사용하여 직전에 마지막으로 처리된 일련번호나 날짜를 대입
8	use_column_value	최종 데이터를 기록하기 위한 변수(sql_last_value)를 사용할지 여부를 입력
9	tracking_column	기준이 될 칼럼명 입력
10	tracking_column_type	기준 칼럼의 타입을 지정하는 설정으로 timestamp와 numeric 타입명을 문자열로 입력
11	record_last_run	마지막 처리 상태를 저장할지 여부를 입력
12	clean_run	**true**로 설정하면 숫자일 경우 "0"으로, 날짜 타입일 경우에는 "1970년 1월 1일"로 초기화
13	jdbc_page_size	데이터 조회 시 건수 기준의 범위 입력(기본값은 100,000)
14	jdbc_paging_enabled	위 설정을 사용할지 말지 여부를 입력

위와 같은 많은 설정이 필요하다. 하나씩 대입하면서 보는 것이 제일 좋지만, 글로 설명하자니 미리 나열해두고 실행해볼 수 있도록 안내하는 것이 좋을 것 같아서 정리해보았다. 위 설정을 로그스태시의 conf 파일로 작성해보면 다음과 같다. 파일명은 postgres_test_02.conf다.

```
input {
  jdbc {
    jdbc_driver_library ⇒ "C:/elasticsearch/logstash-7.8.0/lib/postgresql
-42.2.14.jar"
```

```
    jdbc_driver_class ⇒ "org.postgresql.Driver"
    jdbc_connection_string ⇒ "jdbc:postgresql://localhost:5432/postgres"
    jdbc_user ⇒ "postgres"
    jdbc_password ⇒ "1234"
    schedule ⇒ "* * * * *"
     statement ⇒ "select col01, col02, col03, col04, col05, col_dt  from tb_
test01 where col_dt > to_char(:sql_last_value ::timestamp, 'yyyymmddhh24miss')
order by col_dt asc "
    use_column_value ⇒ true
    tracking_column ⇒ "col_dt"
    tracking_column_type ⇒ "timestamp"
    record_last_run ⇒ true
    clean_run ⇒ true
# 아래 옵션은 따로 설명하기로 한다.
#    jdbc_page_size ⇒ 5000
#    jdbc_paging_enabled ⇒ true
  }
}
output {
  elasticsearch {
    hosts ⇒ ["localhost:9200"]
    index ⇒ "postgres_test_%{+YYYY.DD.dd}"
  }
}
```

먼저 설명을 하자면, 최초 실행 시 :sql_last_value는 tracking_column_type으로 timestamp
가 설정되었고, clean_run 설정이 true로 설정되었으므로 날짜 타입이 "1970년 1월 1일"
로 설정되어 실행될 것이다. 그리고 첫 번째 실행 시 조회된 데이터의 마지막 날짜가 기
억되어, 두 번째 실행될 때 :sql_last_value에 적용되어 로그스태시가 실행되는 것을 볼
수 있다.

샘플 데이터는 이전에 등록했던 아래 내역이다.

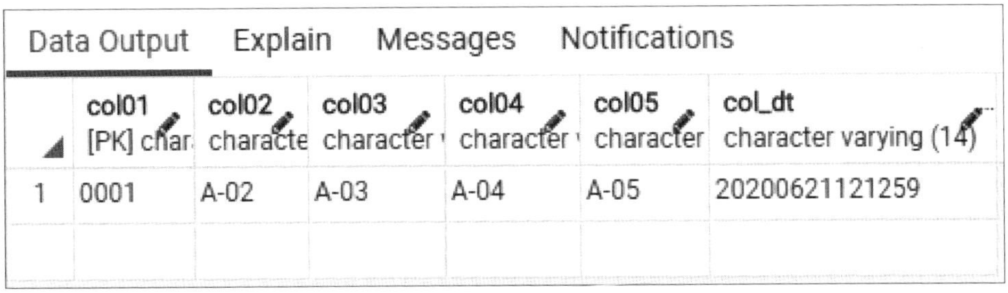

그림 4-74

실행하고 결과를 보겠다. (로그 내용을 정확히 보기 위해 불필요한 문자는 삭제했다.)

```
[2020-06-23T22:06:00,758] (0.012400s) select col01, col02, col03,
col04, col05, col_dt  from tb_test01 where col_dt > to_char('1970-01-01
00:00:00.000000+0000'::timestamp, 'yyyymmddhh24miss') order by col_dt asc
[2020-06-23T22:07:00,215] (0.001843s) select col01, col02, col03,
col04, col05, col_dt  from tb_test01 where col_dt > to_char('2020-06-21
12:12:59.000000+0000'::timestamp, 'yyyymmddhh24miss') order by col_dt asc
[2020-06-23T22:08:00,167] (0.001662s) select col01, col02, col03,
col04, col05, col_dt  from tb_test01 where col_dt > to_char('2020-06-21
12:12:59.000000+0000'::timestamp, 'yyyymmddhh24miss') order by col_dt asc
```

최초 실행 시 1970-01-01을 시작으로 실행되고, 데이터베이스에 있는 위 한 줄을 조회하여 처리한 뒤에 col_dt 칼럼을 :sql_last_value에 저장하여 계속 반복되는 것을 볼 수 있다.

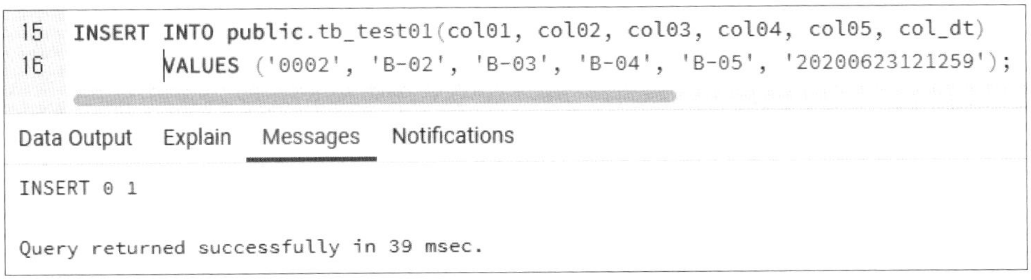

그림 4-75

이렇게 한 줄을 추가로 입력하면 다음과 같이 로그가 바뀌는 것을 볼 수 있다.

```
[2020-06-23T22:20:00,049] (0.001561s) select col01, col02, col03, col04,
col05, col_dt  from tb_test01 where col_dt > to_char( '2020-06-21
12:12:59.000000+0000'::timestamp, 'yyyymmddhh24miss') order by col_dt asc
[2020-06-23T22:21:00,310] (0.001783s) select col01, col02, col03, col04,
col05, col_dt  from tb_test01 where col_dt > to_char( '2020-06-23
12:12:59.000000+0000'::timestamp, 'yyyymmddhh24miss') order by col_dt asc
[2020-06-23T22:22:00,274] (0.001505s) select col01, col02, col03, col04,
col05, col_dt  from tb_test01 where col_dt > to_char( '2020-06-23
12:12:59.000000+0000'::timestamp, 'yyyymmddhh24miss') order by col_dt asc
```

새로운 데이터가 등록되면 계속 실시간으로 가져오는 실시간 연계 환경이 구축된 것이다. 이 정도만 기능이 마련되어도 개인용 실시간 분석 환경으로는 충분하리라 생각한다.

이외에 추가적인 옵션을 살펴보겠다. 위 postgres_test_02.conf 파일에서 주석 처리된 부분이 보일 것이다. 바로 페이징 설정이다.

```
#    jdbc_page_size ⇒ 5000
#    jdbc_paging_enabled ⇒ true
```

페이징 설정은 방대한 데이터를 처리할 때 꼭 필요한 기능이다. 개인이 보유한 데이터에서는 쓸 일이 별로 없겠지만, 어떤 시스템에 저장된 방대한 데이터를 처리해야 하는 상황에서 원활하게 데이터를 처리하려면 처리해주는 것이 좋다.

페이징 설정을 주석 해제하고 실행해보면 어떠한 차이가 생기는지 확인할 수 있다. 실행하고 로그를 보면 다음과 같다.

```
[2020-06-27T14:29:00,718](0.011844s) SELECT CAST(current_setting('server_
version_num') AS integer) AS v
```

```
[2020-06-27T14:29:00,836](0.003699s) SELECT count(*) AS "count" FROM (select
col01, col02, col03, col04, col05, col_dt  from tb_test01 where col_dt > to_
char('1970-01-01 00:00:00.000000+0000'::timestamp, 'yyyymmddhh24miss') order by
col_dt asc ) AS "t1" LIMIT 1
[2020-06-27T14:29:00,853](0.000447s) SELECT * FROM (select col01, col02,
col03, col04, col05, col_dt  from tb_test01 where col_dt > to_char('1970-01-01
00:00:00.000000+0000'::timestamp, 'yyyymmddhh24miss') order by col_dt asc ) AS
"t1" LIMIT 5000 OFFSET 0
```

위처럼 로그에 표시되는 SQL의 개수와 내용이 다르다.

내용을 살펴보면, 첫 번째 SQL에서는 데이터베이스의 버전을 확인하는 SQL을 실행한다. 이때 생각해볼 만한 부분은 데이터베이스의 설정에 따라 SQL을 달리 실행한다는 것인데, 로그스태시에서 지원하는 데이터베이스만 가능한 기능일지도 모른다는 생각이 든다.

그다음은 데이터의 건수를 확인하는 count(*)가 포함된 SQL을 실행한다. 아마도 현재 기준으로 실행결과는 숫자 2가 표시될 것이다. 그리고 마지막으로 실제 데이터를 조회하는 SQL이 실행되는데, 이때 로그를 보면 마지막에 "LIMIT 5000 OFFSET 0"이라는 SQL이 추가되었음을 볼 수 있다.

현재는 데이터가 2건뿐이라 "OFFSET0"까지만 실행되고 끝났지만, 데이터 건수가 5000건 이상이라면 다음과 같은 순으로 쿼리가 생성되어 순차적으로 실행될 것이다.

- LIMIT 5000 OFFSET 0 : 0 ~ 5000건
- LIMIT 5000 OFFSET 1 : 5001 ~ 10000건
- LIMIT 5000 OFFSET 2 : 10001 ~ 15000건
- LIMIT 5000 OFFSET 3 : 15001 ~ 20000건

LIMIT은 postgresql에서 제공하는 예약어로 postgresql에서만 사용 가능하다. 이런 부분

까지 로그스태시의 설정을 통해 자동생성이 가능한 것이다. 물론 Oracle이나 Mysql의 경우에는 그에 맞는 SQL이 생성되어 수행된다.

여기까지 로그스태시의 사용법을 알아보았다. 물론 로그스태시에는 더 많고 다양한 기능이 포함되었지만 그 내용까지 담아내는 것은 책의 취지에 벗어나므로 이렇게 실시간 연동이 가능한 수준의 설정파일까지만 안내하도록 한다.

5. 스프링 프레임워크 기반의 적재

위에서 확인한 것과 같이 로그스태시를 사용하면 원하는 데이터베이스의 테이블을 조회해서 가져오거나, 처리해서 엘라스틱서치까지 저장하는 등의 과정을 설정파일만으로 간단하게 할 수 있다. 그리고 Filebeat를 사용하면 파일 처리를 위한 간단한 설정만으로도 엘라스틱서치에 데이터를 저장할 수 있다.

먼저, 엘라스틱서치를 이용한 데이터 분석 플랫폼을 구축하자고 강조하는 이 책에 스프링 프레임워크를 끼워넣은 이유를 설명해야 할 것 같다.

 스프링 프레임워크를 이 책에서 다루는 까닭

엘라스틱서치, ELK는 Elasticsearch, Logstash, Kibana를 합쳐서 만든 제품 패키지다. 이 중 데이터 파이프라인의 역할을 담당하는 Logstash는 매우 훌륭한 ETL 모듈이며, Beat 제품군 역시 간편하게 데이터를 처리하는 데 훌륭한 역할을 수행한다. 단, 다음과 같은 이유에서 스프링 프레임워크 같은 데이터 처리용 플랫폼이 필요하다.

첫째, 로그스태시(Beat 포함)는 사용이 간편하고 접근이 쉽지만 서버의 자원을 활용하는 효율성 측면에서는 부족한 점이 있다. 로그스태시를 단일로 사용한다면 문제가 없겠지만, 여러 목적의 로그스태시를 개별적으로 실행하는 환경이라면 문제가 발생하게 된다.

1) 로그스태시는 설정파일 1개당 1개의 프로세스를 구동시켜야 한다. 다시 말해 소스 데이터의 종류가 30개 있다면, 로그스태시에서는 30개의 프로세스를 개별적으로 구동시켜야 한다. 한 프로세스 내에서 작업 관리가 되는 방식보다 메모리 효율이 떨어진다는 결론에 이르는 대목이다.

2) 로그스태시는 실행 시 프로세스마다 처리되는 변수나, 프로세스 실행에 필요한 임시 데이터를 저장할 수 있는 공간을 별도로 지정해줘야 한다.(물론 단일 프로세스를 구동한다면 상관없겠지만.) 무슨 말이냐 하면, 1개의 로그스태시가 구동되면 기본 "홈디렉터리₩data" 위치에 프로세스 처리를 위한 임시 파일을 저장하는데, 이 상태에서 다른 목적의 두 번째 로그스태시를 실행하면 data path를 확인하라는 오류 메시지와 함께 실행되지 않는 상황에 맞닥뜨린다는 뜻이다.

"Logstash could not be started because there is already another instance using the configured data directory. If you wish to run multiple instances, you must change the "path.data" setting."

이런 경우 두 번째 로그스태시는 "logstash –f postgres-test.conf --path.data ../폴더명" 과 같이 path.data 옵션을 설정하여 별도의 저장공간을 활용하도록 설정해줘야 한다. 데이터 디렉터리에 대한 관리의 부담까지 안아야 한다.

3) 로그스태시는 아직 전체 프로세스를 관리하는 기능을 제공하지 않는다. 단, filebeat를 이용해서 로그스태시에서 발생하는 로그를 수집하여 키바나에서 활용하는 방법이 있기는 하다. 하지만 1, 2번과 같은 문제를 감안할 때, 30개의 데이터 파이프라인을 만들어야 하는 상황이라면 30개의 로그스태시와 그것을 모니터링하기 위한 30개의 filebeat가 필요할지도 모른다.(극단적인 예이긴 하지만 말이다.)

실제 사업에 투입되어 엘라스틱서치를 사용해본 경험상, 빠른 테스트와 간단한 시연, 테스트에 로그스태시를 활용해본 결과는 무척 만족스러웠다. 다만 위에 제시한 3가지 결점 때문에 다음번 사업에서는 로그스태시로 구동 중인 프로세스에서 스프링 프레임워크로 이관하는 작업을 진행할 계획이다.

이유는 관리 때문이다. 빠른 연계와 테스트, 분석을 수행해야 하는 입장에서는 로그스태시의 기능만으로 충분할지 모르지만, 시스템을 구축하고 운영하는 입장에서 로그스태시는 아직 부족한 점이 적지 않다. 그래서 그 점을 보완할 방편으로 스프링 프레임워크를 이용한 데이터의 적재 방법도 함께 수록하려는 것이다.

물론 이 방법은 비개발자가 해보기엔 어려움이 많아 개발자를 위한 안내라고 할 수 있다. 그렇더라도 연계 방법만 설명하고, 이후의 엘라스틱서치 활용에 대한 설명은 모두 파일 업로드를 이용하여 수행할 것이므로 안심해도 좋다.

개발자 입장에서 엘라스틱서치를 도입하려 한다면 데이터 파이프라인 구축 시 자연스럽게 로그스태시나 Beat를 검토하게 될 것이다. 그때 시간을 단축할 방법을 미리 공유한다고 생각하면 유익하겠다.

스프링 프레임워크의 개발 환경을 구축하는 내용까지 다루지는 않는다. 개발 환경 구축은 온라인상에서 검색해도 충분한 정보를 얻을 수 있을 것이다. 이미 구축된 스프링 프레임워크 개발 환경에서 엘라스틱서치에 데이터를 등록하기 위해 필요한 내용을 알려주는 것이 이 책을 쓴 목적이다.

실제로 직전 사업에서 스프링 프레임워크를 이용하여 데이터를 적재해본 결과, 간단히 설정만 한다고 될 게 아니라 데이터의 속성과 상황에 따라 조정해야 할 부분이 적지 않았다. 여기서는 그런 부분을 설명하는 것이 소기의 목적이 되겠다.

설명할 내용은 다음과 같다. 크게 2가지를 설명하고 실습한 뒤에 결과를 확인하고 마치겠다.

순서	내용
1	Maven에서 엘라스틱서치 연계를 위해 추가해야 할 dependency 설정
2	배치에서 엘라스틱서치의 호출을 위해 필요한 샘플 소스코드

그리고 현재 사용 중인 프레임워크와 자바 버전은 다음과 같다.

순서	준비사항	설명
1	전자정부 프레임워크 3.7	쉽게 말해 Group과 같은 의미다. 엘라스틱서치는 Key/Value 형태의 JSON 데이터 형식을 따르는데, 특정 항목(Key)에 대해 동일한 값(Value)을 기준으로 수치값을 집계하는 단위다.
2	JDK 1.8	자바는 1.8을 사용

별것 아니지만, 위와 같은 환경으로 개발 환경을 준비했다. 직전 사업에서 사용한 개발 환경이기도 하다. 현재 개발자인 독자분들은 큰 어려움 없이 유사한 개발 환경을 구축할 수 있으리라 생각한다.

다음은 엘라스틱서치에 필요한 라이브러리를 사용하기 위해 maven의 pom.xml에 추가해야 할 dependency의 목록을 공유하는 법이다.

```xml
<!-- Elasticsearch -->
<dependency>
    <groupId>org.elasticsearch.client</groupId>
    <artifactId>elasticsearch-rest-high-level-client</artifactId>
    <version>7.6.1</version>
</dependency>
<dependency>
    <groupId>org.apache.httpcomponents</groupId>
    <artifactId>httpclient</artifactId>
    <version>4.5.6</version>
</dependency>
<dependency>
    <groupId>org.bgee.log4jdbc-log4j2</groupId>
    <artifactId>log4jdbc-log4j2-jdbc4.1</artifactId>
    <version>1.16</version>
</dependency>
```

위와 같이 maven 설정파일을 변경하고 maven 업데이트를 하면 라이브러리의 설정이 완료된다. 참고로, 엘라스틱서치는 루씬 기반으로 개발된 플랫폼이므로 추가된 라이브러리의 내역을 보면 루씬의 라이브러리까지 포함하여 추가된 결과를 확인할 수 있을 것이다.

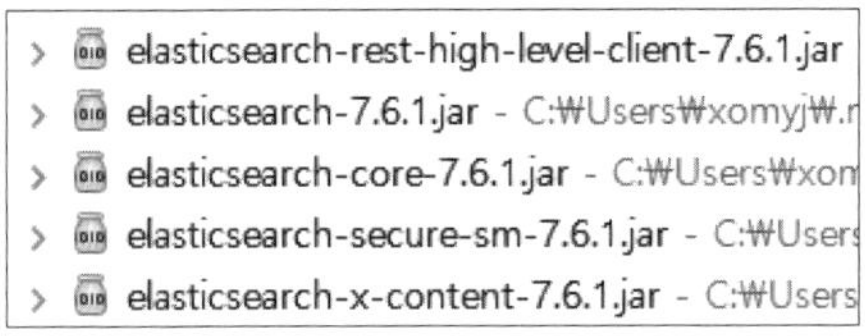

그림 4-76

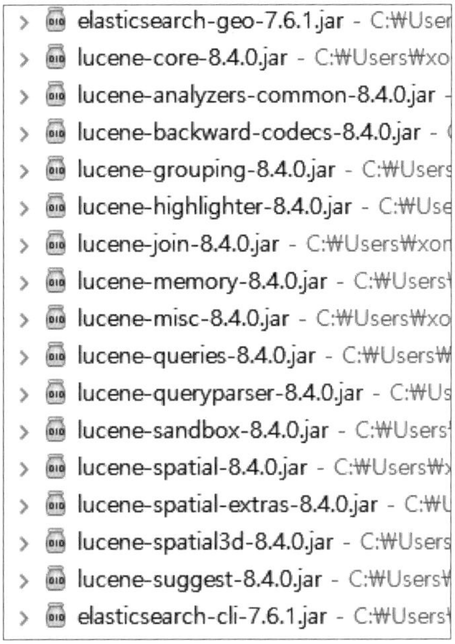

그림 4-77

[그림 4-77]처럼 엘라스틱서치와 루씬의 라이브러리가 혼합된 것을 볼 수 있다. 이와 같은 결과를 보았다면, 준비가 완료된 것이다. 그렇다면 가장 중요한 엘라스틱서치 적재를 위한 소스를 설명하겠다. 다음 소스는 스프링 프레임워크의 Writer에 해당하는 클래스의 소스다. 스프링 프레임워크를 활용하려면 아래 소스를 참고하자.

```
[전체소스]
@Override
public void write(List<? extends T> items) {
  if(items ≠ null) {
    try {
```

```
List<TbTest01>list = items.stream( ).map(v → (TbTest01)v).collect(Collectors.
toList()); // DB에서 조회해온 레코드를 배열에 담는다.
    RestHighLevelClient client = new RestHighLevelClient(RestClient. builder
(new HttpHost ("localhost", 9200, "http")/*, new HttpHost("localhost",
9200, "http")*/)); // 엘라스틱서치에 접속할 수 있는 RestHighLevelClient 객체를 생성
한다.
    BulkRequest bulkRequest = new BulkRequest(); // 엘라스틱서치에 Bulk(일괄등록)
하기 위한 객체를 생성한다.

    int cnt = 0;
    for (TbTest01 tbTest01 : list) { // 반복문을 이용해서 레코드를 처리한다.
      System.out.println("### ELK0101001 Batch Elasticsearch"+tbTest01.toString());
      IndexRequest indexRequest = new IndexRequest() // Index 생성을 위해
IndexRequest 객체를 선언한다.
      .index("test_index_20200210") // 인덱스 이름을 지정한다.
      .id(tbTest01.getCol01()) // 인덱스의 PK(Primary Key)로 사용될 값을 지정한다.
      .source(XContentFactory.jsonBuilder() // Field별로 등록할 값를 등록한다.
      .startObject()
      .field("col01",tbTest01.getCol01())
      .field("col02",tbTest01.getCol02())
      .field("col03",tbTest01.getCol03())
      .field("col04",tbTest01.getCol04())
      .field("col05",tbTest01.getCol05())
      .field("col06", cnt)
      .field("@timestamp", EtlUtil.getTimeStamp()) // 데이터 시각화의 기준이 되는
시간 정보를 등록한다.
      .field("colDt",tbTest01.getColDt())
      .endObject());

      UpdateRequest updateRequest = new UpdateRequest() // 데이터가 중복될 경우
업데이트 될 수 있도록 UpdateRequest 객체를 생성해둔다.
      .index("test_index_20200210")
      .id(tbTest01.getCol01())
      .doc(XContentFactory.jsonBuilder()
```

```java
        .startObject()
        .field("col01",tbTest01.getCol01())
        .field("col02",tbTest01.getCol02())
        .field("col03",tbTest01.getCol03())
        .field("col04",tbTest01.getCol04())
        .field("col05",tbTest01.getCol05())
        .field("col06", cnt)
        .field("@timestamp", EtlUtil.getTimeStamp())
        .field("colDt",tbTest01.getColDt())
        .endObject())
        .upsert(indexRequest); // Upsert 구현을 위해 UpdateRequest를 함께 사용

        bulkRequest.add(updateRequest); // 생성된 객체를 등록하기 위해 bulk 객체에
담는다.

        cnt++;
    }

    BulkResponse bulkResponse = client.bulk(bulkRequest, RequestOptions.DEFAULT);
// bulkRequest 객체에 담긴 데이터를 미리 만든 client를 이용하여 전송한다.

    if(bulkResponse.hasFailures()) {
      System.out.println("### Elasticsearch Error! - " + bulkResponse .build
FailureMessage());
    }else {
      System.out.println("### Elasticsearch Success! - " + bulkResponse.toString());
    }

    client.close();

  } catch (Exception e) {
    e.printStackTrace();
  }
 }
}
```

전체소스다. 자바 개발자라면 이 부분 외에 궁금한 내용이 없으리라 생각되어서 위 소스에 대한 설명만 하고 넘어가겠다. 우선 첫째로 위 소스의 기능은 스프링 배치에서 처리해야 할 데이터를 조회한 후에 리스트를 넘겨받아서 실제로 처리해야 할 로직이 프로그래밍되는 Writer 클래스다.

```java
public void write(List<? extends T> items) {
  if(items ≠ null) {
    try {
        List<TbTest01> list = items.stream().map(v → (TbTest01)v).collect
(Collectors.toList());

--- 생략 ---
```

위와 같이 write 메소드에 items를 받아서 items.stream()을 통해 List 배열로 리턴받는다. List로 받은 객체를 반복문을 통해 반복하며, 배치 로직을 적용하여 처리한다. 여기에서 일반적인 RDB의 테이블에 VO 기반으로 데이터를 처리하는 방식과 엘라스틱서치로 처리하는 방식에 차이가 생긴다.

일단 다음으로 넘어가서 둘째는 엘라스틱서치의 접속 정보를 입력하는 부분이다. 간단하다.

```java
RestHighLevelClient client =
new RestHighLevelClient(RestClient.builder(new HttpHost ("localhost", 9200,
"http")
BulkRequest bulkRequest    = new BulkRequest();
```

접속을 위한 설정은 RestHighLevelClient다. 접속대상 서버는 로컬 환경이므로 localhost이며 포트는 엘라스틱서치의 기본 포트인 9200으로 설정한다. 프로토콜은 http로 설정했는데, 유상 버전일 때에는 X-pack의 security 모듈이 적용되므로 https로 설정해야 하는 경우도 있으니 참고하기 바란다.

아래에 있는 BulkRequest는 이름 그대로 Bulk로 처리하기 위해 제공되는 모듈이다. 스프링 배치와 같이 쿼리를 객체에 누적해놓았다가 한 번에 처리할 때 사용한다. [전체소스]의 하단을 보면 bulkRequest.add()를 이용하여 엘라스틱서치에 적재할 데이터를 누적시키는 부분을 확인할 수 있다.

그리고 그 아래에서 마지막으로 전체 내역을 client.bulk로 엘라스틱서치로 전송하는 것을 볼 수 있다.

```
BulkResponse bulkResponse = client.bulk(bulkRequest, RequestOptions.DEFAULT);
```

client.bulk에는 bulkRequest가 파라미터로 등록되는 것을 볼 수 있다.

다시 돌아가서 데이터를 처리하는 부분을 보자.

```
for (TbTest01 tbTest01 : list) {
      System.out.println("### ELK0101001 Batch Elasticsearch"+tbTest01.
toString());
      IndexRequest indexRequest = new IndexRequest()
      .index("test_index_20200210")
      .id(tbTest01.getCol01())
      .source(XContentFactory.jsonBuilder()
      .startObject()
      .field("col01",tbTest01.getCol01())
      .field("col02",tbTest01.getCol02())
      .field("col03",tbTest01.getCol03())
      .field("col04",tbTest01.getCol04())
      .field("col05",tbTest01.getCol05())
      .field("col06", cnt)
      .field("@timestamp", EtlUtil.getTimeStamp())
      .field("colDt",tbTest01.getColDt())
      .endObject());
--- 생략 ---
```

for 문으로 조회해온 데이터를 반복문으로 처리하고 있다. 여기에서 핵심은 IndexRequest 객체다. 이는 데이터를 엘라스틱서치로 등록할 때 사용하는 유틸리티다. 엘라스틱서치는 Restful 방식을 지원하므로 URL 형태로 데이터 전송 명령을 전달할 수 있다. 하지만 IndexRequest를 이용하면 일련의 규칙에 따라 엘라스틱서치에 적재할 때 필수적인 옵션과 정형화된 데이터의 형태로 데이터 등록이 가능하다.

사용법은 다음과 같이 설명할 수 있다. 우선 IndexRequest의 옵션을 보겠다.

```
IndexRequest indexRequest = new IndexRequest() // 객체 생성
        .index("데이터를 적재할 인덱스명") // 기존 인덱스가 없으면, 신규 생성까지 한다.
        .id(인덱스 등록 시 Key가 되는 속성명) // RDB의 기준으로 보면 PK와 같은 의미다.
        .source(등록할 데이터 객체); // 데이터의 정보가 담긴 객체를 등록한다.
```

위와 같이 데이터 등록을 위한 명령을 작성할 수 있으며, 여기서 데이터 등록은 다양한 방법으로 할 수 있지만, 주로 XContentFactory 객체를 이용하여 가이드하는 내용이 많으므로 동일한 예제로 준비했다. XContentFactory 중에서도 jsonBuilder 함수를 사용하면, 등록한 데이터를 json 형태로 빌드하여 등록해준다. 사용법은 다음과 같다.

```
XContentFactory.jsonBuilder()
        .startObject()
        .field("col01",tbTest01.getCol01())
        .field("col02",tbTest01.getCol02())
        .field("col03",tbTest01.getCol03())
        .field("col04",tbTest01.getCol04())
        .field("col05",tbTest01.getCol05())
        .field("col06", cnt)
        .field("@timestamp", EtlUtil.getTimeStamp())
        .field("colDt",tbTest01.getColDt())
        .endObject()
```

이렇게 startObject 함수를 시작으로 endObject 함수까지 등록할 데이터를 입력하여 객

체를 생성하고 BulkRequest에 등록하면 된다.

그런데 이렇게만 하면 데이터 등록만 가능한 상태로 사용해야 한다. 단순하게 시스템의 로그 데이터를 적재하는 경우라면 위처럼 IndexRequest만 사용해도 문제가 없다. 그러나 보통 엘라스틱서치를 사용하려는 분들, 그리고 책의 제목처럼 자신만의 데이터 분석 플랫폼을 구축하여 뭔가 해보고 싶은 분들이라면, 반복적으로 데이터가 업데이트되어 갱신되어야 하는 속성을 가진 경우가 많을 것이다. 또 시스템을 개발하는 분들의 입장에서도 같은 이유로 데이터 업데이트가 필요한 경우가 많이 발생할 것이다.

그런 경우에는 UpdateRequest라는 객체를 사용하여 처리할 수 있다. [전체소스]를 보면 indexRequest 아래에 UpdateRequest가 작성된 것을 볼 수 있다. 이는 IndexRequest를 통해 데이터를 등록하는 시점에 인덱스의 Key에 해당하는 칼럼과 동일한 데이터가 이미 등록되었을 경우, UpdateRequest가 수행되도록 처리하는 방식이다. 이렇게 해두면, 예를 들어 특정 인원의 프로파일을 적재해두고 활용하는 경우 개인별 데이터가 변경되면 기존 데이터를 유지하고 변경된 칼럼만 업데이트되도록 처리할 수 있다.

별 볼 일 없는 당연한 기능이라고 여길 수 있지만, 인터넷에서 찾아 하려면 시간을 꽤나 투자해야 할 것이다. 시간이 아까우니, 책에 기재된 방법을 활용하길 권장한다.

이상으로 데이터 적재를 위한 다양한 방법을 알아보았다. 스프링 배치를 이용한 내용은 자세하게 실습까지 다루지 않았는데, 사실 내용이 방대해서 이 책에 모두 담기에는 무리가 있다. 이는 구글링이나 다른 방법을 통해 개발 환경을 구축하고, 적재 시 필요한 라이브러리와 샘플 코드를 참고하기 바란다. 자바를 제법 다룬 경험이 있다면 샘플 소스만으로도 잘 활용해서 적용할 수 있으리라 생각한다.

PART

5

적재된 데이터의 확인
및 활용 방법

4부에서 배운 데이터를 적재하는 노하우를 발휘하여 이번에는 적재된 데이터를 확인하고 활용해본다. 이때 개발자만이 아니라 일반 독자들도 손쉽게 할 수 있는 방법을 설명하겠다. 끝으로 GIS 속성 사용법을 살펴보고 마무리한다. 5부에서도 역시 사용자의 관점에서 사용자의 편의를 고려한 엘라스틱서치 키바나의 기능을 접하게 될 것이다.

엘라스틱서치에 적재된 데이터를 확인하는 방법을 알아본다. 처음 접해보는 분들에게는 이 방법이 어려울 수도 있다. 엘라스틱서치에서 데이터를 확인하기 위해서 엘라스틱서치에서 Restful 방식으로 제공되는 API를 사용할 수도 있겠지만, 개발자가 아니라면 이 방법 역시 사용하기가 만만하지 않다. 개발자인 필자도 엘라스틱서치의 데이터 확인이나 조작은 대부분 키바나에서 제공하는 기능으로 활용하는 편이다. 왜냐하면, 편하기 때문이다. 엘라스틱서치의 키바나는 사용자 관점에서 많이 고민한 흔적이 곳곳에서 엿보인다.

앞으로 이어질 설명은 주로 키바나의 화면을 이용하여 최대한 쉽게 엘라스틱서치에 적재된 데이터를 확인하는 방법에 대한 것이다. 부디 술술 읽어 내려가고 어렵지 않게 이해할 수 있길 바란다.

아, 참고로 데이터 점검 방법에서 활용할 데이터는 이전 테스트에서 활용했던 샘플 데이터를 활용할 계획이다. 이미 만들어져 있을 것이라 예상하고 진행하겠다.

1. 엘라스틱서치 데이터 점검 방법

데이터 확인을 위해 일단 엘라스틱서치와 키바나를 실행한다. 키바나로 로그인한 후에 [그림 5-1]처럼 설정(Setting) 메뉴로 이동한다.

톱니바퀴 아이콘을 누른 후 [Index Management] 메뉴를 누르면 인덱스 목록을 볼 수 있는 페이지로 이동한다.

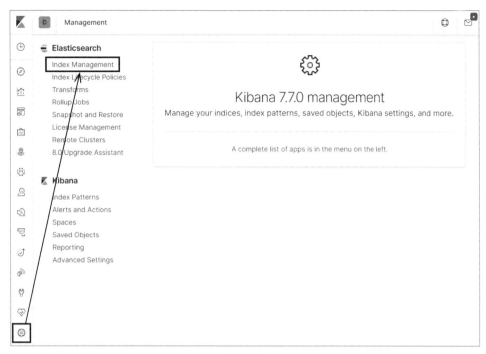

그림 5-1

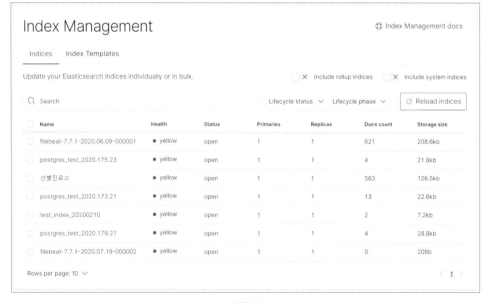

그림 5-2

[그림 5-2]와 같이 그동안 플랫폼의 구성 및 테스트를 위해 생성한 인덱스의 목록이 보인다. 이 시점에서 꼭 참고해야 할 것은 목록에서 보이는 내용은 엘라스틱서치에 적재된 인덱스일 뿐이라는 점이다. Index Management 목록에 보인다고 해서 키바나에서 바로 시각화가 가능한 것이 아니다. 키바나에서도 별도의 Index Pattern이라는 것을 등록해야 하는데, 일단 인덱스 목록을 확인하는 방법부터 상세히 알아본다.

[그림 5-2] 화면에 보이는 목록부터 설명하겠다.

항목	설명
Name	인덱스의 이름을 보여준다. 이름을 클릭하면 인덱스에 대한 세부 내용을 확인할 수 있다.
Health	인덱스의 현재 상태를 보여준다. 원활한 상태인 경우, 녹색이나 노란색으로 표시된다. 측정과 관련된 정확한 기준은 알 수 없지만, 붉은색일 때에는 인덱스 상태를 점검해볼 필요가 있다.
Status	Open으로 되어 있는 것은 현재 사용 가능한 상태임을 알 수 있다.
Primaries	
Replicas	복제 개수를 표시하는 수치다. 분산 환경으로 다수의 엘라스틱서치를 구성할 때 백업용 노드에 데이터를 복제하는 건수를 나타낸다.
Docs count	엘라스틱서치에 적재된 document의 건수를 보여준다. 적재된 데이터의 건수라고 생각하면 이해가 쉽다.
Storage size	인덱스 생성에 사용된 스토리지의 크기를 표시한다.

위와 같은 내역을 보여준다. 사실 실제로 사용하다 보면 자세하게 보는 항목은 Name, Docs count, Storage size 정도일 것이다. 이외에 Name을 누르면 표시되는 내용이 있다. 인덱스의 세부 내용을 보여주는 기능인데, 사용자 입장에서 주로 봐야 하는 항목만 설명한다.

그림 5-3

처음에 엑셀 업로드 방식으로 사용한 "선별진료소" 인덱스를 살펴본다. 메뉴는 크게 5개 탭으로 구성되었다.

탭명	설명
Summary	Index Management의 목록과 비슷하게 인덱스의 기본 정보를 보여준다.
Settings	인덱스에 설정된 다양한 값을 확인할 수 있다. 엘라스틱서치는 데이터뿐 아니라 인덱스의 설정 정보도 모두 JSON 타입의 문자열로 관리한다.
Mapping	매핑 정보는 RDB 기준으로 보면 테이블 스키마와 같은 정보다. 현재 생성된 데이터의 스키마가 어떻게 구성되었는지와 칼럼별 타입을 확인할 수 있다.
Stats	Settings이 인덱스의 설정 정보라면, Stats는 현재 인덱스 상태에 대한 정보를 보여준다. document의 개수, Storage size를 포함한 다양한 상태 정보를 알 수 있다.
Edit settings	인덱스에 대한 설정 중 사용자가 변경 가능한 옵션에 대해 변경할 수 있는 기능을 제공한다. 가끔 이 기능을 사용하여 옵션을 확인하거나 변경하는 목적으로 사용하곤 한다.

다양한 기능을 제공하지만 주의 깊게 봐야 하는 메뉴는 Summary와 Mapping이다. 마지막으로, 인덱스의 사용 여부, 삭제, 새로고침 등을 할 수 있도록 제공하는 기능도 있다.

그림 5-4

[그림 5-4]의 하단에 있는 Manage도 다양한 기능을 제공하는데, 기능별로 아래 표와 같이 설명할 수 있다.

기능명	설명
Close index	인덱스의 사용을 중단할 수 있는 기능이다. 인덱스 목록에서 Open으로 표시된 인덱스를 Close할 수 있다.
Force merge index	병합 기능으로 작게 분산된 파일을 병합하고, 삭제된 파일을 지워서 인덱스를 최적화한다. 읽기 전용 인덱스만 실행하길 권장한다고 안내하고 있다.
Refresh index	인덱스를 새로고침하는 기능이다. 새로고침되면 시스템 캐시에 쓰이게 되고, 사용할 준비를 한다. 이 작업은 초당 한 번 자동으로 이뤄지며, 테스트를 위해 실행해볼 수는 있으나 성능에 문제를 일으킬 수 있으므로 수동 실행은 하지 말기를 권장한다고 안내하고 있다.
Clear index cache	인덱스와 관련된 모든 캐시를 삭제한다.

Flush index	캐시된 인덱스를 디스크에 동기화하고 캐시를 비운다. 동기화가 완료되면 재설정되어 필요시 다시 캐싱된다.
Freeze index	인덱스를 디스크로 이동시키고 읽기 전용으로 만들어 메모리 공간을 확보한다. 단, 디스크로 이동된 인덱스는 조회 속도가 느려진다고 안내하고 있다.
Delete index	인덱스를 삭제한다.
Add lifecycle policy	수명주기 관리를 위해 정책 정보를 지정한다.

위와 같이 인덱스마다 개별로 제공하는 기능이 많다. 그러나 주로 사용하는 기능은 De-lete index일 것 같다. 나머지 기능은 외부 서비스를 필요로 하는 경우나 데이터가 큰 인덱스가 많은 경우에 사용하게 되리라 본다.

마지막으로 Index Management 화면(그림 5-3 참조)의 탭을 보면 "Index Templates"가 있다. 이는 데이터 연계 마법사(?) 같은 기능이라고 보면 되는데, 이 책에서 직접 Logstash나 filebeat 사용법을 안내하므로 넘어가겠다.

2. 키바나의 인덱스 패턴 등록

지금까지는 키바나가 아닌 엘라스틱서치에 생성된 인덱스의 설정 및 생성 결과를 키바나에서 확인했을 뿐이다. 실제로 엘라스틱서치의 데이터를 키바나에서 활용하려면 키바나에서 엘라스틱서치와의 매핑 정보에 해당하는 인덱스 패턴을 등록해야 한다. 사용법을 알아보겠다.

[그림 5-5]처럼 버튼을 순서대로 클릭하면 Index patterns 화면이 로딩되고 그동안 실습할 때 사용한 인덱스 패턴들이 보일 것이다. 실습 과정에서는 자동생성 기능을 활용했기 때문에 인덱스 패턴까지 자동으로 생성한다. 실상 데이터를 직접 연계할 때에는 인

덱스 패턴의 등록이 반드시 필요하다.

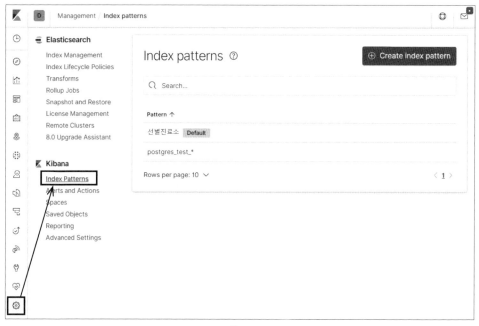

그림 5-5

[그림 5-5] 화면에서 [Create index pattern]을 누르면 인덱스 패턴을 생성할 수 있다. 눌러보자. 그러면 Define index pattern이라는 스텝이 실행된다. 눈치가 빠르다면 벌써 알아차렸겠지만, 엘라스틱서치에 생성된 인덱스에 대해 여러 개 인덱스를 한 번에 사용할수 있다.

[그림 5-6]과 같이 인덱스 패턴 이름을 입력하는 박스를 보면 "index-name-*"와 같이 별표(*)가 붙었다. 그 이유는 엘라스틱서치에서 자동으로 생성된 인덱스들을 보면 알 수 있을 것이다.

보다시피 자동생성된 엘라스틱서치의 인덱스 이름은 "인덱스명-[생성한 일자]" 형태로 생성된다. 이는 인덱스 관리의 용이성과 효율성을 도모하기 위함인데, 엘라스틱서치의 인덱스는 고속 검색을 위해 인덱스 자체가 메모리가 캐싱된 상태에서 사용할 수 있도록 관리된다.

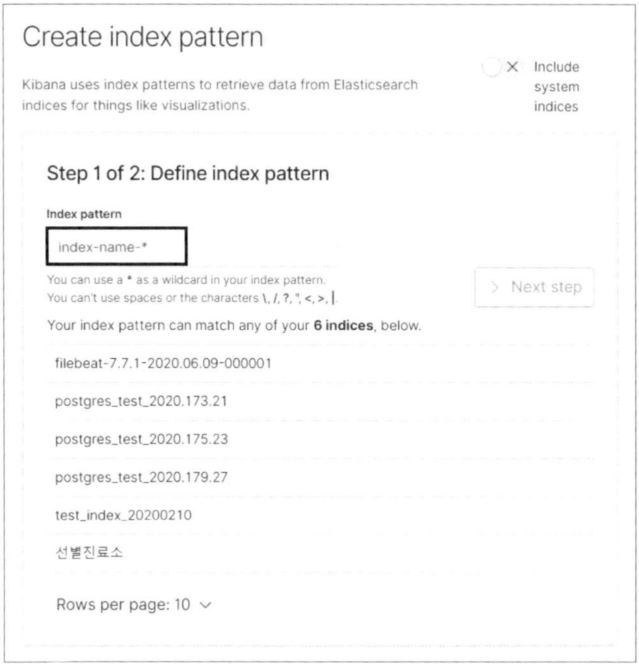

그림 5-6

이때 많은 데이터를 보유한 인덱스를 단일 인덱스로 보유한 환경이라고 할 때, 인덱스를 상시 사용 중일 때에는 문제가 없겠지만 제한적인 리소스를 사용한다면 캐싱하고 캐싱 해제하기를 반복할 것이다. 이럴 때 인덱스의 사이즈가 무리하게 크면, 캐싱하고 해제하는 시간도 무리하게 발생해서 효율적 관리가 어려울 것이다.

그러나 이를 일자별로 나누면 잘 검색되지 않는 일자의 인덱스가 캐싱에서 해제됨으로써 자주 활용되는 기간의 데이터만 상시 캐싱된 상태로 관리되므로 리소스 활용 면에서 유리하다.

다시 본론으로 돌아가서 인덱스 패턴의 이름으로 사용할 명칭을 입력한다. 다중 인덱스 사용에 대해 설명했으니, 인덱스 패턴 이름도 다중 인덱스를 참조하게끔 설정해본다.

그림 5-7

[그림 5-7]처럼 "postgres_test*"를 입력하면 "postgres_test"로 시작하는 인덱스가 모두 검색된다. 이 상태에서 [Next step]을 누르면, 그 아래에 엘라스틱서치 인덱스를 참조하는 인덱스 패턴이 3개 만들어진다. 참고로 인덱스 패턴을 만든다고 해서 데이터가 복제되거나 용량이 늘어나지는 않는다. 말 그대로 엘라스틱서치의 인덱스와 키바나의 시각화 기능 사이의 매핑 정보라고 이해하면 되겠다. [Next step]을 눌러보자.

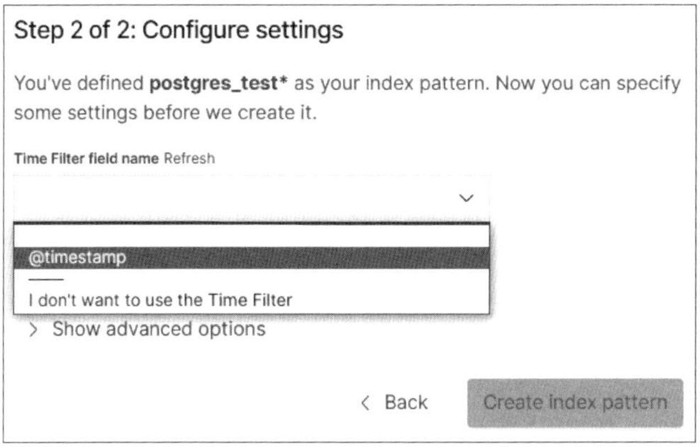

그림 5-8

그러면 다음 화면에서는 "Configure settings"라는 스텝이 보이는데, 이 화면에서는 시계열 정보를 나타내는 칼럼을 설정할 수 있다. 엘라스틱서치는 데이터의 고속 검색도 제공하지만 데이터를 시각화하는 부분도 매우 중요한 부분을 차지하기 때문에 시계열 관련 분석 요소들이 도처에 숨어 있다.

선택된 인덱스 내에 시계열 정보가 포함된 칼럼이 있다면 반드시 지정해주자. 지금 샘플로 사용하고 있는 인덱스에 데이터 생성 시 만들어둔 @timestamp라는 칼럼이 있는 것을 볼 수 있다. 물론 날짜 칼럼이 없으면 제일 아래처럼 시간 필터를 사용하지 않겠다고 설정하면 된다.

만일 @timestamp 외에 자신이 직접 생성한 칼럼 중 일자나 시간 칼럼이 있었다면, 선택할 수 있게끔 화면에서 보였을 것이다. 다시 돌아와서, [@timestamp]를 클릭하면 Create index pattern 버튼이 활성화된다.

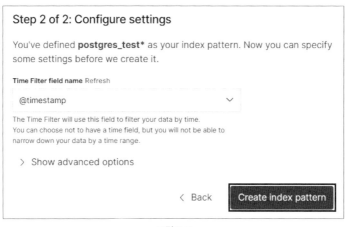

그림 5-9

[Create index pattern]을 누르면 인덱스 패턴의 생성이 완료된다.

[그림 5-10] 화면에서는 인덱스 패턴의 생성이 완료되고, 인덱스 패턴에 생성된 세부 칼럼을 확인할 수 있는 내역을 보여준다. 제일 상단에는 인덱스 패턴의 이름이 있고, 그 아래에는 엘라스틱서치의 인덱스에 생성된 칼럼과 타입 정보 등이 있다. 칼럼의 타입은 크게 3가지로 나뉘는데, 순서대로 "Fields (20)", "Scripted fields (0)", "Source filters (0)"다.

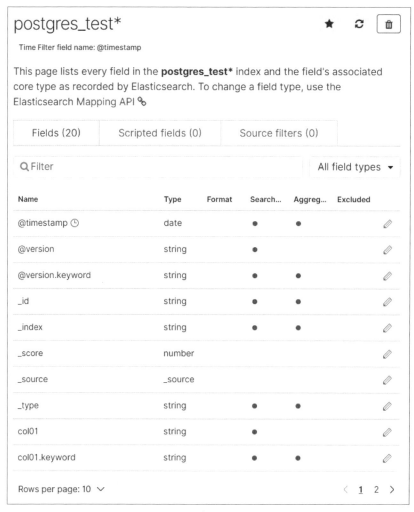

그림 5-10

2.1 Fields

순서대로 살펴보겠다. 먼저 Fields (20)이라는 것을 보자. 딱 보면 알겠지만 엘라스틱서치의 인덱스의 칼럼을 읽기 위한 매핑 정보가 20개 생성되었다고 이해하면 되겠다. 즉 각 칼럼을 읽어오기 위해 키바나에 설정된 매핑 정보라고 보면 된다. col1, col2와 같이 직접 생성한 칼럼도 있지만, 엘라스틱서치에서 기본적으로 생성하는 인덱스의 칼럼도 보인다. Name만이 아니라 Type과 Format 같은 정보도 볼 수 있다.

이중 중요한 내용을 콕 집어 설명하자면 다음과 같은 항목이 있다. 그외 항목이 중요하지 않다는 것이 아니라 개인용 데이터 분석 플랫폼으로 엘라스틱서치를 활용하려면 이 정도만 알아도 충분하다는 의미다.

항목	설명
Name	이름 그대로 각 칼럼별 이름을 의미한다.
Type	엘라스틱서치에 생성된 칼럼의 타입을 표현한다. 현재 보이는 타입 외에 geo_point와 같은 지도용 칼럼도 있다.
Format	별도로 칼럼에 지정하는 포맷 정보로 타입별로 설정할 수 있는 Format 옵션을 제공한다. (잘 사용하지 않는 설정)
Searchable	검색 가능한 칼럼인지를 체크하는 항목으로 동그라미 이미지가 보이면 검색이 가능한 상태로 본다.
Aggregatable	집계 가능한 칼럼인지 보여주는 항목으로 시각화 차트에서 통계나 집계 목적으로 활용 가능한 칼럼인지 여부를 보여준다. 이 항목이 체크되어 있지 않으면 시각화 차트에서 사용할 수 없고, 주로 긴 문자열 데이터를 가진 칼럼은 집계용 데이터로 효율적이지 못하므로 통계나 집계용으로 사용하기 어렵다.
연필 아이콘	칼럼별로 특정한 옵션을 설정할 때 사용하는 옵션이다. 대부분은 기본 설정에서 변경하지 않고 사용한다.

이렇게 인덱스 패턴까지 생성되면 키바나에서 데이터를 확인해볼 수 있는 상태가 된다. 기본적으로 인덱스를 지정하여 인덱스 패턴을 생성하면 자동으로 field를 생성하는 것을 볼 수 있다. 다음에 소개할 것은 Scripted fields다.

2.2 Scripted fields

쉽게 설명하자면 Scripted fields는 현재 자동생성된 field 외에 script 처리를 통해 가장으로 만들어내는 field다. 우선 어떻게 생성하는지 살펴보자.

그림 5-11

자동으로 생성되는 field는 아니므로 처음 Scripted fields로 이동해보면 아무것도 조회되지 않는다. [Add scripted field]를 눌러 작성 화면으로 이동해보자.

경고문

Proceed with caution

Please familiarize yourself with script fields and with scripts in aggregations before using scripted fields.

Scripted fields can be used to display and aggregate calculated values. As such, they can be very slow, and if done incorrectly, can cause Kibana to be unusable. There's no safety net here. If you make a typo, unexpected exceptions will be thrown all over the place!

진입하자마자 경고문이 보인다. 대강 해석해보면, Scripted field를 사용하려면 script field 나 집계를 위한 script를 숙지하라는 메시지와 함께 잘못 사용하면 검색 성능에 지대한 영향을 미칠 수 있다고 알려주는 경고임을 알 수 있다. 참고만 하자.

이제 생성을 위해 필요한 값을 살펴보겠다.

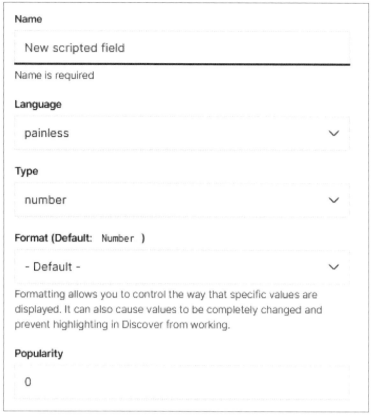

그림 5-12

맨 위에서 field의 이름을 입력하라고 안내한다. 그리고 사용할 언어를 선택할 수 있다. 사실 언어는 현재 엘라스틱서치에서 제공하는 "painless"라는 언어 외에 선택할 수 있는 언어가 있지는 않다. 차후에 다른 언어까지 확장할 것을 염두에 둔 설정이리라 짐작된다.

그다음은 Type 설정이다. Scripted field로 생성되는 field의 데이터 Type을 설정하는 옵션이다. 생성된 스크립트를 숫자로 활용할지, 문자로 사용할지, 날짜이나 Boolean 형으로 사용할지 선택할 수 있다. 그리고 Popularity라는 설정이 있는데, 이 기능으로 깨알같이 작게 Discover에서 적용 결과를 확인할 수 있다. [그림 5−13]처럼 좀 더 특별한 색상으로 눈에 띄게 표시해준다. 알고만 있자.

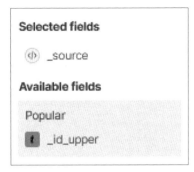

이제 Scripted fields 설정을 시작해보자. 그런데 경고문에서 알 수 있듯이 Scripted fields 는 성능에 유리한 조치가 아니다. 왜냐하면 실제 field가 생성되는 것이 아니라 마치 field 가 있는 것처럼 실제 field를 파라미터로 받아서 script 처리를 한 뒤에 리턴하는 방식이 기 때문이다.

그래서 간단히 사용 예제만 보겠다. 쉬운 예로, 현재 생성되어 있는 인덱스 데이터 중 우리가 사용해야 할 field 데이터가 대/소문자로 혼합되어 적재되었다고 해보자. "Elastic-search"와 같이 저장된 경우도 있고 "ELASTICSEARCH"로 기재된 경우도 있다. 이런 경 우에 키바나에서 제공하는 Aggregation을 통해 집계한다면 "Elasticsearch"와 "ELASTIC-SEARCH"는 서로 다른 값으로 구분되어 집계될 것이다.

이때 유용한 것이 바로 Scripted fields다. 현재 예제로 사용하고 있는 "postgres_test*" in-dex-pattern의 데이터를 조회해보면 다음과 같다.

```
{
  "_index": "postgres_test_2020.179.27",
  "_type": "_doc",
  "_id": "s15A9HIBu6gyyZ3wGWRi",
  "_version": 1,
  "_score": null,
  "_source": {
```

```
    "col02": "B-02",
    "col04": "B-04",
    "col05": "B-05",
    "@timestamp": "2020-06-27T05:29:00.871Z",
    "col01": "0002",
    "col_dt": "20200623121259",
    "@version": "1",
    "col03": "B-03"
  },
  "fields": {
    "@timestamp": [
      "2020-06-27T05:29:00.871Z"
    ]
  },
  "sort": [
    1593235740871
  ]
}
```

위와 같은 형태의 데이터가 된다. 그중 소문자를 포함한 "_id" 값을 대문자로 치환하는 Scripted fields를 만들 것이다. Scripted fields 생성 기능에서 [그림 5-14]와 같이 입력하자.

그림 5-14

Script 입력칸에 다음과 같이 "doc['_id'].value.toUpperCase()"를 입력하고 field의 이름을 "_id_upper"로 입력했다. 그러고 나서 생성하면 [그림 5-15]와 같이 생성이 완료된 것을 볼 수 있다.

Fields (20)   Scripted fields (1)   Source filters (0)

🔍 Filter   All languages ▾

Scripted fields
You can use scripted fields in visualizations and display them in your documents.   [Add scripted field]
However, you cannot search scripted fields.

Name	Lang	Script	Format		
_id_upper	painless	doc['_id'].value.toUpperCase()	String ✏ Edit	🗑 Delete	

Rows per page: 10 ▾   ‹ 1 ›

그림 5-15

이렇게 Scripted fields 칸에 1건이 추가되었음을 볼 수 있다. 그럼 이 상태에서 Discover 메뉴로 이동하여 데이터 조회 시 어떻게 보이는지 살펴보자.

```
{
  "_index": "postgres_test_2020.179.27",
  "_type": "_doc",
  "_id": "s15A9HIBu6gyyZ3wGWRi",
  "_version": 1,
  "_score": null,
  "_source": {
    "col02": "B-02",
    "col04": "B-04",
    "col05": "B-05",
    "@timestamp": "2020-06-27T05:29:00.871Z",
    "col01": "0002",
    "col_dt": "20200623121259",
    "@version": "1",
    "col03": "B-03"
  },
  "fields": {
    "_id_upper": [
      "S15A9HIBU6GYYZ3WGWRI"
```

```
    ],
    "@timestamp": [
      "2020-06-27T05:29:00.871Z"
    ]
  },
  "sort": [
    1593235740871
  ]
}
```

이렇게 원본 데이터는 "_source" 영역에 기재되었지만 Scripted fields로 생성한 "_id_upper"는 fields라는 영역에 별도로 생성되었음을 볼 수 있다. 여기까지만 본다면 마치 이미 대문자로 변환된 데이터가 어딘가에 저장된 것처럼 생각할 수 있겠지만, 그렇지 않다. 이 대시보드의 inspect 기능을 살펴보면 데이터 조회를 위해 사용한 request 명령어를 볼 수 있는데, 검색 대상 칼럼 중에 다음과 같이 Scripted fields의 소스코드가 포함된 상태로 요청되는 것을 볼 수 있다.

```
"script_fields": {
    "_id_upper": {
      "script": {
        "source": "doc['_id'].value.toUpperCase()",
        "lang": "painless"
      }
    }
  },
```

검색하는 시점에 원하는 모양을 스크립트를 이용하여 만들어낸다고 보면 될 것 같다. 이 말을 달리 생각하면 사실 Scripted fields로 미리 생성해서 사용하는 것도 가능하지만, 데이터 조회 시 직접 검색 명령어 자체에 script field를 코딩하여 검색하는 것도 가능하다는 말이 된다. 그렇다면 또다시, 검색 속도에 미치는 영향이 크기 때문에 검색 대상 자체에는 Scripted fields를 쓰지 않는 것이 좋겠다는 생각이 꼬리에 꼬리를 물듯 떠오른다.

단순히 코드값을 한글명으로 치환해서 보여줘야 할 때 유용한 기능인 것 같다. 그리고 지금처럼 단순하게 대문자로 치환하는 것도 가능하지만 painless 스크립트를 활용하는 방법도 있다. If 문을 이용한 소스코딩을 포함하여 java script에서 제공하는 기본적인 소스코드를 어느 정도 적용할 수 있으므로 경우에 따라 활용을 달리 해보는 것도 좋을 것이다. 이상으로 Scripted fields에 대한 설명을 마친다.

2.3 Source filter

이번에 설명할 Source filter는 어찌 보면 단순한 기능이다. 인덱스에 있는 field 중에 보이지 말아야 할 항목이 있는 경우 사용할 수 있는 기능이다. 물론 키바나 외에 엘라스틱서치를 다룰 줄 아는 사용자라면 엘라스틱서치를 직접 조회해볼 수 있기 때문에 거의 손이 가지 않겠지만, 그래도 운영하다 보면 별 일이 다 생기니 쓸 일도 생기지 않을까 하는 생각에 설명을 시작한다.

Source filters

Source filters can be used to exclude one or more fields when fetching the document source. This happens when viewing a document in the Discover app, or with a table displaying results from a saved search in the Dashboard app. Each row is built using the source of a single document, and if you have documents with large or unimportant fields you may benefit from filtering those out at this lower level.

Note that multi-fields will incorrectly appear as matches in the table below. These filters only actually apply to fields in the original source document, so matching multi-fields are not actually being filtered.

화면으로 이동하면 위와 같은 안내문이 보인다. 요약하면 Scripted fields와 마찬가지로 데이터 자체가 삭제되는 것은 아니고 대시보드나 시각화 차트의 검색 명령 실행 시 적용되어 검색된다는 내용이다. 그리고 다중으로 조건을 선택할 수 있다는 점까지 부연하고 있다. 그럼 직접 설정해보겠다.

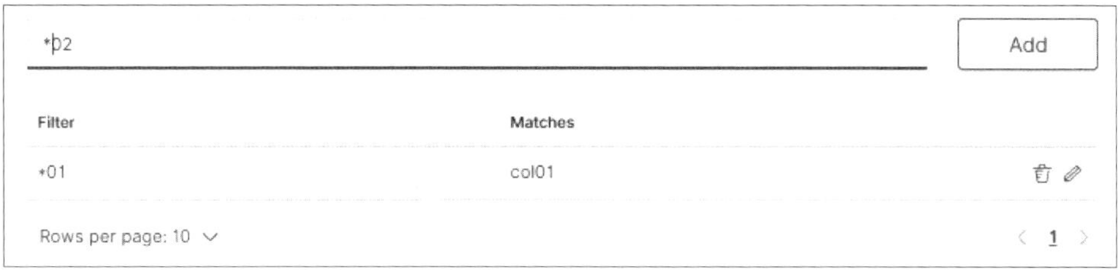

그림 5-16

[그림 5-16]처럼 "*02"를 입력한 뒤에 [Add]를 눌러 매칭되는 Field를 선택한다. 예를 들어 현재 Index에는 "*02"에 해당하는 Field가 "col02"밖에 없다. [Add]를 누르면 "col02"가 추가되리라 예상된다. 이미 등록된 "col01"처럼 말이다. 그리고 다중 Field도 가능하므로 모든 Field에 동일하게 기재된 "col*"를 입력하면 [그림 5-17]처럼 여러 개의 Field가 매칭되어 등록된다.

그림 5-17

이제 "col*" 필터를 제거하고 "*01"만 남겨둔 상태에서 Discover 기능을 통해 적용 결과를 확인해본다.

그러면 [그림 5-18]처럼 col01이 제외되었음을 확인할 수 있다. 적용이 잘 된 것 같다. Discover에서 어떻게 조회되는지도 확인해보자. Discover의 Inspect – request 기능을 통해 조회 명령을 살펴보면, 다음과 같이 excludes 명령을 이용해서 Source filters에서 제외시킨 조건을 확인할 수 있다.

```
Table    JSON

    🗓 @timestamp       Jun 27, 2020 @ 14:29:00.871

    t  @version         1

    t  _id              s15A9HIBu6gyyZ3wGWRi

    t  _index           postgres_test_2020.179.27

    #  _score           -

    t  _type            _doc

    t  col02            B-02

    t  col03            B-03

    t  col04            B-04

    t  col05            B-05

    t  col_dt           20200623121259
```

그림 5-18

```
"_source": {
    "excludes": [
      "*01"
    ]
},
```

이 또한 결론적으로 Index는 그대로 두지만 Index-pattern의 기능을 이용해서 데이터 조회를 제한하는 기능이라고 보면 된다. 굳이 Source filters에 추가하지 않고서도 조회 명령 자체에 직접 코딩해서 사용하는 것도 가능하다. 이렇게 총 3가지 탭으로 인덱스 패턴에 대한 조회와 다양한 작업을 수행할 수 있다.

3. 데이터를 확인하는 방법

Discover를 활용한 데이터 확인법을 소개한다. 사실 Discover는 키바나의 기초 기능이므로 앞부분에서 이미 여러 번 언급한 내용이다. 하지만 상세히 하지는 않았으니, 다시 한 번 다루며 화면의 상단부터 하단까지 자세히 설명하겠다. 이를 위해 직전에 등록한 인덱스 패턴을 이용할 계획이다.

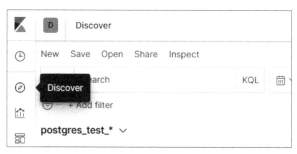

그림 5-19

키바나를 실행한 뒤에 왼쪽 위에 있는 Discover 아이콘을 클릭하면 Discover 화면을 바로 확인할 수 있다.

3.1 메뉴 영역

한눈에 보기 쉽게 표로 정리했다. 이 메뉴는 공통으로, 시각화 기능을 설명할 때마다 매번 언급하지 않고 건너뛰겠다. 각 메뉴의 자세한 내용은 6부의 "1. 공통 메뉴"에서 설명한다.

메뉴명	설명
New	Discover 메뉴를 새로 시작할 수 있는 기능이다. [New]를 누르면 Discover 메뉴가 새로 고침되면서 Default로 설정된 상태로 화면이 보인다.
Save	현재 검색 중인 Discover 화면의 검색 상태를 저장하는 기능이다. 사용 중인 인덱스 패턴, 필터 조건, 화면에 표시된 항목 등의 정보가 해당된다. 저장된 Discover는 저장하여 외부로 공유할 수 있다.

Open	Save 기능을 이용하여 저장된 Discover 시각화 화면을 불러오는 기능이다.
Share	현재 실행 중인 대시보드를 외부로 공유하는 기능이다. 키바나의 시각화 기능을 이용하여 메일링이나 자신이 개발하고 있는 시스템에 포함시켜 사용할 수도 있다.
Inspect	현재 검색된 데이터의 출처나 설정 정보, DSL 문 등의 정보를 확인할 수 있고, 화면에서 어떤 명령을 이용하여 데이터를 조회하고 화면에 표시하는지를 알 수 있다.(공부할 때 여러모로 요긴하게 사용했다.)

그중 Inspect는 엘라스틱서치를 잘 모르는 사람도 잘만 활용하면 화면 개발 시 검색 명령어를 사용하는 데 큰 도움이 된다. 키바나에서 활용하는 쿼리를 발췌할 수 있기 때문에 어느 정도 성능이 검증된 검색 명령을 사용할 수 있다. 같은 상황이라면 적극 활용해보길 권한다.

다음 메뉴는 데이터를 검색할 때 사용하는 필터 기능이다.

그림 5-20

"Search"는 검색어를 입력하는 곳이다. 이 검색창에서는 다양한 검색을 할 수 있는데, 단순한 키워드 검색부터 특정 단어를 포함한 문자열 검색, 특정 속성을 기반으로 검색하는 방식, 루씬 검색어 등이다. 검색어에 대해서도 설명하고 싶지만, 루씬 검색어 자체가 공부할 내용이 많으므로 사용하면서 꼭 필요한 기능만 설명하기로 한다.

"Last 15 years"라고 표시된 항목은 데이터의 범위를 지정하는 기능으로, 현재 시점부터 15년 전 데이터를 모두 보이게끔 설정해둔 것이다.(인덱스에 저장된 모든 데이터를 조회하기 위해 포괄적으로 설정해둔 것이다.)

종종 검색이 되지 않아 어리둥절해하는 일이 있는데, 그 원인은 바로 이 설정이다. 적재한 지 15분이 지난 데이터가 조회되지 않는다면 "Last 15 Minutes"라는 Discover의 기본 설정을 떠올리자. 이외에도 데이터를 조회할 때 원하는 만큼 데이터가 조회되지 않는다면, 데이터의 조회 범위부터 확인한다. 정말 적재 기능에 문제가 있는 게 아니라면, 데이터 조회 범위가 잘못 설정된 경우가 대부분이다.

그다음 "Add filter"는 인덱스에 존재하는 Field를 지정하여 필터링하는 기능이다. 매우 자주 사용될 뿐 아니라 키바나에서 필터링 시에도 애용되는 기능이다.

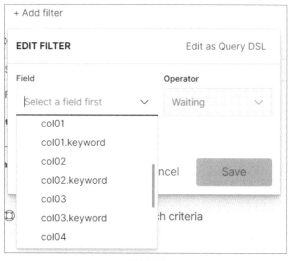

그림 5-21

[Add filter]를 누르고, [Field]를 선택하면 인덱스에 필터로 사용 가능한 Field의 목록을 보여준다. 단, 여기서 유의해야 할 점은 Field의 속성이 "text"로 된 Field는 필터 대상 항목으로 보이지 않는다는 것이다. 이는 별도의 설정이 필요하며, "text" 타입의 Field는 인덱스 패턴 등록 화면에서 "Scripted fields"를 생성하여 필요한 문자열만 발췌하여 검색되도록 할 수 있다. 이 내용은 Scripted fields를 설명할 때 간단하게 다루겠다.

필터링할 Field를 선택하고 나면 Operator를 설정할 수 있다. 이는 조건문을 선택하는 기능으로, 개발자라면 익숙할 것이고 비개발자이더라도 이해하는 데 별 어려움이 없을 것이다.

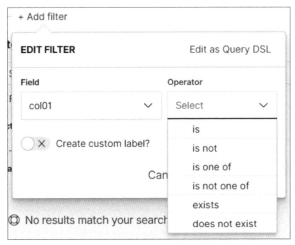

그림 5-22

여러 조건문이 많은데, 간략하게 설명하면 다음과 같다.

조건문	설명
is	입력한 키워드와 일치하는 것만 조회한다.
is not	입력한 키워드와 일치하지 않는 것만 조회한다.
is one of	입력한 다중 키워드와 일치하는 것만 조회한다.
is not one of	입력한 다중 키워드와 일치하지 않는 것만 조회한다.
exists	입력한 키워드를 포함한 것만 조회한다
does not exist	입력한 키워드를 포함하지 않는 것만 조회한다.

실제 기능은 직접 사용해보면서 익히는 것이 좋다. 원하는 필터 조건을 입력하고 [Save]
를 누르면 Discover에 보이는 내역이 달라지는 것을 볼 수 있다.

다음에는 Discover의 검색 기준이 되는 인덱스 패턴을 선택하는 기능을 알아본다.

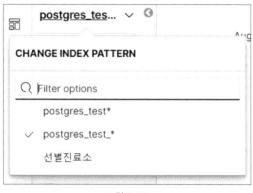

그림 5-23

[그림 5–23]처럼 현재 설정된 인덱스 패턴을 클릭하면, 키바나에 등록된 인덱스 패턴의 목록이 조회된다. 현재는 지난번에 다중 인덱스를 검색하도록 생성해둔 "postgres_test_*"가 설정되었음을 볼 수 있다. Discover에 처음 접속할 때에는 인덱스 패턴 중 Default로 설정된 인덱스 패턴이 그대로 기본으로 설정된다. 원하는 인덱스 패턴이 있다면 Discover에서 설정을 변경하거나, 인덱스 패턴 관리 기능에서 주로 많이 사용하는 인덱스 패턴으로 변경하면 된다. 그러면 좀 더 편리하게 사용할 수 있다.

다음은 Discover에서 보이는 Field의 내역을 설정하는 기능이다.

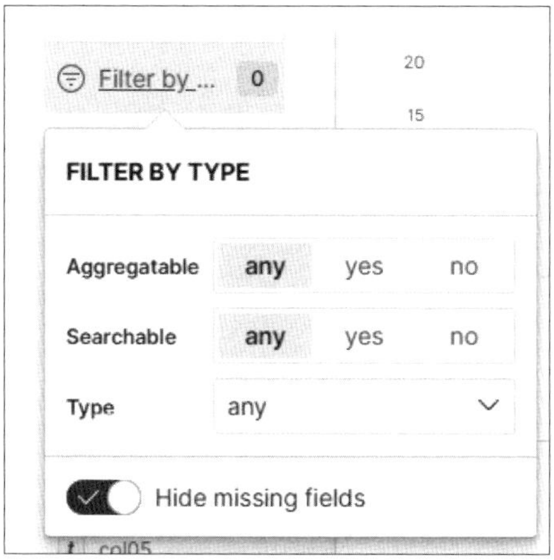

그림 5-24

"Search field name"은 현재 화면에서 보일 수 있는 Field의 이름을 검색하는 기능이다. 예를 들어 현재 "postgres_test_*" 인덱스 패턴이 선택된 상태에서 "co"를 입력하면 인덱스에 등록된 Field 중에 "co"가 포함된 Field의 목록만 남게 된다.

그림 5-25

[그림 5-25]처럼, 화면에 보이던 전체 Field 목록이 "co"가 포함된 Field만 남도록 필터링된 것을 볼 수 있다.

다음으로 Filter by Type은 속성별로 aggregatable되어 있는지 여부와 상관없이 전체를 보여줄 것인지, aggregatable된 것만 보여줄 것인지, 아니면 이를 제외하고 나머지를 보여줄 것인지 선택하는 기능이다. 이와 비슷한 방법으로 Searchable된 것도 Field의 내역을 조정할 수 있다. 타입별로도 조정이 가능하며, 값이 Null인 Field 역시 보이지 않게 조정할 수 있다. 왼쪽에 보이는 Field 목록에서는 화면에 보이는 조회 결과를 조정할 수 있는데, 아래 단락에서 설명을 이어가겠다.

데이터를 화면에 보여주는 부분은 크게 2가지로 나눌 수 있다. 첫째는 TimeStamp 속성의 Field를 이용한 시계열 시각화 필터링 기능이고, 둘째는 조회된 Document를 출력하는 목록 화면이다.

[그림 5-26]을 보면, 상단은 이전에 설명한 필터링 기능을 이용하여 적용한 조회 결과의 건수가 "21 hits", 즉 21건인 것을 보여준다.

순서대로 바로 그 아래는 현재 조회 중인 데이터의 일자 범위를 보여주며, Auto로 설정된 부분을 조정하면 일자별로 표현된 시각화 기능의 간격을 좁히거나 범위를 넓힐 수 있다.

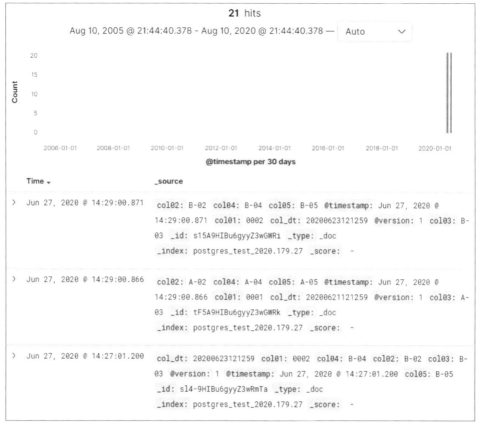

그림 5-26

그림 5-27

[그림 5-27]처럼 다양하게 조정할 수 있다. 하지만 Discover 기능으로 보고서를 대체하거나 시각화 기능으로 활용하기에는 적합하지 않은 요소가 많아 거의 사용할 일이 없고 단지 적재된 데이터를 확인하는 정도로 활용할 수 있겠다.

한편, 여기서 편리한 점은 시각화 기능 내에서도 필터가 가능하다는 점이다. [그림 5-27]처럼 시계열 시각화 기능을 보면 붉은색 막대(우측 맨 끝)와 녹색 막대(붉은 색 막대의 바로 왼쪽 옆)가 있다. 붉은색 막대는 시계열 시각화 기능 내에서 현재 시간이 어디쯤인지를 표시한다. 시간이 지나 검색 버튼을 새로 누를 때마다 녹색 막대와 거리가 멀어짐을 볼 수 있다. 그리고 녹색 막대는 데이터가 적재된 시점의 영역을 표시한다. 현재 "postgres_test_*" 인덱스 패턴의 TimeStamp 기준 칼럼이 Document별 생성 일시로 설정되었으므로 시간이 지남에 따라 녹색 막대가 왼쪽으로 이동함을 볼 수 있다.

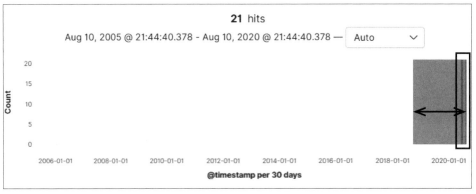

그림 5-28

[그림 5-28]처럼 시계열 시각화 기능에서는 마우스 왼쪽 키를 누르고 드래그하면 원하는 범위를 지정하여 필터링도 할 수 있다.

데이터 조회 영역에는 일반적인 조회 화면과 달리 다이내믹한 기능이 포함되었다. 화면의 구성은 [그림 5-29]와 같다.

Time ↓	_source
> Jun 27, 2020 @ 14:29:00.871	col02: B-02 col04: B-04 col05: B-05 @timestamp: Jun 27, 2020 @ 14:29:00.871 col01: 0002 col_dt: 20200623121259 @version: 1 col03: B-03 _id: s15A9HIBu6gyyZ3wGWRi _type: _doc _index: postgres_test_2020.179.27 _score: -
> Jun 27, 2020 @ 14:29:00.866	col02: A-02 col04: A-04 col05: A-05 @timestamp: Jun 27, 2020 @ 14:29:00.866 col01: 0001 col_dt: 20200621121259 @version: 1 col03: A-03 _id: tF5A9HIBu6gyyZ3wGWRk _type: _doc _index: postgres_test_2020.179.27 _score: -
> Jun 27, 2020 @ 14:27:01.200	col_dt: 20200623121259 col01: 0002 col04: B-04 col02: B-02 col03: B-03 @version: 1 @timestamp: Jun 27, 2020 @ 14:27:01.200 col05: B-05 _id: sl4-9HIBu6gyyZ3wRmTa _type: _doc _index: postgres_test_2020.179.27 _score: -
> Jun 27, 2020 @ 14:27:01.192	col_dt: 20200621121259 col01: 0001 col04: A-04 col02: A-02 col03: A-03 @version: 1 @timestamp: Jun 27, 2020 @ 14:27:01.192 col05: A-05 _id: sV4-9HIBu6gyyZ3wRmRo _type: _doc _index: postgres_test_2020.179.27 _score: -

그림 5-29

기본 timestamp field가 생성된 인덱스라면 [그림 5-29]처럼 timestamp 형태의 field가 제일 앞에 위치하고 뒤에 "_source" 항목이 조회된다. 이는 전체 데이터를 가진 엘라스틱서치의 기본 field가 갖고 있는 항목이다. 데이터의 원본 자체가 JSON 타입의 Document 형태로 되어 있기 때문에 모든 데이터는 Key & Value 형태로 제공된다. 사용자 편의를 위해 Key 부분이 회색으로 강조된 것을 볼 수 있다.

물론, 이 항목들로 고정된 것이 아니다. 목록 화면 옆에 제공되는 field들을 이용해서 조회 결과를 사용자 편의에 맞게 조정할 수도 있다. 직접 적재한 field만 선택하여 조회해 보면 [그림 5-30]과 같이 조정되는 것을 확인할 수 있다.

그림 5-30

[그림 5-30] 왼쪽을 보면 "Selected fields"와 "Available fields" 항목이 보이는데, "Available fields"에 있는 항목들에 마우스를 올리면 "add" 버튼이 보인다. 이 버튼을 누르면 선택된 Fields가 "Selected fields" 영역으로 이동하는 것을 볼 수 있다. 이와 동시에 오른쪽 목록 화면에도 선택된 field들로 항목들이 교체되는 것을 볼 수 있다. 이런 방법으로 원하는 데이터가 정상적으로 적재되었는지 확인할 수 있고, 상단의 필터링 기능을 이용하여 데이터를 탐색하고 점검해볼 수 있다.

추가적으로 왼쪽 field 목록은 항목 선택 기능 외에 간소한 통계 기능도 제공한다. 특히 keyword나 숫자 형태의 데이터가 적재되었을 때 활용하기에 좋다.

이렇게 field의 이름을 누르면, 전체 데이터의 건수와 상위 5위를 차지한 데이터의 통계치를 간단하게 보여준다. 또한 돋보기 아이콘 중에서 "+"를 누르면 선택한 값으로 필터링하고, "–"를 누르면 선택한 값을 제외하고 필터링하는 조건이 적용된다. 다양한 방법으로 데이터를 탐색할 수 있게 도와주는 것이다. 데이터의 분포를 파악하거나 데이터의 품질을 점검할 때 유용하다.

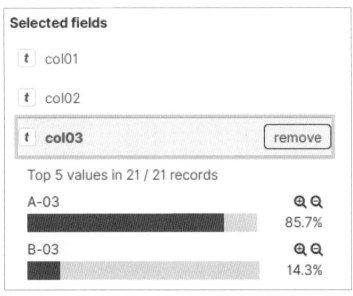

그림 5-31

목록 화면에도 숨은 기능이 있다. 일단 기본적으로 칼럼의 위치를 마음대로 변경할 수 있다는 점과 마우스를 결과값 위에 올리면 나오는 돋보기를 이용하여 필터링할 수 있다는 점은 사용하면서 자연스럽게 알게 될 것이다.

정말 중요한 기능은 "〉" 기호를 누르면 확인할 수 있다. 바로 이렇게 "〉"를 누르면 [그림 5-32]처럼 데이터를 조금 다른 형태로 볼 수 있다. 이 실습에서는 Key와 Value 형태로 가지런하게 정리된 상태로 볼 수 있다. 이 기능은 field의 값이 화면 내에 표현하기 어려울 정도로 긴 경우 유용하다.

그런데 더 유용한 기능은 이제 살펴볼 JSON 탭이다(그림 5-33 참조).

Time ▾	col01	col02	col03	col04	col05
Jun 27, 2020 @ 14:29:00.871	0002	B-02	B-03	B-04	B-05

📁 **Expanded document**　　　　　　　View surrounding documents　　View single document

Table　　**JSON**

🗓	@timestamp	Jun 27, 2020 @ 14:29:00.871
t	@version	1
t	_id	s15A9HIBu6gyyZ3wGWRi
t	_index	postgres_test_2020.179.27
#	_score	-
t	_type	_doc
t	col01	0002
t	col02	B-02
t	col03	B-03
t	col04	B-04
t	col05	B-05
t	col_dt	20200623121259

그림 5-32

JSON 탭에서는 엘라스틱서치에 저장된 Document의 원문 데이터를 확인해볼 수 있다. 기본적으로 Document가 속한 인덱스명과 Document의 Type과 Id를 확인할 수 있다. 그리고 "_source"에서는 데이터의 원문 데이터를 확인할 수 있다. 키바나에서는 이러한 데이터가 화면에 보기 좋게 조회된다.

현재 사용한 샘플은 모양이 간단하므로 직접 눈으로 확인하는 데 어려움이 없다. 하지만 Document 자체의 field가 많고 다양한 데이터를 보유한다면 매우 복잡한 JSON 문자열이 보일 것이다. 그래서 데이터의 확인이나 오류 파악을 위한 점검 시에만 주로 사용된다.

[그림 5-32]의 오른쪽에 보이는 "View surrounding documents"나 "View single document"는 클릭해보면 어떤 기능인지 바로 알 수 있다. 간단하게 설명하면, "View surrounding documents"는 Discover에 보이는 목록을 새로운 창에서 볼 수 있게 새 창으로 이동하는 기능이다. "View single document"는 단일 Document의 상세 페이지로 이동하는 기능이다. Discover에서 이미 제공 중인 기능이므로 특이점이 없을 것으로 보인다. 참고만 하자.

그림 5-33

4. 데이터 속성을 점검하는 방법

엘라스틱서치를 사용할 때 첫째로 확인해야 할 것은 엘라스틱서치의 인덱스 설정이다. 그다음에는 키바나에서 사용되는 인덱스 패턴을 확인해야 한다.

데이터의 속성이 중요한 경우에는 시각화 기능을 사용할 때나 숫자 타입 데이터를 집계할 때 문제가 생길 수 있다. 분명히 데이터의 등록이 완료되었음에도, 차트나 집계 기능 시 자신이 활용해야 하는 Field가 선택되지 않거나 보이지 않고, 숫자 타입에 오류가 생기기도 한다. 또 숫자로 기재되어야 하는 Field에 특수문자나 공백 등이 있어 타입이 문자열로 지정되는 일도 있다. 그러므로 아래의 내용을 잘 기억해두고 유의하여 사용하기 바란다.

4.1 엘라스틱서치 데이터 적재 전에 인덱스를 꼭 만들어라

엘라스틱서치는 기본적으로 데이터를 등록할 때 기재된 인덱스명을 기준으로 한다. 즉 기재된 인덱스명과 동일한 이름의 인덱스가 이미 생성되어 있으면 기존 인덱스에 데이터를 적재하고, 동일한 이름의 인덱스가 없으면 자동으로 신규 생성하여 데이터를 적재한다. 매우 합리적인 기능이다.

사용자가 시스템 개발을 목적으로 엘라스틱서치를 사용할 때에는 반드시 정해진 설계서대로 사용해야 하므로 사전에 인덱스를 설계하고 매핑 정보를 설계하여 생성하는 과정을 거치게 된다. 그런데 지금 우리와 같이 개인용 데이터 분석 플랫폼으로 활용할 때에는 데이터 field의 속성까지 하나하나 파악해가면서 진행하자니, 시간을 낭비하는 것 같다.

엘라스틱서치는 데이터가 적재될 때 데이터의 속성을 판단하고 자동으로 매핑 정보를 결정하여 생성한다. 사실 이 자동생성 기능은 사용자 편의를 위한 것으로, 실제로 엘라스틱서치를 사용하는 데 있어서 특별히 인덱스의 특성을 모르더라도 바로 활용할 수 있을 정도로 쉽게 제공되고 있음을 알 수 있다.

그런데 이 자동생성 기능에는 맹점이 하나 있다. 데이터의 양이 적고 사용자가 데이터의 범위를 정확히 알고 있다면 사전에 방지할 수 있지만, 그 반대의 경우라면 문제가 생길 수 있다. 대표적인 예를 숫자 타입의 경우에서 찾아볼 수 있다.

어떤 Field의 데이터가 숫자형이고, Integer 타입과 소수점이 포함된 Double 타입의 데이터가 혼재되었다고 가정해보자. 이 경우 엘라스틱서치의 속성이 Double 타입인 숫자형 Field가 생성되어야 데이터 전체가 적재되는 데 문제가 없을 것이다. 지극히 당연한 일이다. 그런데 자동생성되는 엘라스틱서치의 인덱스는 처음에 적재되는 데이터의 타입을 보고 Field의 속성을 결정한다.

예를 들어 데이터의 정렬 기준에 따라 적재할 데이터의 첫 행에 Integer 타입의 숫자 Field가 있다면, Field의 속성은 Integer로 지정될 것이고, 따라서 이후에 Double 타입의 데이터가 적재되려고 할 때 Exception이 발생하여 결국 적재가 중지될 것이다. 인덱스의 자동생성 기능이 무척 편하겠지만, 이런 경우를 예방하는 차원에서 데이터를 적재하기 전에 데이터의 분포 정도를 분석해보는 것이 현명할 것이다.

인덱스의 생성 방식을 간단하게 알아보자. 우선 아래 명령어로 새로운 인덱스를 만들 수 있다.

```
PUT my_index
{
  "mappings": {
    "properties": {
      "@timestamp": {
        "type": "date"
      },
      "col01": {
        "type": "text",
        "fields": {
          "keyword": {
            "type": "keyword",
            "ignore_above": 256
          }
        }
      },
```

```
    "col02": {
      "type": "text",
      "fields": {
        "keyword": {
          "type": "keyword",
          "ignore_above": 256
        }
      }
    },
    "col03": {
      "type": "text",
      "fields": {
        "keyword": {
          "type": "keyword",
          "ignore_above": 256
        }
      }
    },
    "col04": {
      "type": "text",
      "fields": {
        "keyword": {
          "type": "keyword",
          "ignore_above": 256
        }
      }
    },
    "col05": {
      "type": "text",
      "fields": {
        "keyword": {
          "type": "keyword",
          "ignore_above": 256
        }
      }
```

```
      },
      "col_dt": {
        "type": "text",
        "fields": {
          "keyword": {
            "type": "keyword",
            "ignore_above": 256
          }
        }
      }
    }
  }
}
```

위처럼 간단한 명령어를 통해 인덱스를 생성할 수 있다. "PUT my_index"를 입력하여 "my_index"라고 하는 인덱스를 생성한다고 선언했고, 아래는 mapping 정보 설정을 통해 현재 이 책에서 주로 사용하고 있는 postgres_test 인덱스와 동일하게 col01~col05 등의 Field를 선언했다.

세부적인 내용을 살펴보자.

```
"@timestamp": {
      "type": "date"
    },
```

위와 같이 "@timestamp"라고 하는 기본 Field도 미리 생성하는 것이 가능하다. type을 date 타입으로 하여 미리 선언했다.

```
"col01": {
      "type": "text",
      "fields": {
```

```
        "keyword": {
          "type": "keyword",
          "ignore_above": 256
        }
      }
    },
```

다음은 일반 field다. "col01" 칼럼을 생성했고, type은 "text"로 설정했다. 그리고 text 타입이므로 검색을 원활히 하기 위해 keyword 타입으로 선언하여 aggregation이 용이한 field로 생성되도록 설정했다. 사실 이 부분은 index를 자동으로 만드는 과정에서 엘라스틱서치가 알아서 판단해주기 때문에 직접 설정할 필요가 없다. 참고만 하자.

위 명령을 실행하면 다음과 같이 정상적으로 index가 생성됨을 알 수 있다.

```
{
  "acknowledged" : true,
  "shards_acknowledged" : true,
  "index" : "my_index"
}
```

이렇게 "acknowledged" : true 메시지와 함께 생성이 완료된 것을 볼 수 있다.

생성된 Index는 [그림 5-34]와 같이 키바나의 Index Management 화면에서도 확인할 수 있다. Index가 잘 조회되고, Docs count는 0으로 아직 아무런 데이터도 등록되지 않았음을 알 수 있다. 이렇게 간단한 명령어를 통해 Index를 생성할 수 있다.

Name	Health	Status	Primaries	Replicas	Docs count	Storage size
my_index	● yellow	open	1	1	0	208b

그림 5-34

4.2 인덱스 자동생성 시 Field별 데이터 타입 확인은 필수

위에서 잠시 언급했지만, 인덱스는 자동생성될 때 최초에 적재되는 데이터를 기준으로 Field 타입을 결정한다. 이로 인해 나타나는 문제 중 하나가 문자 타입이 숫자로 등록되는 것이다. 즉 숫자로만 구성된 코드 값이 엘라스틱서치에 등록될 때 숫자로 인식되어서 잘못 등록되는 경우가 생길 수 있다. 예를 들어 "0999"와 같은 데이터는 인덱스 생성 시 "999" 값의 숫자로 변형되어 적재된다.

따라서 데이터 적재 중에 오류가 발생하지 않는다고 하더라도, 데이터의 적재 결과뿐만 아니라 Field 타입이 정확하게 결정되어 등록되었는지도 확인해야 한다. 단, 시스템 개발을 위해 개발사업을 하는 경우라면 사전에 인덱스의 매핑 정보를 설계하고 진행하므로 문제가 없겠지만, 개인이 소량의 데이터 분석을 위해 사용하는 경우라면 반드시 확인하는 것이 수순이다.

사용자마다 다른 데이터를 사용하므로 데이터를 검증해볼 수는 없으나, 생성된 인덱스의 타입은 확인이 가능하니 그 방법을 살펴본다. Index 내역은 키바나 관리자 메뉴에 있는 Index Management 메뉴에서 확인 가능하다.

그림 5-35

바로 위에서 생성한 인덱스의 생성 결과를 살펴보자. [그림 5-35]에 있는 인덱스 내역 화면에서 인덱스명을 클릭하면 다음과 같은 세부내역을 볼 수 있다.

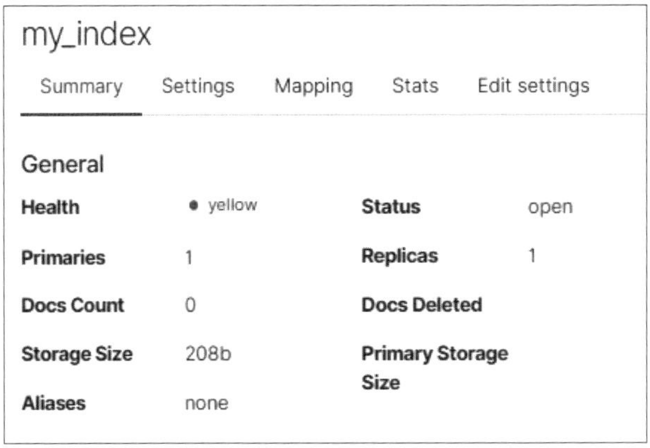

그림 5-36

모두 유용한 정보이지만 Index의 속성 정보를 담고 있는 탭은 Mapping이다. [Mapping]을 누르면 다음과 같이 Index에 생성된 Mapping 정보를 볼 수 있다.

```
{
  "mapping": {
    "_doc": {
      "properties": {
        "@timestamp": {
          "type": "date"
        },
----- 생략 -----
        "col05": {
          "type": "text",
          "fields": {
            "keyword": {
              "type": "keyword",
              "ignore_above": 256
            }
          }
        },
        "col_dt": {
          "type": "text",
```

```
        "fields": {
          "keyword": {
            "type": "keyword",
            "ignore_above": 256
          }
        }
      }
    }
  }
}
```

사실 Index를 생성할 때와 내용이 동일하다. 이렇게 키바나에서 제공하는 Index Management 기능을 통해 직접 만들거나 자동으로 만들어진 Index의 Mapping 정보를 확인할 수 있다. 혹시 데이터를 저장하는 과정에서 타입 오류를 만났을 때에는 당황하지 말고 침착하게 이 기능을 이용하여 현재 설정된 데이터의 타입이 무엇인지 확인하자.

5. GIS 속성을 사용하는 방법(Geo Point)

이 내용은 이를 필요로 하는 독자가 많을 것 같아서 별도의 제목으로 구성했다. 많은 분이 관심을 보이기도 하고, 최근 상황을 볼 때 코로나맵이나 위치 정보의 시각화를 위해 꼭 알아야 하는 내용인 만큼 별도로 설명하고자 한다.

지도 시각화 기능을 이용하면 다음과 같이 다이내믹한 시각화 기능을 구축할 수 있다. 전 세계 국가별 통계 데이터나 지금과 같은 코로나19 발생 추이 등의 정보를 엘라스틱서치에 저장하면, [그림 5-37]처럼 다양한 시각화 기능을 통해 한눈에 보는 것이 가능하다.

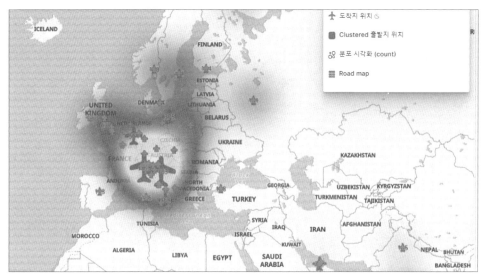

그림 5-37

[그림 5-37]의 시각화는 다음에 시각화 기능을 설명할 때 만들 결과물인데, 맛보기로 살짝 공개해본다. 엘라스틱서치에서 제공하는 샘플 데이터셋으로 만든 시각화 결과다.

5.1 알고 넘어가기

geo_point 타입은 바로 위에 설명한 대로 자동생성을 통해서는 geo_point 타입의 Field를 만들지 못한다. 반드시 인덱스를 생성할 때 geo_point를 포함한 mapping 정보를 이용하여 인덱스를 생성한 뒤에, geo_point 타입이 요구하는 형태의 데이터를 적재해야 한다.

이 작업을 하기 전에 미리 알아야 할 점은, 엘라스틱서치와 키바나에서는 geo_point의 활용이 가능하지만 데이터 적재 시 사용해야 하는 로그스태시에서는 geo_point를 위한 옵션을 제공하지 않는다는 사실이다. geo_point 형태의 데이터로 변경해서 적재해야 geo_point로 인식할 수 있다. 그럼 어떻게 해야 할까?

여기서는 로그스태시를 사용할 것이니 로그스태시의 가이드에서 답을 찾아보자.

convert

- Value type is hash
- There is no default value for this setting.

Convert a field's value to a different type, like turning a string to an integer. If the field value is an array, all members will be converted. If the field is a hash no action will be taken.

Valid conversion targets, and their expected behaviour with different inputs are:

- integer:
    - strings are parsed; comma-separators are supported (e.g., the string "1,000" produces an integer with value of one thousand); when strings have decimal parts, they are truncated.
    - floats and decimals are truncated (e.g., 3.99 becomes 3, -2.7 becomes -2)
    - boolean true and boolean false are converted to 1 and 0 respectively
- integer_eu:

    - same as integer, except string values support dot-separators and comma-decimals (e.g., "1.000" produces an integer with value of one thousand)
- float:

    - integers are converted to floats
    - strings are parsed; comma-separators and dot-decimals are supported (e.g., "1,000.5" produces an integer with value of one thousand and one half)
    - boolean true and boolean false are converted to 1.0 and 0.0 respectively
- float_eu:

    - same as float, except string values support dot-separators and comma-decimals (e.g., "1.000,5" produces an integer with value of one thousand and one half

- string:

- all values are stringified and encoded with UTF-8

- boolean:

  - integer 0 is converted to boolean false
  - integer 1 is converted to boolean true
  - float 0.0 is converted to boolean false
  - float 1.0 is converted to boolean true
  - strings "true", "t", "yes", "y", "1"`and `"1.0" are converted to boolean true
  - strings "false", "f", "no", "n", "0" and "0.0" are converted to boolean false
  - empty strings are converted to boolean false
  - all other values pass straight through without conversion and log a warning message
  - for arrays each value gets processed separately using rules above

엘라스틱서치 홈페이지에서 로그스태시를 설명하는 내용을 보면, 위처럼 Integer, Float, String, Boolean과 같이 주로 사용하는 기본 형태의 타입만 거론하는 것을 알 수 있다. 결론적으로 말하면, geo_point라는 타입은 별도로 존재하지 않는다. geo_point는 인덱스 생성 시 mapping 정보로 설정하고, JSON 타입으로 geo_point 형태에 맞춰 넣어야 한다.

그럼 본격적으로 인덱스를 생성하는 방법부터 알아보겠다.

5.2 인덱스 준비

엘라스틱서치에 geo_point Field를 생성해보자. 인덱스 생성 후에 geo_point 타입의 Field를 생성할 것이다. 이를 위해 우선 인덱스를 생성한다. 명령의 실행은 키바나의 Dev Tools에서 한다.

그림 5-38

[그림 5-38]처럼 인덱스를 생성했다면 다음은 geo_point Field 차례다.

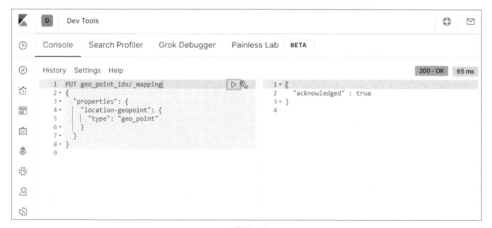

그림 5-39

인덱스 생성이 완료되었다. 그 결과를 확인해보자.

그림 5-40

인덱스 생성의 결과는 키바나 설정 메뉴의 Index Management에서도 볼 수 있지만, GET 명령을 이용하면 Dev Tools에서도 간단하게 확인이 가능하다. 명령을 실행해보면 아주 무심한 듯이 geo_point 칼럼이 생성되었음을 알 수 있다. 무척 간단한 작업이지만, "geo_point Field를 사용하려면 인덱스의 생성과 Field의 타입이 미리 생성되어야 한다."라고 명시한 가이드는 어디에서도 찾을 수 없었다. 별것 아니지만 필수 작업이므로, 이 책을 보는 독자들이 이와 같은 이유로 시간을 낭비하지 않기를 바라는 마음으로 설명을 덧붙였다.

인덱스를 생성했으니 다음에는 데이터를 적재하는 방법을 알아본다.

5.3 데이터 준비

로그스태시를 이용하여 데이터베이스에 저장된 자료를 geo_point 형태로 변형하여 저장할 계획이다. 굳이 데이터베이스를 활용하는 이유를 묻는다면 현재 이 책을 집필하면서 사용하고 있는 개발 환경이 데이터베이스 기반으로 데이터를 조회하도록 되어 있기 때문이라고 답할 수 있겠다.

샘플 데이터는 검색엔진인 구글에서 쉽게 구할 수 있는 전 세계 터미널(공항, 항구, 철도) 관련 데이터다.(https://openflights.org/data.html)

사이트에 접속하면 다음과 같이 좌표 정보를 포함한 데이터셋을 찾을 수 있다.

As of January 2017, the OpenFlights Airports Database contains over 10,000 airports, train stations and ferry terminals spanning the globe, as shown in the map above. Each entry contains the following information:

Airp rt ID	Unique OpenFlights identifier for this airport.
Name	Name of airport. May or may not contain the City name.
City	Main city served by airport. May be spelled differently from Name.
Country	Country or territory where airport is located. See Countries to cross-reference to ISO 3166-1 codes.
IATA	3-letter IATA code. Null if not assigned/unknown.
ICAO	4-letter ICAO code. Null if not assigned.
Latitude	**Decimal degrees, usually to six significant digits. Negative is South, positive is North.**
Longitude	**Decimal degrees, usually to six significant digits. Negative is West, positive is East.**
Altitude	In feet.
Timezone	Hours offset from UTC. Fractional hours are expressed as decimals, eg. India is 5.5.
DST	Daylight savings time. One of E (Europe), A (US/Canada), S (South America), O (Australia), Z (New Zealand), N (None) or U (Unknown). See also: Help: Time

Tz database Timezone in "tz" (Olson) format, eg. "America/Los_Angeles".
time zone

Type	Type of the airport. Value "airport" for air terminals, "station" for train stations, "port" for ferry terminals and "unknown" if not known. In airports.csv, only type=airport is included.
Source	Source of this data. "OurAirports" for data sourced from OurAirports, "Legacy" for old data not matched to OurAirports (mostly DAFIF), "User" for unverified user contributions. In airports.csv, only source=OurAirports is included.

The data is UTF-8 encoded.

Note: Rules for daylight savings time change from year to year and from country to country. The current data is an approximation for 2009, built on a country level. Most airports in DST-less regions in countries that generally observe DST (eg. AL, HI in the USA, NT, QL in Australia, parts of Canada) are marked incorrectly.

위처럼 Latitude, Longitude 항목이 있음을 볼 수 있다. 아래를 눌러 데이터를 다운로드한다. 모든 공항, 기차역, 항만 정보가 포함된 데이터다.

Download: airports-extended.dat (Airports, train stations and ferry terminals, including user contributions)

그림 5-41

위 파일을 다운로드하여 내용을 보면 다음과 같은 정보가 있음을 알 수 있다.

```
1,"Goroka Airport","Goroka","Papua New Guinea","GKA","AYGA"
,-6.081689834590001,145.391998291,5282,10,"U","Pacific/Port_Moresby","airport","O
urAirports"
2,"Madang Airport","Madang","Papua New Guinea","MAG","AYMD"
,-5.20707988739,145.789001465,20,10,"U","Pacific/Port_Moresby","airport","OurAirp
orts"
3,"Mount Hagen Kagamuga Airport","Mount Hagen","Papua New Guinea","HGU","AYMH"
,-5.826789855957031,144.29600524902344,5388,10,"U","Pacific/Port_Moresby"
,"airport","OurAirports"
(이하 생략)
```

위도와 경도를 볼 수 있는데, 이를 데이터베이스에 적재한 뒤에 로그스태시를 이용하여 엘라스틱서치에 적재할 것이다. 사실 데이터의 적재나 연계하는 내용까지는 따라하지 않아도 된다. 정작 필요한 것은 로그스태시의 conf 파일이며, 정상적으로 적용하고 사용하는 내용만 확인하면 된다.

우선 동일한 환경에서 테스트할 독자들을 위해 필요한 내용을 함께 제공한다. 테이블 생성 스키마를 공유한다. 필드의 속성은 테스트를 위해 생성하는 테이블인 관계로 모두 100자리의 character vaying으로 생성한다.

```
create table tn_airport(
  airport character varying(100),
  airport_name character varying(100),
  city character varying(100),
  country character varying(100),
  iata character varying(100),
  icao character varying(100),
  lat character varying(100),
  lon character varying(100),
  lttud character varying(100),
  tmzon character varying(100),
  dst character varying(100),
  db_tmzon character varying(100),
  type character varying(100),
  source character varying(100)
);
```

샘플로 제시한 개발 환경이 Postgresql이기 때문에 PG Admin을 이용하여 테이블을 생성한 뒤에 데이터를 Import한다.

```
19  select airport_name, city, lat, lon from tn_airport
```

Data Output | Explain | Messages | Notifications

	airport_name character varying (100)	city character varying (100)	lat character varying (100)	lon character varying (100)
1	Goroka Airport	Goroka	-6.081689834590001	145.391998291
2	Madang Airport	Madang	-5.20707988739	145.789001465
3	Mount Hagen Kagamuga Airport	Mount Hagen	-5.826789855957031	144.29600524902344
4	Nadzab Airport	Nadzab	-6.569803	146.725977
5	Port Moresby Jacksons Intern...	Port Moresby	-9.443380355834961	147.22000122070312
6	Wewak International Airport	Wewak	-3.58383011818	143.669006348
7	Narsarsuaq Airport	Narssarssuaq	61.1604995728	-45.4259986877
8	Godthaab / Nuuk Airport	Godthaab	64.19090271	-51.6781005859
9	Kangerlussuaq Airport	Sondrestrom	67.0122218992	-50.7116031647
10	Thule Air Base	Thule	76.5311965942	-68.7032012939
11	Akureyri Airport	Akureyri	65.66000366210938	-18.07270050048828
12	Egilsstaðir Airport	Egilsstadir	65.2833023071289	-14.401399612426758
13	Hornafjörður Airport	Hofn	64.295601	-15.2272
14	Husavik Airport	Husavik	65.952301	-17.426001
15	Isafjörður Airport	Isafjordur	66.05809783935547	-23.135299682617188
16	Keflavik International Airport	Keflavik	63.985000610352	-22.605600357056
17	Patreksfjörður Airport	Patreksfjordur	65.555801	-23.965
18	Reykjavik Airport	Reykjavik	64.1299972534	-21.9405994415

그림 5-42

데이터를 Import하고 나면 [그림 5-42]처럼 SQL을 이용하여 데이터를 조회해볼 수 있다. 데이터 적재가 완료되었다.

이번에는 로그스태시를 이용하여 데이터를 적재해본다. 여기서 설명하는 내용 중 가장 중요한 부분이다. conf 파일이다.

```
input {
  jdbc {
    jdbc_driver_library => "C:/elasticsearch/logstash-7.8.0/lib/postgresql-42.2.
14.jar"
    jdbc_driver_class => "org.postgresql.Driver"
    jdbc_connection_string => "jdbc:postgresql://localhost:5432/postgres"
    jdbc_user => "postgres"
    jdbc_password => "1234"
```

```
    schedule ⇒ "* * * * *"
    statement ⇒ "select * from tn_airport"
  }
}
filter {
  mutate {
    add_field ⇒ {
      "msg_id" ⇒ "%{airport}%{city}"
    }
    convert ⇒ {
      "long_value" ⇒ "float"
    }
  }
  # geo point 생성을 위한 Field를 추가하고, 이에 좌표값을 각각 설정한다.
  mutate {
    add_field ⇒ { "[location-geopoint][lat]" ⇒ "%{lat}" }
    add_field ⇒ { "[location-geopoint][lon]" ⇒ "%{lon}" }
  }
  # 좌표의 값은 float 타입으로 생성되어야 하기 때문에, field 타입을 변경해준다.
  mutate {
    convert ⇒ {"[location-geopoint][lat]" ⇒ "float"}
    convert ⇒ {"[location-geopoint][lon]" ⇒ "float"}
  }
}
output {
  elasticsearch {
    hosts ⇒ ["localhost:9200"]
    index ⇒ "geo_point_idx"
    document_id ⇒ "%{msg_id}"
  }
}
```

위 파일을 로그스태시를 이용하여 실행하면 다음과 같은 결과를 볼 수 있다. mutate의
설정을 보면 "location-geopoint"에 "lat"과 "lon" 값을 대상으로 데이터의 형변환과 신규

컬럼 생성을 통해서 geopoint 타입의 변수를 생성하고 있다.

```
C:\elasticsearch\logstash-7.8.0\bin> logstash -f geopoint_test.conf
Java HotSpot(TM) 64-Bit Server VM warning: Option UseConcMarkSweepGC was
deprecated in version 9.0 and will likely be removed in a future release.

--------------------중략--------------------

[2020-08-26T21:28:00,269][INFO][logstash.inputs.jdbc][main][1875324cebe8840098
9834e963b529ffd6c3d76c75f78c9eae40f3b9dbb09030] (0.019465s) select * from tn_
airport
[2020-08-26T21:28:13,154][WARN][logstash.runner] SIGINT received. Shutting down.
[2020-08-26T21:28:13,599][INFO][logstash.javapipeline] Pipeline terminated
{"pipeline.id"⇒"main"}
[2020-08-26T21:28:14,547][INFO][logstash.runner] Logstash shut down.
일괄 작업을 끝내시겠습니까 (Y/N)? Y

C:\elasticsearch\logstash-7.8.0\bin>
```

위처럼 실행이 완료되었다. 그럼 엘라스틱서치에 적재된 데이터를 확인해보자.

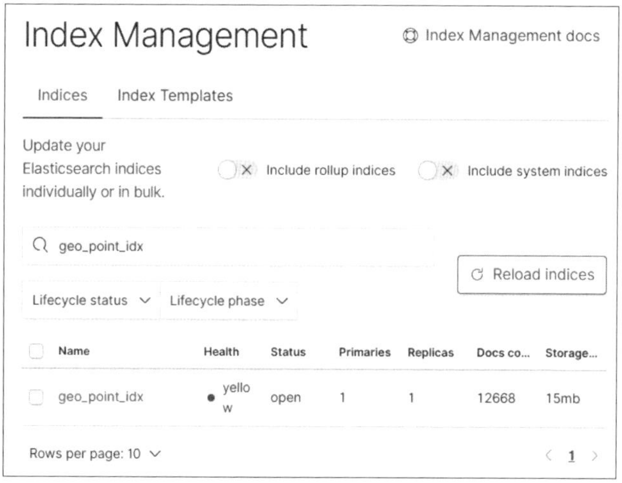

그림 5-43

보기 편하게 geo_point_idx를 검색했다. Docs count가 12,668건 등록되었음을 확인할 수 있다. 이 숫자는 업데이트되는 데 다소 시간이 걸린다. 빨리 건수가 조회되지 않더라도 당황하지 말자. 일단 데이터가 적재된 것은 확인했으니, Mapping 정보를 먼저 확인해보자. 이게 핵심이다.

전체 Mapping 정보를 표현하기에는 너무 많으니 중요한 부분만 보이겠다.

그림 5-44

[그림 5-44]처럼 location-geopoint라는 Field가 geo_point 타입으로 생성된 것을 볼 수 있다. 성공했다!

참고로, 현재는 키바나에서 조회하기 위한 Index pattern이 생성되지 않은 상태다. 데이터를 확인하려면 Index pattern을 만들어야 한다. 책의 초반부에 Index pattern 생성 방법을 설명했으니 Index pattern 생성은 건너뛰고 바로 Discover에서 데이터를 확인해본다.

5.4 인덱스 데이터 적재 결과 확인

Discover 화면으로 가보자. 총 12,668건, 전체 데이터가 모두 등록되었음을 확인할 수 있다. 이 시점에서 궁금한 것은 "geo_point 타입의 Field가 어떻게 보이는가?" 하는 부분이다.

그림 5-45

해당 영역을 확대하여 자세히 살펴보자.

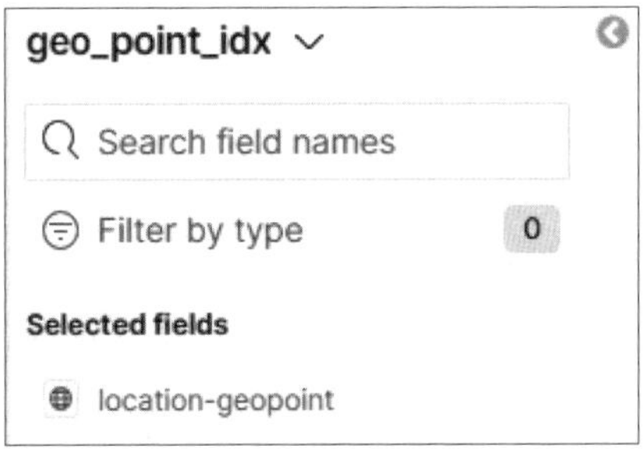

그림 5-46

geo_point 타입의 Field는 아이콘도 geo_point답게 격자무늬의 동그라미로 보인다. 이렇게 보인다면 geo_point 타입으로 정상적으로 생성된 것이다. 그림 목록에서는 어떻게 보이는지 확인해보자.

Time ▾	location-geopoint
⟩ Aug 26, 2020 @ 21:28:01.448	{ "lon": 35.011416, "lat": 29.723694 }
⟩ Aug 26, 2020 @ 21:28:01.448	{ "lon": 57.4875, "lat": 23.640556 }

그림 5-47

geo_point는 특별한 것 없이 위도와 경도를 포함하는 JSON 타입의 문자열로 저장되는 것이 전부다. 물론 일반적인 Integer나 String 타입이 아니니 특별한 Field인 것만은 분명하다. Document 원문을 확인해보자.

t	lat	29.723694
⊕	location-geopoint	{ "lon": 35.011416, "lat": 29.723694 }

그림 5-48

Table 모드에서는 [그림 5-48]처럼 아이콘과 데이터를 모두 볼 수 있고, JSON 탭에서는 아래처럼 원문을 볼 수 있다.

```
{ "_index": "geo_point_idx", "_type": "_doc", "_id": "14100Eilat", "_version":
3, "_score": null, "_source": { "lon": "35.011416", "lttud": "288", "source":
"OurAirports", "city": "Eilat", "db_tmzon": "\\N", "@version": "1", "country":
"Israel", "dst": \\N
, "location-geopoint": { "lon": 35.011416, "lat": 29.723694 }, "airport_name":
"Ramon Airport", "icao": "LLER", "msg_id": "14100Eilat", "lat": "29.723694",
```

```
"tmzon": "\\N", "type": "airport", "@timestamp": "2020-08-26T12:28:01.448Z",
"airport": "14100", "iata": "ETM" }, "fields": { "@timestamp": [ "2020-08-26T12
:28:01.448Z" ] }, "sort": [ 1598444881448 ] }
```

이렇게 일반적인 JSON 타입의 칼럼으로 생성되도록 설정하면 geo_point 타입의 Field가
생성될 수 있다. 이렇게 생성된 geo_point는 키바나에서 제공하는 맵 시각화 기능에서
활용이 가능하다.

5.5 지도 시각화

상세한 사용법은 6부에서 시각화 기능을 소개할 때 다룰 예정이므로 사용된 결과만 캡
처해서 간단히 소개한다.

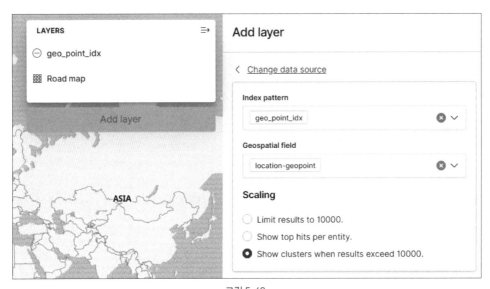

그림 5-49

이렇게 인덱스를 선택하면 바로 geo_point 타입의 Field가 자동으로 선택된다. Field를
선택한 뒤에 검색 조건을 조정하여 검색하면 [그림 5-50]처럼 데이터가 집계되어 시각
화되는 것을 확인할 수 있다.

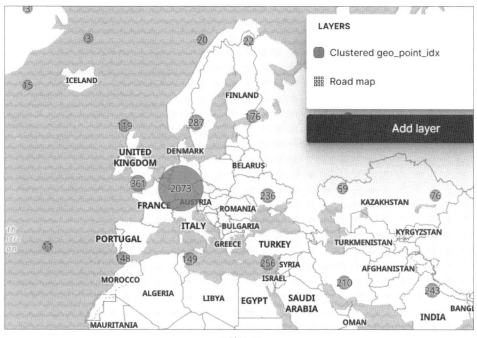

그림 5-50

이렇게 기본 설정이 적용된 상태로 시각화되는 것을 볼 수 있다. 좀 더 다양한 옵션의 변경이나 사용법에 대해서는 6부에서 다룬다. 여기서 중요한 내용은 이렇게 간단한 과정을 통해 지도 시각화까지 가능하다는 것이다.

6부부터는 키바나에서 제공하는 시각화 기능을 위주로 설명한다.

PART

6

키바나의 강력한
시각화 기능

드디어 이 책의 핵심이자 키바나의 특장점이라고 볼 수 있는 시각화 차트를
다룰 차례가 되었다. 우선 키바나의 공통 메뉴를 소개한다. 그다음 기능을
14가지의 큰 범주로 나누고 각각의 세부 기능을 적당한 샘플 데이터에 적
용하여 그 쓰임새를 알아본다. 그리고 시각화 기능의 풍부함을 보여주기 위
해 엘라스틱서치에서 제공하는 시각화 데이터를 활용해본다.

드디어 이 책의 핵심이자 키바나의 특장점이라고 볼 수 있는 시각화 차트를 다룰 차례가 되었다. 기능은 세부 기능의 설명과 적당한 샘플의 소개로 풀어낼 계획이다. 그리고 시각화 기능을 다양하게 소개하기 위해 엘라스틱서치에서 제공하는 시각화 데이터를 활용해보도록 한다. 참고로 데이터의 적재와 확인을 살펴보면서 일부 기능을 이미 소개했다. 설명이 다소 중복되더라도 복습 차원에서 짚고 넘어가도록 하자.

우선 엘라스틱서치의 샘플 데이터를 로딩한다. 키바나에서는 다양한 분석 사례를 보여주기 위해 총 3가지 샘플 데이터를 제공한다.

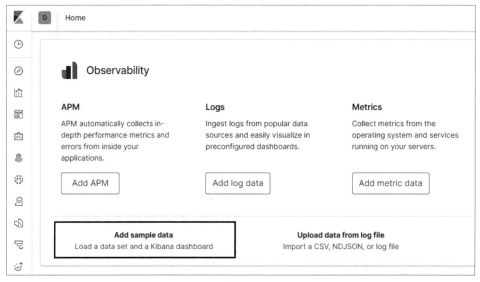

그림 6-1

[Add sample data]를 누르면 샘플 데이터 로딩 페이지로 이동한다.

샘플 데이터는 총 3가지로 준비되었다(집필 당시). 전자상거래, 항공티켓 예약정보, 웹 시스템의 로그 데이터다.

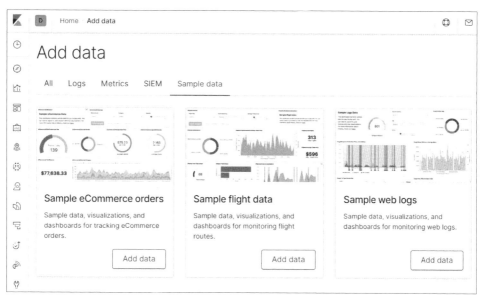

그림 6-2

[그림 6-2] 하단의 [Add data]를 누르면 자동으로 데이터와 시각화 차트들이 생성된다. 우선 중앙에 있는 "Sample flight data"의 [Add data]를 눌러보자. 화면의 하단에 "Sample flight data installed" 메시지가 보이면 데이터 업로드가 완료된 것이다. 추가된 내용을 살펴보자.

[그림 6-3] 화면의 카드 정보에 "IN-STALLED"라는 메시지와 "Remove"라는 메시지가 보인다. 만약에 실수로 잘못 생성했을 경우, [Remove]를 누르면 시각화 기능과 데이터가 모두 회수된다.

그림 6-3

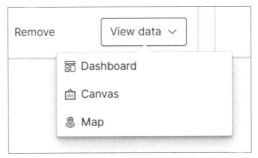

그림 6-4

[View data]를 누르면 샘플을 이용하여 만들어진 대시보드와 Canvas, Map 등의 시각화 기능으로 이동할 수 있다. 하나씩 이동해보자.

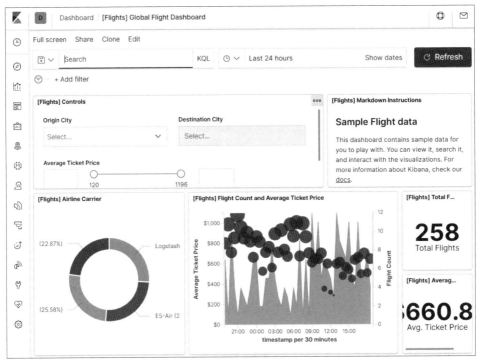

그림 6-5

이렇게 엘라스틱서치에서 생성해둔 대시보드를 볼 수 있다. 상세한 설명은 시각화 기능별 설명으로 대체하겠다.

다음에는 Canvas 시각화 기능을 구경해보자. 이때 [뒤로 가기]를 세 번 눌러야 샘플 데이터 페이지로 다시 돌아간다.(왜 세 번인지 궁금하여 머릿속을 헤집어보지만 뾰족한 답이 떠오르지 않는다.) 다시 [View Data]를 누르고 [Canvas]를 누르면 [그림 6-6]과 같은 페이지로 이동한다.

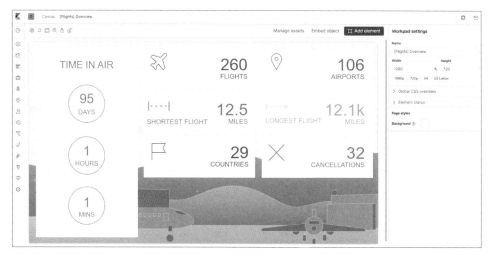

그림 6-6

최근(2020년 9월 기준) 키바나에서 새롭게 내놓은 Canvas 시각화 기능이다. 분석 화면이라기보다는 편집 디자인에 가까운 기능을 제공한다. 대시보드와 같이 시각화 분석이나 검색보다는 통계 리포트와 같은 형태로 사용하기에 좋다. 기업을 경영하는 대표 이사나 컨설트 업무를 수행하는 분들에게 추천하는 기능이다.

마지막으로 Map 시각화 기능을 보자. 여기서는 [뒤로 가기]를 한 번 누른다. 그다음 다시 한번 [View data]를 누르고, [Map]을 눌러보자.(실습을 해야만 이해할 수 있는 말이다. 손을 움직여보자.)

[그림 6-7]은 Map 시각화 기능의 샘플에서 제공하는 geo_point 속성의 필드 데이터를 시각화한 결과다. 다른 기능들도 참 좋지만, 키바나의 Map 시각화 기능은 베스트 오브 베스트라고 생각한다. 이런 방식으로 엘라스틱서치에서 제공하는 샘플 데이터를 쉽게

선택하여 추가할 수 있다. 앞으로 진행할 시각화 기능은 이렇게 미리 구성된 샘플 데이터와 차트를 이용하여 소개하고, 샘플로 제공되지 않는 기능은 간단하게 직접 시각화 기능을 구성하여 소개하겠다.

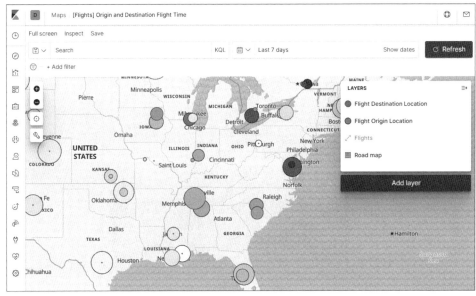

그림 6-7

이제부터 본격적으로 출발한다!

1. 공통 메뉴

앞서 소개한 바 있지만 키바나에서는 공통 메뉴로 다음과 같이 5가지 메뉴를 제공한다.

그림 6-8

메뉴명	설명
New	Discover 메뉴를 새로 시작할 수 있는 기능이다. [New] 버튼을 누르면 Discover 메뉴가 새로고침되면서 Default로 설정된 상태로 화면이 보인다.
Save	현재 검색 중인 Discover 화면의 검색 상태를 저장하는 기능이다. 사용 중인 인덱스 패턴, 필터 조건, 화면에 표현되고 있는 항목 등의 정보가 해당한다. 저장된 Discover는 외부로 공유가 가능하다.
Open	Save 기능을 이용해서 저장된 Discover 시각화 화면을 불러오는 기능이다.
Share	현재 실행 중인 대시보드를 외부로 공유하는 기능이다. 키바나의 시각화 기능을 이용하여 메일링이나 자신이 개발하고 있는 시스템에 포함시켜 사용할 수도 있다.
Inspect	현재 검색된 데이터의 출처나 설정 정보, DSL 문 등의 정보를 확인할 수 있고, 화면에서 어떤 명령을 이용하여 데이터를 조회하고 화면에 표시하는지를 알 수 있다.(공부할 때 도움이 많이 되었다.)

5부의 "3. 데이터를 확인하는 방법"에서는 위 기능을 다소 간단하게 설명했지만, 이번에는 상세히 쓰임새까지 설명하겠다.

우선, "New"는 이름과 같이 새로 만들기 기능이다. 작업 중인 시각화 차트를 초기화하고 새로 만들고 싶을 때 사용한다.

"Save"도 이름 그대로 저장하는 기능이다. 이 기능부터는 약간의 설명을 덧붙이겠다.

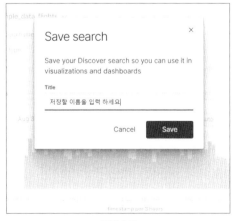

그림 6-9

[그림 6-9]는 Discover에서 저장 버튼을 누르면 나오는 화면으로, 시각화 기능마다 구성이 약간 다를 수도 있다. 일단, 이 화면은 저장할 이름을 입력하고 [Save]를 누르면 Discover의 검색 조건과 필터링 일자 등이 저장되어 나중에 동일한 상태로 다시 불러내고 이어서 작업할 수 있도록 구성되었다. 다른 시각화 차트에서는 신규 저장, 기존 시각화 기능 덮어쓰기 등의 옵션이 더 있는데, 이 기능들은 시각화를 다룰 때 곁들여 설명하겠다. 저장이 완료되면 [그림 6-10]처럼 저장된 이름으로 화면이 표시된다.

그림 6-10

저장할 수 있는 기능이 있다면, 불러내는 기능도 있겠다. 바로 Open 기능이다. [Open]을 누르면 다음과 같이 저장된 시각화 기능이 보인다.

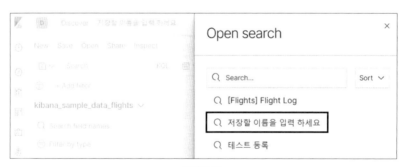

그림 6-11

[그림 6-11]과 같이 오른쪽에 슬라이드 패널 형태로 검색 기능을 포함한 목록 화면이 보인다. "Search"에 검색어를 입력하고 불러올 시각화 기능을 선택한다. 조금 전에 저장한 "저장할 이름을 입력 하세요"를 불러오면, 작업 중이던 상태 그대로 불러올 수 있다.

다음에 볼 기능은 제법 쓸 만한 Share다. Share를 사용하면 키바나에서 만들어진 시각화 기능을 자신이 원하는 페이지에 삽입할 수 있다. 다시 말해 키바나에서 만들어진 시각화 기능을 자신이 원하는 시스템의 페이지에 삽입하여 실시간으로 데이터가 업데이트되는 시각화 기능으로 구성할 수 있다는 것이다. 키바나를 현재 사업에 사용해야겠다고 마음먹게 된 가장 큰 이유다.

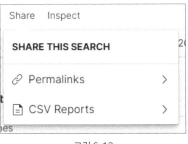

그림 6-12

버튼을 누르면 메뉴가 2개 보인다. "Permalinks"는 시각화 기능을 사용하기 위한 링크를 복사할 수 있는 기능이다. 다시 말하면 대시보드를 호출할 수 있는 링크를 제공함으로써 외부 게시판이나 직접 개발하고 있는 화면에 직접 만든 시각화 기능을 iframe을 이용하여 삽입할 수 있다.

Permalinks도 크게 2가지로 사용할 수 있도록 제공되는데, [그림 6-13]을 보자.

그림 6-13

Snapshot 모드와 Saved object 모드의 2가지 기능이 있다. 기본적으로 두 기능 모두 최신 데이터를 조회할 수 있는 상태의 URL을 제공한다. 단지 일자를 제외한 대시보드에서 사용하는 검색 조건, 패널 정보 등을 공개하느냐, 하지 않느냐의 차이가 있을 뿐이다. URL에 모든 내용이 담긴 경우, 사용자의 키바나 활용 수준에 따라 악용될 소지가 있어 검색 외에 불필요한 정보를 보여주느냐, 안 보여주느냐의 차이가 있는 것이다.

"Snapshot"은 데이터 조회 기간에 대한 정보만 URL에 노출하여 대시보드를 공유할 수 있는 URL을 제공하고, "Saved object"는 대시보드에 포함된 패널의 정보와 검색 조건, 키워드 등의 다양한 설정 정보가 함께 보이도록 URL을 제공한다. 두 기능의 차이점은 다음과 같다.

Snapshot의 URL

```
http://localhost:5601/app/kibana#/discover/681d23f0-f0f7-11ea-99a4-d3b500f3c6e2?_g=
(filters%3A!()%2CrefreshInterval%3A(pause%3A!t%2Cvalue%3A0)%2Ctime%3A(from%
3A'2020-08-30T10%3A57%3A40.261Z'%2Cto%3Anow))
```

Saved object의 URL

```
http://localhost:5601/app/kibana#/discover/681d23f0-f0f7-11ea-99a4-
d3b500f3c6e2?_g=(filters:!(),refreshInterval:(pause:!t,value:0),time:(from:'2020-08-
30T10:57:40.261Z',to:now))&_a=(columns:!(_source),filters:!(),index:d3d7af60-4c81-
11e8-b3d7-01146121b73d,interval:auto,query:(language:kuery,query:''),sort:!())
```

이와 같이 Saved object는 좀 더 많은 정보를 포함한 URL을 제공한다. Snapshot의 경우 Sort URL을 체크하면 다음과 같이 단축된 URL을 사용할 수도 있다.

Snapshot의 Sort URL을 선택한 경우의 URL

```
http://localhost:5601/goto/7dd74647c29625c58dae0f2cbf6820b7
```

이처럼 다양한 방법으로 URL을 제공한다. 키바나에서는 키바나를 직접 활용하는 방법과 다른 시스템에서도 활용할 수 있도록 기능을 제공한다는 점에서 활용도가 넓다고 할 수 있다. Pamerlinks 외에 "CSV Reports" 기능도 있다.

그림 6-14

2가지 방식으로 CSV Reports를 제공한다. [Generate CSV]를 눌러보자. 그러면 잠시 후에 [그림 6-15]와 같은 메시지를 보여주는 팝업이 나오고 파일을 다운로드할 수 있도록 버튼을 제공한다.

그림 6-15

파일을 다운로드하여 열면 다음과 같은 내용의 파일을 볼 수 있는데, 사실 활용할 일이 없을 것 같다.

```
AvgTicketPrice,Cancelled,Carrier,Dest,DestAirportID,DestCityName,DestCount
ry,DestLocation,DestRegion,DestWeather,DistanceKilometers,DistanceMiles,Fl
ightDelay,FlightDelayMin,FlightDelayType,FlightNum,FlightTimeHour,FlightTim
eMin,Origin,OriginAirportID,OriginCityName,OriginCountry,OriginLocation,Ori
ginRegion,OriginWeather,"_id","_index","_score","_type",dayOfWeek,"hour_of_
day",timestamp
"$635.76",false,"Kibana Airlines","London Luton Airport",LTN,London,GB,"{
  ""lat"": ""51.87469864"",
  ""lon"": ""-0.368333012""
}","GB-ENG",Sunny,"9,483.255","5,892.621",false,0,"No Delay",M60YDHC,"8.78079128
9405677","526.847","Guangzhou Baiyun International Airport",CAN,Guangzhou,CN,"{
""lat"": ""23.39240074"",
(이하 생략)
```

대시보드를 구성하기 위한 설정 정보를 스크립트로 다운로드할 수 있도록 제공하는 것으로 보인다. 실제로는 PermaLinks 기능만 사용하게 되므로 CSV 기능은 이런 기능이 있다는 정도만 알고 넘어가자. 참고로 이렇게 저장된 CSV Reports는 [그림 6-16]처럼 설정 메뉴에서 다시 찾아볼 수 있다.

그림 6-16

다시 활용하거나 다시 로딩하는 방법이 있다면 여러모로 좋겠는데, 그런 기능은 없다. 이 역시 이런 기능이 있다는 정도만 알아두자.

다음은 Inspect 기능이다. 어찌 보면 초급자 입장에서 가장 많이 사용할 법한 유용한 기능이다. 개발자들이 보통 사용하는 데이터베이스는 SQL과 같은 대화형 조회 명령을 이용할 수 있게 되어 있다. 하지만 엘라스틱서치는 검색할 때 DSL 명령어를 주로 사용한다. DSL 문은 검색해야 하는 조건을 JSON 타입의 문자열로 생성하여 서버로 전송하는 방식을 사용한다.

이럴 때 진가를 발휘하는 게 바로 Inspect다. [Inspect] 버튼을 누르면 오른쪽에 패널이 열린다.

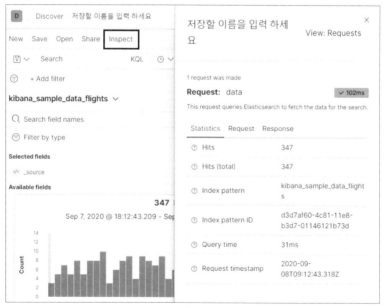

그림 6-17

Discover의 이름이 될 "저장할 이름을 입력 하세요"가 보이고, 그 아래에서 현재 보이는 데이터의 부가정보를 확인할 수 있다. "Statistics"는 현재 Hits 건수, Index pattern의 이름과 ID, 쿼리 속도와 쿼리가 실행된 시간을 보여준다.

다음에는 Request 탭을 열어보자. 아마도 이 탭의 내용이 가장 중요하지 않을까 싶다.

그림 6-18

이렇게 Request 명령은 현재 Discover를 보여주기 위한 검색 명령을 확인할 수 있도록 기능을 제공한다. 원문을 살펴보면 다음과 같다.

```
{
  "version": true,
  "size": 500,
  "sort": [    ## 조회 결과의 정렬 기준을 지정
    {
      "timestamp": {
        "order": "desc",
        "unmapped_type": "boolean"
```

```json
        }
      }
    ],
    "aggs": {   ## Discover의 시각화 기능에 보일 데이터의 조회 조건(30분 간격으로 조회)
      "2": {
        "date_histogram": {
          "field": "timestamp",
          "fixed_interval": "30m",
          "time_zone": "Asia/Seoul",
          "min_doc_count": 1
        }
      }
    },
    "stored_fields": [
      "*"
    ],
    "script_fields": {   ## 데이터셋에 존재하지 않는 필드는 이렇게 script Field로 만들어
사용
      "hour_of_day": {
        "script": {
          "source": "doc['timestamp'].value.hourOfDay",
          "lang": "painless"
        }
      }
    },
    "docvalue_fields": [## 시계열 기준 칼럼 지정
      {
        "field": "timestamp",
        "format": "date_time"
      }
    ],
    "_source": {
      "excludes": []
    },
```

```
    "query": { ## 실제로 조회할 데이터의 조회 조건(특별한 조건 없이 일자만으로 기본 조회)
      "bool": {
        "must": [],
        "filter": [
          {
            "match_all": {}
          },
          {
            "range": {
              "timestamp": {
                "gte": "2020-09-07T09:20:00.074Z",
                "lte": "2020-09-08T09:20:00.074Z",
                "format": "strict_date_optional_time"
              }
            }
          }
        ],
        "should": [],
        "must_not": []
      }
    },
    "highlight": { ## 검색어가 있는 경우, 해당 필드가 검색되었을 때 하이라이트할 수 있는
옵션도 제공
      "pre_tags": [
        "@kibana-highlighted-field@"
      ],
      "post_tags": [
        "@/kibana-highlighted-field@"
      ],
      "fields": {
        "*": {}
      },
      "fragment_size": 2147483647
    }
}
```

이렇게 데이터를 조회하고 표현할 때 다양한 옵션을 제공한다. Discover는 그나마 단순한 조회 기능이기 때문에 명령어도 단순한 편인데, 앞으로 사용할 시각화 기능의 Inspect에서는 무척 복잡한 명령어를 많이 보게 될 것이다.

마지막으로 Response 탭이다. 예상하겠지만 데이터 조회 결과를 보여주는 탭이다.

```
1 request was made
Request: data                                              ✓ 415ms
This request queries Elasticsearch to fetch the data for the search.

Statistics   Request   Response

{
  "took": 30,
  "timed_out": false,
  "_shards": {
    "total": 1,
    "successful": 1,
    "skipped": 0,
    "failed": 0
  },
  "hits": {
    "total": 348,
    "max_score": null,
    "hits": [
      {
        "_index": "kibana_sample_data_flights",
        "_type": "_doc",
        "_id": "M-X0Z3QBZF1dxvwBCSFc",
        "_version": 1,
        "_score": null,
        "_source": {
          "FlightNum": "J72Y2HS",
          "DestCountry": "PE",
          "OriginWeather": "Sunny",
          "OriginCityName": "Dubai",
          "AvgTicketPrice": 519.4741205454034,
          "DistanceMiles": 9219.11754689398,
          "FlightDelay": false,
          "DestWeather": "Heavy Fog",
          "Dest": "Jorge Chavez International Airport",
          "FlightDelayType": "No Delay",
```

그림 6-19

Request처럼 원문을 소개하면 좋겠지만, 데이터의 길이가 긴 관계로 중요한 부분만 추려본다.

```
"hits": {                ## 조회 결과의 원문 부분이다. 전체 건수와 몇 가지 부가 정보를 보여준다.
    "total": 348,
    "max_score": null,
    "hits": [      ## 조회된 Document 리스트를 배열로 가진다.
     {
        "_index": "kibana_sample_data_flights",  ## 조회한 인덱스의 이름도 확인 가능
하다.
        "_type": "_doc",
        "_id": "M-X0Z3QBZF1dxvwBCSFc",
        "_version": 1,
        "_score": null,
        "_source": { ## 실제 데이터는 소스 Field에서 확인이 가능하다.
          "FlightNum": "J72Y2HS",
          "DestCountry": "PE",
          "OriginWeather": "Sunny",
          "OriginCityName": "Dubai",
          "AvgTicketPrice": 519.4741205454034,
          "DistanceMiles": 9219.11754689398,
          "FlightDelay": false,
          "DestWeather": "Heavy Fog",
          "Dest": "Jorge Chavez International Airport",
          "FlightDelayType": "No Delay",
          "OriginCountry": "AE",
          "dayOfWeek": 1,
          "DistanceKilometers": 14836.731509388546,
          "timestamp": "2020-09-08T09:18:29",
          "DestLocation": {  ## 이전 장에서 소개한 geo_point 속성 Field다. 위도/경
도를 표시한다.
            "lat": "-12.0219",
            "lon": "-77.114304"
          },
          "DestAirportID": "LIM",
          "Carrier": "ES-Air",
          "Cancelled": false, ## Boolen Field의 경우에는 쌍따옴표가 없다.
          "FlightTimeMin": 706.5110242565975, ## 숫자 Field의 경우에는 쌍따옴표가
없다.
```

```
        "Origin": "Dubai International Airport",
        "OriginLocation": {
          "lat": "25.25279999",
          "lon": "55.36439896"
        },
        "DestRegion": "SE-BD",
        "OriginAirportID": "DXB",
        "OriginRegion": "SE-BD",
        "DestCityName": "Lima",
        "FlightTimeHour": 11.775183737609957,
        "FlightDelayMin": 0
      },
      "fields": {
        "hour_of_day": [
          9
        ],
        "timestamp": [
          "2020-09-08T09:18:29.000Z"
        ]
      },
      "sort": [
        1599556709000
      ]
    },
```

이렇게 Hits 내의 Document들이 반복된 형태로 배열되었음을 볼 수 있다. 엘라스틱서 치에서 제공하는 데이터 형식은 모두 JSON 타입이므로, 기존에 JSON 타입이 익숙한 개발자라면 쉽게 Document의 구조를 이해할 것이다.

이렇게 모든 메뉴에서 사용 가능한 공통 메뉴에 대해 알아보았다. Discover에서는 기본 메뉴 정도로만 사용되고, 다른 시각화 메뉴에서는 좀 더 다양한 정보를 확인할 수 있기 때문에 필요에 따라 소개하겠다. 이제 본격적으로 시각화 기능의 소개로 넘어간다.

2. Discover

Discover는 지금까지 여러 차례 소개한 시각화 기능이다. 세부 내용은 5부의 "3. 데이터를 확인하는 방법"에서 이미 한 차례 다뤘으나, 책의 흐름상 다시 한번 훑어야 하기에 이번에는 엘라스틱서치에서 제공하는 샘플 데이터를 기준으로 데이터를 새롭게 소개한다. 엘라스틱서치는 다양한 샘플을 제공하기 때문에 샘플 데이터를 조작해보면서 키바나와 엘라스틱서치에 대해 알아가는 것도 머리와 손에 익히는 좋은 학습법이 될 것이다.

"Sample Flight data"를 로딩하고 Discover 메뉴로 이동하자.

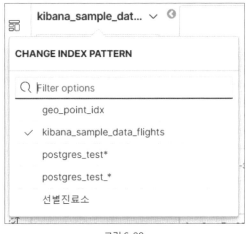

그림 6-20

[그림 6-20]과 같이 "kibana_sample_data_flights"라는 Index pattern이 생긴 것을 볼 수 있다. 물론 우리는 샘플 데이터 업로드를 위해 [Add data]를 눌렀을 뿐이지만, 엘라스틱서치는 자동으로 데이터의 적재와 키바나에서 사용할 수 있는 시각화 기능을 생성한 것이다. 그런데 이런 기능이 된다면, "사용자가 직접 데이터셋과 시각화 기능을 구성하여 준비하고 시각화 기능이 필요한 곳에 가서 빠른 속도로 설정해주고 철수하는 것도 가능하지 않을까?" 하는 생각이 든다.

아무튼 "kibana_sample_data_flights"를 선택하면, Discover의 기준 데이터가 변경되면서 샘플의 원본 데이터를 확인할 수 있다.

그림 6-21

[그림 6-21]의 맨 위에 보이는 "2,348 hits"가 총 건수다. 단지 이렇게 한 번에 보이게 하려면 일자 조건을 약간 조정해야 한다. 그럼 위에서부터 순서대로 세부 기능을 살펴보겠다. 다시 말하지만 5부의 "3. 데이터를 확인하는 방법"에서 다룬 내용과 일부 겹친다. 그러나 여기서는 엘라스틱서치에서 제공하는 샘플을 기준으로 소개하기 때문에 더 다양한 정보를 볼 수 있다.

공통 기능은 바로 위에서 소개했으니 검색 기능으로 바로 들어간다. Discover를 사용할 때 많은 사람이 혼동하는 부분부터 먼저 짚고 넘어가야겠다. 이 책의 독자들도 동일한 상황을 겪었을 텐데 바로 일자 조건이다.

2.1 조회 기간 설정

키바나 가이드에서는 Index Pattern을 생성할 때 기본적으로 기준이 되는 Timestamp 속성의 Field를 지정하라고 한다. 그 이유는 대부분의 데이터 시각화나 데이터 조회 방식이 시간을 기준으로 조회되고 분석되기 때문일 것이다.

다시 말해 최초로 샘플 데이터를 설치하거나 새로운 데이터를 엘라스틱서치에 저장하고 나면, Discover에서 바로 조회는 가능하지만 하루나 일정 시간이 지나 조회하려면 가능하지 않다. 이는 상단에 있는 일자 필터링 기능이 별다른 설정이 없는 한 현재 시간으로 맞춰지기 때문이다. 실시간으로 저장되는 데이터의 현황을 봐야 하는 상황을 염두에 둔 조치로 짐작되는데, 처음 키바나를 사용하는 입장에서는 데이터가 조회되지 않고 "0 hits"로 보이니 당황하는 것도 무리는 아니다.

그래서 우선 일자 설정부터 시작해보도록 한다. 일자도 다양한 설정이 가능하다. 맨 앞에 있는 달력 아이콘을 눌러보자.

그러면 [그림 6-22]와 같은 팝업이 펼쳐진다. "Quick select"를 이용하여 간단하게 특정시간 이후의 데이터를 볼 수 있게 설정할 수 있고, "Commonly used"에서 지정된 조건을 클릭하여 시간을 설정할 수 있다. 그리고 지금까지 사용한 이력을 재사용할 수 있도록 일자 설정 내역을 선택할 수 있다. 상시 특정 시간 이후의 데이터로 새로고침되도록 스케줄을 걸어 놓을 수도 있다. 데이터 처리 현황을 점검하거나 대시보드로 활용할 때 매우 유용하리라 생각한다.

시작과 끝 시간을 직접 지정하는 기능도 제공한다. [그림 6-22]의 맨 위에 보이는 "~ a day ago -> now" 기능인데, 각각을 누르면 일자를 수정할 수 있도록 미니 팝업이 열린다. 미니 팝업은 총 3개 탭으로 구성되며 이를 간단하게 확인해보자.

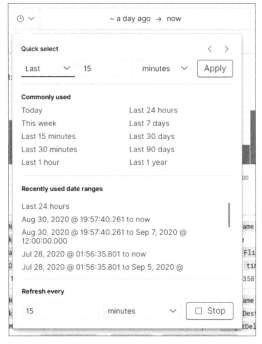

그림 6-22

첫째 탭인 [Absolute]를 누르면 달력 기준으로 일자와 시간을 선택할 수 있고, 필요한 경우 직접 시간 정보를 입력할 수 있는 입력창도 제공한다.

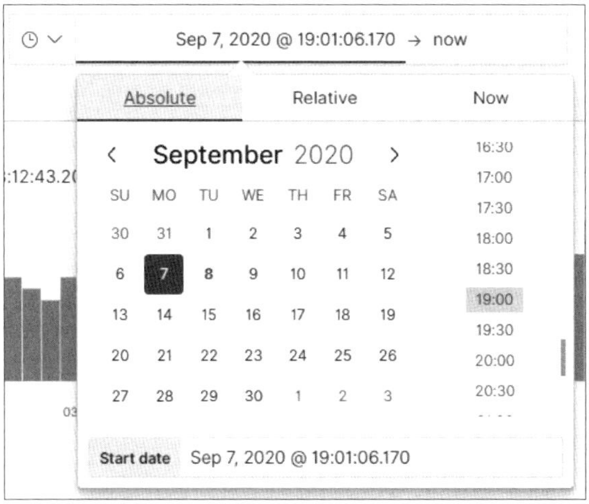

그림 6-23

둘째 탭인 [Relative]를 누르면 옵션별로 특정 기간 이후의 기간을 설정할 수 있다. 이 기능을 이용하여 "Years ago"로 50년쯤 설정해서 사용하곤 한다. 그러면 최소한 데이터가 조회되지 않는 일은 없다.

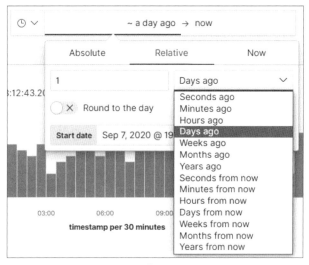

그림 6-24

마지막 셋째는 Now 탭인데, 이 탭은 현재 시간으로 설정하는 기능이다. 주로 끝 시간 쪽에서 많이 사용할 것이다.

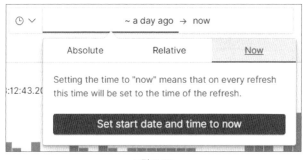

그림 6-25

이렇게 잊지 않고 일자를 설정하고 데이터를 조회하는 습관을 길러놔야 데이터가 보이지 않는 황당한 일을 겪지 않는다. 꼭 명심하자!

2.2 Search(키워드 검색)

키바나에서도 주로 사용하는 기능은 검색 기능이다. 자주 사용하지만, 다소 어려우므로 많이 사용하는 검색어 방법만 간단하게 설명한다.

그림 6-26

크게 3가지 기능으로 구성되었다. 이제는 사라져서 보기 힘든 디스켓 아이콘으로 시작해보자. 예상하겠지만 저장 기능이다. 아직은 저장한 쿼리가 없기 때문에 아이콘을 눌러보면 [그림 6-27]과 같은 팝업이 보인다.

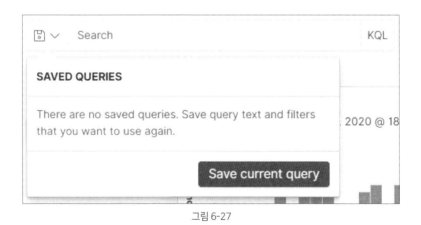

그림 6-27

현재 저장된 쿼리가 없고 다시 사용해야 할 쿼리가 있다면 저장하라는 메시지를 보여준다. 일단 간단하게 키워드 검색을 하고 저장을 해보겠다. 검색어를 입력하고 검색한 뒤에 [Save current query]를 누르면 저장 팝업이 나온다.

[그림 6-28]에서 검색 명령어를 저장할 이름을 입력하고, "Description"을 입력한 후 저장한다.

그림 6-28

그림 6-29

[그림 6-29]처럼 하단에 있는 "Include time filter"까지 선택하면 일자 조건까지 함께 저장된다.

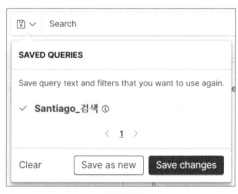

그림 6-30

다시 디스켓 아이콘을 누르면, 저장된 조건이 보인다. 저장된 조건을 다시 불러오면 입력한 검색어와 일자 조건이 저장한 조건으로 다시 설정된 것을 볼 수 있다. 이렇게 사용한 조건을 저장해뒀다가 사용할 수 있다.

다음은 검색어다. 이 검색창은 다양하게 사용할 수 있는데, 일단 필자가 자주 사용하는 방법만 안내하려고 한다. 왜냐하면 모든 검색 방법을 설명하자면 KQL란 것과 DSL 문이 무엇인지 이해해야 하는데 이 내용이 책의 주제에서 멀찌감치 벗어나기 때문이다. 이 내용을 알고 싶다면 엘라스틱서치 홈페이지를 참고하기 바란다.

나중에 엘라스틱서치를 더 깊이 있게 다루는 책을 쓴다면 모를까. 지금은 개인용 데이터 분석 플랫폼을 구성하고 활용하기 위한 목적으로 집필하고 있으니, 간단하게 사용법만 공유한다. 설명할 내용은 크게 나눠 정적인 검색과 포괄적인 검색 기능이다.

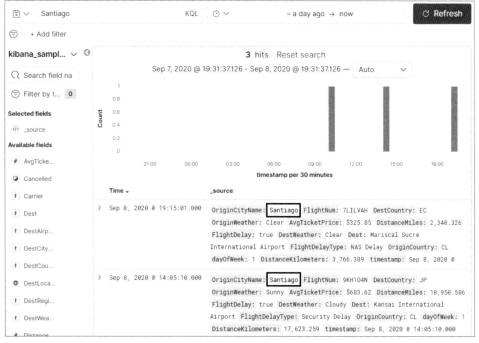

그림 6-31

우선 정적인 검색은 고정된 단어를 이용한 검색이다. 아주 기본적인 검색으로 조금 전처럼 "Santiago"를 검색한다. 그러면 [그림 6–31]처럼 "Santiago"라는 단어가 포함된 Document를 찾아주고, "Santiago"를 노란색으로 강조하여 보여준다(이 책에서는 해당 부분을 박스로 표시했음).

총 3건이 검색되었음을 볼 수 있고, 화면 캡처는 2건만 되었다. 이렇게 단순하게 검색어만 입력하면 검색이 된다. 단, 특정 Field에 대해서만 검색을 하고 싶다면 다음과 같이 입력하거나, 검색창을 눌러서 나오는 자동완성 기능을 활용해도 된다.

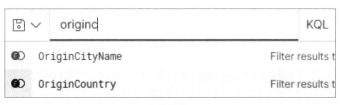

그림 6-32

이렇게 단어를 입력하면 Field명이 자동으로 필터링되어 보인다. 마저 입력해서 Field명을 완성하거나 마우스로 Field명을 클릭하면 다음 화면으로 넘어간다.

	OriginCityName	
	OriginCityName	Filter results that contain OriginCityName
<=>	:	equals some value
<=>	: *	exists in any form
⊂⊃	and	Requires both arguments to be true
⊂⊃	or	Requires one or more arguments to be true

그림 6-33

[그림 6–33]처럼 완전히 일치(":")하는 값을 선택할 수도 있고, 전체(": *")를 검색하거나, "and"와 "or"를 이용하여 추가적인 조건을 더 입력할 수도 있다.

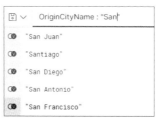

그림 6-34

이렇게 쌍따옴표를 이용하여 검색어를 입력하면 자동완성 기능도 제공된다. 검색에는
정말 탁월한 플랫폼이지 않은가! 입력을 마저 하고, 추가 검색어까지 세팅해본다.

검색어를 아래처럼 입력한 결과다.

```
OriginCityName : "Santiago" and Carrier :"JetBeats"
```

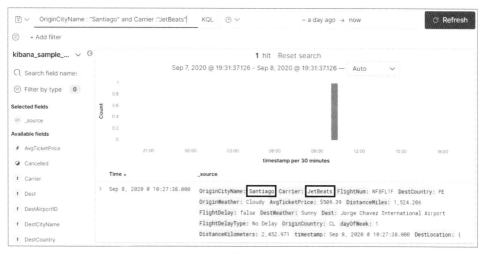

그림 6-35

검색 조건으로 입력한 결과와, 검색어로 입력한 키워드를 노란색으로 보여준다. 이렇게
키바나에서는 사용자가 DSL 명령이나 KQL 같은 조회 명령을 알지 못해도 사용할 수
있도록 다양한 편의 기능을 제공한다.

마지막으로 Kibana Query Language(KQL) 명령을 위한 가이드를 볼 수 있는 팝업을 보여주는데, 이 기능은 설명할 내용이 많아 이 책에서 다루지 못하니, 필요하다면 별도로 공부하기 바란다. 방금 사용한 명령만으로도 충분히 많은 검색을 할 수 있다. 이렇게 검색 기능에 대한 설명도 마치겠다.

2.3 Filter(Field별 필터 적용)

Filter는 직전에 살펴본 검색과 다른 기능이다. 정해진 필드에 필터 조건을 등록할 수 있는 기능인데, 사실 직접 입력하지 않고 시각화 기능 내에서 클릭을 하여 자동 필터가 추가되도록 사용하는 경우가 많다. 일단 직접 입력하는 방법부터 소개한다.

그림 6-36

이 기능도 자동완성 기능을 제공한다. "origin"을 입력했을 뿐인데, 해당 단어로 시작하는 Field의 목록을 바로 보여준다. Field를 선택하고 "Operator" 목록을 살펴보자.

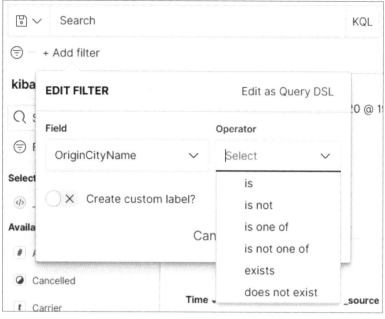

그림 6-37

이렇게 6가지 정도의 Operator를 보여준다. 각각의 의미는 아래 표로 간단하게 정리했다.

조건문	설명
is	입력한 키워드와 일치하는 것만 조회한다.
is not	입력한 키워드와 일치하지 않는 것만 조회한다.
is one of	입력한 다중 키워드와 일치하는 것만 조회한다.
is not one of	입력한 다중 키워드와 일치하지 않는 것만 조회한다.
exists	입력한 키워드를 포함한 것만 조회한다
does not exist	입력한 키워드를 포함하지 않은 것만 조회한다.

테스트를 위해 "is"를 선택하고 필터링할 값을 입력하다 보면, 또다시 자동완성 기능을 이용하여 검색어를 추천해준다.

그림 6-38

여러모로 사용자의 편의를 도모한 노력이 한껏 느껴진다. 이렇게 검색어를 입력하고 [Save]를 누르면 Santiago라는 출발지의 도시이름이 필터링되는 것을 볼 수 있다. 단, 이 기능에서는 대소문자를 구분하니, 꼭 S를 대문자로 입력하자.

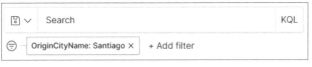

그림 6-39

필터 기능은 검색 기능과 달리 필터링한 조건이 카드 형태로 검색 기능 밑에 보인다. 이 카드의 끝에 있는 "X"를 누르면, 필터 기능이 제거된다. 뭔가 조정이 필요한 때에는 필터의 수정도 가능한데, 필터 카드를 마우스로 클릭하면 다양한 옵션을 볼 수 있다.

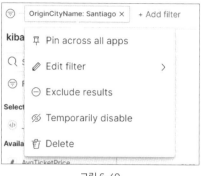

그림 6-40

[그림 6-40]과 같이 여러 가지 옵션이 보인다. 이를 간단하게 설명하면 다음과 같다.

옵션명	설명
Pin across all apps	키바나에 포함된 모든 시각화 기능에 필터를 적용한다.
Edit filter	Filter의 조건을 재입력할 수 있다.
Exclude results	Filter 조건에 해당하지 않는 반대조건으로 검색한다.
Temporarily disable	Filter 카드를 남겨둔 상태로, Filter 조건을 임시로 제거한다.
Delete	Filter 조건을 삭제한다.

이와 같이 Filter를 조정하거나, 제거하고, 반전시키고, 전역 조건으로 설정하는 등 다양한 방법으로 활용이 가능하다. 나중에 설명하겠지만, 시각화 기능 내에서도 마우스 클릭만으로 Filter 기능을 사용할 수 있는 다양한 기능을 제공한다. 이 내용은 설명을 이어가면서 하나씩 소개하겠다.

2.4 Index 선택 기능

키바나에는 기본 Index Pattern이 지정되어 있다. 특히 Discover 기능의 특성상 데이터 조회용 기능이므로 첫 화면으로 이동하면 기본으로 등록된 Index Pattern의 내용이 조회되며, 다음과 같이 간단하게 변경할 수 있다.

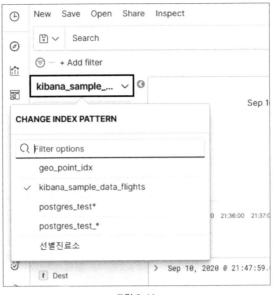

그림 6-41

Add filter의 아래에 있는 Index Pattern 이름을 클릭하면 이렇게 키바나에 등록된 Index Pattern 목록이 보인다. 여기서 원하는 Index Pattern을 선택하면 Dsicover의 내용이 변경된다. 변경 후 목록을 확인하면 선택한 Index Pattern으로 변경되었음을 볼 수 있다.

2.5 Field 목록

Discover의 왼쪽에는 Index Pattern에 포함된 Field의 목록을 보여준다. 왼쪽 목록은 화면에 노출되는 Field의 목록을 자신이 보고자 하는 목록으로 변경해주는 역할을 한다. 처음 Discover 화면으로 이동하면 목록 화면의 기본 Field가 "_source"로 설정되어 있다. "_source" Field에는 엘라스틱서치의 Document의 모든 Field 정보가 포함되었으므로, 이 Field를 기본 Field로 사용하는 것으로 보인다.

Field 목록을 변경하는 내용을 설명하기 전에 간단한 Tip 하나를 알아두자. Field 목록의 상단을 보면 "Filter by type"이라는 문자가 보일 것이다.

그림 6-42

이 기능의 의미를 보면 Aggregatable이 "any"로 설정되었음을 볼 수 있다. "Aggregatable"에서 가능한 Field만 볼지, 안 볼지, 아니면 전체를 볼지에 대한 설정을 할 수 있다. 그리고 "Searchable" 타입의 Field도 이와 동일하게 지정할 수 있으며 Type별로도 Field를 필터링할 수 있다.

마지막으로 하단에 "Hide missing fields"가 체크되어 있는데, 이는 값이 없는 Field를 왼쪽의 Field 목록에 보이지 않게 하는 옵션이다. 이렇게 다양한 옵션을 제공하지만, Field가 매우 많지 않다면 대부분 any로 지정하여 전체 보기 상태로 작업하기를 권한다.

Aggregatable과 Searchable 타입에 대한 설명은 엘라스틱서치 홈페이지에서 확인해보기 바란다. 간단히 말하자면 Aggregatable은 엘라스틱서치에 데이터를 인덱싱할 때 집계가 용이한 형태로 적재한 데이터 타입을 말하고, Searchable은 검색에 용이하게 인덱싱된 Field를 말한다. Index Pattern의 목록을 확인하는 메뉴의 Index Pattern 상세 보기 메뉴에서 Field별로 어떤 Type으로 생성되었는지 확인할 수 있다. [그림 6-43]으로 설명을 대신하겠다.

그림 6-43

이제 본격적으로 Field 목록을 한번 살펴보자.

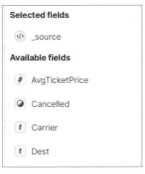

그림 6-44

위에서 설명한 것처럼 Selected fields에 "_source" Field가 하나 선택된 것을 볼 수 있고, Available fields에서는 선택 가능한 Field의 목록을 볼 수 있다. 여기서 유의할 점은 모든 Field의 목록이 보이는 것이 아니라는 점이다.

다시 말해, 앞서 기본 설정에서 보았던 "Hide missing fields"가 체크되었으므로(그림 6-42 참조) 화면에서 설정된 필터 내에서 값이 없는 Field는 목록에 보이지 않을 수 있음을 참고해야 한다. "어? 내가 추가한 Field가 왜 안 보이지?" 하고 이리저리 찾아헤매

느라 많은 시간을 허비하게 될 테니, 이를 방지하는 차원에서 귀띔해둔다.

그럼 이제 Field 목록에서 확인할 수 있는 정보가 무엇인지 알아보자.

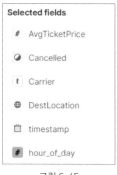

그림 6-45

[그림 6-45]를 보면 알겠지만, 각 Field명 앞에 데이터 타입의 아이콘이 보인다. 각 아이콘의 의미는 다음과 같다.

아이콘	타입	설명
#	Number	숫자형 타입의 Field
◑	Boolean	True/False의 선택적 입력이 가능한 Field
t	Text	텍스트 타입의 Field(가장 많이 사용)
⊕	Geo Point	지도 시각화가 가능한 위도/경도 표현이 가능한 Field
📅	Date	일자 타입 값의 저장이 가능한 Field
#	Number	위 Number 타입과 비슷하지만, Script Field라고 하는 사용자 정의 Field

물론 화면에는 현재 사용 중인 데이터 내에 생성된 Field만 보이는 것이고 실제로는 더 다양한 타입이 있다. 이 내용은 이어가면서 확인되는 대로 설명하겠다.

위 필드를 선택하여 목록 화면을 보면, 다음과 같이 데이터가 저장되었음을 알 수 있다.

AvgTicketPrice	Cancelled	Carrier	DestLocation	hour_of_day	timestamp ▾

$382.35	true	ES-Air	{
			  "lat": "45.200802",
			  "lon": "7.64963"
			}
				6	Sep 29, 2020 @ 15:00:02.000

그림 6-46

이렇게 다양한 형태의 Field를 볼 수 있다. 추가적으로 왼쪽 Field 목록에는 깨알 같은 통계 기능이 포함되었다. 항목을 클릭해보면 바로 알 수 있다.

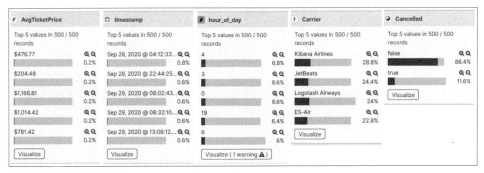

그림 6-47

이렇게 Top 5까지 값을 통계 내서 조회해준다. 이 기능의 장점은 코드 값의 경우에 특별한 조작을 하지 않아도 클릭만으로 데이터를 집계해서 볼 수 있다는 점이다. 예를 들어 Cancelled Field를 보면 false와 true가 각각 88.4%와 11.6%로 구성되었음을 바로 알 수 있다. 이렇게 할 수 있는 것은 엘라스틱서치에 데이터가 저장되는 시점에 미리 집계를 위한 인덱싱이 되어 빠른 조회가 가능하기 때문이라 생각한다.

또한 하단의 [Visualize]를 누르면 클릭만으로 바로 시각화 차트를 만드는 화면으로 이동한다. 클릭하면 [그림 6-48]과 같이 기본 설정된 막대 차트가 생성되어 보인다.

물론 이 차트를 바로 저장하면 사용이 가능하다. 가능한 한 사용자가 앞으로 해야 할 행동들을 미리 예상해서 준비해놓은 기능이 아닌가 싶다. 앞으로도 계속 소개되겠지만, 키바나는 정말 사용자 편의를 많이 생각하고 만든 플랫폼이 아닌가 생각한다.

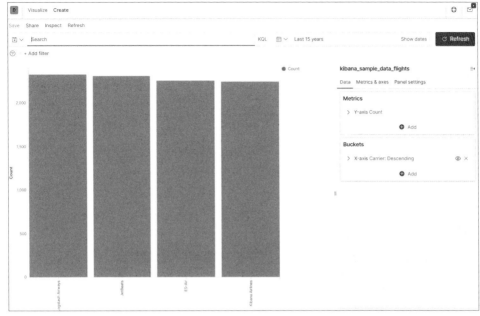

그림 6-48

2.6 시계열 차트

Discover 기능에서만 제공하는 기능으로, Index Pattern 생성 시 지정한 일자 Field가 있다면 지정된 항목으로 시계열 정보를 조회해준다. 따로 지정하지 않았다면 기본 Field인 "@timestamp"가 선택된다. 이는 데이터가 저장될 때마다 등록되는 Field로, 데이터의 처리 현황을 볼 때 기준 Field로 사용하면 유용하다.

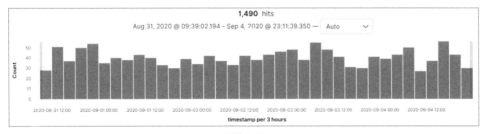

그림 6-49

시계열 차트다. 총건수가 1,490건으로 보이고 데이터의 범위를 확인할 수 있도록 부가 정보를 제공한다. 기준은 하단의 timestamp이고 막대의 간격이 "3hours"로 표기되었음을 볼 수 있다. 막대 차트의 세로축은 건수를 나타낸다. 총 1,490건이 막대별로 고르게 분포되었다고 보면 된다. 여기서 막대의 간격은 현재 3시간으로 되어 있으나, 이것은 임의로 조정할 수 있다.

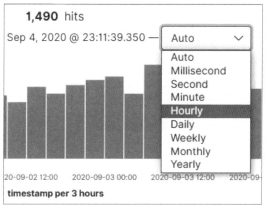

그림 6-50

[그림 6-50]과 같이 "Auto"로 지정된 값을 변경하면 선택한 기준으로 값이 변경될 수 있다.

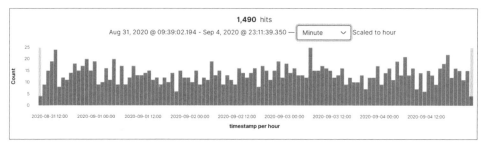

그림 6-51

[그림 6-51]과 같이 "Minute"로 변경하면 Auto일 때보다 막대 차트가 더 조밀함을 볼 수 있다. 자주 사용하는 기능은 아니지만, 일자로 변경하면 클릭만으로 일자별 통계를 볼 수 있는 기능으로 탈바꿈되니, 각자 목적에 따라 사용하면 되겠다.

그리고 키바나의 강점인 필터링 기능을 보면 다음과 같이 사용이 가능하다.

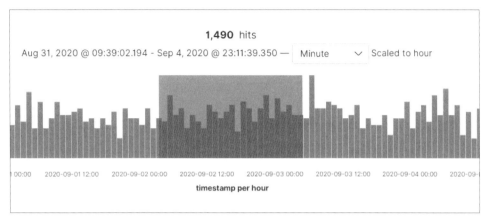

그림 6-52

마우스를 드래그하여 범위를 지정할 수 있고, 마우스를 놓으면 범위를 지정한 만큼 필터링되는 것을 볼 수 있다. 매우 유용한 기능이다.

필터링된 결과는 [그림 6-53]과 같다.

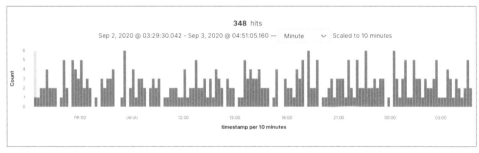

그림 6-53

이렇게 총건수가 348건으로 바뀌었고 일자와 시간으로 보이던 가로축이 시간만 보이도록 변경되었다. 아마도 하루 내 범위의 데이터만 조회되었기 때문일 것이다. 이 정도로 Discover의 시각화 기능 소개를 마친다.

2.7 데이터 목록 조회 기능

마지막으로 데이터 목록 조회 영역을 살펴본다. 가장 많은 기능이 포함되었고, 굉장히 유용하게 쓸 수 있는 기능일 것이다. 일단 전체적인 모양은 [그림 6-54]와 같다. 참고로 현재는 위의 필터링이 지정된 상태에서 진행하고 있으므로 전체 데이터를 조회하고 있지는 않다. 데이터의 범위가 중요한 기능이 아니므로 간단하게 설명한다.

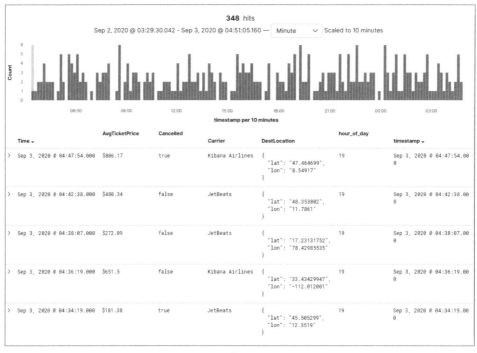

그림 6-54

이렇게 시계열 차트까지 한번에 봐야 좋다. 참고로 이 화면은 사용자가 직접 "Selected fields"를 선택해야 볼 수 있다는 점을 알아두자. 바로 이전 내용을 참고하면 되겠다.

여기서 주요하게 봐야 할 기능은 항목마다 마우스를 올려보면 알 수 있다. 키바나에서는 화면에 보이는 모든 항목에 대해 사용자가 자유롭게 필터링할 수 있는 기능을 제공한다. 안타깝게도, 우리나라에서는 이런 서비스를 보기가 드물다.

그림 6-55

[그림 6-55]처럼 마우스를 항목 위에 올리면 돋보기 아이콘이 보인다. 예상하겠지만 "+" 아이콘을 누르면 선택한 항목으로 필터링되고, "-" 아이콘을 누르면 선택한 항목을 제외한 나머지가 보이도록 역필터링된다. "+"를 눌러보겠다.

그림 6-56

[그림 6-56]처럼 필터링이 자동으로 적용된다. Carrier Field에 "Kibana Airlines"라고 기재된 값만 필터링되도록 적용된 것이다. 그 결과를 보면 [그림 6-57]과 같이 필터가 적용되었다.

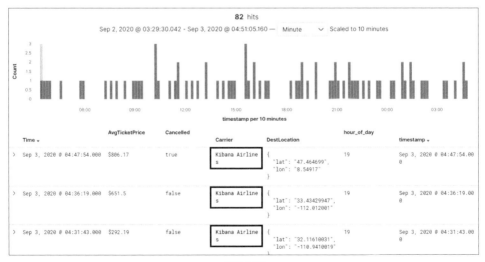

그림 6-57

내용은 중요하지 않으므로, 적용된 결과만 생각하고 화면을 보자. 총 82건으로 조회 결과가 조정되었고, 마우스로 클릭했던 "Kibana Airlines"가 노란색으로 강조된 것을 볼 수 있다(이 책에서는 해당 부분을 박스로 표시했음). 친절하게도, 필터를 통해 조회된 결과에 왜 조회되었는지 그 이유까지 알려준다. 정말 센스가 넘친다. 반대로 "−" 아이콘을 클릭하면 [그림 6-58]과 같이 적용된다.

그림 6-58

"NOT"이라는 붉은색 문자가 보이고, 필터링한 Field명과 값이 보인다. 중요한 것은 붉은색이라는 점이다(이 책에서는 해당 부분을 박스로 표시했음). [그림 6-59]의 목록 화면을 보면 위 화면과 반대의 내용이 보일 것이다. 당연한 결과지만 그래도 한번 보자.

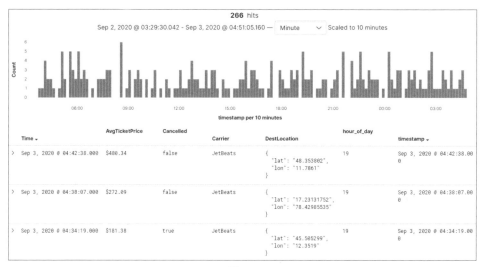

그림 6-59

이렇게 필터링된 결과를 제외하고 보이도록 역필터를 적용했기에, 노란색으로 강조된 부분이 없다. 그리고 조회 건수 역시 "Kibana Airlines"를 제외한 건수를 조회했고, 조회 결과는 266건임을 볼 수 있다. 이렇게 기본적으로 데이터를 조회하거나 간단한 방법으로 필터링하여 확인할 수 있는 기능을 제공한다.

각 Field의 위치를 조정할 수도 있는데, 어떤 부분을 조정해야 하는지만 소개하고 넘어간다.

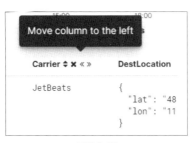

그림 6-60

이렇게 마우스를 올리면 "Move column to the left"라는 문구로 안내해주며, 필요하면 클릭하여 Field의 위치를 바꿀 수 있으니 참고하기 바란다.

다음은 개발자를 위한 내용일 수도 있는데, Discover에서는 등록된 데이터의 원문을 확인할 수 있는 기능을 제공한다.

Time ▾	AvgTicketPrice	Cancelled
Sep 3, 2020 @ 04:42:38.000	$480.34	false

📁 Expanded document

Table   JSON

#	AvgTicketPrice	$480.34
⊘	Cancelled	false
t	Carrier	JetBeats
t	Dest	Munich Airport
t	DestAirportID	MUC
t	DestCityName	Munich

그림 6-61

[그림 6-61]의 왼쪽 상단에 박스로 표시한 버튼을 누르면 "Table"과 "JSON" 탭이 보인다. 이 기능은 필터나 데이터 분석을 위한 정보라기보다는 자신이 원하는 데이터가 자신이 원하는 형태로 잘 저장되었는지 확인하는 기능이라고 보면 되겠다.

일단 Table 탭을 보자.

그림 6-62

기본적으로 필터링을 위한 돋보기 기능을 제공한다. 돋보기 옆의 토글 버튼은 목록에서 Field를 보여줄 것인지, 제외할 것인지 선택할 수 있는 기능이다. 마지막에 있는 아이콘은 선택된 Field의 값이 있는 항목만 보이도록 필터링하는 기능이다. 그 외엔 일반적으로 테이블 형태로 Field의 이름과 값을 확인할 수 있는 기능 정도로 알아두면 된다.

다음에 살펴볼 JSON 탭은 중요한 부분이다.

이렇게 엘라스틱서치에 저장된 데이터의 원문을 볼 수 있다. JSON 타입의 원본 데이터를 그대로 보여주기 때문에 자신이 원하는 형태로 데이터가 정상적으로 저장되었는지 볼 수 있다. 특히 Geo point 타입인 Field를 보면, "lat"와 "lon" 같은 위/경도 값이 저장되었음을 볼 수 있다. 유형별로 데이터가 정상적으로 등록되었는지 확인할 수 있는 기능이다.

```
┌ Expanded document

  Table   JSON

  {
    "_index": "kibana_sample_data_flights",
    "_type": "_doc",
    "_id": "seX0Z3QBZF1dxvwBABkE",
    "_version": 1,
    "_score": null,
    "_source": {
      "FlightNum": "SQLFXK9",
      "DestCountry": "DE",
      "OriginWeather": "Sunny",
      "OriginCityName": "Edmonton",
      "AvgTicketPrice": 480.335488699732,
      "DistanceMiles": 4735.071728288022,
      "FlightDelay": false,
      "DestWeather": "Clear",
      "Dest": "Munich Airport",
      "FlightDelayType": "No Delay",
      "OriginCountry": "CA",
      "dayOfWeek": 2,
      "DistanceKilometers": 7620.359275489959,
      "timestamp": "2020-09-02T19:42:38",
      "DestLocation": {
        "lat": "48.353802",
        "lon": "11.7861"
      },
      "DestAirportID": "MUC",
      "Carrier": "JetBeats",
      "Cancelled": false,
      "FlightTimeMin": 381.01796377449796,
      "Origin": "Edmonton International Airport",
      "OriginLocation": {
        "lat": "53.30970001",
        "lon": "-113.5800018"
      },
```

그림 6-63

이때 특히 숫자 타입의 항목이 문자로 저장되지 않았는지를 꼭 확인하기 바란다. 금액의 경우, 원본 데이터에 "," 같은 구분자가 포함되었다면 문자열로 인식되어 저장될 가능성이 있기 때문이다. 이런 경우 금액 값이 들어 있음에도 집계 기능을 사용할 수 없는 안타까운 현실에 부딪힐 수 있다.

마지막으로 화면의 오른쪽에 "View surrounding documents"와 "View single document"라는 버튼이 보인다. 한 번씩 눌러보자. 특별한 기능은 아니고, 건 단위로 보거나 목록 화면을 별도의 창에서 볼 수 있도록 보조 기능을 제공한다.

3. Visualization

이제야 비로소 서막이 걷히고 본격적인 시각화가 등장한다고 볼 수 있다. 바로 Visualization 메뉴다. 키바나를 사용하면서 마지막에 항상 사용하게 되는 Dashboard의 콘텐츠를 채우는 데 필요한 시각화 차트를 생성하는 메뉴다. 다양한 기능을 제공하는데, 그중 무료이면서 주로 사용되는 기능을 위주로 설명한다.

우선 이 책을 처음부터 착실하게 따라왔다면 [그림 6-64]와 같이 Flights와 관련된 시각화가 이미 생성되었을 것이다.

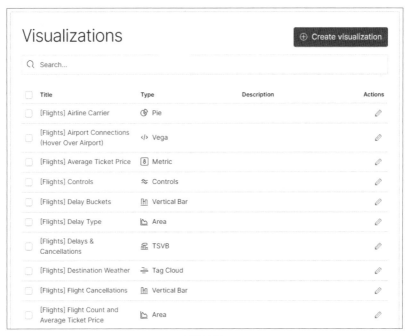

그림 6-64

이와 같이 현재 생성된 시각화 차트의 목록을 보여주어 시각화 차트의 이름과 종류를 확인할 수 있다. 목록을 클릭하면 각 시각화 기능을 수정할 수 있도록 시각화 수정을 위한 페이지로 이동한다. 이 부분은 나중에 각자 해보기로 하고, 지금부터는 시각화 기능별로 사용법을 알아본다.

[Create visualization]을 누르면 현재 사용 가능한 시각화 기능을 볼 수 있다. 많기도 하다. 시각화 기능이 18가지나 있다. 이 기능을 이용하여 엘라스틱서치의 데이터를 다양한 방법으로 시각화해낼 수 있다. 화면에 나타난 순서대로 보겠다.

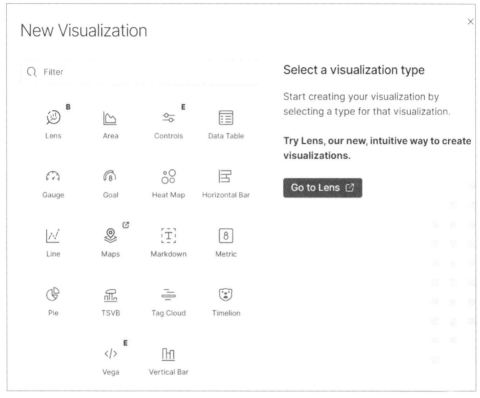

그림 6-65

3.1 Lens(Beta)

이 기능은 새로 생긴 기능이다. 이 책의 집필이 마무리될 즈음엔 Beta 서비스가 끝나고 정식 기능이 되어 있을 듯싶다. 엘라스틱서치 홈페이지에도 아직 가이드가 없는 상태이고 위 내용을 보면 인큐베이팅 중인 기능이라고 한다. 그래도 일단 기능을 살펴보겠다. 첫 화면이다. 기본 기능인 검색 기능과 필터 기능은 이전에도 많이 설명했으니 건너뛰고 메뉴의 구성을 보자. Index Pattern은 누구나 실습해볼 수 있도록 엘라스틱서치에서 제공하는 샘플을 사용한다.

[그림 6-66]과 같이 "선별진료소"로 되어 있는 Index Pattern을 "kibana_sample_data_flights"로 변경하자. Index Pattern을 변경하면 선택된 Index에 포함된 Field들이 보인다.

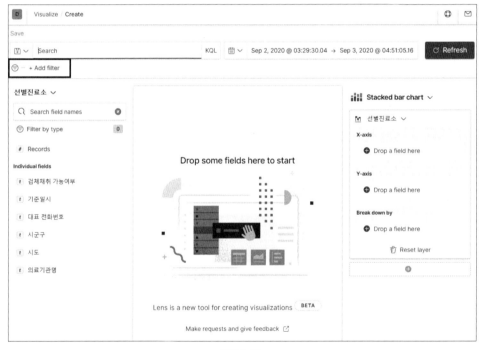

그림 6-66

그다음에는 [그림 6-67]처럼 왼쪽에 나열된 Field를 마우스로 드래그해서 가운데 영역으로 옮겨준다. 그러면 신기한 일이 벌어진다. [그림 6-68] 화면을 보자.

그림 6-67

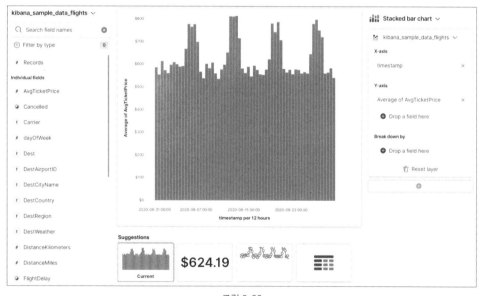

그림 6-68

눈썰미가 좋다면 한눈에 알아봤을 것이다. Lens에서는 Index에 있는 Field를 드래그하여 끌어다놓는 것만으로도, 선택된 Field의 속성으로 표현 가능한 시각화를 자동으로 생성해준다.

첫 번째로 생성된 것은 막대 그래프다. 참고로 데이터가 고르게 보일 수 있도록 일자 조건을 약간 조정했다. 상단에는 표현된 시각화 차트가 보이고, 하단에는 선택된 Field로 생성할 수 있는 그 외 차트들이 보인다. 왼쪽부터 Stack, Metric, Line, Table 형태의 시각화가 가능함을 보여준다.

[그림 6-69]의 오른쪽 상단에 있는 [Stacked bar chart]를 누르면 그 외 다른 종류의 시각화로 변경할 수 있음을 알 수 있다. 참고로 이 기능을 다루다 보면, 오류가 종종 발생할 것이다. Beta 버전임을 꼭 명심하자.

나머지 항목들은 X축과 Y축의 값을 변경할 수 있도록 기능을 제공한다(그림 6-70 참조). 아직 Beta 기능이므로 이렇게 저렇게 조작을 하다 보면 [그림 6-71]과 같이 다양한 시각화를 생성할 수 있음을 알 수 있다.

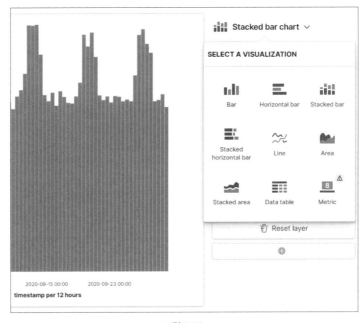

그림 6-69

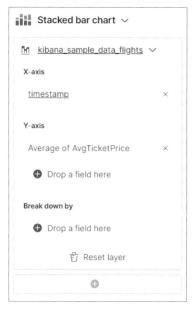

그림 6-70

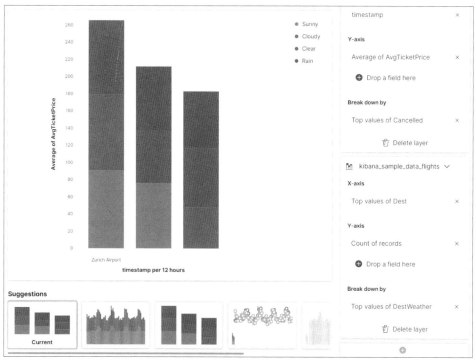

그림 6-71

오른쪽의 패널에 추가 Field를 적용해서 넣어본 것인데, 다양하게 활용할 만한 기능이 될 것 같다. 일단 만든 것이니 저장해두었다가 Dashboard 설명 중에 활용해보겠다.

Lens 시각화는 사용자 입장에서 좀 더 빠르게 시각화 기능을 사용할 수 있도록 준비된 것으로 보인다. 역시 사용자 편의를 고려한 세심한 노력이 엿보인다. Beta 기능이니 일단 여기까지만 알아보고, 다음 기능으로 넘어간다.

3.2 Area

키바나의 기초 기능이면서 동시에 상징적인 기능인 듯싶다. 막대 차트, 영역 차트, 선 차트 등 여러 타입의 시각화를 만들 수 있는 기능이다. 첫 화면으로 이동해보자.

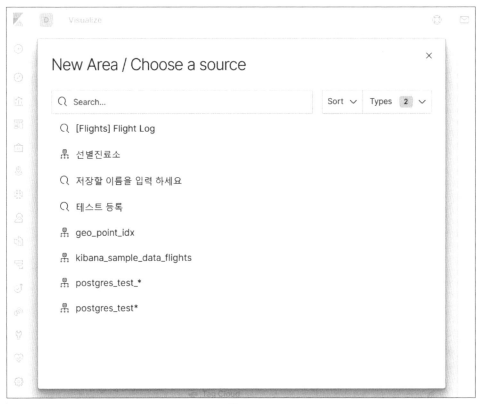

그림 6-72

그러면 [그림 6-72]와 같이 시각화를 위해 Index Pattern을 선택할 수 있는 화면이 보인다. 엘라스틱서치에서 제공하는 "kibana_sample_data_flights"를 선택해보자.

그림 6-73

Area 시각화 기능의 기본 화면이다. 화면 상단에는 검색과 필터링을 위한 기본 기능이 제공되고 오른쪽에는 시각화를 위한 데이터, 집계 및 그래프의 옵션, 패널의 기본 설정을 위한 기능이 제공된다. 현재는 Bucket이 설정되지 않았기 때문에 데이터가 시각화되지 않았다.

먼저 Data 탭부터 확인해보자. 이 탭의 용도는 시각화의 기준이 되는 데이터의 집계 방식을 설정해준다. 일반적인 건수, 합계, 평균, 최댓값, 최솟값 등 다양한 값으로 시각화할 수 있도록 제공한다. 그리고 집계에 사용할 Field를 선택할 수 있는 기능도 제공한다. 이 기능 덕분에 무척 간단하게 시각화를 시작할 수 있다.

"Metric" 설정부터 살펴본다.

그림 6-74

Metric의 경우, [그림 6-75]처럼 Aggregation 설정을 통해 집계 종류를 선택할 수 있다.

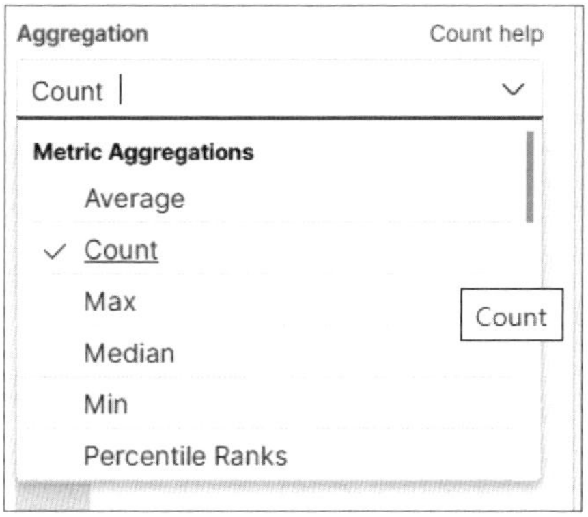

그림 6-75

이처럼 여러 종류의 집계 옵션을 선택할 수 있다. 기본적인 집계 외에도 다양한 집계 방식을 제공하고 있다. 이 다양한 집계 방식을 모두 사용할 수는 없고, 주로 사용하는 기능들은 다음과 같다.

본래 엘라스틱서치에 직접 접속하여 데이터를 집계하려면 각 집계 기능별로 조회 명령을 알고 있어야 하지만, 키바나를 사용하면 마우스로 선택하는 것만으로도 필요한 집계 기능을 선택하고, 엘라스틱서치에 보낼 명령을 자동 생성하여 조회해 준다. 다음 설명에서는 주로 사용하는 기능들을 위주로 간략하게 설명해보도록 한다.

번호	집계 기능	설명
1	Average	지정한 Field의 평균값으로 집계하기 위한 설정이다.
2	Count	가장 많이 활용되는 기능이다. Document 건수를 기반으로 집계한다. 이 기능의 경우 Field의 지정이 필요 없다.
3	Max	지정한 Field의 평균값으로 집계하기 위한 설정이다.
4	Median	지정한 Field의 중앙값을 기준으로 집계한다.
5	Min	지정한 Field의 최솟값을 기준으로 집계한다.

주로 사용하는 기능은 위와 같다. 이 기능 외에도 수십가지의 다양한 집계 기능이 제공되고 있는데, 대부분의 기능들이 위 기능들을 토대로 각 사용자의 편의에 맞게 가공되거나 새로운 알고리즘을 적용했거나, 목적에 맞게 만들어진 집계 기능이라고 생각하면 될 것 같다.

보통 "Count"로 기본 설정되어 있다. 이 상태에서 특별히 옵션을 수정하지 않고 "Bucket"을 먼저 선택해보겠다. 그 이유는 데이터가 시각화된 상태에서 나머지 설정을 설명하는 것이 수월하기 때문이다.

Metric의 아래에 있는 Buckets의 [Add]를 눌러보자. 그러면 [그림 6-76]처럼 X-axis, Split series, Split chart의 3가지 기능이 보이는데, 각각 용도가 조금씩 다르다. X-axis는 말 그대로 X축의 데이터를 설정하는데, 항목별로 막대 그래프를 분리하여 제공한다. Split series는 하나의 막대에 여러 값을 Stack 형태로 제공한다. 마지막으로 Split chart는 값의 종류에 따라 차트를 분리하여 생성한다.

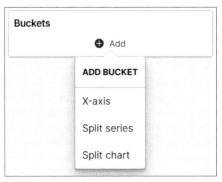

그림 6-76

일단 X-axis부터 설정해보겠다.

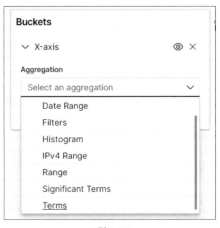

그림 6-77

[Aggregation]을 선택한다. 이 값은 Field의 속성이 제각각 다르므로 다양하게 제공하는데, 주로 "Terms"를 사용한다. Terms는 선택한 Field에 등록된 값의 종류를 기준으로 집계하는 방식을 의미한다. Metrics의 집계 기능과 동일하게 Buckets에서 사용되는 집계 기능도 수십 가지에 이른다. 다양한 목적에 의해 생성되었을 텐데, 개인 데이터 분석을 위해 사용할 만한 기능들만 간략하게 설명하도록 하겠다. 마찬가지로 키바나에서는 선택가능한 집계 기능을 선택하는 것만으로 사용이 가능하기 때문에 진행하는 데 어려움은 없다.

번호	집계 기능	설명
1	Date Range	시계열 분석을 위해 사용된다. 시간별로 데이터를 집계한다.
2	Filters	특정 Field에 조건을 적용할 수 있는 기능이다. Bucket 말고, 시각화 자체의 Filter 기능으로 대체 가능하기 때문에 잘 사용하지 않는 기능이다.
3	Histogram	숫자형 Field를 활용한 집계 기능인데, 숫자 단위별로 집계하는 데 사용된다. (예 : 연령대를 집계하는 경우 10, 20, 30와 같이 10단위로 증가되는 추이를 분석할 때 사용하면 유용하다.)
4	IPv4 Range	이 부분이 특정 목적에 의해 만들어진 집계 기능이다. IP의 경우 클래스별로 구분하여 집계할 필요가 생기는데, 그런 경우 xxx.xxx.xxx.xxx ~ xxx.xxx.xxx.xxx까지 범위를 지정하여 집계 기준을 사용할 수 있도록 제공한다.
5	Terms	가장 많이 사용하는 기능으로, 주로 코드나 단어를 기준으로 집계하는 경우 사용한다. 개인 데이터 분석에서는 가장 많이 사용할 기능이라고 볼 수 있다.

IPv4와 같이 특정 목적에 의해서 약간 가공된 형태로 제공되는 집계 기능도 많다. 하지만 개인 데이터를 분석함에 있어서는 주로 Date Range나 Terms 같은 기본 기능이 주로 많이 사용될 것이다. 다음에 사용될 기능도 역시 Terms 기반의 집계 기능이다.

[Terms]를 선택하면 [그림 6-78]처럼 선택 가능한 Field의 목록을 보여준다. 값의 속성에 따라 분류하여 Field를 나열하고, 그중 시각화하고자 하는 값을 선택해주기만 하면 된다. 많은 Field가 있지만 실습하기 용이한 값으로 "DestCityName"을 선택한다. 값의 목록이 적당한 분포로 이루어져서 시각화 기능을 설명하기에 적당할 듯싶다.

"DestCityName"을 선택하면 [그림 6-79]와 같이 설정이 바뀐다.

이처럼 Field는 DestCityName으로 설정되었고, Order by에는 "Metric: Count"가 선택되었다. 그리고 Order에는 "Descending"이, Size에는 5가 설정되었다. 어떻게 보면 이 부분이 키바나의 강점이자 단점이라고 생각하는데, 현재 설정된 기준으로 시각화하면 Area 시각화에서는 DestCityName 기준으로 Count를 집계한 후 Count를 기준으로 상위 5개 값만을 시각화하여 보여준다.

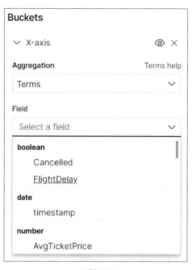

그림 6-78

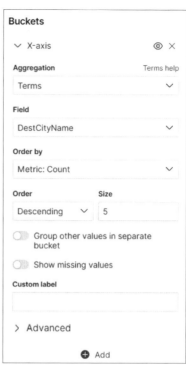

그림 6-79

이게 무슨 의미일까? 엘라스틱서치는 대용량 집계를 위한 시스템이라기보다는 고속 검색을 통해 데이터를 빠른 속도로 분석할 수 있게 제공하는 시스템이라는 뜻이다. 그래서인지 키바나에서 제공하는 대부분의 시각화 기능에는 Order의 기준이 되는 Size 옵션이 존재한다. 결론적으로 말하면, 엘라스틱서치의 시각화는 모든 데이터를 전부 보여주는 것이 목적이 아니라 필요한 정보를 빠르게 추출하여 시각화하는 데 최적화된 기능이다.

하지만 키바나의 시각화 결과를 제공하는 사람들은 전체 데이터를 모두 보기를 원한다. 이런 경우에는 데이터 속성과 분석 목적에 따라 적절한 사유와 근거를 들어 설득할 필요가 있다. 빠른 시각화를 위해서는 좋은 아이디어라고 생각하지만 실제 분석 결과를 받아보는 고객 입장에서는 다른 의견을 낼 수 있으니 참고하도록 하자.

다시 설명을 이어보자. [그림 6-79]에서 "Group other values in separate bucket"이라는 옵

선이 보인다. 이는 위에 언급한 문제를 보완하는 장치라고 할 수 있다. 현재 상위 5개까지만 시각화되도록 설정되었지만, 이 옵션을 활성화하면 상위 5개 외의 나머지 값을 하나의 값으로 Count하여 시각화한다.

시각화 결과의 X축을 보면 "Other"라는 값이 추가되었다. Label for other bucket이라는 값에 "Other" 외에 다른 이름을 넣으면, 그 이름으로 시각화된다. 이 항목을 "기타"라고 기재해두겠다. 잠시 뒤 확인해보자.

그 아래에 있는 "Show missing values"는 빈 값을 어떻게 처리할지를 지정하는데, 현재 설정된 시각화에서는 Field에 빈 값이 나올 수 없기 때문에 당장 눈으로 확인할 수는 없다. 단지 화면상에 빈 값이 노출되지 않도록 특정 값으로 치환하여 보여주는 기능이다. 기본 설정은 "Missing"이다. 이것을 "빈 값"이라고 기재해두겠다. 다시 말하지만 현재 설정된 Field에는 빈 값이 없다. 안타깝게도 결과를 직접 눈으로 볼 수는 없지만 말이다.

"Custom label"은 현재 설정 중인 X축의 이름을 설정하는 기능이다. 아무것도 입력되지 않으면, 시각화 결과에는 "DestCityName:Descending"이라는 자동생성 명칭이 보일 것이다. 잠시 후 확인을 위해 "도착지 도시이름"이라고 변경해두겠다.

여기까지 설정하면 하단의 Update 버튼이 파란색으로 보일 것이다. [Update]를 눌러보자.

[그림 6-80]처럼 설정된 값에 따라 X축에 상위 5개의 도시이름이 나열되고, 나머지 값들이 "기타"로 집계되어 우뚝 솟은 것을 볼 수 있다. 그리고 X축 이름이 "도착지 도시이름"으로 되어 있다.

이렇게 간단한 설정만으로도 시각화 차트를 생성할 수 있다. Buckets의 나머지 옵션들도 확인해보자. 설정 방법은 모두 비슷하다. [Add]를 눌러서 나머지 옵션도 사용해보자.

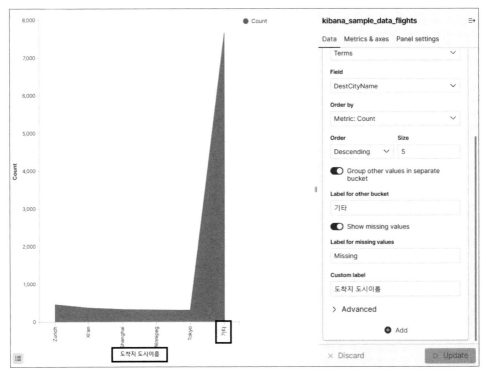

그림 6-80

[그림 6-81]처럼 "Split series"를 추가해보자. 설정 방식은 X축의 설정 방식과 동일하다. 위에서는 도시이름으로 설정했으니, 이번에는 DestAirportID로 Split series를 설정해보 겠다.

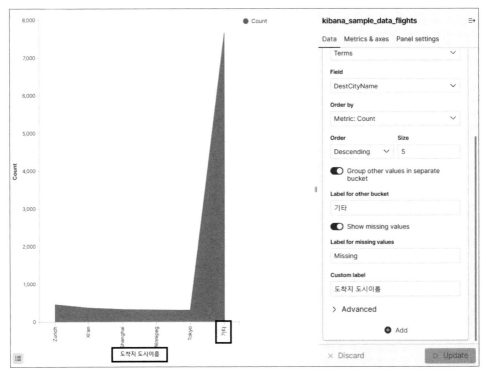

그림 6-81

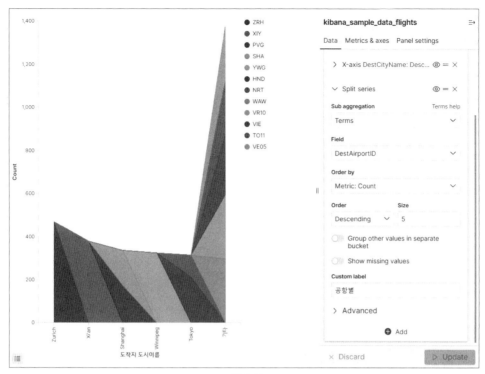

그림 6-82

와, 뭔가 다이내믹해졌다. Split series 설정은 말 그대로 영역을 시리즈별로 나눠서 시각화하는 설정이다. 확실한 차이를 보기 위해 그래프 설정을 약간 바꿔보겠다.

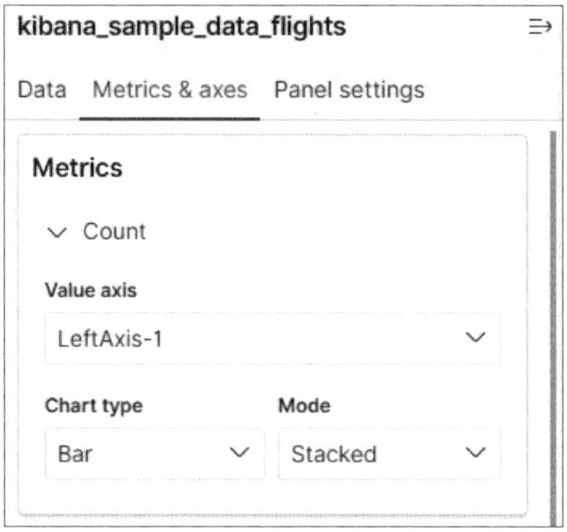

그림 6-83

"Metrics & axes" 탭에서 Chart type을 Area에서 Bar로 바꿨다. 그럼 시각화가 [그림 6-84]처럼 바뀌는 것을 볼 수 있다.

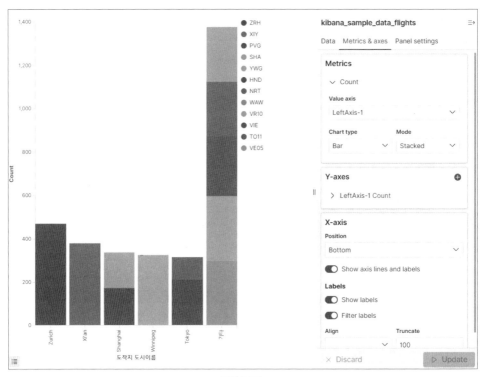

그림 6-84

이제 차이점을 알 수 있을 것 같다. "기타에는 상위 5위에 못 미치는 지역이 모두 포함되므로 DestAirportID의 상위 5개 공항이 모두 포함됨을 볼 수 있다. "기타" 항목의 왼쪽, 그러니까 5위에 해당하는 Tokyo는 하네다 공항과 나리타 공항이 포함되어 2가지로 나뉜 것을 볼 수 있다. 이렇게 좀 더 세부적인 분리가 가능하다.

마지막으로 Split chart 옵션을 사용해보겠다. 역시 설정 방법은 동일하다. 이번엔 항공사별로 나눠보자. 지금 사용 중인 데이터는 항공사별 티켓 예약정보이기 때문에 항공사별 여행 지역과 공항을 한눈에 볼 수 있는 시각화 결과를 예상할 수 있겠다.

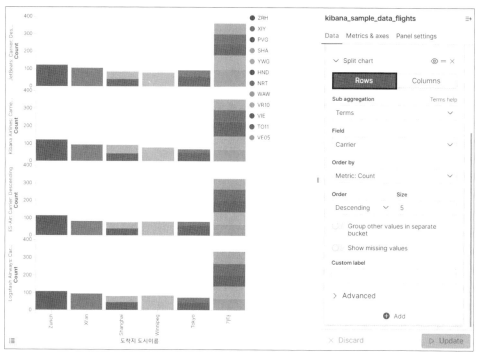

그림 6-85

현재 샘플에는 4개의 가상 항공사의 데이터가 저장되었으며, 시각화 결과 [그림 6-85] 처럼 항공사별로 차트가 분리되어 시각화되는 것을 볼 수 있다.

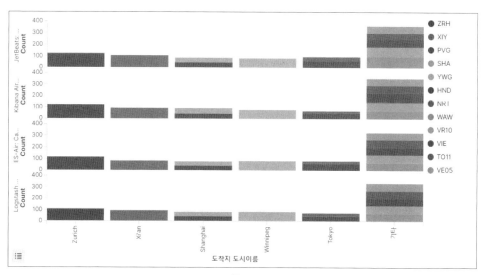

그림 6-86

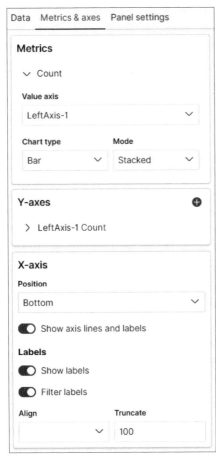

그림 6-87

이를 확대하면 [그림 6-86]과 같이 가상 항공사인 Logstash Airway, ES-Air, Kibana Airline, JetBeats로 차트가 나뉨을 볼 수 있다.

Buckets의 종류는 위처럼 설정이 가능하다. Metrics & axes의 설정도 마저 살펴보겠다.

"Metrics & axes"는 크게 집계 결과에 대한 설정과 집계 기준의 변경, X축의 일반 사항의 변경 기능을 제공한다. 이 내용은 일괄하여 설명하지 않고 직접 하나씩 변경해보는 것이 좋을 듯싶다. 단, 주요 설정은 설명하겠다.

"Chart type"은 조금 전에 사용해본 기능이다. 이 설정에서는 차트를 영역 차트나 선 차트, 아니면 현재 적용하고 있는 막대 차트로 변경할 수 있다. "Mode"에서는 Stacked가 기본 설정인데, 이를 Normal로 변경하면 개별 막대로 변경되는 것을 볼 수 있다. 적용하면 결과는 [그림 6-88]과 같다.

가독성이 떨어지고 보기도 어렵다. 역시 기본 설정이 Stacked인 이유가 있다. 마지막 탭인 "Panel settings"에서는 시각화 패널에 대한 전반적인 설정을 할 수 있다.

"Legend position"은 범례의 표시 위치를 변경하거나, Show tooltip 옵션을 이용하여 툴팁의 표시 여부를 선택할 수 있다. 또한 패널 내 눈금 간격을 표시하는 데 실선도 그을 수 있도록 제공한다.

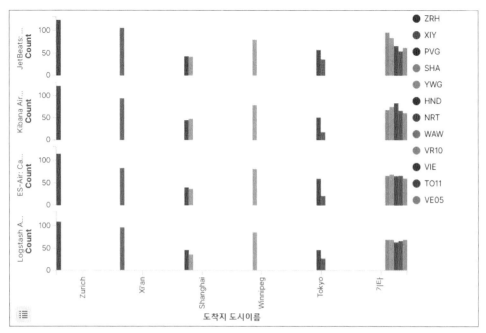

그림 6-88

이렇게 키바나의 시각화 기능에서는 모든 기능이 마우스 클릭만으로 설정이 가능하다. 원래 이런 시각화 기능을 구현하려면, 오픈소스나 유상 시각화 솔루션을 도입하여 시각화 기능의 설계, 데이터의 분석, 실제 구현에 이르는 방대한 작업이 이루어져야 한다.

하지만 엘라스틱서치와 키바나를 이용한다면, 누구나 쉽게 마우스 클릭만으로 데이터 분석을 수행할 수 있는 강력한 데이터 분석 툴을 갖게 된다는 장점이 있다. 개발자의 도움, 오랜 개발기간, 구축팀의 편성 등의 비용이 필요 없다. 나만의 데이터 확보, 내 데이터의 적재, 내 데

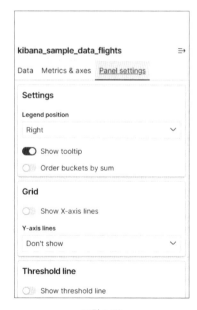

그림 6-89

이터의 분석 아이디어만 있으면 지금처럼 다양한 시각화 기능을 통해 분석이 가능하다.

현재 작업한 시각화 결과물은 이후에 Dashboard에서 활용할 수 있도록 "Area 차트 시각화"라는 이름으로 저장한다.

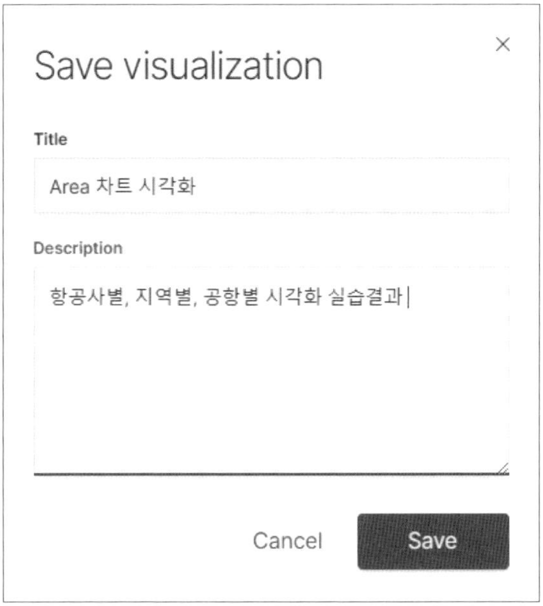

그림 6-90

이제 다음 시각화 기능으로 넘어가겠다. 뭐든 첫 설명이 어려운 법, 다음 시각화부터는 좀 더 쉽게 시각화 기능을 사용할 수 있으리라 기대한다. 데이터의 설정이나 시각화 방식이 거의 모두 동일하기 때문이다.

3.3 Controls(인큐베이팅)

Controls는 사실 시각화라기보다는 데이터의 필터링을 좀 더 쉽게 할 수 있는 기능이라고 봐야 한다. 일단 어떤 기능인지 살펴보자.

그림 6-91

역시 상단에는 공통 메뉴와 기본 검색 기능이 탑재되었으며, 아직 인큐베이팅 중인 기능으로 실험적으로 제공하는 기능이라고 명시하고 있다. Controls와 Options의 2개 탭으로 설정 기능을 제공한다. 누가 봐도, [Add]를 누르면 설정을 시작할 수 있을 것 같지 않은가?

일단 Controls 옵션부터 살펴보자.

그림 6-92

Range slider와 Options list의 2가지 설정을 제공한다. 그런데 기본 설정은 Options list다. 이것부터 살펴보자. 무심한 듯 "옵션리스트 테스트"라는 이름으로 투박하게 입력하고,

Index Pattern은 "kibana_sample_data_flights"로 설정한 후 "Carrier"를 선택하여 항공사를 필터링할 수 있는 Controls를 생성하겠다.

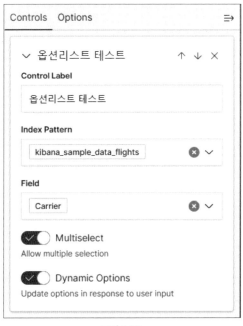

그림 6-93

[그림 6-93]처럼 설정하고 Update 버튼을 누르면 [그림 6-94]와 같이 Controls 기능이 생성된다.

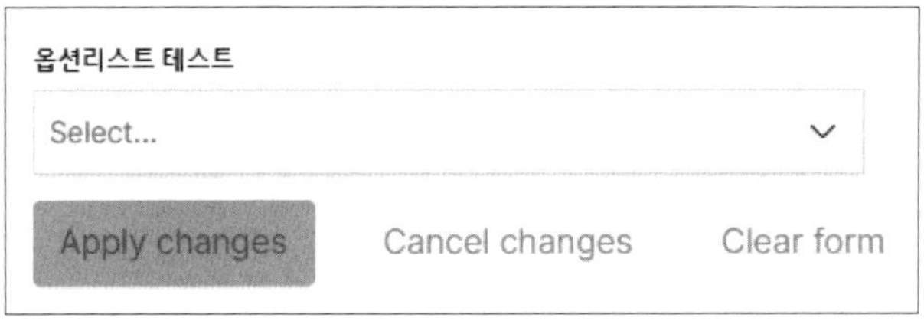

그림 6-94

[그림 6-94]처럼 투박하게 뭔가 선택할 수 있는 기능이 생성된다. "Select..."를 누르면 분명 항공사 목록이 보일 것만 같다.

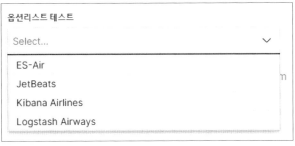

그림 6-95

정말 항공사 목록이 보인다. 특별히 추가로 설명할 것은 없어 보인다. 그 외 시각화와 다른 점은 Controls 기능은 필터링이 목적이기 때문에 항공사 목록을 선택하는 반면 "Apply changes"를 누르면 필터로 적용된다는 점이다.

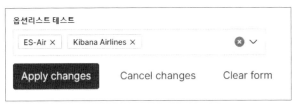

그림 6-96

이렇게 여러 가지 선택도 가능하다. 물론 단일 건만 선택되도록 조정할 수도 있다. Controls 설정에서 Multiselect 설정으로 변경이 가능하다.

그림 6-97

이렇게 검색어를 직접 입력하여 검색할 수도 있다. 물론 검색한 뒤에 어차피 클릭을 통해 검색어를 선택하여 필터링할 수 있다. 하지만 이 기능은 Dashboard에 시각화되어야 정상 동작하는지 볼 수 있다. 선택이 잘 되는 것까지만 확인하고 넘어가자. 참고로 Options 탭에 있는 설정은 하나씩 선택해서 적용해보면 차이점을 알 수 있을 것이다. 손을 움직여 직접 해보자.

다음에는 Range slider를 살펴보자.

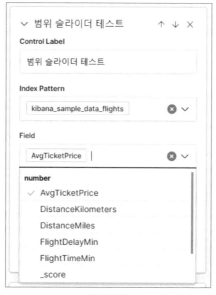

그림 6-98

일단 범위에 기반한 필터 기능이므로 금액을 선택했다. [Update]를 눌러보자.

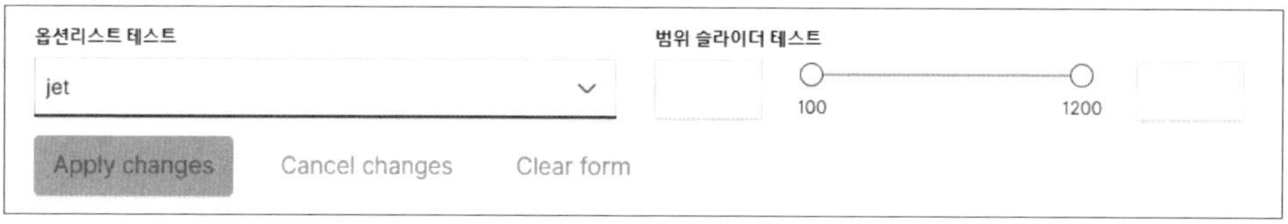

그림 6-99

자, 이렇게 처음에 추가한 "옵션리스트 테스트"와 "범위 슬라이더 테스트"가 나란히 생성된 것을 볼 수 있다. 당연한 말이지만, 슬라이더 UI를 사용하여 금액으로 필터링하는 것이 가능하다는 점이 포인트다. 마우스로 슬라이더를 드래그해보면 슬라이더 양쪽의 포인터에 값이 표시되는 것을 볼 수 있고, 역시 "Apply changes"를 누르면 조회 조건이 적용된다.

그림 6-100

[그림 6-100]처럼 마우스로 범위를 지정할 수도 있다. 아직 실험적인 기능이지만, 잘만 활용하면 좋은 기능이 될 것 같은 감이 든다. UI나 기능적으로 완성도는 좀 떨어지지만 좋은 기능으로 개선되어 오픈되길 바란다.

이 기능 역시 Dashboard에서 사용하기 위해 저장해둔다.

그림 6-101

"컨트롤러 시각화 기능 테스트"라고 저장하고, Dashboard에서 유용하게 사용해보겠다. 벌써 시각화 기능이 두 개째 만들어졌다.

3.4 Data Table

시각화와는 거리가 좀 있지만, 데이터 분석에서 빼놓을 수 없는 기능이라고 봐도 좋다. 그 이름대로 데이터의 목록을 조회해주는 기능이다.

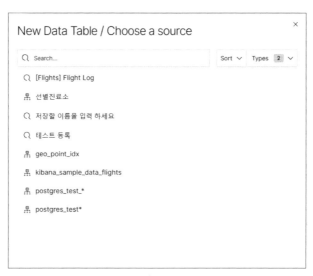

그림 6-102

다른 기능과 마찬가지로, 시각화 생성 전에 Index Pattern을 선택한다. "kibana_sample_data_flights"를 선택하면 된다.

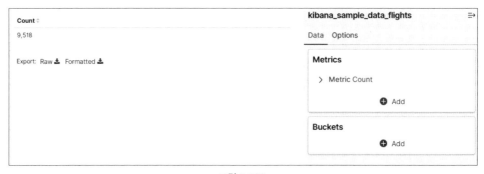

그림 6-103

초기 화면이다. 왼쪽에는 시각화 결과를 보여준다. 총 9,518건의 데이터가 있다. 그리고 오른쪽에는 Data와 Options 탭이 보인다. 이제 좀 익숙해졌을 테니 굳이 설명하지 않아도 Data 탭의 용도를 알 수 있으리라 믿는다. Metric이 Count로 되어 있어서 화면의 왼쪽에 Count가 기본으로 보이는 것이다. 이번에는 Average로 변경해보자. 기준 항목이 필요할 텐데, 기준 값은 항공편 티켓금액으로 선택해보겠다.

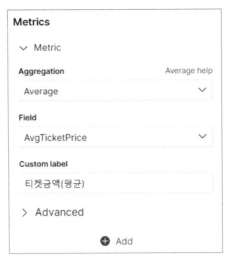
그림 6-104

이렇게 기준 값을 변경했다. [Update]를 누르면 왼쪽 시각화 화면에는 Count 대신에 "티켓금액(평균)"이라는 값이 보일 것이다.

그림 6-105

[그림 6-105]처럼 전체 기준으로 평균 티켓값은 "$623.56"다. 그럼 항공사별, 공항별 티켓값이 어떻게 구성되었는지 알기 위해 Buckets에 항공사와 공항 ID 항목을 순서대로 추가해보자. 전에도 말했지만 Field 설정 방법은 모두 동일하다.

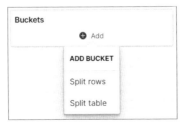
그림 6-106

"Split rows"를 선택하면 현재 집계된 "티켓금액(평균)" 값을 설정한 Field에 따라 분리하여 집계해준다. 항공사와 공항코드를 추가해보자.

그림 6-107

[그림 6-107]처럼 기본 설정으로 Carrier와 DestAirportID를 5건씩 보이도록 추가했다. 각 항공사명과 공항코드로 제목을 설정했다. [Update]를 눌러보자.

항공사명	공항코드	티켓금액(평균)
JetBeats	BWI	$1,086.01
JetBeats	DSM	$979.23
JetBeats	GSO	$938.27
JetBeats	ORF	$930.26
JetBeats	MSY	$877.6
Kibana Airlines	BA02	$998.31
Kibana Airlines	JAN	$984.72
Kibana Airlines	FWA	$871.75
Kibana Airlines	IST	$855.94
Kibana Airlines	MAD	$844

Export: Raw ⬇ Formatted ⬇

1 2 »

그림 6-108

[그림 6-108]처럼 Data Table에 2개 항목이 새롭게 추가된 것을 볼 수 있다. 항공사별, 공항코드별, 티켓금액의 평균값이 보인다. 그런데 이렇게 보면 같은 공항으로 가는 티켓금액을 비교하기가 어려울 것이다. 순서를 조정할 필요가 있는데, [그림 6-109]와 같이 하면 된다.

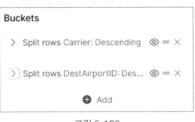

그림 6-109

Buckets 설정을 보면 [그림 6-109]처럼 직접 추가한 항목을 2개 볼 수 있다. 그중 이름 뒤에 있는 3개 아이콘을 이용하여 "Disable"하거나 순서를 바꾸거나 삭제를 할 수 있다. 이중 가운데 버튼을 드래그하여 순서를 조정한다.

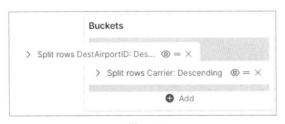

그림 6-110

드래그하면 [그림 6-110]처럼 분리되어 이동할 수 있게 변경된다. 변경 후 [Update]를 눌러보자.

그러면 [그림 6-111]처럼 순서가 바뀐 것을 볼 수 있다. 이렇게 보니 MDW 시카고 미드웨이 공항으로 가는 티켓을 기준으로 보면, "Logstash Airways" 항공사의 티켓값 평균이 다른 항공사에 비해 상당히 비싸다. 서비스의 질도 확인해야겠지만 티켓금액만 놓고 봤을 때, 금액이 저렴한 "ES-Air" 항공사를 통해 티켓을 예약해야겠다는 생각이 든다. 이렇게 데이터에 대한 탐색과 비교분석을 할 수 있는 기능을 마우스 클릭만으로 만들어

냈다.

공항코드 ⇕	항공사명 ⇕	티켓금액(평균) ⇕
BWI	JetBeats	$1,086.01
CPR	Logstash Airways	$909.14
MAD	Kibana Airlines	$844
MDW	Logstash Airways	$912.06
MDW	JetBeats	$769
MDW	ES-Air	$561.86
DEN	Logstash Airways	$1,154.65
DEN	ES-Air	$874.3
DEN	Kibana Airlines	$610.8
DEN	JetBeats	$531.32

Export: Raw ⬇ Formatted ⬇

그림 6-111

그런데 한 페이지에 10건씩밖에 보이지 않아서 좀 불편하다. "Options"를 보면 이 애로 사항을 해결해줄 옵션이 있다.

그림 6-112

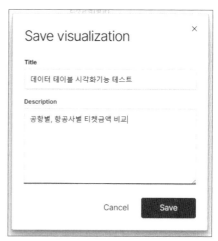

그림 6-113

"Max rows per page"는 기본 옵션이 10건이다. 이것을 100건으로 조정하고 [Update]를 눌러보자. 그런데 지금 사용 중인 샘플 데이터에는 애석하게도 딱 10건이 최대 목록인가

보다. 시각적 변화가 눈에 보이지 않는다. 이런 기능이 있다는 것만 알고 넘어가자. 다른 옵션도 많지만, 개인의 편의에 의해 용도가 결정되는 기능이므로 필요에 따라 적용하고 테스트해보길 권한다.

Dashboard를 구성할 때 이렇게 목록화된 시각화 기능도 분명 필요하니 이 시각화 기능도 일단 저장해둔다.

3.5 Gauge

이름 그대로 원형 차트와는 다른 게이지 모양의 시각화 기능이다. 역시 시각화 기능을 선택하면 Index Pattern을 선택해야 하고, 그러고 나면 기본 시각화된 상태로 시각화 기능이 보인다.

그림 6-114

[그림 6-114]처럼 마치 자동차 계기판의 게이지처럼 시각화된 결과를 볼 수 있다. Area 시각화 기능과 마찬가지로, 이 시각화 기능에서도 Data 탭과 Options 탭을 통해 설정 기능을 제공한다. 이 기능에서는 특별히 선택할 수 있는 값이 없고, Data 탭의 Buckets에서 항공사를 기준으로 Split해보면 적당할 것 같다.

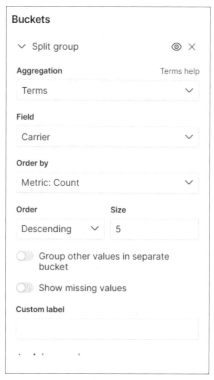

그림 6-115

이렇게 항공사를 기준으로 Buackets 설정을 완료했고, [Update]를 누르면 시각화 기능이 완성된다.

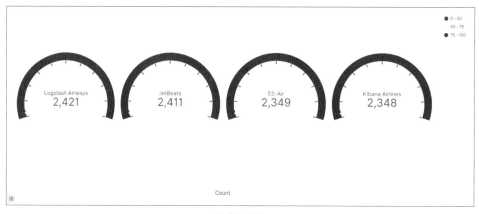

그림 6-116

[그림 6-116]과 같이 항공사별로 예약된 건수를 시각화할 수 있다. 시각화 순서는 예약건수를 따르며 Logstash Airways 항공사가 예약건수가 제일 많다. 방금 전의 시각화 기능을 기준으로 보면 예약금액이 상당히 비싼 편이다. 뭔가 특별 서비스가 있는 것 같다.

Gauge 시각화의 설정에는 시각화의 특성에 맞게 Gauge만의 설정이 별도로 존재한다. Options 탭을 살펴보자.

그림 6-117

맨 위에 "Gauge type"이 있다. 기본 설정은 지금처럼 반원인데, 원형 차트처럼 완전한 구형태로 바꿀 수 있다. 또한 "Alignment" 설정을 이용하면 가로로 정렬할지, 세로로 정렬할지 선택할 수 있다. 기본은 "Automatic"으로 화면 크기에 따라 알아서 조정해준다.

[그림 6-118]의 Ranges 옵션은 시각화 화면 오른쪽에 있는 범례를 조정하는 기능이다. 다른 기능에도 범례 기능이 있지만, 범례의 범위를 조정하는 기능은 없다. 이 기능은 Gauge에만 있는 설정이다. 위 기능은 시각화별로 집계된 검은색 숫자를 기준으로 하되 범례 색상별로 이 기준을 조정하여 시각화할 수 있다. 중요한 부분이므로 예를 들어 설명하겠다.

기존 설정을 약간 조정하여 [그림 6-119]와 같이 숫자를 바꿔보자. 이렇게 변경하고 [Update]를 누르면 [그림 6-120]과 같이 표현된다.

그림 6-118

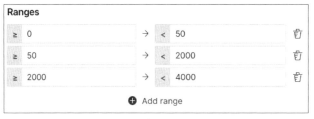

그림 6-119

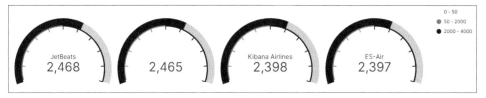

그림 6-120

최댓값을 4,000으로 설정했기 때문에 4,000건을 기준으로 항공사별 예약건수가 시각화된 것을 볼 수 있다. 또한 Ranges 설정에 따라 0~50은 흰색으로, 50~2,000은 노란색, 2,000~항공사별 예약건수까지는 갈색, 나머지 부족한 부분은 회색으로 보인다. 차트

하나만 확대해보면 [그림 6-121]과 같이 차이가 있음을 볼 수 있다.

그림 6-121

자동차 계기판의 게이지처럼 최대 건수를 설정하고 목표 수치를 설정하여 모니터링하는 기능에 적합하다. 노란색에 해당하는 50~2,000건을 50~3,000건으로 확대하면 표현 방식이 [그림 6-122]처럼 바뀐다.

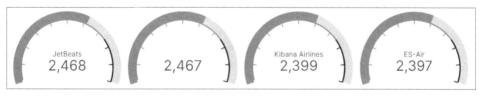

그림 6-122

이렇게 노란색에 해당하는 범위 내에 위치하게 되면 게이지가 노란색으로 표현된다. 시스템의 트래픽이나 지원 관리 시 사용하기에 좋다. 이 시각화 기능도 역시 Dashboard에서 활용할 수 있도록 저장해둔다.

그림 6-123

참고로 "Save as new visualization"은 이미 저장된 차트를 다시 저장할 때 나오는 설정이다. 저장 시 클릭하면 새로운 시각화로 저장되고, 설정하지 않으면 기존 시각화를 업데이트한다.

3.6 Goal

Goal은 Gauge와 별도로 분리되었지만 기능 자체는 비슷하다. Goal은 목표치를 설정해놓고 목표치에 다다르는 수치값을 모니터링한다는 점에서 Gauge 시각화 기능과 큰 차이가 없는 기능이다. 일단 설정을 살펴보자.

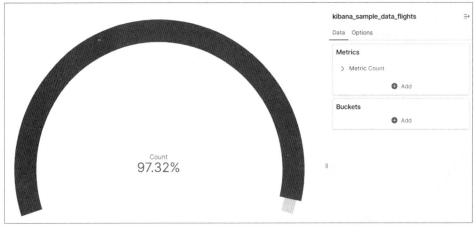

그림 6-124

일단 기본 설정이 전체 항공사의 티켓 예약건수로 보이기 때문에 적당한 항목으로 Goal 시각화 기능을 나눠보겠다. 항공사별로 나누는 것은 Gauge에서 해봤으니, 이번에는 공항별로 나눠보자. Buckets을 추가하여 차트를 나눠본다. 설정 방법은 [그림 6-125]와 같다.

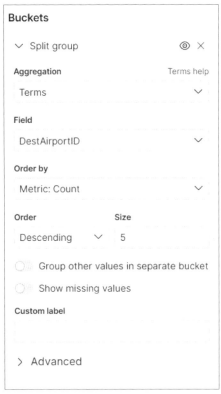

그림 6-125

공항코드에 해당하는 DestAirportID를 설정하고, 상위 5개까지 보이도록 설정했다. 물론 기본 설정이므로 항목만 설정하면 된다. 그리고 Metric은 기본 설정이 Count다. 이렇게 설정해주고 [Update]를 누르면 [그림 6-126]과 같은 시각화 결과를 보여준다.

그림 6-126

시각화가 되긴 했는데, 항공사별 수치에 비해 값이 너무 작은 것 같다. Gauge와 마찬가지로 최대 수치가 지나치게 높은 탓이다. 이럴 때는 "Optioins" 설정에서 최댓값을 조정해주자.

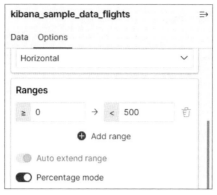

그림 6-127

100으로 기본 설정되었던 값을 예약건수가 가장 많은 공항인 ZRH의 486건보다 더 많은 500으로 설정해주었다. 그리고 [Update]를 눌러보자.

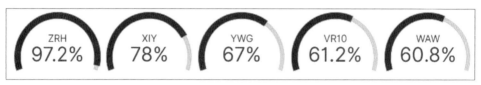

그림 6-128

그러면 이제 목표치를 향해 달려가는 공항별 예약실적이 역동적으로 보이는 것 같다. 나머지 설정은 직접 해보며 확인하면 될 것 같다. Goal 시각화 기능도 나중에 Dashboard 에 추가하기 위해 일단 저장해둔다.

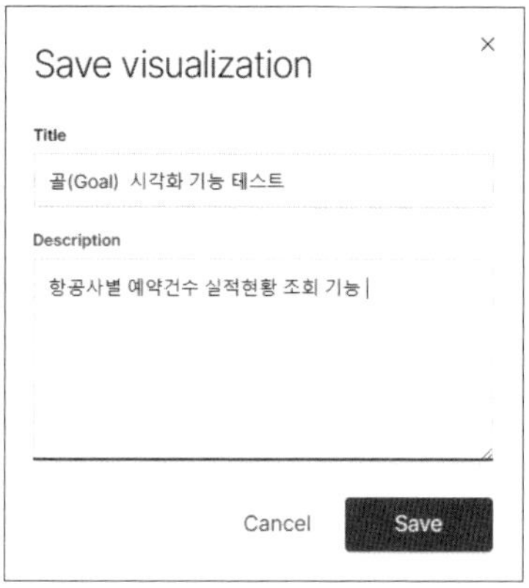

그림 6-129

3.7 Heat Map

Heat Map은 X축과 Y축의 상관관계를 통해 분석할 수 있는 시각화 기능이다. 사각 영역의 색상 농도로 시각화하는, 이름 그대로 Heat(열, 온도) Map(도표, 지도)이다. 주로 색상의 농도를 이용하여 특정 범위에 밀집된 분포를 판단하기에 용이하다.

이 시각화 기능 역시 초기에 Index Pattern을 먼저 선택하고, 초기 화면으로 이동한다.

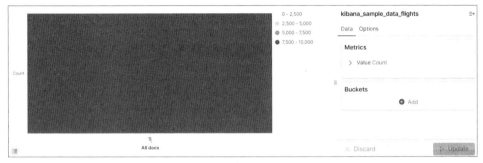

그림 6-130

아무것도 설정되지 않은 상태에서는 총건수에 대한 색상 농도가 표시되므로 기본 색상인 녹색만 덜렁 보인다. 제대로 된 그림을 보기 위해 설정을 추가한다.

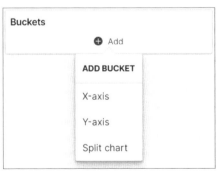

그림 6-131

아, Heat Map에서는 기존 Buckets과 달리 Y축도 설정할 수 있다! 일단 위에서 주로 사용한 항공사별, 주요 운항정보를 시각화해본다. X축에는 공항코드를 설정하여 20개까지

조회되도록 하고, Y축에는 공항코드를 설정하여 항공사별로 취항 중인 공항의 실적을
살펴보자.

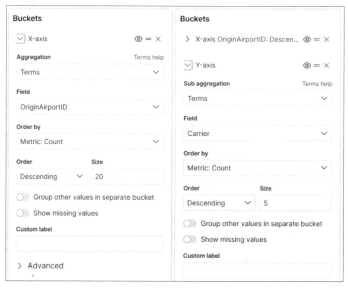

그림 6-132

[그림 6-132]와 같이 설정하고 [Update]를 누르면 다음과 같이 시각화 기능이 변경되는
것을 볼 수 있다.

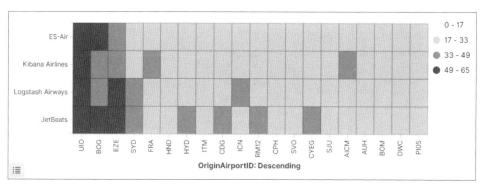

그림 6-133

[그림 6-133]은 항공사별로 실제 예약정보를 시각화한 결과이며, JetBeats 항공사는 주
류를 이루는 UIO, BCG, EZE를 제외한 HYF, CDG. RM12, CYEG 등과 같은 예약건

수가 다른 항공사들에 비해 많음을 한눈에 알 수 있다. 이렇게 쉽게 항공사별 주요 취항지를 분석할 수 있다. 마우스로 할 수 있는 일이 이렇게 많을 줄 예전에는 미처 몰랐다.

설정을 더 추가해서 지연되었던 내역과 정상 운행되었던 운항정보를 구분하여 볼 수 있다. Split chart 설정을 추가하면 된다.

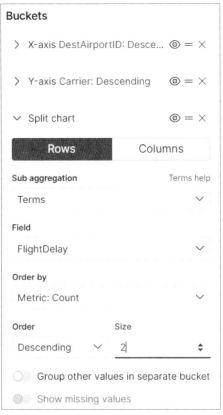

그림 6-134

지연 여부 항목을 선택하고, Order의 Size는 안 바꿔도 되지만 "2"로 설정했다. 적용해보면 [그림 6-135]와 같이 차트가 설정 값에 따라 분리되어 보인다. 이렇게 쉽게 마우스만을 이용하더라도 구분값을 이용하여 하트를 분리하는 것이 가능하다.

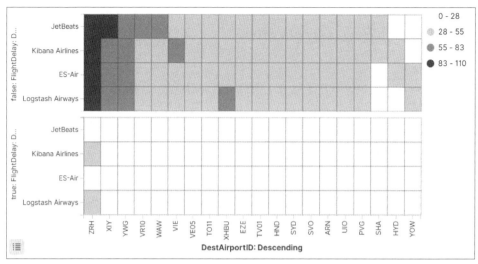

그림 6-135

운항이 지연되었던 정보를 추가하니, Kibana Airlines와 Logstash Airways 항공사는 지연 건이 비교적 많음을 볼 수 있다. 개발자의 도움 없이도 이런 다양한 분석을 할 수 있다.

"Options"에 있는 설정도 살펴보자. Basic settings와 Heatmap settings와 같은 Heatmap만을 위한 옵션을 제공한다. 범례의 위치를 바꿀 수 있고, Heatmap에 표현되는 색상의 종류를 선택할 수 있다. 이 부분은 하나씩 눌러가면서 살펴보면 될 것 같다. 그중 "Number of colors"를 조정하면 농도의 단계를 세분할 수 있다. 기본 4를 10으로 바꾼 뒤 [Update]를 눌러보자.

그러면 [그림 6-137]과 같이 좀 더 세분화된 분포를 볼 수 있다. 참고로 샘플 데이터에 일자 값

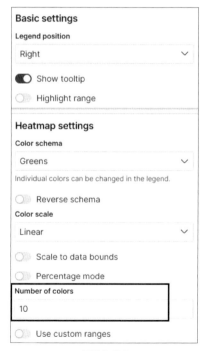

그림 6-136

316

이 있었다면 이 시각화 기능을 더 효과적으로 사용하여 항공사별로 기간에 따른 실적을 볼 수 있게 조정할 수 있었을 것이다. 아쉬운 대로 X축의 값을 "@timestamp"로 변경하여 적용한 결과(그림 6-138)를 보여주고 마무리한다.

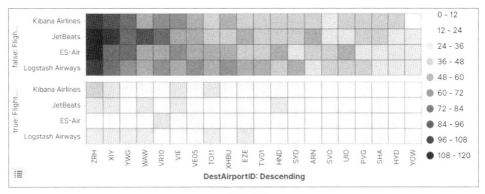

그림 6-137

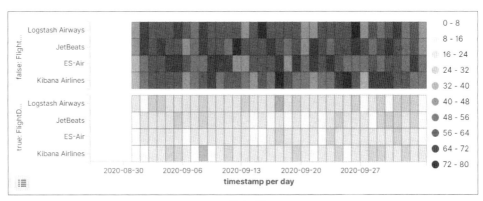

그림 6-138

본래 실제의 운항 정보였다면 뭔가 시기별로 추세가 있었을 텐데, 샘플 데이터여서 그런지 특별히 몰리거나 여유로운 시기가 눈에 보이지 않는다. 실제 데이터였다면 주말은 진한 녹색으로 보이고, 평일은 연한 녹색으로 보이지 않았을까?

이것으로 Heat Map의 시각화도 마무리하고, 역시 Dashboard 소개에서 사용할 수 있도록 저장해둔다.

그림 6-139

3.8 Horizontal Bar

Horizontal Bar 시각화 기능은 막대 그래프다. 아주 일반적인 시각화 기능으로 가로형 막대 그래프다. 다른 시각화 기능처럼 Index Pattern을 선택하고 초기 화면으로 들어가면 [그림 6-140] 같은 화면이 로딩된다.

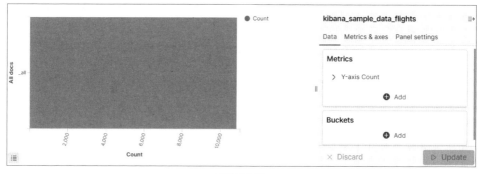

그림 6-140

사실 이전의 시각화 기능을 사용해봤다면 어려움 없이 사용할 수 있으리라 생각한다. Buckets에 항공사별 집계를 보기 위한 설정을 해보겠다.

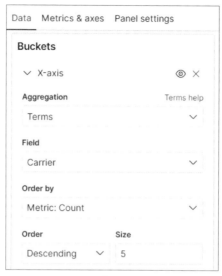

그림 6-141

항공사 이름과 그 외 항목을 [그림 6-141]처럼 설정하고 [Update]를 누르면 막대 그래프가 설정한 대로 변화되는 것을 볼 수 있다.

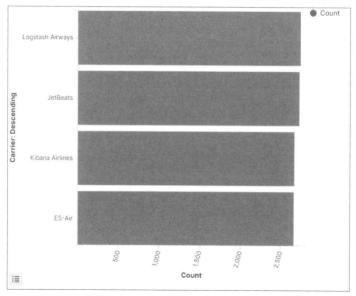

그림 6-142

Horizontal Bar 차트에 대해 더 설명하고 싶지만, 사실 설명할 내용이 없다. Area 차트와 거의 흡사하다. 쓸 만한 기능은 [그림 6-143]에 보이는 정도가 되겠다.

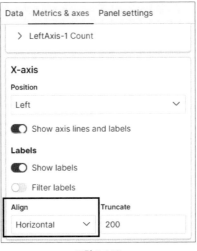

그림 6-143

시각화된 결과를 보니 항공사명이 너무 길어서 막대 밖으로까지 이어지는 것을 볼 수 있다. 그런 경우에는 Align 설정을 "Vertical"로 변경하고 [Update]를 누른다. 그럼 [그림 6-144]와 같이 제목이 세로로 변경되면서, 데이터 시각화에 용이한 형태로 바뀐다.

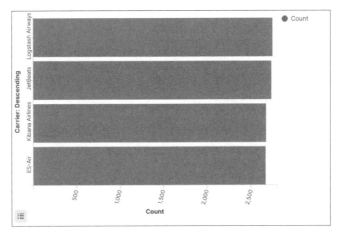

그림 6-144

이렇게 필요한 정보를 최대한 볼 수 있게 저장한다. 이 시각화 기능도 나중에 Dashboard 에서 사용할 수 있도록 저장해둔다.

그림 6-145

3.9 Line

Line도 Horizontal Bar, Area와 같은 시각화 기능이라고 보면 무방하다. 동일하게 Index Pattern을 선택하고 시작하면, [그림 6-146]과 같이 덩그러니 점 하나가 찍힌 시각화 기능이 보인다.

그림 6-146

이런 상태에서 Buckets을 설정하면 시각화 기능이 변경되는 것을 볼 수 있다. Area와 Horizontal Bar 시각화 기능과 동일하게 설정하면 된다. 적용하고 결과를 보겠다.

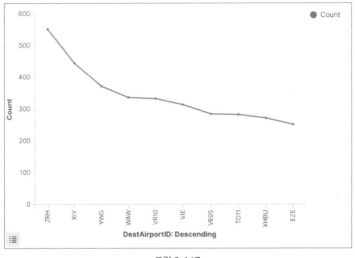

그림 6-147

공항코드를 Buckets에 적용하고, 10개까지 보이도록 설정했다. 영역과 막대 그래프로 보이던 다른 차트와 크게 다를 것이 없다. 이 상태에서 Chart type을 "Bar"로 바꿔주면 세로 막대 그래프가 된다.

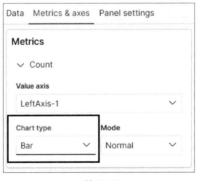

그림 6-148

Chart type이 기존에는 Line으로 되어 있었을 것이다. 이를 [그림 6-148]처럼 Bar로 변경해주면 세로 막대 그래프가 보인다. [Update]를 눌러보자.

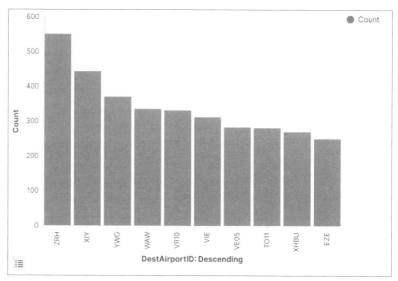

Count
600
500
400
300
200
100
0
ZRH
XIY
YWG
WAW
VR10
VIE
VE05
TO11
XHBU
EZE
DestAirportID: Descending
그림 6-149

이렇게 세로 막대 그래프로 변경되었다. 사실 Area, Horizontal Bar, Line 시각화 기능은 하나로 통합되는 것이 더 효율적일 것 같다. 일단 만들었으니, 이 기능도 저장해두었다가 Dashboard에서 활용해보겠다.

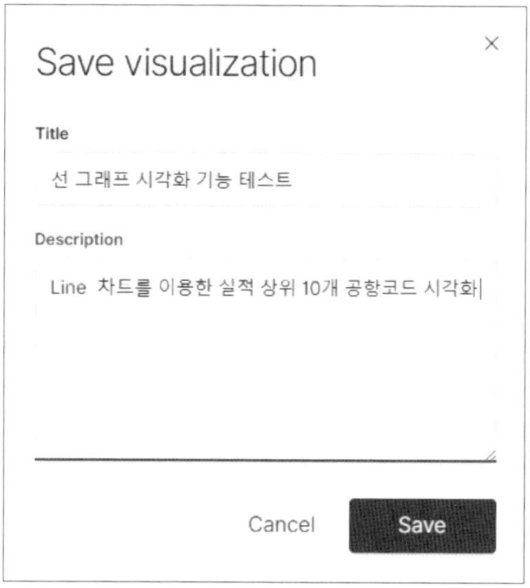

Save visualization
Title
선 그래프 시각화 기능 테스트
Description
Line 차드를 이용한 실적 상위 10개 공항코드 시각화
Cancel
Save
그림 6-150

3.10 Maps

어찌 보면, 많은 사람이 엘라스틱서치 시각화 기능에 관심을 갖게 하는 기능이지 않을까 싶다. 바로 지도 시각화 기능을 지원하는 Maps 시각화다. 여기서부터는 부연하여 설명해야 될 부분이 많다. 집중해서 보길 바란다.

일단 Maps 시각화 기능을 선택하면 [그림 6-151]과 같은 화면이 보인다. 마치 도화지에 별다른 내용 없이 세계지도만 그려져 있는 듯이 보인다.

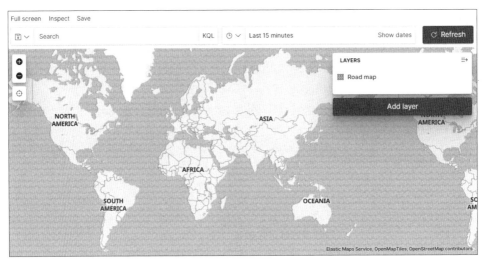

그림 6-151

기본적인 검색 기능과 축소/확대를 위한 줌 기능, 현재 위치로 이동할 수 있는 버튼, 그리고 Layers라는 패널이 보인다. Layer가 바로 우리가 필요한 정보를 적용하여 시각화하는 영역이 된다.

마지막으로 맵 하단에는 저작권을 표시한 문구가 기재되었다. 잘 보면 "Elastic Maps Service, OpenMapTiles, OpenStreetMap contributors"라고 적힌 내용을 볼 수 있다. 저작권에 대해 좀 아는 독자라면 눈치 챘겠지만, 키바나에서 제공하는 지도 시각화 기능은 오픈소스인 OpenStreetMap과 OpenMapTiles 서비스를 기반으로 엘라스틱서치에서 생성한 맵 정보로 구축한 맵 서비스다. 즉 오픈소스를 바탕으로 한다는 점을 일러둔다.

이 이야기를 먼저 하는 이유는 따로 있다. 현재 실습을 하고 있는 대부분의 환경에서는 [그림 6-151]처럼 정상적으로 세계지도가 보일 것이다. 그러나 공공기관이나 폐쇄망에서 이 책을 실습 중이라면 그저 흰 배경만 보일 것이다.

왜냐하면 지도를 구성하는 기반 서비스가 오픈소스인 OpenStreetMap과 OpenMapTiles 이기 때문이다. 이 서비스는 공개된 인터넷 환경에서 온라인으로 제공하는 서비스이므로 폐쇄망 환경에서는 지도 서비스를 제공할 수 없다. 키바나에 맵 시각화 기능이 있다고 해서 어디서나 사용할 수 있는 것은 아니니, 꼭 명심하자는 의미에서 공유한다.

"OpenStreetMap"은 참여형 오픈소스로 전 세계 사용자들이 직접 자신이 살고 있는 지역의 정보를 시각 데이터로 생성하고 업로드하여 완성하는 지도로, 부정확한 정보가 일부 있을 수 있다. 하지만 무료로 사용할 수 있고 필요에 따라서는 맵 서비스를 자체 서버에 구축하여 사용할 수 있기 때문에 기술적 여력이 된다면 자체 서버로 구축하여 활용하는 것도 방법이 될 수 있겠다.

국내에서도 제공 중인 맵 서비스가 상당수 있기는 하다. 네이버나 다음과 같은 대형 업체에서 제공하고 있지만 주로 국내 지도에만 서비스하기 때문에 세계지도를 사용하려면 구글맵을 이용해야 한다. 그러나 구글맵 서비스는 유상 서비스이므로 품질이 좋긴 해도 개인적인 분석용으로 사용하기엔 부담이 된다.

그럴 때 대체 가능한 서비스가 바로 무료로 사용 가능한 "OpenStreetMap"이다. "OpenMapTiles"는 지도 위에 보이는 이미지를 제공하는 서비스라고 이해하면 된다. 예를 들면, 위성지도 모드, 지도 모드 등과 같이 지도 위에 보이는 Tile을 서비스한다. 역시 온라인으로만 제공하므로 폐쇄망에서는 사용할 수 없다.

엘라스틱서치는 이러한 오픈소스 맵 서비스를 조합하여 지금의 Elastic Map Service를 제공한다. 관심 있는 독자는 https://maps.elastic.co/로 접속하여 키바나에서 제공하는 Map Service의 세부 내용을 볼 수 있다.

자, 그럼 본론으로 돌아가서 Map 시각화 기능 설명을 시작하겠다. 일단 간단하게 지도 위에 뭔가를 시각화하는 설정을 해보자.

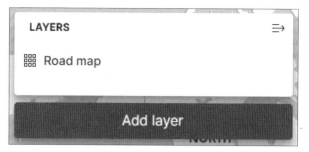

그림 6-152

[Add layer]를 눌러서 시각화 정보를 추가해보자.

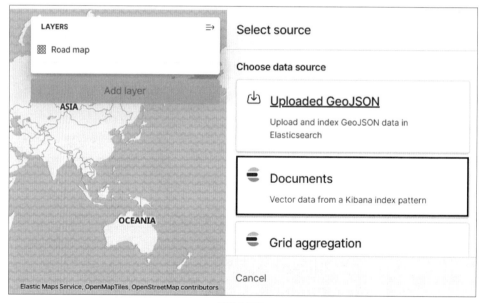

그림 6-153

보는 바와 같이 기존의 여느 시각화 기능과는 기능 자체가 다르다. 일단 우리는 엘라스틱서치에서 제공하는 샘플을 기반으로 사용할 것이기 때문에 "Documents"를 선택하여 엘라스틱서치에 저장된 정보를 사용해보자.

그림 6-154

Index Pattern을 선택하는 화면인데, 잘 보면 geo_point 타입의 Field를 갖고 있는 Index pattern이 자동으로 검색되는 것을 볼 수 있다. 사용자 편의를 위해서 설정 가능한 Index pattern만 보이도록 목록을 제공하는 것이다.

현재 사용 중인 "kibana_sample_data_flights" Index Pattern을 선택하면 바로 화면에 뭔가 보인다.

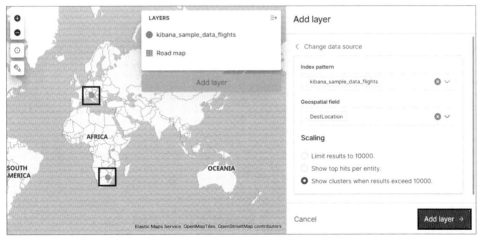

그림 6-155

Layers에 녹색 동그라미로 "kibana_sample_data_flights"가 추가되었고, 지도 위에도 녹색 동그라미 2개가 보인다. 그리고 설정 화면의 Index Pattern에 "kibana_sample_data_ flights"가 입력되고, Geospatial field에는 자동으로 geo_point 타입의 Field가 선택된다. 그럼 이제 최종으로 하단의 [Add layer]를 눌러서 완료시킨다.

시작하기 전에 샘플 데이터의 조회 기간을 충분히 잡고 시작하길 권한다. 간혹 검색일자가 잘못 설정되어서 지도 시각화에 Layer가 보이지 않는 경우가 있기 때문이다. 샘플 데이터의 적재 시기를 확인하고 범위를 충분히 넓게 잡아주자. 참고로, 필자는 검색 기간으로 아주 넉넉히 15년으로 지정하고 시각화를 실습하고 있다.

그림 6-156

이 정도로 잡아놓으면 필자의 화면은 [그림 6-157]과 같은 상태로 보인다. 현재 각자의 화면에서 동일하게 시각화되고 있는지 확인하고 아래 내용을 따라오기 바란다.

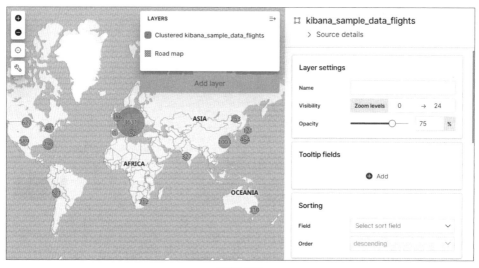

그림 6-157

이렇게 크고 작은 녹색 동그라미들이 보이는 상태에서 아래 내용을 진행하고 있으니 참고하기 바란다. 이제부터 나오는 설정은 상당히 다양하게 제공되므로 설명이 다소 길어질 수도 있다. "Layer settings"부터 살펴본다.

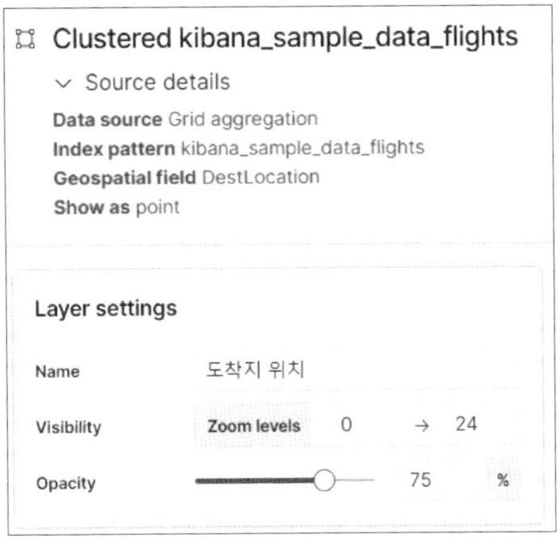

그림 6-158

상단에 있는 "Source details"를 누르면 현재 표시된 포인트의 세부 내용을 볼 수 있다. 그리고 그 아래의 "Layer settings"에는 Layer의 이름을 변경할 수 있는 기능을 제공한다. Name을 "도착지 위치"로 변경하고 저장하면, 상단의 "Clustered kibana_sample_data_flights"가 "Clusterd 도착지 위치"로 변경된다(그림 6-159 참조).

"Visibility"는 Zoom levels로 확대/축소 수준에 따라 마커를 보여줄지 말지를 설정하는 기능이다. 그런데 값을 조정하고 확대/축소를 하면 그때그때 보이는 결과가 좀 다르다. 특별한 목적이 있지 않은 한 그대로 기본 설정으로 쓰길 권한다. 쉬운 예로, 최대치로 축소한 상태에서 0~23으로 수정하면 일시적으로 마커가 사라지지만, 면밀한 테스트를 위해 반복적으로 조정하다 보면 마커가 아예 사라지는 현상을 볼 수 있다. 참고만 하자.

마지막에 있는 "Opacity" 옵션은 말 그대로 마커의 투명도를 조절하는 기능이다. 시각화 때문에 뒤의 지도 정보가 안 보이거나, 레이어가 겹쳤을 때 크기가 작은 레이어가 안 보일 수 있기 때문에 꼭 필요한 설정 중 하나라고 볼 수 있다. 숫자 값을 조정해보면 투명도가 조절되는 것을 바로 볼 수 있다.

아, 참고로 [Save & Close]를 누를 때마다 설정창이 닫힐 것이다. 그때는 [그림 6-159]에 박스로 표시한 아이콘을 눌러서 다시 편집 화면을 열면 된다.

그림 6-159

Edit layer 아이콘을 누르면 오른쪽에 편집창이 열린다. 참고하자.

다음은 Tooltip fields 설정을 볼 차례다. 이는 시각화 기능 내에 마커를 설명하는 정보를 추가하는 기능이다. 일단 Tooltip fields의 "Add" 버튼을 누르면 Index Pattern 내에 포함된 Field를 선택할 수 있다. 필드를 선택한 후에도 시각화에 특별히 보이는 것은 아직 없다.

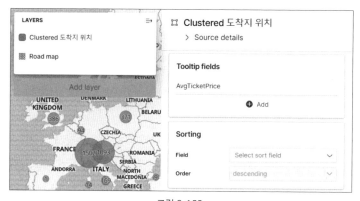

그림 6-160

AvgTicketPrice를 선택했는데 화면에 별 변화가 없다. 시각화 마커에 대한 설명 정보이
므로 현재처럼 그룹되어 합산된 상태를 보이는 것 외에 개별 마커로 보이게끔 확대를
해줘야 한다.

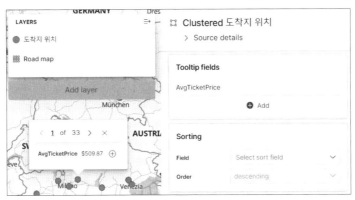

그림 6-161

이렇게 확대하여 개별 마커가 보이게 되었을 때 마커를 클릭하면 [그림 6-161] 화면처
럼 자신이 설정한 Field의 정보가 팝업으로 보인다. 마커에 포함되는 건수별로 하나하나
넘겨가면서 확인해볼 수 있도록 제공한다.

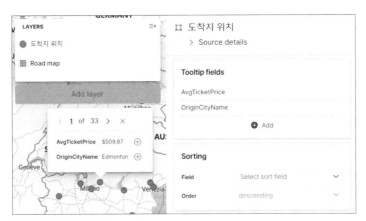

그림 6-162

물론 [그림 6-162]와 같이 2개 값을 동시에 설정해서 한 번에 볼 수도 있다.

다음에 있는 Sorting 기능은 말 그대로 정렬 기능이니 필요할 때 적용해본다. 그런데 지도 시각화에서는 정렬 기능을 쓸 일이 별로 없을 것이다. 아마도 겹치는 레이어가 많아서 어떤 마커를 더 주요하게 볼 것인지 지정해야 할 때 사용하게 될 것 같다.

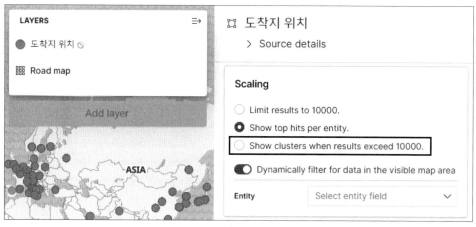

그림 6-163

다음 설정은 Scaling이다. 여기서는 셋째 줄에 있는 "Show clusters when results exceed 10000"만 알면 될 것 같다. 초기 설정인 이 옵션은 특정 범위 내에 마커가 집중되면 cluster로 묶어서 하나의 큰 마커로 보여주며, 대부분의 지도 서비스에서 제공된다. 이 기능을 해제해두면 [그림 6-163]처럼 많은 마커가 겹쳐 보이므로 시각화에 유리한 편은 아니다.

"Limit results to 10000"은 최대 시각화 건수의 수를 제한하는 옵션이다. 현재 샘플은 건수가 얼마 안 되지만 대용량 데이터가 적재된 경우 전체를 시각화하는 데 무리가 있기 때문에 이 옵션이 준비되었다고 생각된다.

"Show top hits per entity"는 특정 필드를 기준으로 백분율로 조회 대상을 조정할 수 있다. 이 설정들 모두 조회 속도를 감안한 것으로, 개인의 데이터를 분석한다면 굳이 필요하지 않을 것 같다.

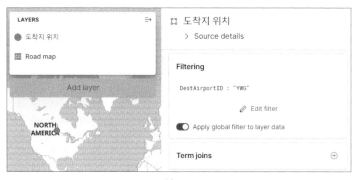

그림 6-164

다음 기능은 Filtering인데, 기본 검색과 비슷하다고 보면 된다. 시각화 데이터에 필터링 기능을 적용할 수 있는 기능이다. [그림 6-164]처럼 DestAirportID를 "YWG"로 하면 YWG 공항과 관련된 실적만 시각화됨을 볼 수 있다.

하단의 Term joins 기능은 X-pack에 포함된 기능으로, 현재 사용 중인 Index에 없는 데이터가 있는 경우, 타 Index에 있는 데이터를 Join하여 사용할 수 있도록 해주는 기능이다. 현재 샘플에서는 사용하지 않지만, Index를 다양하게 사용하는 환경에서 미처 스키마에 담지 못한 값을 활용하기 위한 방안으로 제공되는 것으로 보인다.

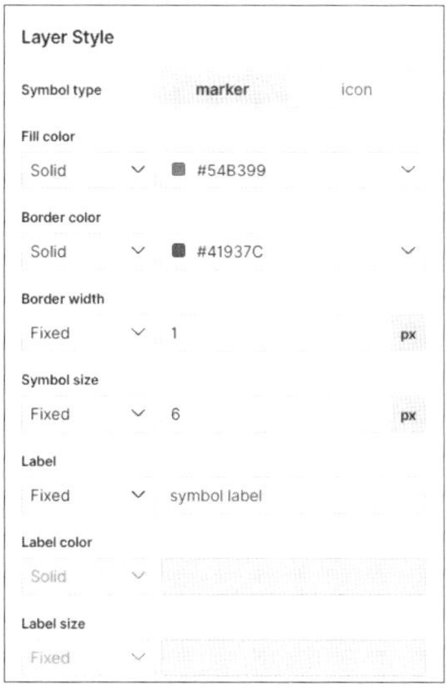

그림 6-165

다음은 Layer Style이다. Symbol type이 2가지로 나뉜 것을 볼 수 있다. 일단 심볼에 대한 설정을 보면 [그림 6-165]와 같이 마커의 채움색, 테두리의 속성, 크기, 라벨 등 다양한 설정을 할 수 있도록 설정 값을 제공한다. 하나씩 사용해보면 사용법을 금세 이해하게 될 것이다.

그림 6-166

[그림 6-166]은 "icon"에서 icon을 선택하여 변경했을 때의 화면이다. 이미지 아이콘까지는 아니지만 꽤 노력한 모습이 엿보인다. 원하는 아이콘을 선택해서 사용하면 된다. 원하는 이미지를 추가하여 아이콘으로 사용할 수 있다면 더 좋을 것 같다. 나머지 옵션은 마커와 비슷하다. 다양하게 조정해서 표현할 수 있으니 직접 해보자.

일단 지도 위에 마커를 표시하는 작업이 쉽다는 사실을 알았을 것이다. 좀 더 다양한 시각화를 위해 마커를 추가해보자. 출발지를 마커로 추가하고, 도착지와 차이를 두기 위해 색상을 달리했다(그림 6-167 참조).

이제 출발지와 도착지가 모두 시각화 기능이 되었다. 이렇게 2개의 마커를 시각화한 이유 하나는 시각화 기능의 기반 기술이 Layer라는 점을 설명하기 위해서다. 지도를 포함해서 우리가 추가한 마커들은 서로 중첩된 Layer 형태로 구현되어 있다. 그렇기 때문에 나중에 추가한 붉은색 비행기가 도착지를 표시하는 녹색 비행기 위에 겹쳐 있는 것을 [그림 6-167]에서 볼 수 있다. 출발지와 도착지의 Layer 위치를 변경해보자(그림 6-168 참조).

그림 6-167

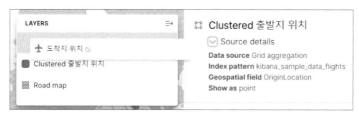

그림 6-168

이렇게 마우스로 Layer 끝의 막대 아이콘을 누른 상태로 드래그하면 위치를 변경할 수 있다. 그리고 나서 시각화 내용을 보면 기존 이미지와 달라진 것을 볼 수 있다.

그림 6-169

[그림 6-169]와 같이 이 붉은색 비행기 위에 녹색 비행기가 위치하도록 변경된다. 또한 "Road map" Layer를 맨 위로 옮기면, 지도에서 비행기 아이콘이 모두 사라진 것처럼 보인다. 궁금하면 한번 해보자. 이렇게 지도 시각화는 Layer라는 개념을 기반으로 만들어졌기 때문에 지도 위에 여러 개의 Layer가 겹친 형태로 보인다.

다음에는 위치와 노드 크기로 정보를 표현하는 기능 외에 다른 기능을 소개하겠다. "Grid aggregation"부터 사용해보자. [Add layer]를 눌러서 "Grid aggregation"을 클릭해보자. 그럼 Index pattern을 선택할 수 있는 화면이 보인다. 이제 익숙하겠지만, [그림 6-170]처럼 "kibana_sample_Data_flights"를 선택한다. 그러면 지도 시각화를 위한 Field가 자동으로 선택되면서 화면에 바로 적용되어 보인다.

그림 6-170

격자로 보이는 부분이 Grid 타입의 시각화 기능이다. 좀 전에 설명한 것처럼 레이어가 겹치는 형태로 제공되므로 LAYERS가 제일 위에 추가된 것을 볼 수 있다. 격자 모양을 배경으로 깔고, 그 위에 비행기 아이콘이 전경으로 보이도록 조정하여 [그림 6-171]처럼 좀 더 보기 쉬운 형태로 변경할 수도 있다.

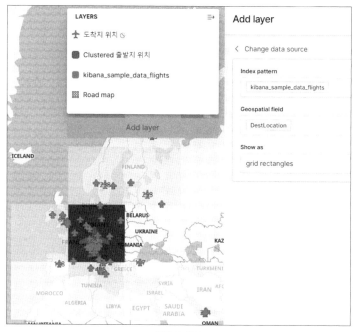

그림 6-171

이렇게 바뀌어 보인다. 원하는 모양으로 조정하면 될 것 같다. 여기서 쓸 만한 기능인 "Show as" 설정을 이용하여 좀 더 익숙한 형태의 시각화로 변경하는 것도 가능하다.

그림 6-172

[그림 6-172]처럼 변경하면 시각화 기능이 색다르게 변한다.

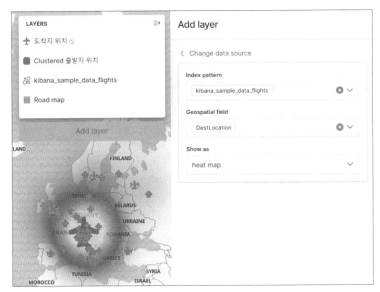

그림 6-173

마치 기상청의 시각화 기능처럼 색상의 농도를 이용하여 분포를 시각화하는 기능이다. 항공 예약정보의 시각화에는 적합하지 않지만, 전염병이나 코로나와 같은 악성 질병의 발생 분포를 관측하려는 용도에는 효과적이리라 생각한다. 다음 버튼을 누르면 시각화에 대한 공통 설정을 바꿀 수 있다. 시각화의 이름을 "분포 시각화 (count)"로 설정하고 Save & close하겠다.

다음으로는 "point to point" 시각화에 대해 알아보자. 이름 그대로 화면에 표시된 아이콘이나 마커 같은 포인터에 선을 연결하는 기능이다. [Add layer]를 클릭하면 "Point to point" 버튼이 있으니 클릭해보자.

[그림 6-174]와 같이 여느 기능과 마찬가지로 Index pattern을 선택하고, Source와 Destination을 지정한다. 지정함과 동시에 시각화 결과에 적용되는데, [그림 6-175]에 보이는 결과가 무척 혼란스럽다.

그림 6-174

그림 6-175

혼란스럽다. 선이 너무 많아서 보이는 것이 거의 없을 지경이다. 이렇게 활용할 수는 없고, 조정을 위해 다음 메뉴로 넘어가보자. [Add layer]를 누르자. Filter를 적용하여 선이 효과적으로 보이도록 조정해보겠다.

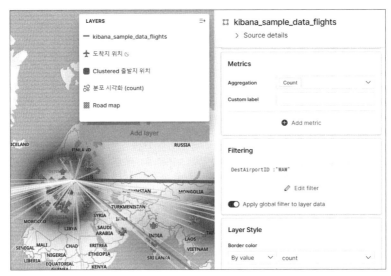

그림 6-176

[그림 6-176]과 같이 특정 공항에 도착하는 항공편 내역만 보이게 조정했다. 여행자들의 출발지가 매우 다양함을 알 수 있다. 선 위에 마우스를 올리면 항공편의 건수를 확인할 수 있다.

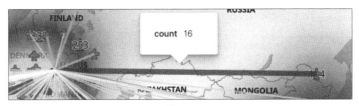

그림 6-177

이렇게 간략하게 보인다. 건수 말고 예약금액의 평균이나 그 외 통계 정보를 보고 싶다면 Metric 설정을 조정하여 변경하면 된다. 이렇게 쓸 만한 기능들을 골라서 소개해보았다. 이 정도면 코로나19로 이슈가 되었던 "코로나맵"도 일부 비슷하게 구현할 수 있지 않을까.

지금까지 알아본 Map의 기능은 엘라스틱서치에 있는 데이터를 기반으로 시각화하는 방법에 대한 것이고, 외부 데이터나 외부 웹서비스를 이용한 그 외 시각화 기능은 엘라스틱서치에서 제공하는 가이드를 참고하기 바란다. 이 책에서 모두 다루기에는 그 내용이 너무 많으므로 엘라스틱서치에서 쓸 만한 기능을 위주로 소개함을 이해해주기 바란다.

마지막으로 지도 시각화의 검색 기능에 대해 알아보고 마무리하고자 한다. 지도 시각화 기능에서는 일반적인 공통 검색 기능을 제공하지만, 좀 더 특별한 검색 기능도 제공한다. 지도 위에서 위치 정보에 기반한 검색을 제공하는 기능인데, 꽤 독특하다. 움직이는 영상이면 실제로 검색하는 모습을 보여줄 수 있을 텐데, 정적 페이지에서 보여줘야 한다는 것이 좀 아쉽다.

그림 6-178

그림 6-179

시각화 왼쪽에 보이는 Tools(몽키스패너) 아이콘을 누르면 3가지가 보이는데, 우선 "Draw shape to filter data"를 보겠다. 클릭하면 [그림 6-179]와 같이 필터 대상 Field를 선택하는 메뉴가 나온다.

"DestLocation"을 선택하고 검색을 적용하면 [그림 6-180] 같은 형태로 필터링된다. 이렇게 원하는 범위를 클릭하여 검색 범위를 조정할 수 있다. [그림 6-180]처럼 조정하고 마지막 점 위치에서 더블 클릭하면 범위 지정이 끝난다. 범위 지정이 끝나면 [그림 6-181]처럼 필터 결과가 적용된 모습을 볼 수 있다.

그림 6-180

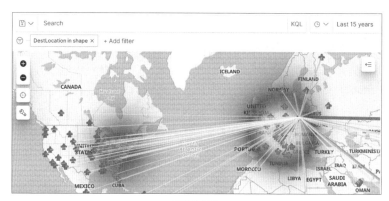

그림 6-181

상단에 "DestLocation in shape"라는 필터가 추가되었음과 DestLocation 항목에 필터가 적용되었음을 볼 수 있다. 필터에는 DestLocation에 해당하는 녹색 비행기와 "Grid Aggregation"의 시각화 결과가 조정된 것을 볼 수 있다. 지도 시각화인 만큼, 마우스를 이용하여 지도 위에 원하는 범위만큼 필터를 적용하는 것이 가능하다.

다음으로는 "Draw bounds to filter data"를 살펴보자. 위와 동일한 방식으로 메뉴를 선택하고 대상 Field로는 "OriginLocation"을 선택하고 [Draw bounds]를 눌러보자. 이 기능은 사각형 형태로 범위를 지정한다.

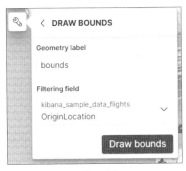

그림 6-182

"Draw bounds"를 누르면 또다시 선택이 가능한 형태로 마우스 포인터에 tooltip이 붙으면서 클릭을 유도한다. 클릭해보면 사각형 형태로 범위를 지정할 수 있게 가이드해준다.

그림 6-183

필터 결과를 효과적으로 볼 수 있도록 작은 영역을 선택하여 적용해보자. 필터는 원하는 위치에서 클릭하면 범위가 지정되어 적용된다. 필터가 지정되면 [그림 6-184]처럼 보인다.

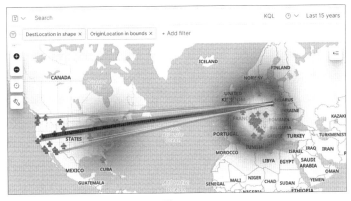

그림 6-184

"OriginLocation in bounds"가 필터에 추가되었음을 볼 수 있다. 그리고 시각화 화면에서는 OriginLocation에 해당하는 붉은색 비행기가 적용된 필터 조건에 따라 조정된 모습을 볼 수 있다. 그리고 비행기 대수가 줄면서 시각화가 매우 간단하게 변경되었다. 이렇게 원하는 Field와 범위에 다양하게 필터를 적용할 수 있다.

마지막으로 볼 기능은 "Draw distance to filter data"다. 이 기능은 거리를 기준으로 지름을 지정하여 범위를 정한다. 처음 클릭한 위치에서 마우스를 움직이면, 거리에 따라 동그라미가 그려진다. 동그라미라는 것 외에는 특별한 차이가 없으니 직접 해보기 바란다. 한 번씩만 해보자. 이렇게 지도 시각화 기능의 검색 기능까지 알아봤다.

지금까지 작업한 시각화 기능도 다음에 Dashboard에서 활용할 수 있도록 저장해둔다. 저장하면서 테스트를 위해 필터링한 부분은 필터를 해제하고 저장한다. 그리고 그어놓았던 복잡한 "Point to point" 레이어도 삭제하겠다.

그림 6-185

3.11 Markdown

이 기능은 시각화 기능이라고 보기가 어렵다. Markdown은 문자열을 이용하여 일종의

HTML을 그려내는 언어다. 개발자라면 한 번쯤 써봤을 수도 있겠지만, 비전공자라면 무척 어색할 것 같다.

우선 사용법을 알아보겠다. 입력 화면을 보자.

그림 6-186

왼쪽에는 사용자가 입력한 값을 시각화해주는 패널이 있고, Data 탭에는 Markdown 언어를 입력하는 입력창이 보인다. 가장 먼저 해볼 것은 테이블을 만드는 것이다. 참고로, Markdown 입력창 오른쪽에 있는 [Help]를 클릭하면 Markdown 언어의 사용법을 가이드하는 Github 페이지로 이동한다. 영어로 작성되어 찬찬히 보면 따라할 수 있겠지만, 몇 가지 쓸 만한 기능은 예제로 소개하겠다.

가장 먼저 할 일은 문자를 이용하여 HTML 테이블을 만들어내는 것이다. [그림 6-187] 처럼 오른쪽에 문자열을 이용하여 Markdown을 입력하고 [Update]를 누르면 왼쪽에 시각화된 내용이 보인다. 좀 더 시각화답게 사용하려면 [그림 6-188]처럼 입력하여 사용한다.

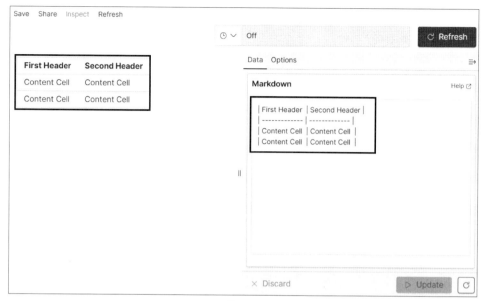

그림 6-187

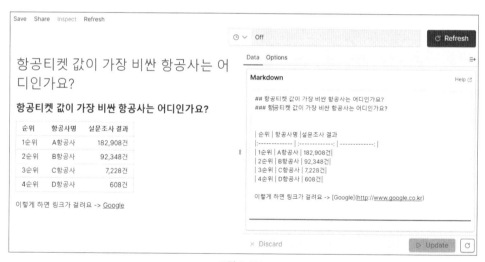

그림 6-188

이렇게 Markdown 언어에서 제공하는 다양한 코드를 이용하여 사용자에게 알리고 싶은 내용을 공유할 수 있다. 당연히 데이터가 연결되어 구성되는 시각화가 아니기 때문에 정적인 데이터만 공유할 수 있다는 점이 약점인데, 차후에 업그레이드될 때 동적인 데이터도 연결될 수 있기를 기대한다. 현재는 데이터를 단편적으로 제공할 뿐이지만 향후 발전 잠재력이 많은 기능이라고 생각한다.

추가적으로 "Options"에서는 글씨의 기본 크기와 링크를 클릭했을 때 창을 새 창으로 열지, 현재 페이지에서 이동할지 선택할 수 있는 설정까지 제공한다. 한 번씩 설정하여 결과를 살펴보기 바란다. 이 기능도 다음에 Dashboard에서 사용하기 위해 저장해둔다. 이렇게 간단하게 Markdown 시각화에 대해 알아보고 다음으로 넘어간다.

3.12 Metric

Metric은 숫자를 집계하여 숫자로 표현하는 시각화 기능이다. 단순히 숫자만 보여주는 기능임에도 시각화 시 매우 유용하게 활용할 수 있다. "Metric" 시각화를 선택하면 여느 시각화와 동일하게 Index Pattern 선택 기능이 나온다. 우리가 항상 사용해온 "kibana_sample_data_flights"를 선택한다. 그러면 [그림 6–189]와 같이 덩그러니 전체 Row 건수에 대한 숫자만 보인다.

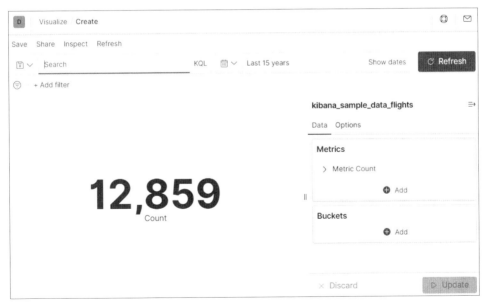

그림 6-189

이쯤 되면 UI가 익숙해졌을 것 같다. 여느 시각화 기능과 동일하게 Data와 Options 탭이 보이고, Metrics와 Buckets을 지정할 수 있는 기능이 제공된다. Metrics는 용도에 따라 변경할 수 있는데, 기능의 유용성을 한눈에 보기 위해 현재 Count로 되어 있는 설정을 항공티켓 예약금액의 평균금액을 볼 수 있도록 조정하겠다.

Metrics를 평균값으로 바꾸고, Field의 설정을 항공권 티켓값으로 바꾸면 [그림 6-190]과 같이 보인다.

그림 6-190

이렇게 AvgTicketPrice 값의 평균을 보여주고, 항공사보다는 특정 지역의 항공권 비용이 얼마나 될지 알아보기 위해 각국의 공항을 기준으로 Buckets을 설정하여 숫자를 분리해 보겠다.

[그림 6-191]과 같이 금액으로 역순 정렬한 순위를 기준으로 상위 10위에 해당하는 공항별 티켓가격 현황을 볼 수 있게 변경되었다. 마치 전광판과 비슷하다. Options 탭을 이용하여 화면에 보이는 스타일을 좀 더 조정할 수 있다. [그림 6-192]에 보이는 Options 메뉴도 한번 살펴본다.

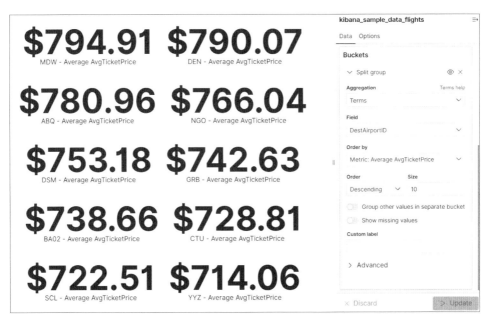

그림 6-191

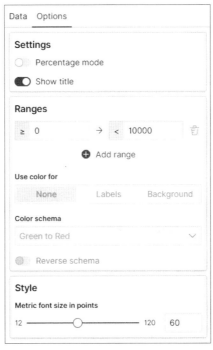

그림 6-192

살펴볼 만한 기능인 "Percentage mode"는 예상하듯이 보이는 수치를 전체 대비 백분율로 변경하여 보여주는 기능이다. 적용한 결과를 보면 [그림 6-193]과 같다.

그림 6-193

그 외 기능들은 한 번씩 설정해보면 알 것이다. Metric 시각화 기능은 설정하기가 무척 쉽고 UI도 간단한 편이지만 Dashboard에 추가되면 매우 효과적인 사용이 가능하다. 이 기능도 저장해두었다가 Dashboard 기능에서 활용하겠다.

3.13 Pie

예상하겠지만 원형 차트 시각화를 위한 기능이다. 화면을 보면 알겠지만, Area, Horizontal Bar, Line 차트와 거의 동일하다.

그림 6-194

이렇게 Metrics와 Buckets을 설정할 수 있는 기능들을 제공한다. 굳이 설정하지 않아도 잘 사용하리라 생각하지만, 그래도 나중에 Dashboard에서 활용할 수 있도록 항공사별 티켓 예약 분포를 표시해보겠다.

그림 6-195

이렇게 값을 설정하고 Options 탭에서 "Show Label"을 선택하여 항목별로 건수가 어떻게 구성되었는지 Tootip을 볼 수 있게끔 해주었다. 좀 더 보기 좋은 것 같다. 그런데 샘플 데이터라 그런지 건수가 너무 균일하다. 이 정도는 이해해주길 바라면서, 이 시각화 기능도 일단 저장해둔다.

3.14 Tag Cloud

Tag Cloud는 빅데이터의 상징적인 시각화 기능이라고 본다. 본래 워드 클라우드(Word

Cloud)라는 이름으로도 불리는 이 기능은 데이터에서 키워드를 추출하여 키워드의 중요도나 인지도를 보여주는 시각화 기법 중 하나다.

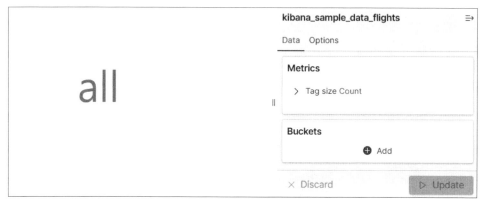

그림 6-196

이 시각화 기능도 옵션이 매우 간단한 편이다. Metrics와 Buckets을 설정해주면 사용이 가능하다. 처음에는 아주 무심한 듯이 "all"만 보인다. 인기가 많은 여행지를 파악하기 위해 여행지역 Field(DestCityName)를 설정하고 결과를 보겠다.(초반에 대부분의 공통 기능을 설명하고 나니 설명할 게 별로 없다.)

여기서 특이점은 시각화 특성에 따라 선택할 수 있는 Field의 타입에 따라 선택 Field 목록이 조정되어 보인다는 것이다.

그림 6-197

[그림 6-197]처럼 Terms와 관련된 Field만 보인다. 세심한 부분이 아닐 수 없다. 설정을 마저 하고 결과를 보겠다.

그림 6-198

[그림 6-198]처럼 Buckets을 설정하면 데이터 안에서 가장 인기 있고 많은 티켓이 예약되는 지역을 한눈에 볼 수 있다. Options 탭에서는 Text Scale 방식이나 Orientations 설정을 이용하여 키워드를 가로로 보여줄지, 가로와 세로를 혼합할지, 자유로운 형태로 보여줄지 등을 지정할 수 있다. 다양한 설정이 제공되니 한번 살펴보기 바란다.

이렇게 쉽게 Tag Cloud 시각화 기능을 마우스 클릭만으로 생성할 수 있다. 이 기능도 나중에 Dashboard에서 활용할 수 있도록 저장해둔다.

3.15 Timelion

"Timelion"이라는 독특한 이름처럼 이 시각화 기능의 아이콘은 정말 사자다. 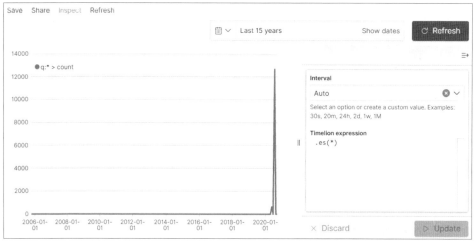 귀엽다. 본래 이름은 Timeline이 되어야 할 것 같은데, 왜 Timelion으로 지었을까? 재미를 위한 걸까? 어디에도 이에 대한 설명이 없었다. 아무튼 Timeline의 의미를 지녀 연대기, 연대표 등을 떠올리게 하는 시계열 시각화 기능이다. 단, 이 기능을 사용하려면 Index Pattern에 시각을 표시하는 Field가 반드시 있어야 한다.

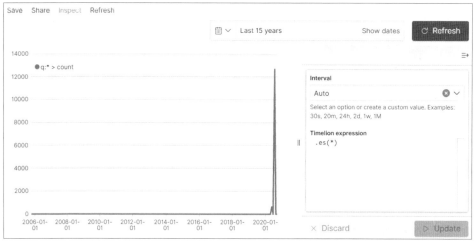

그림 6-199

첫 화면이다. 설명이 좀 필요할 것 같다. 현재 [그림 6-199] 화면에는 실습을 위해 검색 일자가 "Last 15 years"부터 현재까지로 설정되었다. 그 때문에 아래 시각화 기능에서는 15년 전인 2006년도부터 시각화되고, 처음으로 데이터를 적재한 2020년도에만 수치가 보인다.

그리고 오른쪽의 설정 화면에는 Interval이 "Auto"로 설정되고, Timelion expression에는 ".es(*)"가 기재되어 엘라스틱서치의 전체 데이터를 조회하고 있음을 볼 수 있다. 이렇게 설정되었기 때문에 데이터에 대한 건수만 조회된 상태인데, 이를 조정하여 [그림 6-200]과 같이 시각화할 수 있다.

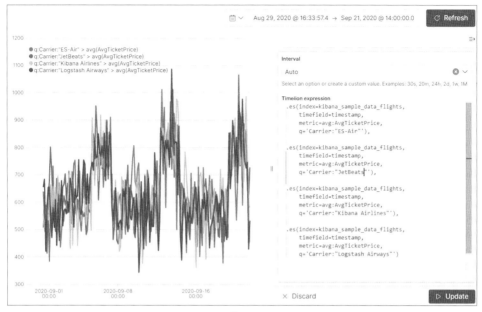

그림 6-200

특별한 설정이 필요하지 않고, 엘라스틱서치에 오른쪽과 같이 검색어를 입력하여 시각화 기능을 사용하는 것이 가능하다. 이 기능은 제대로 사용하면 효과가 무궁무진하겠지만, 공부할 내용이 상당히 많다. 그러므로 여기서는 간략하게 사용한 명령어와 그 사용법 정도만 설명한다.

현재 입력한 명령어는 다음과 같다.

```
# ES-Air 항공사의 티켓 가격의 평균
.es(index=kibana_sample_data_flights,
    timefield=timestamp,
    metric=avg:AvgTicketPrice,
    q='Carrier:"ES-Air"'),

# JetBeats 항공사의 티켓 가격의 평균
.es(index=kibana_sample_data_flights,
    timefield=timestamp,
```

```
    metric=avg:AvgTicketPrice,
    q='Carrier:"JetBeats"'),

# Kibana Airlines 항공사의 티켓 가격의 평균
.es(index=kibana_sample_data_flights,
    timefield=timestamp,
    metric=avg:AvgTicketPrice,
    q='Carrier:"Kibana Airlines"'),

# Logstash Airways 항공사의 티켓 가격의 평균
.es(index=kibana_sample_data_flights,
    timefield=timestamp,
    metric=avg:AvgTicketPrice,
    q='Carrier:"Logstash Airways"')
```

총 4가지로 항공사별 시간에 따른 예약금액의 평균값을 시각화한 것이다.

index는 데이터를 조회할 인덱스를 지정하는 설정이고, timeField는 시계열 기준이 되는 Field의 설정이다. 기본은 Timestamp로 되어 있는데, 시각화할 수 있는 다른 Field가 있다면 그것으로 대체해도 좋다. 이 샘플에는 존재하지 않지만, 항공권에 대한 스케줄 정보가 Field로 있었다면 그것을 기준으로 시각화하는 것이 더 효과적이지 않았을까 생각한다.

그리고 수치를 표현할 기준을 입력한다. 이는 metric 설정을 통해 할 수 있다. 위 설정을 보면 "metric=avg:AvgTicketPrice"를 입력하여 티켓가격의 평균값을 수치화함을 알 수 있다. 마지막으로 "q" 설정을 이용하여 검색할 대상을 지정할 수 있도록 했다.

위 설정을 기준으로 말하면 "ES-Air", "JetBeats", "Kibana Airlines", "Logstash Airways"와 같이 4가지로 구분하여 제공하고 있다. 이렇게 용도에 맞게 적당한 설정을 찾아 적용하면 되는데, 키바나의 공식 가이드를 보면 더 다양한 옵션을 제공한다. 일단 이 책에서는 직접 해볼 수 있는 기본 설정을 적용하여 위와 같이 가이드해두었으니 이를 참고하여 더 필요한 부분을 변형하여 적용하면 될 것 같다.

추가 옵션으로는 각 수치에 대한 타이틀의 명칭을 바꾼다거나 시각화된 선의 색상이나 두께를 변경하는 등 설정을 추가적으로 적용할 수 있다.

```
.es(index=kibana_sample_data_flights
    timefield=timestamp,
    metric=avg:AvgTicketPrice,
    q='Carrier:"Logstash Airways"')
.label('last hour')
.lines(fill=1,width=0.5)
.color(gray)
```

위처럼 label, lines, color와 같은 설정 정보를 추가함으로써 적용이 가능하다.

이렇게 Timelion의 설명도 마치겠다. 역시 동일하게 이 시각화도 저장해서 나중에 Dashboard에 적용하겠다. 저장하고 넘어간다.

3.16 Vega

이 기능은 이 책에서 모두 설명하기가 어렵다. 이유는 Vega가 외부 플러그인을 이용해서 시각화하는 기능이기 때문이다. 그러므로 이 기능을 사용하려면 기본적으로 외부 인터넷이 가능해야 한다. 또한 외부 플러그인이므로 Vega 플러그인을 공부해야 사용할 수 있다는 치명적(?) 단점이 있다.

그래서 이 시각화 기능은 새로 만들기보다는 이미 샘플에서 만들어져 있는 시각화 기능을 살펴보는 것으로 만족하겠다. 그래도 초기 화면은 새로 들어가보자.

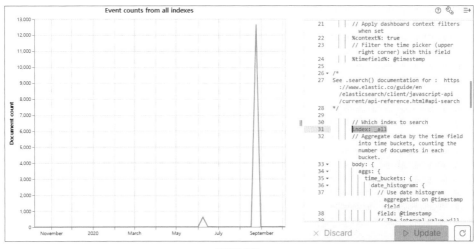
그림 6-201

처음 화면에 들어가면 위와 비슷한 화면이 보일 것이다. 책만 보고 따라 했다면 아마 높이 솟은 선만 보일 것이다. 전체 데이터에 대한 시각화를 기본으로 하기 때문에 위와 같은 시각화 결과가 보인다. 오른쪽에 블록되어 있는 설정을 보면 "index: _all"로 선택되었음을 알 수 있다.

이렇게 Vega 설정에서 제공하는 다양한 설정들을 이용하면 엘라스틱서치의 데이터를 키바나 안에서 사용하는 것이 가능하다. 물론 Vega처럼 키바나에서 활용 가능하도록 플러그인을 제공해야겠지만 말이다. 이 기능도 일단 나중을 생각해서 저장해둔다.

그럼 엘라스틱서치에서 제공하는 샘플을 한번 살펴보겠다.

 키바나에서는 사용자의 편의를 고려하여 굉장히 쉬운 조작을 통해 데이터 분석을 할 수 있다. 주요 시각화 기능들을 살펴보면 Line, Bar, Circle 형태의 기본 차트나 시계열 분석을 위한 Timelion, 머신러닝 등의 시각화 기능들도 제공한다. 하지만 엘라스틱서치뿐 아니라 다양한 시각화 전문 업체에서도 데이터 분석을 위한 시각화 플랫폼을 내놓고 있는데, 그중 Vega 시각화 플랫폼을 키바나 내에서 사용할 수 있도록 플러그인을 제공한다.

물론, 이 기능은 키바나의 고유 기능은 아닌 관계로 Vega 시각화 플랫폼을 사용할 수 있는 개발자가 있어야 활용 가능하다. Vega를 사용하면 키바나에서 제공하지 않는 다양한 시각화 기능들로 확장하여 사용할 수 있다.

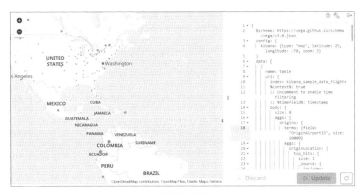

그림 6-202

이런 방식으로 기존 지도와는 좀 다른 지도를 이용하여 시각화할 수 있는 방법을 제공한다. Vega는 개발자라면 흔히 알고 있는 D3.js와 같은 오픈소스 시각화 모듈과 비슷하지만 데이터 분석에 좀 더 특화된 시각화 기술이라고 보면 될 것 같다.(Vega: https://vega.github.io/vega/)

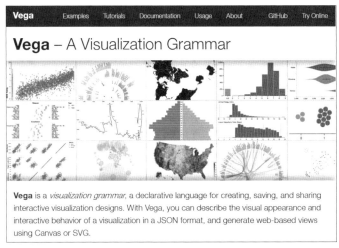

그림 6-203

관심을 가지고 한 번씩 접속하여 살펴보면 도움될 만한 시각화 기능이 많다. 모든 기능이 제공되는 것은 아니지만 엘라스틱서치에서 활용 가능한 시각화도 일부 있으니 잘 살펴보기 바란다.

3.16.1 Vertical Bar

키바나의 시각화 기능 목록이 이름을 기준으로 정렬되다 보니 Vertical Bar 시각화가 가장 나중 순서가 되어버렸다. 일에는 순서가 다 있는 법이니, 순서대로 진행해본다.

Vertical Bar는 Horizontal Bar와 거의 같은 기능이다. 그저 막대의 방향이 다를 뿐, 그래도 한참 전에 언급한 기능이니 처음 본 것처럼 설명해본다.

초기 화면은 [그림 6-204]와 같다. 역시 전체 데이터를 표시하는 1개의 막대가 굵게 표시되고, 오른쪽에는 데이터를 설정하기 위한 화면이 있다. 가볍게 지금까지 설명한 내용을 기준으로 데이터를 세팅해보자.

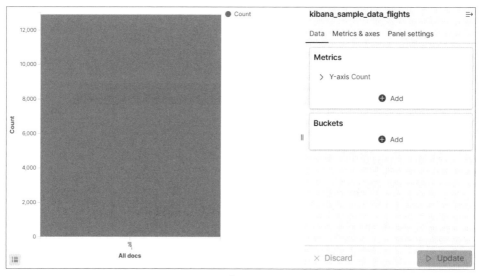

그림 6-204

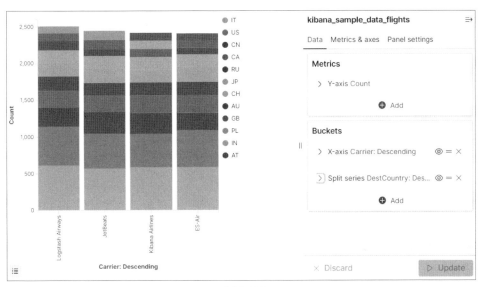

그림 6-205

이렇게 간단하게 X축에는 항공사를 설정하여 막대를 분리했고, Split series를 DestCountry로 설정하여 막대를 세분화했다. 물론 색상은 자동으로 설정된 색상에 따라 표현된 것이다. 그 외 설정은 위에 설명한 Area, Horizontal Bar, Line 시각화를 참고하기 바란다. 아직 갈 길이 멀기 때문에 이것으로 Vertical Bar의 설명을 마치겠다. 이 시각화 결과도 Dashboard에서 활용하기 위해 저장해둔다.

3.17 TSVB

이 기능은 사실 Tag Cloud 앞에 위치하지만 시각화 기능 중 맨 마지막에 배치했다. 그 이유는 적용되는 기능이 지도 시각화만큼 다양하여 그만큼 종합적이고 설멸할 것도 많기 때문이다. 기능의 설명을 보면 "Build time-series using a visual pipeline interface"라고 소개하고 있는데, 시계열 분석 기능을 이용한 시각화 기능이라고 이해할 수 있을 것 같다.

우선 초기 화면으로 이동하면 [그림 6-206]과 같은 화면을 제공한다.

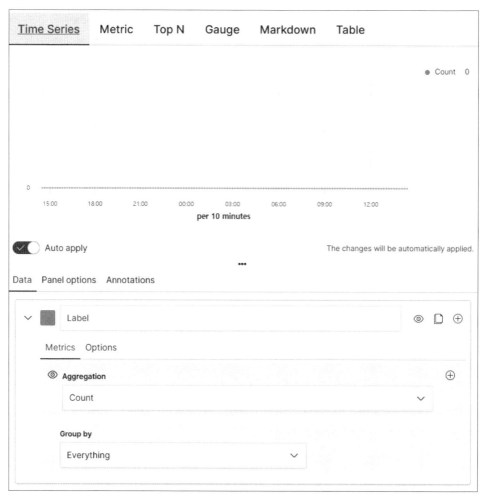

그림 6-206

무엇인가 뒤섞여 짬뽕이 된 느낌이다. 상단을 보면 "Time Series", "Metric", "Top N", "Gauge", "Markdown", "Table"이라는 6가지 시각화 탭이 보인다. 우선 Timelion을 먼저 보겠다.

[그림 6-206]처럼 초기 화면에는 보이는 데이터가 없는데, 이는 초기 인덱스 패턴이 선택되지 않았기 때문이다. Timelion의 첫 탭은 Data 탭으로 보일 데이터를 선택하는 탭임에도 Index Pattern의 선택 기능은 없다. 여기서는 어떤 Field를 설정할지만 선택하고, 실

제 Index Pattern은 다음 탭인 "Panel options"에서 설정한다. 일단 Panel options으로 넘어간다.

Data Panel options Annotations

Data

Index pattern

선별진료소

Default index pattern is used. To query all indexes use *

Time field

Select field...

Interval

auto

Examples: auto, 1m, 1d, 7d, 1y, >=1m

Drop last bucket?

● Yes ○ No

Panel filter

Search

KQL

Ignore global filter?

○ Yes ● No

그림 6-207

"선별진료소"라는 Index Pattern이 설정된 듯 보이지만 워터마크다. 오해하지 말자. Index Pattern에서 "kibana_sample_data_flights"를 선택하고 나머지 항목도 설정한다. 이때 상단의 일자 조건도 제대로 입력되었는지 꼭 확인하기 바란다. Index Pattern과 timestamp Field가 정확하게 설정되었어도 상단의 일자 조건이 제대로 세팅되지 않으면, 시각화 결과는 보이지 않는다.

이렇게 데이터가 보이는 것을 확인할 수 있다. 참고로 Index Pattern은 "kibana*"으로 입력했기 때문에 kibana로 시작하는 모든 Index Pattern을 검색한다. 현재 기준으로는 kibana_sample_data_flights만 있기 때문에 하나의 Index Pattern만 보고 있다고 볼 수 있다. 현재 선택된 Tooltip을 보면 timestamp가 2020년 8월 31일 21시인 시간에는 20건이 입력되었다. 그리고 하단에는 간단하게 Filter를 입력할 수 있는 입력칸이 있는 것을 볼 수 있다.

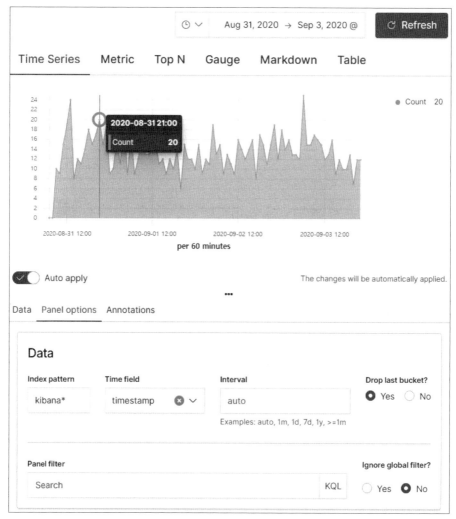

그림 6-208

그럼 이제 다시 Data 탭으로 넘어가서 나머지 설정을 적용한 뒤에 결과를 살펴보자. 예약건수 말고 항공티켓 평균금액을 시각화해보겠다.

이렇게 "항공편 예약 평균금액"으로 이름을 정했고, 평균값을 계산하기 위해 Aggregation에서 "Average"를 선택하고, Field에서는 "AvgTicketPrice"를 선택했다. 설정한 대로 시각화 결과에 적용되었음을 볼 수 있다.

그림 6-209

마지막에 있는 Annotions 탭은 약간 특별한 탭이다. 외부 소스를 조회하여 시각화에 살을 붙이는 기능이라고 보면 되는데, [그림 6-210]의 아래에 보이듯이 "ki*"라는 새로운 Index Pattern을 관리자 기능을 통해 새로 만들어주었다.(테스트용으로) 그리고 그림의 화면처럼 "ki*" 인덱스를 바라볼 수 있도록 설정하고, 항목을 선택하고, Filter 조건을 넣으면 아래 그림처럼 아이콘으로 구간을 표시하는 형태로 시각화 기능을 개선할 수 있다. 여러 개의 수직 막대가 표시된 부분이 국가가 AT인 항공편의 스케줄이 있는 시간이다.

이렇게 좀 더 다양한 옵션을 이용하여 시계열 분석 기능을 사용할 수 있도록 제공한다. 현재 상태대로 저장하면 나중에 Dashboard에서 활용할 때 Timelion으로 만들어진 기능처럼 추가할 수 있다. 예상하고 있겠지만 Metric이나 그 외 탭이 열려 있는 상태에서 저장한다면, Dashboard에서 사용할 때에도 마지막으로 열려 있던 시각화의 형태로 보일수 있다.

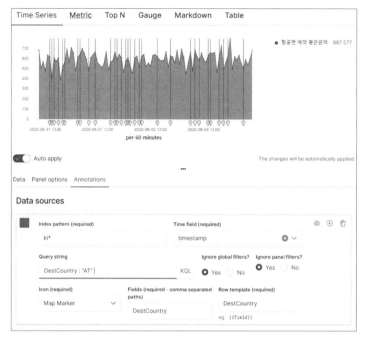

그림 6-210

다음에 살펴볼 탭은 "Metric"이다. Metric 탭으로 넘어가면 "아하, 이렇게 되는 거로군." 하는 말이 저절로 나올 것이다. 바로 전에 Timelion에서 입력한 설정이 Metric 시각화에 그대로 적용된 것을 볼 수 있기 때문이다.

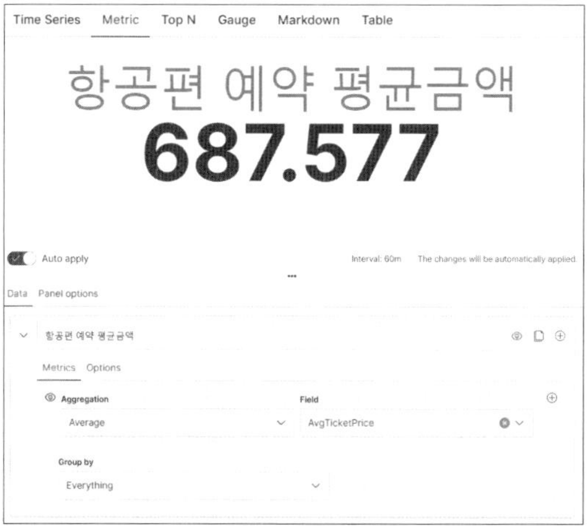

그림 6-211

Panel options도 다음과 같이 동일함을 확인해보기 바란다. 좀 더 특이한 설정은 아래 설정이 될 것 같다.

그림 6-212

색상 규칙을 입력하면 아래처럼 Metric의 표현 형태가 아래처럼 바뀐다.

그림 6-213

이 상태에서 저장한 뒤에 Dashboard에 추가해주면 Metric에 설정한 상태대로 보인다. 데이터를 설정하는 부분이 한번 설정한 것을 유지하고 있으니, 추가로 더 해야 할 설정은 없다.

그다음, Top N 기능은 단순히 가로 막대 그래프로 원하는 항목을 설정하여 그래프를 만들 수 있는 기능이라고 보면 된다. 사용법이 비교적 쉬운 편이므로 예제로 간단하게 설정해보고 넘어가겠다.(사실 많이 쓰는 기능이 아니므로 오히려 가로 막대 시각화 그래프를 사용하길 추천한다.)

그림 6-214

이렇게 항목을 하나 더 추가하여 막대 그래프를 만들어낼 수 있다. 이 정도만 알고 넘어 가자.

다음은 "Gauge"다. 역시 설정을 그대로 가져가기 때문에 특별히 손댈 만한 설정이 없다. 단지 직전에 Field를 2개 설정했는데, Gauge로 넘어올 때는 최초에 설정했던 항목만 가 져와서 시각화하는 것이 차이라면 차이점이다. 그 외에는 하나씩 설정을 바꿔가면서 살 펴보면 될 것 같다.

마지막은 "Markdown"이다. 아무래도 이 기능에 힘을 실어주고 있다는 느낌이 든다. 왜 냐하면 여기서는 집계한 데이터를 Markdown 시각화에서 활용할 수 있게 구성했기 때 문이다.

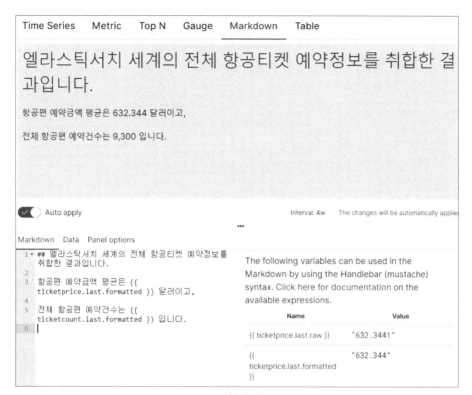

그림 6-215

[그림 6-215]처럼 필자가 원하는 Text를 추가하고, 사전에 집계한 수치를 변수를 이용하여 사용할 준비가 되었다. 물론 위처럼 "{{ ticketprice.last.formatted }}"과 "{{ ticketcount.last.formatted }}"를 사용하려면 Data 탭에서 [그림 6-216]과 같이 설정되어야 함을 꼭 명심하자. 미리 변수를 선언해줘야 사용 가능한 기능이다.

 TIPS 위 소스를 보면 마치 변수처럼 문장의 중간에 항공편 예약 금액의 평균 금액과 예약 건수를 삽입하여 보여주고 있다. 이는 다른 시각화처럼 정해진 시각화 방식에 구애받지 않고, 원하는 항목을 직접 생성하여 사용할 수 있는 것이다. 다음에 소개될 화면에서 직접 변수의 이름과 집계 방식을 지정하면, 위처럼 마치 데이터를 미리 생성해둔 것처럼 활용할 수 있다. 이처럼 사용자에게 있어서 특별한 양식이 적용된 시각화를 해야 할 때 MarkDown에서 변수의 활용을 사용하면 유용할 것이다.

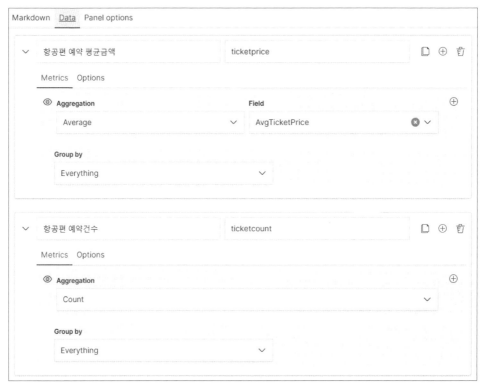

그림 6-216

이렇게 말이다. 조금 접근이 어려울 수는 있겠으나, 위 예제처럼 일단 구축해놓은 뒤에 적절하게 활용해보는 방식으로 기능을 개선해나가면 쓸 만한 기능이 되지 않을까 생각한다. Panel options에서는 Index Pattern을 설정하는 기능과 Markdown 기능에 CSS 스타일시트를 적용할 수 있는 기능을 제공한다.

그리고 이제 마지막 "Table" 탭으로 넘어가자. 탭으로 넘어가면 바로 이렇게 보이지는 않는다. "Group by field" 설정에 평균금액과 예약건수를 분리할 수 있는 Bucket 정보를 넣어줘야 한다. 그 정보를 이 시각화 기능에서는 "Group by field"라는 이름으로 설정할 수 있게 되어 있다. [그림 6-217]처럼 Group by field를 "Carrier"로 선택하고, label 이름을 "항공사"로 입력하면 Table에 목록이 보인다. 설정된 전체 값을 보면 [그림 6-218]과 같다.

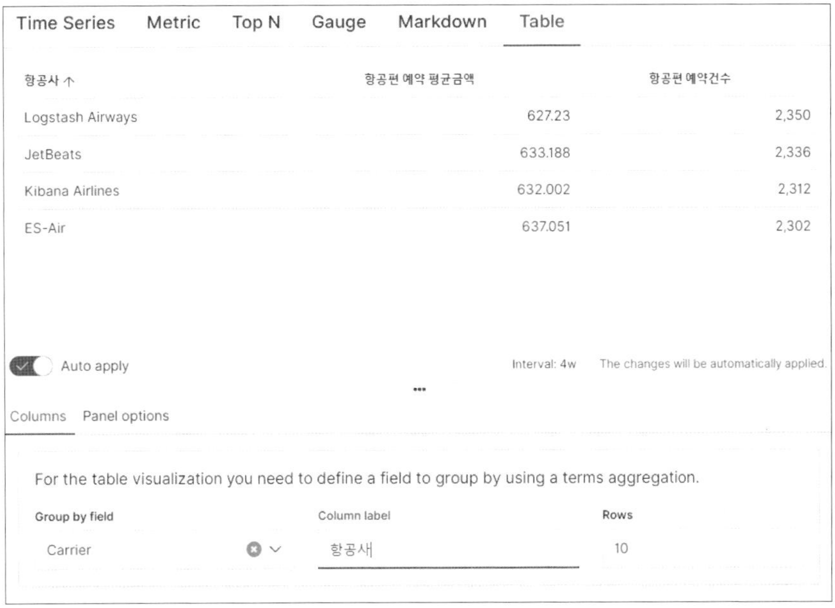

Time Series	Metric	Top N	Gauge	Markdown	**Table**

항공사 ↑	항공편 예약 평균금액	항공편 예약건수
Logstash Airways	627.23	2,350
JetBeats	633.188	2,336
Kibana Airlines	632.002	2,312
ES-Air	637.051	2,302

🔘 Auto apply   Interval: 4w   The changes will be automatically applied.

•••

Columns   Panel options

For the table visualization you need to define a field to group by using a terms aggregation.

Group by field   Column label   **Rows**

Carrier   ⊗ ∨   항공새| 10

그림 6-217

Columns   Panel options

For the table visualization you need to define a field to group by using a terms aggregation.

Group by field   Column label   **Rows**

Carrier   ⊗ ∨   항공사   10

∨   항공편 예약 평균금액   ≡ ◉ ▢ ⊕ 🗑

　Metrics   Options

　◉ **Aggregation**   **Field**   ⊕

　　Average   ∨   AvgTicketPrice   ⊗ ∨

∨   항공편 예약건수   ≡ ◉ ▢ ⊕ 🗑

　Metrics   Options

　◉ **Aggregation**   ⊕

　　Count   ∨

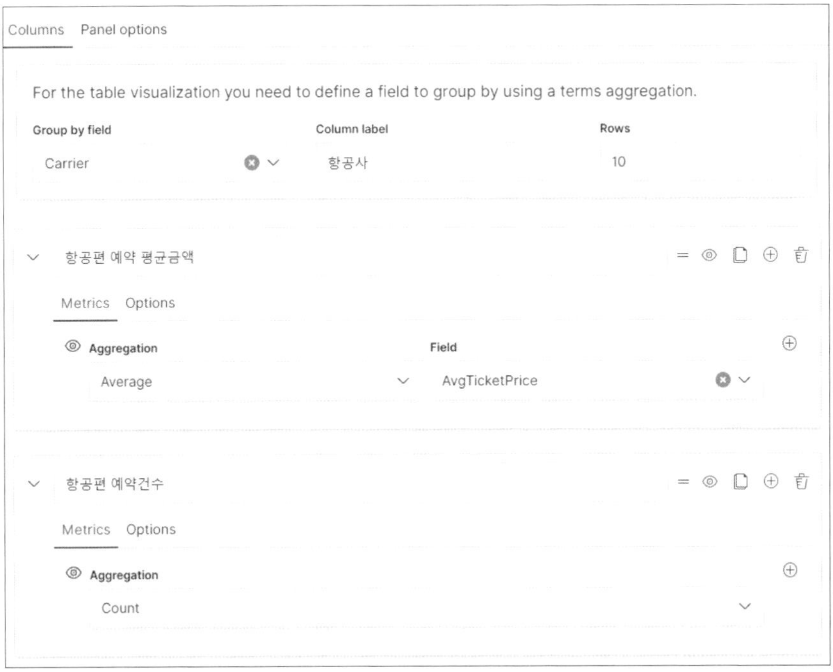

그림 6-218

이렇게 설정된 상태다. 이렇게 간단하게 목록형 시각화까지 할 수 있다. 어쩌면 이 기능은 점점 진화하여 모든 시각화의 통합이라는 큰그림을 구상하기 위한 장치가 아닐까? 사용자의 입력 수고를 점차 줄여가려는 노력을 보니, 바람직한 방향으로 개선되고 있다는 생각에 기대감이 생긴다. 우선 이 기능도 약간 특별한 Markdown 기능이 보이도록 탭을 이동한 뒤에 저장해두겠다.

이렇게 TSVB 시각화 기능까지 알아보았다. 키바나에서 제공하는 모든 시각화 기능을 살펴본 것이다. 어찌 보면 기본 시각화 기능이라고 생각될 것이다. 그래서 다음에 소개할 Dashboard에서는 이 모든 기능을 조합하여 새로운 형태의 데이터 탐색, 시각화, 데이터의 활용까지 할 수 있는 기능으로 만들어볼 것이다.

이 책을 그대로 따라온 독자라면 [그림 6-219]와 같이 16개의 시각화 차트가 만들어졌을 것이다. 필자도 책을 쓰면서 하나하나 만들어가고 있지만, 시간을 투자한 만큼 도움이 되면 좋겠다.

Title	Type	Description ↓	Actions
Area 차트 시각화	Vertical Bar	항공사별, 지역별, 공장별 시각화 실습결과	
게이지 시각화기능 테스트	Gauge	항공사별 티켓예약건수	
히트맵 시각화 기능 테스트	Heat Map	항공사별 일자별 실적을 시각화한 차트	
골(Goal) 시각화 기능 테스트	Goal	항공사별 예약건수 실적현황 조회 기능	
막대그래프 시각화 기능 테스트	Vertical Bar	항공사별 실적정보를 볼 수 있는 시각화 기능	
타임라이언 시각화 기능 테스트	Timelion	항공사별 기간별 항공권 최대 금액 시각화	
매트릭 시각화 기능 테스트	Metric	항공권 예약금액의 시각화 기능	
원형 시각화 기능 테스트	Pie	항공권 예약건수 시각화	
베가 시각화 기능 테스트	Vega	특별한 설정은 되어있지 않고, 기본설정만 되어 있는 시각화 기능임	
컨트롤러 시각화 기능 테스트	Controls	컨트롤러 기능 테스트를 위해 생성한 필터링 기능	
태그 클라우드 시각화 기능 테스트	Tag Cloud	여행지에 대한 시각화로 가장 인기 있는 여행지역을 한눈에 볼 수 있음	
세로 막대 그래프 시각화 기능 테스트	Vertical Bar	세로 막대 기준의 시각화 결과	
마크다운(mark down) 시각화 기능 테스트	Markdown	마크다운 기능을 이용하여 시각화 해본 결과입니다.	
데이터 테이블 시각화기능 테스트	Data Table	공항별, 항공사별 티켓금액 비교	
TSVB 시각화 기능 테스트	TSVB	TSVB 기능의 샘플. markdown인 상태로 저장됨	
선 그래프 시각화 기능 테스트	Vertical Bar	Line 차트를 이용한 실적 상위 10개 공항코드 시각화	

그림 6-219

자, 이제 Dashboard로 넘어가서 이 모든 시각화 차트를 이용하여 나만의 데이터 분석 기능을 구성해보자.

4. Dashboard

이 기능이 엘라스틱서치, 그중에서도 키바나의 끝판왕에 해당하는 기능이다. 이 책의 제목처럼 "나만의 데이터 분석 플랫폼"을 위한 핵심 기능이라고 봐도 좋다. 데이터 분석의 목적은 모두가 갖고 있는 데이터를 다른 차원의 눈으로 바라보면서, 데이터 안에서 인사이트를 찾아내는 것이 아닐까 생각한다. 키바나에서는 현실에서 사용되는 많은 시각화 기능을 모듈화하여 구축했고, 이를 Dashboard로 통합할 수 있는 효과적인 분석 방향과 UI를 제공한다. 지금부터 살펴보겠다.

일단 Dashboard 화면으로 이동한다. 왼쪽의 Dashboard 메뉴를 클릭하면 Dashboard의 목록이 나온다.

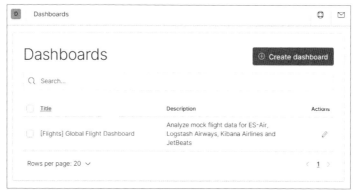

그림 6-220

오매불망하던 이 화면을 드디어, 이제서야 보게 되었다. 여기서 [Create dashboard]를 클릭하여 새 대시보드를 만들자. 그럼 다음과 같이 아무것도 없는 빈 페이지가 나온다.

대시보드에 새로운 것을 추가하라는 메시지 "Add an existing or new object to this dash-board"가 보인다. "Create new"는 Dashboard에 넣을 시각화 차트를 만드는 기능이다. 누르면 [그림 6-221]처럼 시각화를 선택할 수 있는 화면이 열린다.

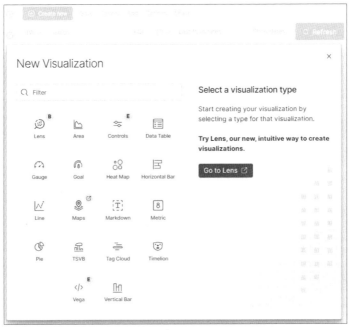

그림 6-221

하지만 우리는 이미 16여 개의 시각화 기능을 만들어놓았다. "신에게는 아직 16개의 시각화 차트가" 있다. Dashboard의 왼쪽 상단 메뉴에 있는 [Add]를 눌러보자.

그림 6-222

검색창에 "테스트"를 입력하면 그동안 생성한 시각화 차트를 목록으로 보여준다. 이제 하나씩 추가해보겠다. 추가하는 방법은 간단하다. 그저 강조 박스로 표시된 시각화 기능을 하나씩 눌러주면 뒤편 Dashboard에 추가된다. 그동안 만든 시각화 기능을 클릭하여 모두 추가해보겠다. 자, 화면을 최대한 줄여서 전체를 한번에 캡처한다.

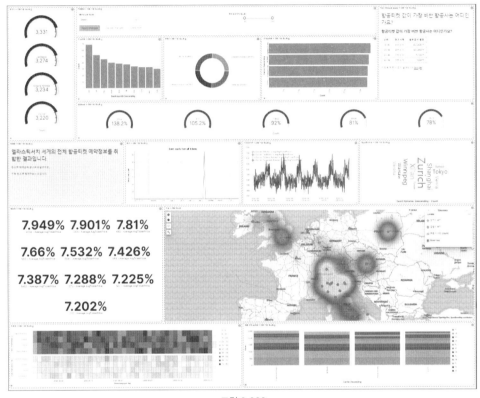

그림 6-223

엘라스틱서치 세계에 운항 중인 항공편에 대한 조회 및 시각화가 가능한 대시보드가 완성되었다. 지금까지 생성한 모든 시각화를 Dashboard에 모았다. 마우스만으로 만든 화면이라고 누가 믿겠는가! 자, 이제부터는 이 대시보드를 어떻게 사용할 수 있는지 알아보겠다.

일단 바로 직전에 Dashboard를 구성한 시각화 기능을 배치하는 기능이다. 다양한 시각화 기능이 만들어졌다 하더라도 분석 목적에 맞게 구성할 수 없다면 효과가 매우 떨어질 것이다. 키바나의 Dashboard에서는 정성 들여 만든 다양한 시각화 기능을 사용자의 입맛에 따라 배치할 수 있도록 편의 기능을 제공한다. 기본 동작은 마우스 드래그앤드롭을 이용한 시각화 기능의 이동 기능이다.

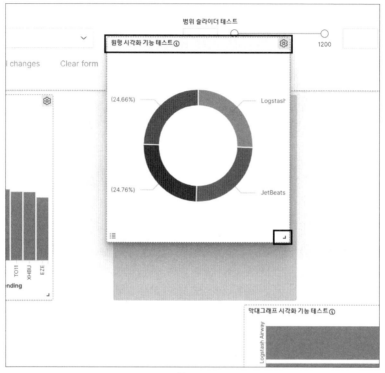

그림 6-224

[그림 6-224]와 같이 패널의 제목을 누르고 드래그하면 이동이 가능하다. 또한 오른쪽 아래에 박스로 표시된 곳을 드래그하면 시각화 카드의 크기를 조정할 수 있다. 이렇게 간단하게 시각화 기능의 크기와 배치를 변경할 수 있다.

다음은 시각화 기능에 대한 조작 기능을 알아본다. 오른쪽에 있는 톱니바퀴 아이콘을 눌러보면 여러 메뉴가 나온다.

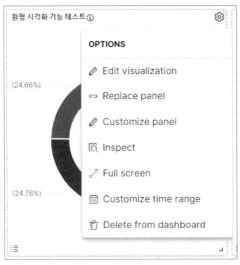
그림 6-225

[그림 6–225]와 같이 7개 정도의 메뉴가 보인다. 시각화 기능을 수정할 수 있는 기능을 포함하여 패널 내에서 다양하게 조작할 수 있는 기능을 제공한다.

기능명	설명
Edit visualization	시각화 기능의 수정이 가능한 화면으로 이동한다. 수정 화면에서 시각화 기능을 수정하면 대시보드에 곧바로 수정된 내용이 반영된다.
Replace panel	시각화 기능을 다른 시각화로 변경하는 기능이다. 기존 시각화 영역에 맞춰서 새로운 시각화가 추가된다는 점에서 Add 기능과 차이가 있다.
Customize panel	패널에 대한 수정 기능이다. 그런데 실상 수정할 수 있는 부분은 패널의 제목 표시 여부와 제목을 수정하는 정도다.
Inspect	시각화 기능에 대한 세부 데이터의 내역을 보는 기능이다. 물론 데이터의 다운로드도 가능하다.
Full screen	전체 화면 모드다. 다시 톱니바퀴 아이콘을 누르고 "Minimize"를 눌러서 이전 화면으로 돌아갈 수 있다.
Customize time range	시각화에 별도의 일자 조건을 적용할 수 있다. 항상 전체 범위를 기준으로 시각화해야 하는 경우에 활용하면 좋겠다.
Delete from dashboard	Dashboard에서 선택된 시각화 기능을 삭제한다. 물론 다시 "Add" 기능을 이용하여 추가할 수 있다.

이렇게 다양한 기능을 제공한다. 물론 가장 많이 사용하는 기능은 Edit Visualization 기능이 될 것 같다. 클릭하면 익숙한 화면이 나올 것이다. 이 기능들 중에 "Customize time range"는 시각적으로 변화가 있는 기능이기 때문에 적용 결과를 소개하겠다.

그림 6-226

우선 dashboard의 검색 범위를 현재 기준으로 1초 전부터로 조정해두었다. 이 상태에서 특정 시각화에 대해서만 "Last 15 years"로 설정해본다. 예상하건대, 별도로 일자를 설정한 시각화 차트에만 데이터가 시각화되고 그 외 차트에는 조회되는 데이터가 없을 것이다.

그림 6-227

[그림 6-227]과 같이 두 개의 시각화 기능은 "No results found"라는 메시지를 보이면서

시각화되지 않는 것을 볼 수 있다. 하지만 별도로 "Last 15 years"를 설정한 시각화 기능에서만 데이터가 조회되고 있는 것을 볼 수 있다. 이렇게 필요에 따라 별도의 범위가 필요한 시각화는 따로 설정될 수 있도록 제공한다. 설정된 일자 조건을 해제하려면, 일자 박스를 클릭하면 나오는 팝업에서 [Remove]를 누르고, 조건을 변경하고 싶은 경우에는 일자를 수정한 뒤에 [Update]를 눌러 변경하면 된다.

이렇게 간단한 방법으로 생성한 시각화 기능을 용도에 맞게 배치하여 나만의 대시보드를 만드는 것이 가능해진다. 이러한 기능을 이용하면 크롤링이나 데이터베이스를 이용한 실시간 데이터 적재 기능을 통해 나만의 대시보드를 만들어볼 수 있다. 우선 기능 소개는 여기까지 하고, 책의 말미에 나오는 실제 적용 사례와 활용 아이디어 소개 부분에서 좀 더 다양한 사용 방법을 알아보기로 한다.

5. Canvas

Canvas는 이 책을 막 쓰기 시작했을 때 첫선을 보인 기능이다. 그 이름처럼 하얀 패널 위에 사용자가 궁금해할 만한 정보를 보기 좋게 보여줄 수 있는 편집 디자인이 가능한 시각화 기능이라고 보면 된다. 사실 이 기능은 X-pack이라고 하는 유료 모듈이다. 정식 라이선스를 구매한다면 사용해볼 수 있겠지만 우리처럼 개인용 데이터 분석 모듈로 사용하면서 유상 라이선스를 구매하기엔 부담스러우니, 이 기능은 간단하게 사용 방식과 이전에 설명한 대시보드와 어떤 차이가 있는지 설명하는 수준으로만 다루겠다.

일단 Dashboard와 Canvas의 차이점은 다음과 같이 설명할 수 있다. Dashboard가 키바나에서 제공하는 시각화 기능을 미리 만들어놓고 Dashboard라는 일종의 정해진 틀에 시각화 기능을 배치하는 기능이라 한다면, Canvas는 좀 더 디자인적 요소를 추가하여 편집 디자인이 가능한 기능이다.

자유도를 무척 많이 부여하긴 했는데, 실제로 사용자가 사용하기에는 어려울 듯싶다. 디자인적 요소, 데이터를 표현하는 방식도 그렇다. 이래저래 일반 사용자가 사용하기에는 무리가 있으나 디자인적 감각이 있는 개발 관련 직종에 종사하는 분이라면 쉬울 것이다. 고맙게도, 우리는 키바나에서 미리 만들어둔 Canvas를 참고할 수 있다.

그림 6-228

이렇게 Canvas 화면으로 이동하면 미리 만들어진 Canvas를 확인할 수 있다. 이 Canvas가 안 보인다면 책의 앞쪽으로 거슬러 가보자. 키바나에서 제공하는 "kibana_sample_data_flights" 샘플이 추가되지 않아서 그럴 테니, 이를 추가하도록 한다. 정상적으로 추가되었다면 [그림 6-228]처럼 "Overview"가 보일 것이다. 이름과 같이 Canvas는 어떤 데이터에 대한 개요, 설명, 데이터에 대한 소개와 같은 용도로 활용하기에 적합하다.

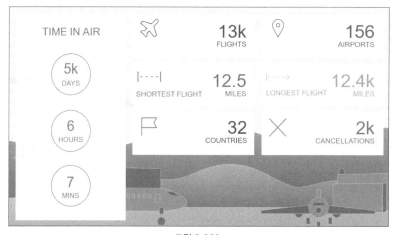

그림 6-229

기본으로 제공하는 Canvas다. 내용을 보면 왼쪽은 전체 항공기의 누적 비행시간을 보여준다. 공항에서는 현재 공항에 소속된 항공기들의 누적 비행시간을 모니터링해야 할 것이다. 이를 위해 일자, 시간, 분 단위로 누적 비행시간을 시각화해준다.

그리고 순서대로 항공편의 건수, 목적지 공항의 수, 근거리 비행거리, 장거리 비행거리, 도착지 국가, 비행이 취소된 항공편의 수를 시각화하고 있다. 무엇보다 Dashboard와의 가장 큰 차이점으로, 이미지나 아이콘을 배경에 배치하여 시각화하고 있는 값이 어떤 값을 의미하는지 보여준다. 이렇게 편집 디자인을 포함한 시각화 화면을 구성할 수 있다.

여기서 이미지를 어떻게 배치하는지 궁금하다면 제공된 기능을 직접 하나씩 확인해보면 된다. 그러나 이것보다 데이터를 어떻게 가져다가 쓰는지 아는 것이 더 중요할 것 같다.

그림 6-230

[그림 6-230]에서 [5K]를 누르면 오른쪽 패널에 세부 정보를 확인할 수 있는 탭들이 보인다.

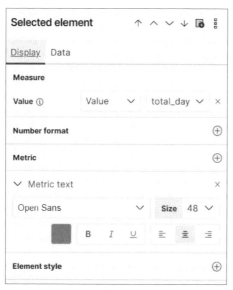

그림 6-231 　　　　　　　　　　　　　　　　　　 그림 6-232

이렇게 Display와 Data 탭이 보인다. Display 탭은 화면에 보이는 값의 스타일을 지정하는 기능을 제공한다. 가령 글꼴이나 색상을 지정할 수 있다. 여기서 중요한 것은 Data 탭이다. 실제로 데이터를 조회하는 부분인데, 개발자라면 익숙한 내용일 것이다. 바로 우리가 흔히 사용하는 RDB의 SQL을 사용한다.

```
SELECT FLOOR(SUM(FlightTimeMin)/1440) as total_days
FROM kibana_sample_data_flights
```

일반적으로 사용하는 SQL과 비슷하다. 항공시간에 해당하는 "FlightTimeMin"을 SUM 함수로 모두 합한 다음, 하루에 해당하는 1440분으로 나누어 일자를 계산한다. 엘라스틱서치에서도 SQL을 사용할 수 있다니, 아주 유용한 기능이 아닐 수 없다. 다른 숫자들을 눌러보면 알겠지만 모든 값이 동일한 방식으로 화면에 보이는 것을 볼 수 있다.

디자인을 잘하는 편집자와 엘라스틱서치와 SQL을 사용할 줄 아는 사람이 만난다면 Canvas와 같은 기능을 이용하여 수준 높은 리포트를 만들 수 있을 것이다. 모든 시각화 기능은 마우스로 조정이 가능하니, 직접 조작해보면 금세 이해할 수 있을 것이라 생각한다.

6. Maps

메뉴를 정비하면서 Visualization에 포함되어 있던 지도 시각화 기능을 별도로 분리한 것으로 보인다. 이 기능은 Visualization에 있는 지도 시각화 기능과 동일한 기능으로, 눌러보면 지도 시각화 순서에서 만들었던 시각화 기능을 볼 수 있다. 이미 Visualization에서 샘플 데이터의 생성과 시각화 방법에 대해 자세하게 다뤘기 때문에 별도의 설명은 하지 않기로 하겠다. 키바나의 메뉴로 구성되어 있어서 제목으로 남겨둔 부분이다.

7. Machine Learning

이 기능은 엘라스틱서치가 빅데이터 분야에도 한걸음 다가가기 위해 준비한 기능이 아닐까 싶다. 한 가지 오해하지 말아야 할 것은 우리가 흔히 아는 머신러닝 기능과는 약간 차이가 있다는 사실이다. 일반적으로 머신러닝이라는 단어를 생각하면 사람을 대신해서 기계가 데이터를 학습하고 결과를 도출하는 등의 기능을 생각하기 마련인데, 엘라스틱서치에서 제공하는 머신러닝 기능은 이상치 탐색을 위한 시계열 분석 기능이라고 보는 것이 정확할 것 같다.

지금부터 전개할 내용은 시계열 이상치 탐색에 대한 것이 아니라 오픈 라이선스에서 사용할 수 있는 머신러닝 기능에 대한 것이다. 유상 라이선스에서 사용 가능한 기능은 책

후반부에 따로 설명하겠다.

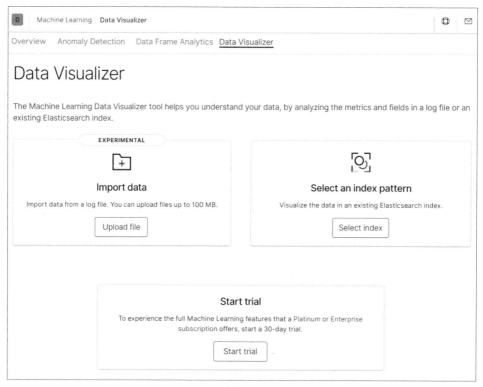

그림 6-233

이렇게 기능을 실행하면, Import data, Select an index pattern, Start trial의 3가지 버튼이 보이고, 상단에는 데이터를 등록한 뒤에 분석할 수 있는 기능이 보인다. 지금부터 하나씩 살펴보겠다.

우선 위에 언급한 대로 머신러닝 기능은 유료 라이선스인 X-pack에 포함된 기능이기 때문에 이 부분에서는 무료로 제공되는 부분만 가이드하기로 하고, 책 후반부에 X-pack 유료 모듈에서 사용할 만한 기능을 소개하겠다. 엘라스틱서치 트라이얼 모드를 실행해 버리면 30일 이후에는 다시 설치해야 하는 문제가 있으니 이해해주기 바란다.

여기서는 "Import data"와 "Select an index pattern" 시각화 기능에 대해 알아보며 데이

터를 어떻게 분석할 수 있는지, 어느 정도의 시각화를 제공하는지 확인해보자. Import data를 먼저 살펴볼 것이다. 이유는 Import data 기능을 이용할 때 엘라스틱서치에 없는 인덱스를 신규로 생성하는 과정이 포함되기 때문이다. 인덱스를 생성하고 난 뒤의 과정은 Select an index pattern 기능과 동일하므로 Import data를 설명하다가 Select an index pattern 기능으로 넘어가겠다.

[Import data]를 눌러보자.

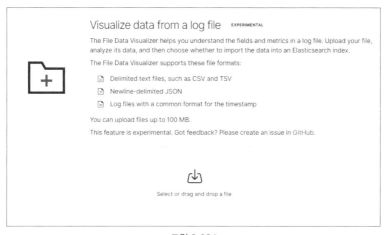

그림 6-234

파일을 업로드하는 기능이 보인다. CSV나 TSV, JSON, timestamp 포맷이 있는 Log 파일 등의 업로드가 가능하고, 용량은 100MB까지 업로드 가능하다고 안내하고 있다. 샘플링 기능 정도로 생각하면 될 듯하다. 예를 들면, 여러분이 보유하고 있는 데이터를 엑셀 등을 이용하여 CSV로 저장한 뒤에, 파일을 업로드하면 되는 것이다.

이 기능은 책의 초반부에서 설명했으니, 자세한 샘플 데이터의 준비 및 업로드 과정은 앞으로 거슬러 가서 4부 "데이터를 적재하는 노하우"를 참고하기 바란다. 앞부분 내용을 참고했다고 생각하고 파일 업로드를 한 뒤에 결과를 확인하고, 인덱스 패턴 이름을 [그림 6-235]와 같이 등록한 뒤에 Import한다.(이 모든 과정은 책의 앞부분에 자세하게 설명했다.)

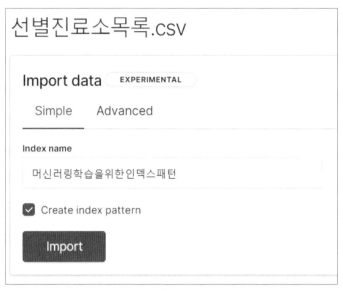

그림 6-235

[Import]를 누르면 [그림 6-236]과 같이 업로드한 파일이 엘라스틱서치에 인덱스로 등록되고, 파일이 업로드되어 처리되고, 인덱스 패턴이 생성되는 과정이 보인다.

그림 6-236

여기까지 처리되면 데이터의 분석 준비가 완료된 것인데, 여기에서 [Open in Data Visualizer]를 눌러 데이터의 자동분석 결과를 확인할 수 있다.

나머지 "View index in Discover", "Index Management", "Index Pattern Management", "Create Filebeat configuration" 기능은 모두 책의 앞부분에서 설명했으니 이를 참고하도록 하자. 여기서 봐야 할 부분은 "Open in Data Visualizer"다. 눌러서 이동해보자.

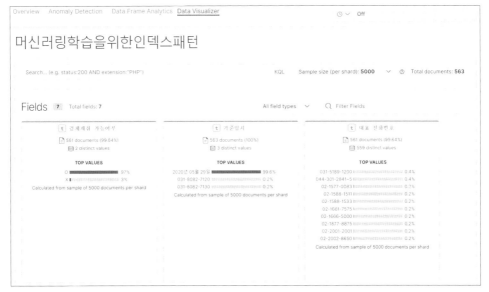

그림 6-237

이렇게 새로 만든 인덱스 패턴의 내역을 보여준다. 초반에 생성했던 샘플 데이터에는 일자 Field가 없기 때문에 일자 조건에는 "Off"라는 메시지가 보인다. 이 부분부터가 "Select an index pattern" 기능의 시각화와 동일하다고 보면 된다. 그럼 다시 처음으로 넘어가서 엘라스틱서치에서 제공하는 샘플을 사용한 결과를 확인해보자.(이제부터가 시작이다.)

머신러닝 기능의 초기 화면으로 이동해서 Select an index pattern 기능의 [Select index]를 눌러보자.

그림 6-238

[Select index]를 눌러서 "kibana_sample_data_flights" 인덱스를 선택한다. 이동해보면 조회된 데이터가 없는 경우도 있고, 바로 데이터가 보이는 경우도 있다. 필자의 경우에는 데이터를 적재한 지 한참 지난 뒤라 샘플 데이터를 적재한 일자가 많이 지난 상태다. 상단의 일자를 넉넉하게 "Last 15 years" 정도로 설정하면 된다.

그림 6-239

그리고 나면 [그림 6-240] 화면처럼 데이터 분석 결과가 보인다. 화면이 [그림 6-240]과 같다면 정상적으로 데이터 분석 결과가 보이는 것이다.

여기서 참고해야 할 부분은 파일을 업로드했을 때와 인덱스를 선택하여 분석했을 때의 결과가 약간 다르다는 것이다. 이미 등록된 Index를 선택하여 분석했을 때에는 Metric 분석이 가능한 Field를 따로 나눠 보여주고, 나머지 속성 데이터를 하단에 배치하여 보여준다. 화면이 넓어서 전체를 캡처하지 못했지만, 직접 데이터 분석을 따라하고 있다면 아래로 스크롤링하여 바로 확인할 수 있다.

그림 6-240

결과적으로 kibana_sample_data_flights 인덱스가 Metric 분석이 가능한 8개의 Field와 21개의 일반적인 Field로 구성된 것을 볼 수 있다. 위에서부터 하나씩 살펴보자. 관심 없이 보면 무심하게 넘어갈 것도 자세히 보면 색다른 점을 찾게 되니 집중해서 보는 것이 중요하다. 참고로 화면 오른쪽에 있는 [Use full kibana_sample_data_flights data]를 누르면 전체 데이터의 날짜 범위가 자동으로 설정된다. "Last 15 years"로 기간을 설정하는 것보다 더 좋을 수 있겠다.

그리고 버튼 하단을 보면 "Sample size (per shard) : 5000"라고 쓰여 있고, 뒤에 "Total documents : 13059"라는 총건수가 보인다. 눈치가 빠른 편이라면 알겠지만 Sample size는 분석 결과의 대상이 되는 데이터의 건수를 나타낸다. 현재 기준으로 보면, 13059건 중 5000건을 샘플링하여 분석 결과를 보여준다는 뜻이 된다. 샘플 데이터의 범위가 너무 작다고 느껴질 경우 각자 원하는 대로 사이즈를 조정하면 된다.

그럼 이제 분석 결과를 살펴보겠다. 모든 항목을 하나씩 살펴보는 것은 어려우므로, 타입별로 몇 가지만 보겠다.

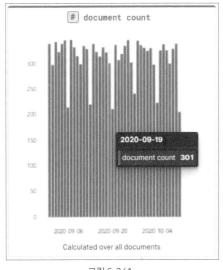

그림 6-241   그림 6-242

[그림 6-241]에서 가장 먼저 보이는 시각화는 시간대별 Documents의 건수를 보여주는 기능이다. Index Pattern의 기준일자로 지정된 Timestamp Field를 기준으로 X축의 일자를 보여주고, Y축인 세로축에 일자별 건수를 시각화하고 있다. 현재 샘플은 항공편과 관련된 데이터이기 때문에 일자별 항공편 스케줄의 건수를 보여준다고 보면 되겠다. 9월 19일의 항공편 건수는 301건이다.

다음은 항공권 금액에 대한 분석 결과의 시각화다. [그림 6-242]에서 "#"이라는 표시는 숫자 Field를 의미하는 아이콘이다. 현재 샘플 건수가 5,000건으로 설정되었으므로 둘째 줄에 5,000건의 데이터가 100%로 집계에 활용되었음을 볼 수 있다. 빈 값인 데이터가 있었다면 100% 미만의 숫자가 보였을 것이다.

다음으로는 "4970 distinct values"가 보이는데, 중복된 데이터를 제외한 건수, 다양한 종류의 항공권 티켓의 건수가 무려 90% 이상이라는 뜻이 된다. 엘라스틱서치에서 생성한 샘플 데이터라 이런 것 같다.

그다음은 "min", "median", "max"의 3가지 값을 보여준다. 최솟값, 중위값, 최댓값을 표시하는 일반적인 집계 정보라고 생각하면 될 것 같다. 그리고 다음에는 "Top values"와 "Distribution" 탭이 보인다. 기본 탭인 "Distribution"은 데이터의 분포를 보여주는 시각화 기능이고, "Top values"는 가장 많이 출현한 값 중 건수가 많은 순서로 데이터를 시각화하는 기능이다.

Top values	Distribution

$100.15   < 0.1%
$100.58   < 0.1%
$101.03   < 0.1%
$101.35   < 0.1%
$101.38   < 0.1%
$101.51   < 0.1%
$102.29   < 0.1%
$102.97   < 0.1%
$103.97   < 0.1%
$105.36   < 0.1%

Calculated from sample of 5000 documents per shard

그림 6-243

이렇게 종류별로 자주 출현하는 값을 상위에 보여준다. 항공권 가격이 90% 이상 중복되지 않기 때문에 모든 값이 0.1% 미만으로 보이는 것을 알 수 있다.

dayOfWeek

5,000 documents (100%)
7 distinct values

min	median	max
0	4	6

Top values	Distribution

5   18.6%
0   18.3%
6   17.7%
4   16.6%
3   12.5%
1   9.1%
2   7.2%

Calculated from sample of 5000 documents per shard

그림 6-244

[그림 6-244]의 시각화는 Day of week 항목으로 스케줄이 있는 요일이 어떤 요일인지를 시각화한 결과인데, 이처럼 0~6까지 일~토로 생각하여 판단해보면 금요일에 해당하는 5가 가장 많은 항공 스케줄이 있는 것으로 생각해볼 수 있다. 이렇듯 데이터가 어떻게 분포되는지 대략적인 내용을 볼 수 있도록 구성된다. 참고로 이 Field는 요일이기 때문에 "7 distinct values"로 보이는 것이다. 또 숫자형 Field들이 Metric 탭에 모두 모여 있는 것을 볼 수 있다. 나머지 항목들도 모두 비슷한 방법으로 데이터를 탐색해보면 알 수 있다.

다음은 숫자형 데이터를 제외한 나머지 Field들이 모여 있는 "Fields" 탭이다. 모두 캡처해서 보여주기엔 양이 많으므로 약간 중첩될 수는 있지만 Field 타입별로 니열해보겠다.

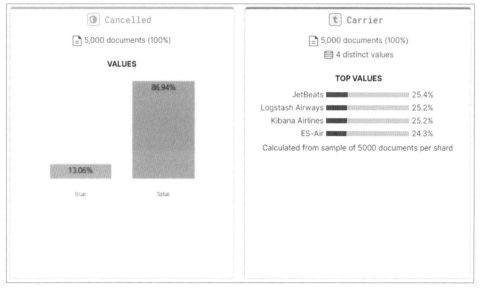

그림 6-245

첫 번째 항목은 Boolean 타입과 Text 타입의 Field가 보인다. 숫자가 아닌 관계로 최솟값, 중위값, 최댓값과 같은 데이터의 표현과 시각화 기능은 포함되지 않았다. 단지 값의 종류가 2개 타입인 경우에는 Boolean 타입으로 분류되는 것으로 보이고, 그보다 많은 경우에는 일반적인 Text 타입으로 값의 종류를 나열한다. 역시 샘플 데이터라 항공사별로 항공편 건수가 다양하지 않고 고르게 분포된 것을 볼 수 있다. 실제 데이터였다면 더욱 다양한 분포로 보이지 않았을까 생각된다.

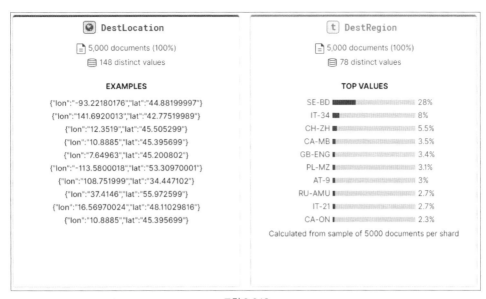

그림 6-246

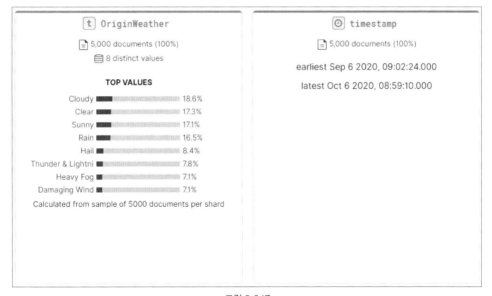

그림 6-247

[그림 6-246]은 지도 시각화에 사용했던 "DestLocation" Field다. 지도 시각화에 해당하는 아이콘은 잘 보이지는 않지만 지구본 모양으로 보인다. 값까지 지도에 보이면 좋

겠지만, 이 기능에서는 위도와 경도를 JSON 타입의 원문 값으로 보여준다. 특정 지역에 밀집된 모습을 바로 볼 수 있었다면 좋지 않았을까 하는 생각이 든다. 오른쪽에는 목적지에 대한 Field를 보여주는데 "SE-BD"라는 곳이 가장 많은 것을 볼 수 있다. 혹시 Search Engine, Big Database, 이런 것이 아닐까 하는 생각이 언뜻 스친다.

[그림 6-247]은 마지막으로 살펴볼 부분이다. 왼쪽은 일반적인 Text 타입의 Field이고, 오른쪽으로는 Timestamp Field가 보인다. 최초 집필을 시작한 기간과 데이터를 약간 조작했을 때의 흔적을 보여주듯이 Timestamp가 2일 정도로 나뉘는 것을 볼 수 있다. 이렇게 파일을 직접 업로드하거나 Index Pattern을 선택하는 것만으로 간편하게 데이터의 분포와 대략적인 정보를 확인할 수 있다. 간단하지 않은가?

이렇게 엘라스틱서치의 머신러닝 기능은 파일을 업로드하는 것만으로도 데이터를 다양한 시각으로 관찰할 수 있는 정보를 제공해 준다. 실무에서 데이터 분석을 시작하기에 앞서서 가장 먼저 해야 하는 것으로 데이터의 품질과 데이터의 유형을 분석하는 작업들이 우선 수행되어야 한다.

이러한 작업들은 생각보다 많은 기간에 걸쳐 수행되는 경우가 많은데, 엘라스틱서치의 이런 기능들을 활용한다면 생각보다 손쉽게 데이터의 분포나 유형들을 확인할 수 있을 것이다. 파일 크기가 약 100MB밖에 안 된다는 점이 좀 아쉽긴 하지만 개인이 보유한 데이터를 분석한다는 관점에서 본다면 100MB도 충분하다고 본다. 단, 필요한 경우 100MB의 설정은 Kibana의 Advanced Setting 메뉴에서 1GB까지 변경 가능하다.

머신러닝은 한마디로 인간이 해야 할 일을 기계가 대신하게 하는 기술이기 때문에, 그에 알맞은 기본적인 기능만 탑재했다고 보면 될 것 같다. 이상으로 키바나에서 제공하는 머신러닝 기능에 대해 알아보았다. 무상 라이선스에서 제공하는 기능임에도 매우 유용하게 사용할 수 있을 것이라고 생각한다.

8. Metric

이번에 설명할 키바나의 시각화 기능은 이제 그 이름이 익숙해진 Metric이다. 그런데 앞에서 살펴본 기능과는 약간 다른 기능이다. 여기서의 Metric은 잘만 사용하면 특별한 조작 없이 아주 유용하게 사용할 수 있는 자동화 기능이라고 볼 수 있다. 시스템의 상태를 모니터링하거나 내 컴퓨터의 리소스 사용 상태를 모니터링하는 등의 다양한 분석을 할 수 있다.

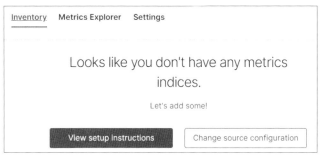

그림 6-248

일단 기능의 사용법을 소개하겠다. 처음 화면에 들어가면 [그림 6-248]과 같은 메시지가 보인다. "Looks like you don't have any metrics indices." 즉 현재 생성된 Metric이 없다고 한다. 이때 "View setup instructions"를 눌러보자.

그림 6-249

[그림 6-249]처럼 Metrics 탭에 다양한 카드 형태의 데이터 종류가 보인다. 엘라스틱서치에서 제공하는 기본 기능을 이용하여 연계할 수 있는 대상 서비스의 목록을 보여준 것이다. 개발자라면 익숙한 이름이 많을 것이다. Apache나 AWS와 같이 요즘 유행하는 다양한 서비스를 볼 수 있다. 이러한 서비스에 대한 접속 정보와 권한만 있다면 모두 연결해볼 수 있다.

모두가 해볼 수 있는 샘플을 사용해야 할 텐데, 우리는 엘라스틱서치를 구성하여 실습하고 있으므로 책을 보고 있는 모든 분이 엘라스틱서치 서버를 구동 중일 것이다. 목록의 왼쪽에서 오른쪽 순으로 14번째를 보면 "Elasticsearch metrics"가 보인다. 클릭해보자.

그림 6-250

제목 하단에 설명된 내용에 의하면 Metricbeat 모듈을 이용하여 일정 간격으로 엘라스틱서치로부터 Metrics(집계 정보)를 읽어온다. "View exported fields"는 아래부터 나올 설정 값에 대한 매뉴얼 페이지로 이동하는 버튼이다. 버튼을 누르면 엘라스틱서치 홈페이지로 이동한다.

그리고 하단의 버튼 중 "Self managed"는 말 그대로 내 컴퓨터에 설치된 엘라스틱서치를 사용하는 경우, "Elastic Cloud"는 클라우드상에 설치된 엘라스틱서치 서버를 사용하는 환경에서 Metrics 기능을 사용하는 경우에 선택하는 버튼이다. 이 책의 독자들이 실습을 하기 위해 자신의 PC에 엘라스틱서치를 설정하여 사용하리라는 생각하에 "Self managed" 기준으로 설명을 이어가겠다.

글로벌 제품답게 각국에서 사용하는 제품 설치 방법을 탭에 안내하고 있다. 우리는 원도우 기반으로 개발 환경을 구축하고 있으므로 "Windows"를 선택한다.

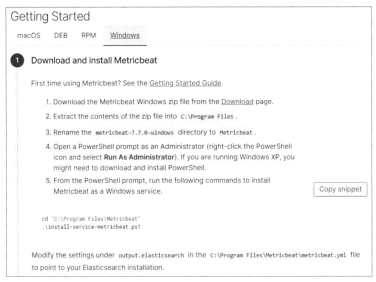

그림 6-251

첫째로, Metricbeat를 다운로드하고 설치하라고 설명하고 있다. 순서는 [그림 6-251]의 안내를 따라하면 된다. Beats의 사용법은 책의 초반에 설명했으니, 자세한 내용은 4부 "데이터를 적재하는 노하우"를 참고하자. 여기서는 위 내용처럼 설정하고 결과만 보여 주겠다.(참고로 집필하는 동안 엘라스틱서치 버전이 재차 업그레이드되었다. 현재 기준 으로는 7.9.3버전을 다운로드할 수밖에 없는데, 이 점을 양해해주기 바란다. 사용하는 데 큰 차이는 없다.)

PowerShell이 정상적으로 실행되지 않을 때의 조치

간혹 엘라스틱서치에서 제공하는 가이드대로 Metricbeat 서비스가 생성되지 않는 경우가 있다. 이때 ".\install-service-metricbeat.ps1" 구문을 실행하여 다음과 같은 오류가 발생할 경우 조치할 사항을 적 어본다.

오류 내용 ——————————————
PS C:\Program Files\Metricbeat> .\install-service-metricbeat.ps1

.\install-service-metricbeat.ps1 : 이 시스템에서 스크립트를 실행할 수 없으므로
C:\Program Files\Metricbeat\install-service-metricbeat.ps1 파일을 로드할 수 없습니다.

자세한 내용은 about_Execution_Policies(https://go.microsoft.com/fwlink/?LinkID=135170)를 참
조하십시오. 위치 줄:1 문자:1
+ .\install-service-metricbeat.ps1
+ ~~~~~~~~~~~~~~~~~~~~~~~~~~~~~~~~
    + CategoryInfo   : 보안 오류: (:) [], PSSecurityException
    + FullyQualifiedErrorId : UnauthorizedAccess

위와 같은 오류가 빌생할 수 있다. 그럴 경우에는 다음과 같이 제약사항을 해제하고 실행하면 정상적으
로 실행되는 것을 볼 수 있다.

해결 방법 ----------------------------
PS C:\Program Files\Metricbeat> ExecutionPolicy
실행 결과 : Restricted
PS C:\Program Files\Metricbeat> Set-ExecutionPolicy unrestricted
    실행 규칙 변경
    실행 정책은 신뢰하지 않는 스크립트로부터 사용자를 보호한다. 실행 정책을 변경하면 about_
    Execution_Policies 도움말 항목(https://go.microsoft.com/fwlink/?LinkID=135170)에 설명된 보
    안 위험에 노출될 수 있습니다. 실행 정책을 변경하시겠습니까?
    [Y] 예(Y) [A] 모두 예(A) [N] 아니요(N) [L] 모두 아니요(L) [S] 일시 중단(S)
    [?] 도움말 (기본값은 "N"): Y
PS C:\Program Files\Metricbeat> ExecutionPolicy
실행 결과 : Unrestricted

위와 같이 실행 규칙을 변경하면 엘라스틱서치에서 제공한 파일을 실행할 수 있다.
PS C:\Program Files\Metricbeat> .\install-service-metricbeat.ps1
    Status   Name   DisplayName
    ------   ----   -----------
    Stopped   metricbeat   metricbeat

[그림 6-251]의 1번에 가이드된 내용을 모두 실행하고 정상적으로 실행되었는지 확인
하려면 [그림 6-252]와 같이 작업표시줄의 시작 버튼 옆에 있는 입력칸에 "서비스"를
입력한다.

그림 6-252

그리고 나오는 창에서 "서비스" 앱을 실행한다.

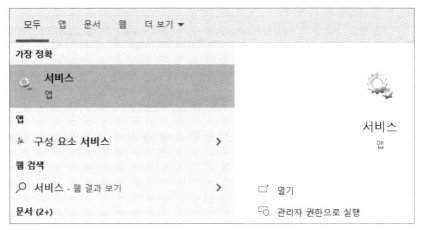

그림 6-253

위와 같이 서비스 앱을 눌러 실행한다. 그러면 [그림 6–254]와 같이 metricbeat 서비스가 정상적으로 추가된 것을 볼 수 있다.

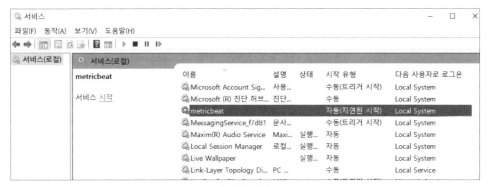

그림 6-254

이로써 1번에 가이드된 내용을 완료했다. 다음은 설정파일을 수정하는 내용이다.

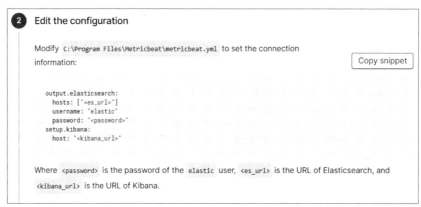

위와 같이 Metricbeat에 있는 metricbeat.yml 설정파일을 열어서 가이드대로 수정한다.

```
output.elasticsearch:
  # Array of hosts to connect to.
  hosts: ["localhost:9200"]
  # Authentication credentials - either API key or username/password.
  #api_key: "id:api_key"
  #username: "elastic"
  #password: "changeme"

setup.kibana:
  host: "localhost:5601"
```

약간 다르지만 위처럼 수정하면 된다. 엘라스틱서치는 오픈 라이선스이기 때문에 보안 기능이 없으므로, username과 password를 입력할 필요가 없다. setup.kibana의 설정은 현재 컴퓨터에 직접 설치된 키바나를 사용하기 때문에 localhost:5601로 설정했다. 이대로 저장하면 2단계도 끝난다. 참고로 metricbeat.yml 파일을 열 때에도 꼭 관리자 모드로 실행하기 바란다. 그렇지 않으면 수정된 파일이 저장되지 않는 경우가 생긴다.

셋째로, Metricbeat에서 엘라스틱서치에 데이터를 넣을 수 있도록 설정을 enable로 변경한다.

그림 6-256

실행 결과(윈도우의 PowerShell)

PS C:\Program Files\Metricbeat> .\metricbeat.exe modules enable elasticsearch
실행결과 : Enabled elasticsearch

[그림 6-251] 3번의 마지막에 있는 가이드를 보면 modules.d의 하단에 뭔가 변화가 있음을 알려주는데, modules.d로 가보면 elasticsearch.yml 파일의 이름 뒤에 "disabled"라는 메시지가 없는 것을 볼 수 있다. 그렇다면 정상적으로 실행된 것이라고 봐도 된다.

자, 마지막으로 Metricbeat를 실행한다.

그림 6-257

생각보다 설치하는 데 시간이 오래 걸린다. 처음에 Index 설정을 먼저 완료하고, 대시보드를 자동으로 생성한다. 필자의 경우에는 대시보드를 생성하는 데 약 2분이 걸렸다. "Loaded dashboards" 메시지가 나오면 정상적으로 실행된 것이다.

아래는 실제로 필자가 실행한 결과를 복사해서 넣은 것이다. 참고하자.

```
PS C:\Program Files\Metricbeat> .\metricbeat.exe setup
Overwriting ILM policy is disabled. Set `setup.ilm.overwrite: true` for enabling.

Index setup finished.
Loading dashboards (Kibana must be running and reachable)
Loaded dashboards
PS C:\Program Files\Metricbeat> Start-Service metricbeat
PS C:\Program Files\Metricbeat>
```

마지막으로 실행된 결과를 볼 차례다.

그림 6-258

[Check data]를 눌러보자.

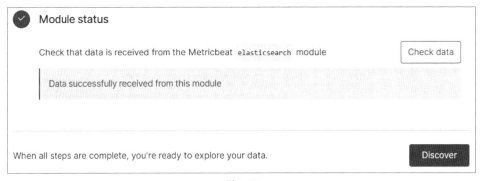

그림 6-259

이렇게 마지막 단계의 상태가 바뀌는 것을 볼 수 있다. 이제 [그림 6-259] 화면의 맨 아래에 있는 [Discover]를 눌러 실제 데이터가 적재된 현황을 확인해보자. Discover로 처음 이동하여 새로 추가된 Metricbeat가 바로 보이면 좋을 텐데, 그렇지는 않다.

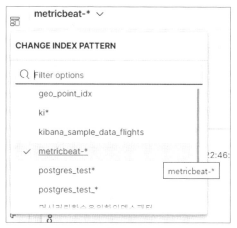

그림 6-260

[그림 6-260]처럼 새로 추가된 "metricbeat-*"를 선택하여 현황을 확인해보자. 그럼 엘라스틱서치의 가이드에 따라 실시간으로 데이터를 수집하는 현황을 확인할 수 있다.

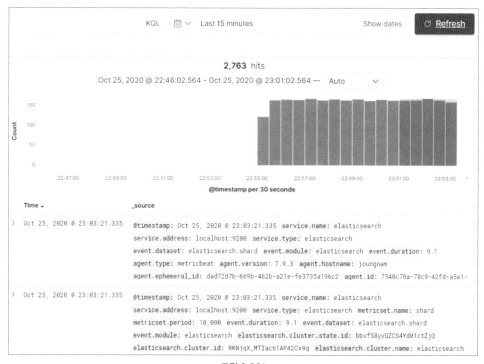

그림 6-261

이렇게 실시간으로 현재 내 컴퓨터에 설치된 엘라스틱서치의 데이터가 수집되는 현황을 볼 수 있다. 실시간 데이터가 수집되는 현황을 확인했다면 이제 metricbeat를 Setup할 때 봤던 대시보드에는 어떤 내용이 생성되었는지 확인해봐야 하지 않을까?

Dashboard 메뉴로 넘어가보자. 그러면 놀랄 수도 있다. 자신이 의도하지 않은 대시보드가 상당히 많이 생성되었음을 볼 수 있다. 아마도 metricbeat에서 제공하는 모든 대시보드가 추가된 모양인데, 우리가 연동한 데이터는 엘라스틱서치에 대한 데이터만 연계했기 때문에 엘라스틱서치 대시보드를 찾아서 봐야 한다.

그런데 아쉽게도 엘라스틱서치와 관련된 Dashboard가 별도로 존재하진 않는다. 다만, 기본 데이터 연계 중에 연계된 시스템의 리소스 정보가 함께 연동되었기 때문에 아래 Dashboard의 경우에는 시각화 결과를 일부 확인해볼 수 있다. 바로 "[Metricbeat System] Host overview ECS" 대시보드인데 접속해보면 [그림 6-262]와 같은 시각화 대시보드를 확인할 수 있다.

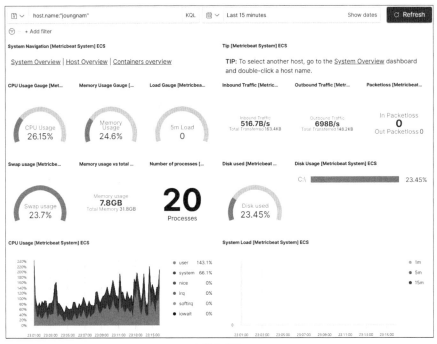

그림 6-262

CPU의 사용량을 포함하여 메모리 사용량, 디스크 사용량 등을 실시간으로 볼 수 있는 Dashboard다. 사실 이런 대시보드를 개발사에 요청하여 구축하려면 비용을 얼마나 지불해야 할까? 생각해보지 않을 수 없는 부분이다. 그러나 무엇보다 포인트는 지금 보고 있는 이러한 시각화 기능이 사실은 10분도 채 걸리지 않은 시간에 마우스 몇 번의 클릭과 몇 개의 명령문으로 구축되었다는 점이 아닐까.

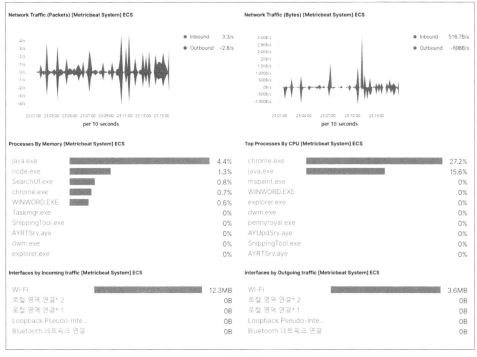

그림 6-263

심지어는 이렇게 윈도우의 인바운드와 아웃바운드 정보까지 확인해볼 수 있고, 현재 실행 중인 프로세스의 정보까지 연동이 가능하다. 이렇게 Metrics 기능을 이용하면 아주 간단한 방법으로 고급진 시스템 모니터링 기능을 구축해낼 수 있다. 사용법이 간단하므로 엘라스틱서치와 윈도우 외에 다른 Metrics도 설정하여 사용해보면 좋을 것 같다. 여기서 주목해야 할 점은 데이터의 연계와 시각화 차트의 생성과 대시보드의 생성까지 모두 자동화하여 원클릭으로 만들어냈다는 놀라운 사실이다!

여기서 끝이라고 생각하고 있는가? 아직 끝이 아니다. 우리는 지금까지 metricbeat를 실행하고, Metric 기능의 일부인 Dashboard를 보았을 뿐이다. 지금부터는 Metrics의 본격적인 기능에 대해 알아본다. Dashboard를 충분히 만끽했다면, 다시 왼쪽에 있는 [Metrics]를 눌러 메뉴로 이동하자. 처음 본 화면과 달라진 것을 볼 수 있을 것이다. 설정이 제대로 되었다면 [그림 6-264]와 같은 화면을 볼 수 있을 것이다.

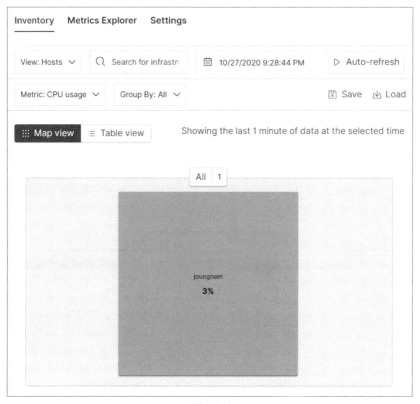

그림 6-264

먼저 Inventory 탭을 살펴보자. [그림 6-264] 왼쪽의 "view: Hosts"를 클릭하면 metric에서 제공하는 기본적인 시각화 종류를 설정할 수 있다. 기본 설정으로 등록했다면 "Hosts", "Kubernetes Pods", "Docker Containers", "AWS"의 4개가 보인다. 그리고 AWS의 경우에는 "EC2 Instances", "S3 Buckets", "RDS Databases", "SQS Queues" 등의 AWS를 위

한 시각화 정보가 제시된다. 우리는 기본으로 설정된 Hosts View를 보겠다.

순서대로 "Metric: CPU usage"를 눌러보면 Hosts의 상태를 볼 수 있는 다양한 Metric(집계) 정보를 선택할 수 있다. 현재는 "Metric: CPU usage"가 선택되었고, 내 CPU가 현재 일을 안 하고 놀고 있음을 알 수 있다. Metric에서는 "CPU usage", "Memory usage", "Load", "Inbound traffic", "Outbound traffic", "Log rate" 등의 정보를 선택할 수 있고, "Add Metric" 메뉴를 통해 추가할 수 있다.

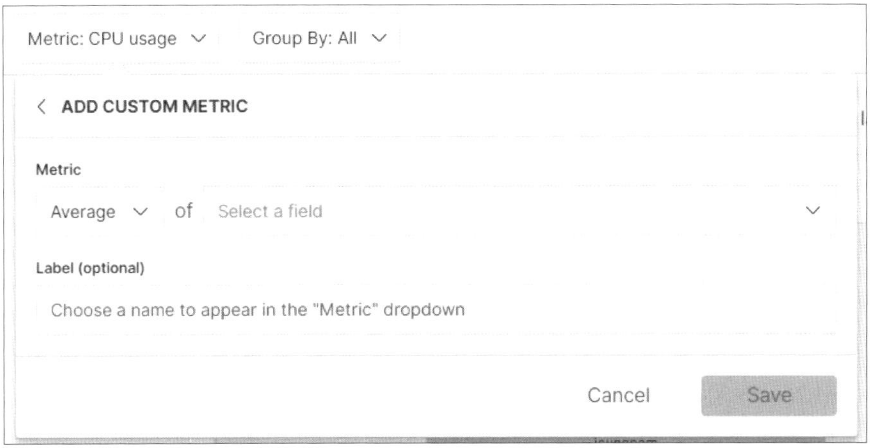

그림 6-265

[그림 6-265]와 같이 Add Metric 기능을 통해 Metric의 종류와 Index의 Field를 선택할 수 있다. 다시 [그림 6-264]를 보면 "Group By"에서는 다양한 조건으로 Metric의 결과를 Group으로 묶어서 볼 수 있다. 한 번씩 사용해자. 오른쪽 위에는 기존 시각화와 비슷하게 시간조건을 적용할 수 있도록 일자 입력 기능이 제공된다. 그 아래에는 "Save"와 기존에 저장한 View를 불러올 수 있는 "Load" 기능이 제공된다. 하단의 시각화 부분은 기본적으로 Map view를 보여주게 되어 있는데, [Table view]를 누르면 테이블 형태로 시스템의 현황을 볼 수 있다.

Inventory 탭을 살펴보았으니 다음 탭인 Metrics Explorer로 넘어가자. 역시 데이터를 조회하는 것 외에 시각화를 위한 탭을 준비했다.

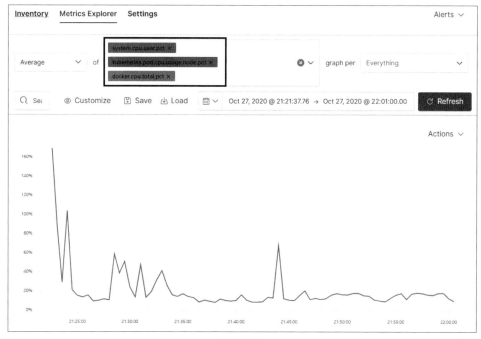

그림 6-266

[그림 6-266]과 같이 그래프를 통해 실시간 현황을 볼 수 있도록 제공한다. 그림 상단에 박스로 표시한 부분을 보자. 파란색(첫째 칸), 붉은색(둘째 칸), 녹색(셋째 칸)의 설정 정보가 보이는데, 현재는 시스템 정보만 metricbeat가 수집하고 있으므로 파란색 그래프만 보인다.

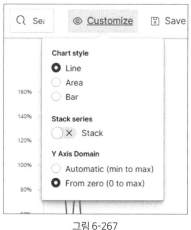

그림 6-267

다른 시각화 기능과 마찬가지로, UI는 약간 다르지만 시각화 기능의 모양과 스타일을 바꿀 수 있는 옵션도 제공한다. 물론 시각화 결과를 마우스로 드래그하여 일자의 범위를 지정할 수도 있다. 그리고 유상 버전으로 제공하는 추가 기능이 하나 있는데 이런 기능이 있다는 정도만 알면 된다.

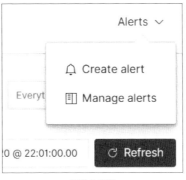

그림 6-268

알림 기능을 설정하거나 관리할 수 있는 기능이다. 임계치 설정을 통해 특정 값에 도달하면 알람을 표시하도록 하는 기능이다. X-pack 기능으로서 유상 라이선스일 때 활용 가능하다.

마지막으로 "Settings" 탭이 남았는데, 이곳에서는 Metrics 기능의 기초가 되는 Index와 몇몇 설정을 할 수 있으니, 한 번씩 조정해서 적용해보면 된다. 특별한 이유가 없다면 그대로 기본 설정으로 두어도 괜찮다. 그럼 이 정도로 Metrics 기능에 대한 소개도 마치겠다.

9. Logs

이번 기능은 Logs다. Metrics에 이어서 이번에도 시스템 모니터링과 관련된 기능이다. 빅데이터를 겨냥한 엘라스틱서치인데, 주로 시스템 모니터링과 관련된 부분에 집중했다는 느낌이 많이 드는 대목이다.

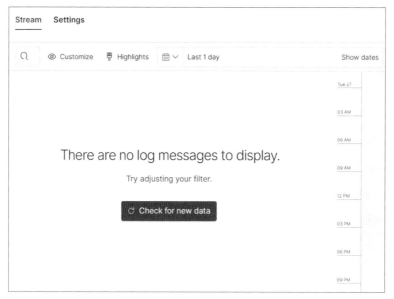

그림 6-269

첫 화면을 보면, 역시 뭔가를 설정해주길 바라는 듯 메시지와 버튼을 보여준다. 그리고 오른쪽에는 일자로 보이는 시간 정보를 보여주는데, 아마도 뭔가를 설정해주면 위에서 아래로 로그 데이터를 시각화해주지 않을까 기대해본다. [그림 6-269]의 중앙에 있는 [Check for new data] 버튼을 눌러봐도, 별다른 반응이 없을 것이다. 그 이유는 Settings 탭에서 먼저 설정을 해줘야 뭔가가 보이기 때문이다.

Settings 탭으로 이동하면 "Indices" 설정이 보일 것이고, 지금까지 잘 따라왔다면 다음과 같이 filebeat와 kibana의 항공편 샘플 인덱스가 설정되었을 것이다.

변경 전 : filebeat-*,kibana_sample_data_logs*
변경 후 : filebeat-*,kibana_sample_data_logs*, metricbeat-*

여기에 우리가 추가한 "metricbeat-*"를 추가해주자. 그럼 시스템 로그가 적용되어 시각화되기 시작할 것이다. 다시 "Stream"으로 넘어가자.

Stream	Settings		
🔍 👁 Customize 🖌 Highlights 📅∨ Last 1 day			Show dates
Oct 27, 2020	event.dataset	Message	Tue 27
22:28:18.166	elasticsearch.shard	failed to find message	
22:28:18.166	system.network	failed to find message	
22:28:18.166	system.network	failed to find message	03 AM
22:28:18.166	system.network	failed to find message	
22:28:18.166	system.network	failed to find message	06 AM
22:28:18.166	system.network	failed to find message	
22:28:18.166	system.process	failed to find message	
22:28:18.166	system.process	failed to find message	09 AM
22:28:18.166	system.process	failed to find message	
22:28:18.166	system.process	failed to find message	12 PM
22:28:18.166	system.process	failed to find message	
22:28:18.166	system.process	failed to find message	
22:28:18.166	system.process	failed to find message	03 PM
22:28:18.166	system.process	failed to find message	
Showing entries until Oct 27, 22:28:18			06 PM
	Stream live		09 PM

그림 6-270

이렇게 벌써 뭔가가 조회되고 있다. 조금 아쉬운 점은 실제 로그 파일을 연동했다면 "Message"에 뭔가가 보였을 텐데, 아쉽게도 로그 포맷이 맞지 않아서 "failed to find message"만 보인다. 이 정도는 애교로 봐주기 바란다. 이 상태에서 하단의 [Stream live]를 누르면 실시간으로 적재되는 로그의 현황을 보여준다. 그리고 오른쪽의 시간 정보를 클릭하면 클릭한 시간대로 로그 위치가 변경되는 것을 볼 수 있다.

왼쪽 상단의 돋보기 아이콘을 누르면 로그의 내용도 검색할 수 있다. 로그를 매우 편하게 볼 수 있으니, 로그를 좀 더 효과적으로 보고 싶다면 로그 파일을 엘라스틱서치에 연동하는 것도 좋은 방법일 것이다. Logs 기능은 이 정도로 설명하고 마무리하겠다.

10. APM

이 기능도 시스템을 모니터링하기 위한 기능이라고 볼 수 있다. 개발자나 서버 엔지니어라면 아주 익숙한 명칭이 아닐까 싶다. 초기 화면으로 가보면 역시나 뭔가를 설정해서 빨리 사용해보라고 안내하고 있다.

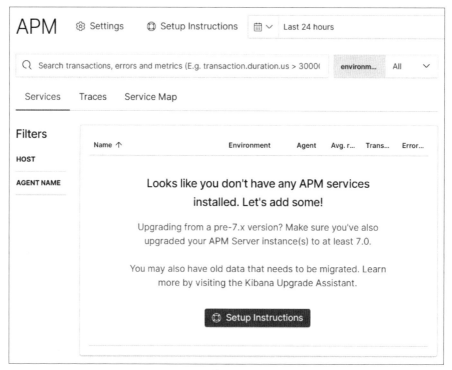

그림 6-271

아직도 APM을 안 써보았느냐면서, 어서 사용해보라고 안내하는 내용이다. "Setup In-structions"를 눌러 설정을 시작해보자. 누르면 익숙한 화면으로 이동하는데, Metricbeat 설치 방법과 비슷하다. 설치하는 방법은 거의 동일하고 모듈 이름만 "apm-server"라는 점이 큰 차이라면 차이점이다.

이전에 metricbeat를 설치해보았으니, 이번에는 캡처 없이 설치 중에 발생할 수 있는 문제들만 간단하게 짚어본다. 자세한 설치 과정이 궁금하다면 앞서 설명한 "Metrics"의 설치 과정을 참고하기 바란다. APM Server의 설치 가이드에 따라 다운로드 후에 설정해보겠다.

가이드대로 다운로드한 뒤에 설치하고 나면 [그림 6-272]와 같이 명령 실행 결과와 작업 관리자의 서비스 탭에 "apm-server" 서비스가 추가된 것을 볼 수 있다.

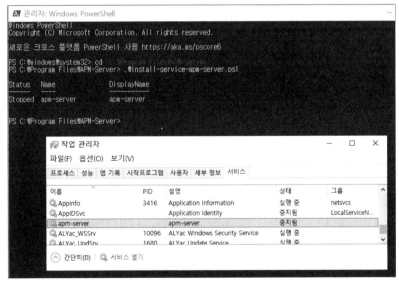

그림 6-272

서비스가 시작되고, 키바나의 가이드에서 맨 아래에 있는 [Check APM Server status]를 누르면 [그림 6-273]처럼 Setup이 완료되었다는 메시지를 보여준다. 꼭 눌러서 확인해보자.

APM-Server가 [그림 6-273]처럼 체크되었다면, 이번에는 위 APM-Server에 내 애플리케이션의 정보를 전달해줄 APM-Agent를 설정해야 한다. 설정하는 방법은 다음과 같이 가이드히는데, 키바나의 설명만 봐서는 정상적으로 처리되도록 설정하기가 어렵다.

```
java -javaagent:/path/to/elastic-apm-agent-<version>.jar \
  -Delastic.apm.service_name=my-application \
  -Delastic.apm.server_urls=http://localhost:8200 \
  -Delastic.apm.secret_token= \
  -Delastic.apm.application_packages=org.example \
  -jar my-application.jar
```

위처럼 가이드하고 있는데, 그대로 사용하면 실행되는 것을 보기 힘들다. 일단 샘플로 사용할 애플리케이션이 필요하고, 애플리케이션의 패키지에 맞춰 설정해야 정상적으로 APM Server에 데이터가 전달된다. 필자의 경우는 다음과 같이 설정파일을 변경하여 실행했다.

```
java -javaagent:C:\elastic-apm-agent-1.18.1.jar #APM-Agent jar 파일
  -Delastic.apm.service_name=elk_etl_apm_server_test #키바나에 보일 APM Server의 명칭
  -Delastic.apm.server_urls=http://localhost:8200 #데이터를 받을 APM-Server의 경로
  -Delastic.apm.secret_token=
  -Delastic.apm.application_packages=elkdp.elk.etl #모니터링할 패키지 경로(매우 중요)
  -jar etl-exec.jar   #실행이 가능한 jar 형태의 애플리케이션(책의 서론부에 spring batch
사용)
```

위처럼 실행하면 다음과 같이 애플리케이션으로 사용되는 ETL 프로그램이 실행되며

구동되는 것을 볼 수 있다.

그림 6-274

다시 말하지만, 이 애플리케이션은 책의 서론 중 데이터를 적재하는 방법에서 사용된 ETL 프로그램이다.

이어서 설명하면, 위처럼 실행이 완료되고 나면 APM-Agent가 내 ETL 프로그램을 구동함과 동시에 모니터링하는 상태가 된다. 이 시점에서 키바나의 가이드에 있는 [Check agent status]를 누르면 [그림 6-275]처럼 데이터 수신에 성공했다고 알려준다.

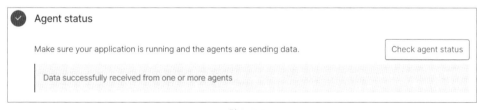

그림 6-275

마지막으로 [Load Kibana objects]를 눌러서 시각화 기능까지 생성을 완료하고 [Launch APM]을 눌러보자.

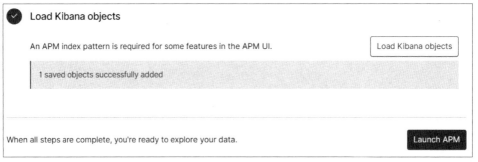

그림 6-276

실행하고 나면 [그림 6-277]처럼 필자가 추가한 "elk_etl_apm_server_test"가 생성되었음을 볼 수 있다. 그리고 그 아래를 보면 화면에 보이지는 않지만 "Avg. response time", "Trans. per minute", "Errors per minute" 이렇게 순서대로 평균 데이터 수신시간, 분당 트랜잭션 전송량, 에러 등의 정보를 목록으로 보여준다.

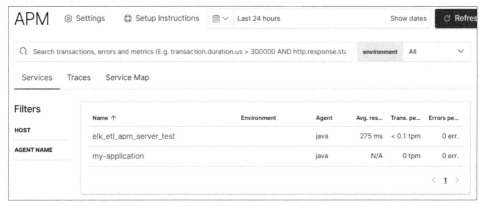

그림 6-277

[elk_etl_apm_server_test] 시각화 이름을 누르고 제공하는 시각화 기능을 살펴보면 [그림 6-278]과 같이 목록에 보이는 수치를 시각화한 결과를 확인할 수 있다.

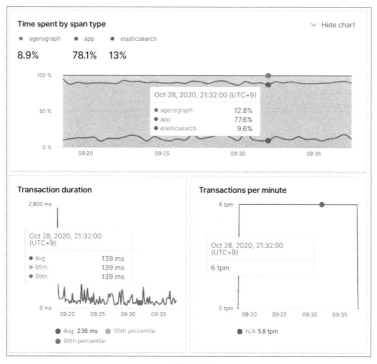

그림 6-278

그리고 좀 더 좋은 기능이 다음에 이어지는데 시각화 기능의 하단을 보면 "Transactions" 라는 메뉴가 보인다. 이 기능은 마침 샘플로 사용한 애플리케이션이 배치여서 빛을 보는 것 같은데, 배치 프로그램에서 실행 중인 JOB의 실행 내역을 확인할 수 있도록 시각화 기능을 제공한다.

Transactions				
Name	Avg. durat...	95th perc...	Trans. per ...	Impact. ↓
quartz-batch.ELK0101001Dtl	216 ms	500 ms	5.9 tpm	

‹ 1 ›

그림 6-279

이렇게 Transaction Name에 배치 프로그램의 클래스가 목록으로 제공된다. Name을 눌러 내용을 살펴보자.

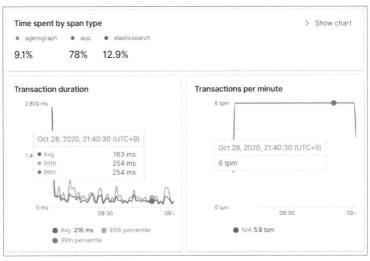
그림 6-280

상단에는 배치 프로그램에서 소스로 사용하는 그래프 데이터베이스가 보인다. app은 배치 프로그램 자체인 것으로 생각되고, elasticsearch는 타깃 시스템으로 사용되는 엘라스틱서치다. 각 애플리케이션별로 실행된 비중을 백분율로 보여준다. 그리고 Transaction duration은 이 트랜잭션에 대한 지속시간, 실행시간이라고 보면 된다. 이러한 정보를 실시간으로 확인할 수 있도록 제공한다.

그림 6-281

[그림 6-281]의 시각화는 트랜잭션 지속시간의 누적 정보를 시각화한 것으로 대부분의 기능이 두 번째 기둥에 해당하는 시간에 처리됨을 볼 수 있다.

마지막으로 Trace 정보도 확인이 가능한데, 애플리케이션에서 사용한 쿼리 정보를 수집하여 처리 시간별로 시각화하여 제공한다.

그림 6-282

내용을 보면 프로그램 안에서 실행되는 모든 쿼리를 수집하여 시각화하는 것을 알 수 있다. 물론 쿼리를 클릭하면 실행된 SQL의 전체 내용을 확인하는 것도 가능하다.

그림 6-283

잘만 사용하면 내 시스템을 모니터링하기 위한 관제 시스템으로 제 역할을 톡톡히 해줄 것 같다. Trace 탭 옆에 있는 Metadata 탭에는 모니터링 시 수집한 다양한 변수 값이 제공되니 한번 살펴보는 수준으로 넘어가면 될 것 같다.

그리고 Transactions 탭에서 제공하는 기능 외에 Errors, JVMs 탭은 일반적인 내용이므로 직접 살펴보면 되겠다. 마지막에 있는 Service Map은 X-pack에 포함된 기능이므로 책 후반부에 기회가 된다면 소개하겠다. 이렇게 APM-Server를 사용하면 무료 기능을 통해서도 다양한 모니터링을 할 수 있다.

11. Uptime

로그 데이터를 연동하여 시스템 상태를 모니터링하는 기능이다. 역시 이번에도 모니터링이다. 초기 화면으로 들어가면 이번에도 역시 Index를 내놓으라는 듯이 Index 설정을 위한 버튼이 보인다. [Configure Heartbeat]를 눌러 이동해보자.

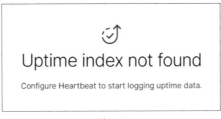

그림 6-284

그러면 어느 정도 익숙해진 키바나의 Uptime 튜토리얼 페이지로 이동된다. 이번에도 설정 방법이 비슷하므로 상세한 설명 없이 결과만 공유하겠다. 다시금 이야기하지만 튜토리얼의 사용법은 metricbeat 설정 시 소개한 바 있으니 돌아가서 확인해보자.

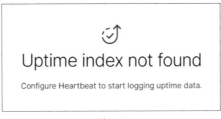

그림 6-285

설정에 특별한 점이 없고 그대로 따라하면 되므로, 특별한 문제가 없는 한 [Check data] 를 누르면 [그림 6-285]과 같은 메시지를 볼 수 있을 것이다. [Uptime App]을 눌러 시각화 화면으로 이동하자.

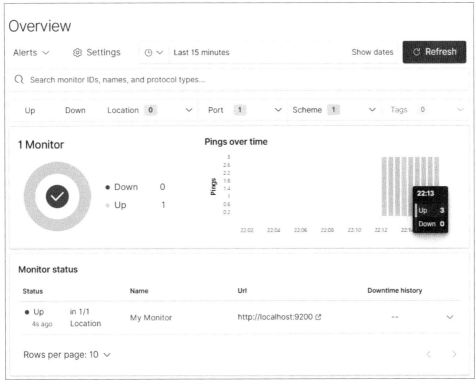

그림 6-286

그러면 이렇게 Down과 Up 상태 값을 이용하여 시스템이 정상적으로 동작 중인지 확인할 수 있는 ping 테스트 정보를 볼 수 있다. 아래 My monitor를 클릭하면 http://localhost:9200에 대한 정보를 확인할 수 있는 시각화 기능을 제공한다. 이것은 개별적으로 한번 살펴보면 될 것 같다. 이 기능과 APM-Server와 같은 기능을 함께 사용해서 시너지를 낼 수 있다고 설명하고 있다.

12. SIEM

이것도 역시 시스템 모니터링과 관련된 기능으로 보안과 관련된 시스템의 위협사항, 네트워크를 포함한 리소스 활용 등의 전반적인 정보를 시각화하는 기능이라 생각하면 될 것 같다. 이 기능은 전문성이 있는 기능이기 때문에 간단한 사용법만 훑어보고 넘어가려고 한다.

우선 첫 화면으로 가면 보이는 데이터가 없는데, 특이하게도 이 기능에는 Index 설정을 재촉하는 메시지가 보이지 않는다. 그럼, 알아서 데이터를 연결해보자. 오른쪽 상단을 보면 [Add Data] 버튼이 있다. 버튼을 눌러 이동해보자.

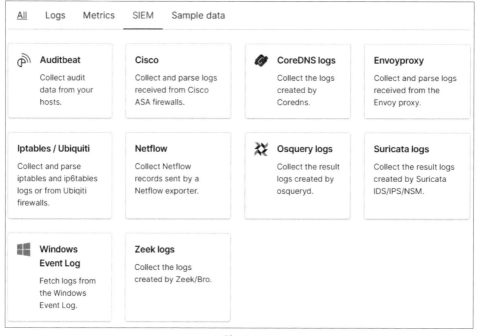

그림 6-287

[그림 6-287]처럼 다양한 정보를 수집하여 시스템을 감시할 수 있다. 현재 사용 중인 운영체제가 대부분은 Windows Event Log일 테니 눌러보자. 그러면 또다시 키바나의 튜토

리얼이 보인다. 내용에 따라 설정을 완료해보자.

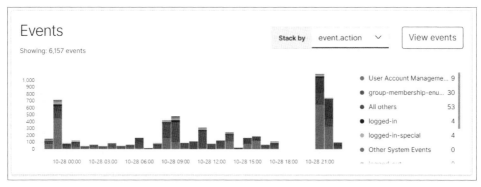

그림 6-288

튜토리얼대로 진행한 뒤에 [Check data]를 눌러 상태를 확인하고, [SIEM App]을 눌러 이동해보자. 그래도 보이는 내용이 별로 없다. 현재 제공 중인 기능이 네트워크나 외부 통신 등의 다양한 정보를 제공하는 beat를 실행해야 하는데, 이 작업은 책의 주제에서 벗어난다. 따라서 필요한 데이터를 적용하는 방법과 Window를 모니터링하는 기능까지만 알아본다.

우선 "Overview"의 하단을 보면 Events 시각화를 이용하여 내 컴퓨터에서 발생하고 있는 Events를 시각화하고 있다.

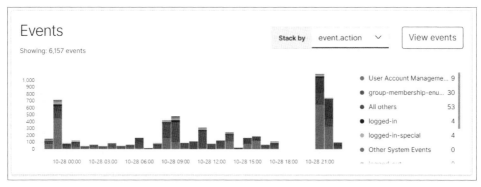

그림 6-289

좀 더 아래로 이동해보면 [그림 6-290]과 같이 Winlogbeat가 실행되고 있음을 알 수 있다.

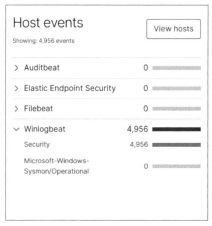

그림 6-290

세부 내용을 살펴보자.

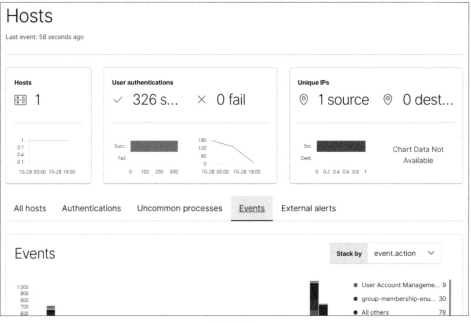

그림 6-291

이렇게 현재 컴퓨터에서 발생하는 다양한 이벤트 정보를 수집하여 시각화하고 있다. 사실 네트워크와 관련된 내용이 시각화되어야 효과적일 텐데, 그 부분을 설명하려면 책의 취지를 벗어나므로 이 정도로 사용법만 보고 넘어가겠다.

13. Dev Tools

이 기능은 시각화 기능이 아니다. 엘라스틱서치를 사용하다 보면 DSL 문과 같이 데이터를 직접 조회해야 하는 일이 생긴다. 물론 이 책의 취지는 마우스만으로도 데이터 분석을 할 수 있다는 놀라운 기술을 보여주는 것이지만, 간혹 직접 조회하는 일이 생길 수도 있는데 그때 사용하면 된다. 쿼리에 대한 공부는 엘라스틱서치 홈페이지를 통해 하도록 하고, 여기서는 간단한 명령을 통해 데이터가 조회되는 부분만 소개하도록 한다.

첫 번째 알아볼 기능은 Console이다.

그림 6-292

아주 단순하게 왼쪽에 명령어를 입력하고, 화면 중앙의 삼각형을 누르면 오른쪽에 조회 결과를 보여준다.

Dev Tools에서 알아볼 두 번째 기능은 Search Profiler인데, 이는 Query의 프로파일과 Aggregation에 대한 프로파일 정보를 제공한다. 기본 검색어가 전체 인덱스를 검색하는 명령어이다 보니, 검색해서 결과로 보일 Index들에 대한 검색 성능을 보여준다.

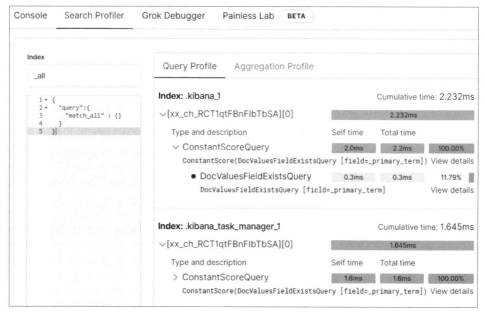

그림 6-293

그림 6-294

세 번째 기능은 데이터를 Grok Pattern을 이용하여 파싱하는 기능이다. 뭔가 기능이 실행되는 것은 아니고 테스트해볼 수 있도록 제공되는 기능이다. 사용법은 [그림 6-294]를 참고하자.

결과를 확인해보면 다음과 같이 문자가 분리되어 보인다. 주로 로그 데이터를 분석하여 사용할 때 문자열의 패턴을 분석하여 분리해주는 기능을 한다.

Dev Tools에서 알아볼 마지막 기능은 Painless Lab인데, 아직 Beta 기능인 모양이다. 아마도 이 책이 발간되고 나면 정식 기능으로 오픈되지 않을까 싶다. 엘라스틱서치의 검색 명령이나 키바나에서는 데이터 활용을 위해 스크립트를 코딩할 수 있다. 마치 자바스크립트와 비슷한 형태인데, 엘라스틱서치에서는 많이 사용하는 기능이므로 알아두면 좋다.

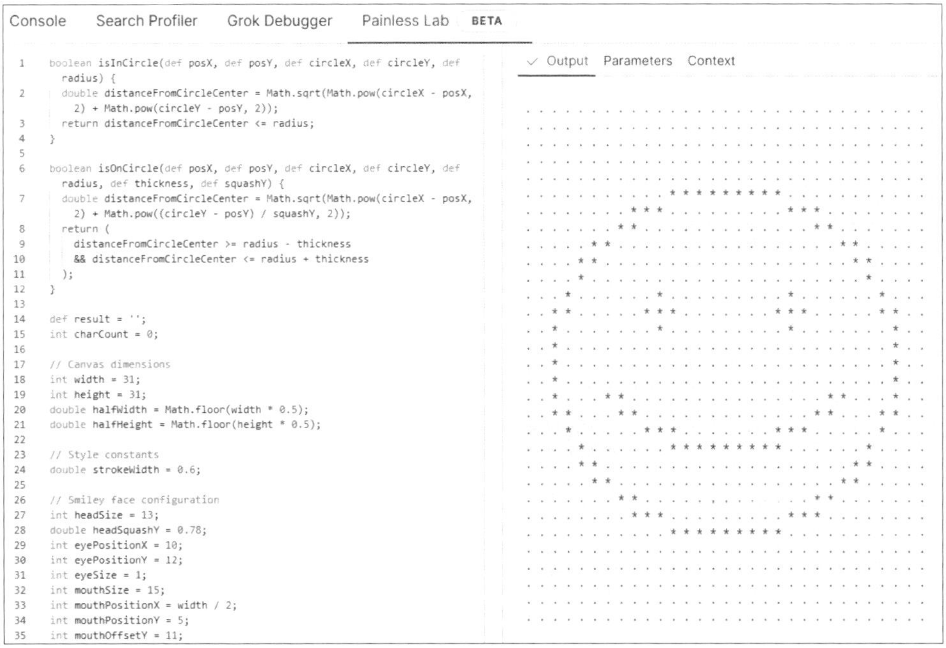

그림 6-295

샘플에는 귀여운 스마일 이미지를 점을 이용해 그려놓았다. 스크립트를 최대한 다양하게 많이 사용한 것 같은데, 필요할 때 참고하면 좋을 것 같다. Dev Tools는 실제 개발자가 사용할 일이 많긴 하지만, 비개발자가 사용하기엔 어려움이 있을 수 있다.

14. Monitoring

이 기능을 보니 다시 한번 시스템 모니터링을 위해 만들어진 플랫폼이라는 생각이 든다. 이 기능은 현재 사용 중인 엘라스틱서치의 자체 모니터링을 위한 기능이다. 엘라스틱서치와 키바나, 비츠까지 ELK 제품에 대한 모니터링과 메모리, 디스크 사용량 등의 정보를 시각화할 수 있다. 초기 화면으로 이동하면 다시금 만나는 Index 설정을 요구하는 화면이 보인다.

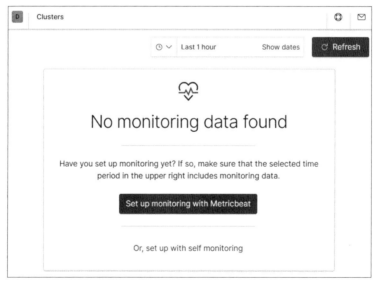

그림 6-296

[Set up monitoring with Metricbeat]를 눌러서 별도의 metricbeat를 구성할 수도 있지만 우리는 자체 서버의 시스템 정보를 보기 위해 그 아래에 있는 [Or, set up with self monitoring]을 눌러서 자체 서버 모니터링을 해보겠다.(별도 Metricbeat는 이전에 해본 바 있으

니 말이다.)

버튼을 눌러 이동하면 "Turn on monitoring" 버튼이 보인다. 이 버튼을 누르면 모니터링 기능을 활성화하면서 [그림 6-297]처럼 설정이 시작된다.

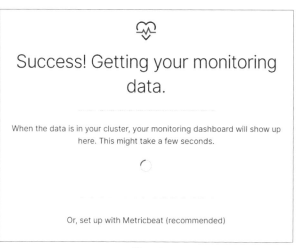

그림 6-297

설정이 완료되고 나면 [그림 6-298]처럼 엘라스틱서치와 키바나의 현황과 자원 현황 등 시스템 모니터링 정보를 보여준다. 현재 사용하고 있는 버전이 7.7.0인데, 집필할 당시에는 7.9.0까지 출시되었음을 참고하기 바란다.

카드별로 제목을 누르면 세부 정보를 볼 수 있는데, 이 부분은 각자가 한 번씩 눌러보면 될 것 같다. 참고로 현재는 노드가 단일 노드로 구성되어 "Nodes: 1"만 보이는데, 클라우드로 구성하여 노드가 다양해지면 노드의 개수만큼 늘어난다. 이렇게 간단하지만 주요한 정보에 대한 시각화도 제공한다.

여기까지 키바나에서 제공하는 다양한 시각화 기능에 대해 알아보았다. 오픈소스이면서도 정말 다양한 기능을 제공한다. 다음부터는 이렇게 키바나를 통해 만든 시각화 기능을 이용하여 다양한 시각으로 데이터를 살펴볼 수 있는 기능을 구성할 수 있다. 지금까지 만들어낸 시각화 기능을 어떻게 활용할 수 있는지 알아보고, 실제 개발사업에서 어떻게 활용했는지 살펴볼 것이다.

그림 6-298

15. Management

지금까지 시각화 기능을 살펴보았다면, 이제는 다양한 설정을 하기 위한 엘라스틱서치와 키바나의 메뉴를 소개하려고 한다. 오픈 라이선스에서 제공하는 기능은 크게 엘라스틱서치와 키바나 관리 기능으로 구성된다. 관리 기능으로 이동하면 [그림 6-299]와 같은 화면이 보인다. 현재 실습하고 있는 엘라스틱서치의 버전은 7.7.0이라는 것을 알 수 있는 화면이기도 하다.

그림 6-299

일단 순서대로 메뉴를 살펴보면서 기능을 보겠다. 엘라스틱서치의 기능부터 살펴보자.
첫 번째 메뉴는 당연히 Index에 대한 설정으로 시작한다. 가장 중요하니까.

Index Management

🌐 Index Management docs

Indices   Index Templates

Update your Elasticsearch indices individually or in bulk.

✕ Include rollup indices   ✕ Include system indices

🔍 Search   Lifecycle status ⌄   Lifecycle phase ⌄   ⟳ Reload indices

Name	Health	Status	Primaries	Replicas	Docs count	Storage size
heartbeat-7.9.3-2020.10.28-000001	● yellow	open	1	1	1550	1mb
apm-7.7.0-error-000001	● yellow	open	1	1	0	208b
postgres_test_2020.175.23	● yellow	open	1	1	4	21.8kb
postgres_test_2020.173.21	● yellow	open	1	1	13	22.6kb
test_index_20200210	● yellow	open	1	1	13	563.3kb
apm-7.7.0-transaction-000001	● yellow	open	1	1	929	412.5kb
kibana_sample_data_flights	● green	open	1	0	13059	5.9mb
apm-7.9.3-transaction-000001	● yellow	open	1	1	0	208b
postgres_test_2020.179.27	● yellow	open	1	1	4	28.8kb
apm-7.7.0-profile-000001	● yellow	open	1	1	0	208b

Rows per page: 10 ⌄   ‹ **1** 2 3 ›

그림 6-300

지금까지 실습을 잘 따라왔다면 [그림 6-300]처럼 상당수의 Index가 나도 모르는 사이에 생성된 것을 보게 될 것이다. 앞에서는 사용법을 살짝 소개했는데, 이번에는 상세히 살펴보겠다.

Index Management 메뉴는 보는 바와 같이 Indices와 Index Templates 탭으로 구성된다. 기본 탭은 Indices이며, 이 탭은 사용자가 직접 생성한 Index의 목록과 키바나의 설정을 통해 자동으로 생성된 Index의 내역을 보여준다. Index Templates는 말 그대로 템플릿으로, 키바나에서 자동으로 생성되는 Index들을 묶기 위해 자동으로 생성한 Index Pattern 까지 함께 보여준다. 비슷하긴 하지만 화면을 보면 [그림 6-301]과 같다.

Index Management

Index Management docs

Indices　　**Index Templates**

Use index templates to automatically apply settings, mappings, and aliases to indices.

◯ ✕ Include system templates

🔍 Search...　　　　　　　　　　⟳ Reload　　⊕ Create a template

Name ↑	Index patterns	ILM policy	Order	Mappings	Settings	Aliases	Actions
apm-7.7.0	**apm-7.7.0***		1	✓	✓		ᣠᣠᣠ
apm-7.7.0-error	**apm-7.7.0-error***	apm-rollover-30-days	2		✓		ᣠᣠᣠ
apm-7.7.0-metric	**apm-7.7.0-metric***	apm-rollover-30-days	2		✓		ᣠᣠᣠ
apm-7.7.0-profile	**apm-7.7.0-profile***	apm-rollover-30-days	2		✓		ᣠᣠᣠ
apm-7.7.0-span	**apm-7.7.0-span***	apm-rollover-30-days	2		✓		ᣠᣠᣠ
apm-7.7.0-transaction	**apm-7.7.0-transaction***	apm-rollover-30-days	2		✓		ᣠᣠᣠ

그림 6-301

이렇게 Index의 이름과 Index Pattern의 내역을 함께 볼 수 있도록 제공한다. 이 기능은 주로 인덱스를 생성한 후 확인하거나 인덱스가 정상적으로 생성되었는지 상태를 파악할 목적으로 사용된다. 보면 알겠지만, [Create a template]을 누르고 들어가면 수동으로 Index template을 생성할 수 있다. 수동으로 한번 만들어보겠다. 버튼을 누르고 들어가면

[그림 6-302]와 같이 5단계에 따라 진행하도록 가이드하고 있다.

그림 6-302

Name은 "test_index_template"으로 입력하고, Index pattern은 "test_pattern"이라고 입력했다. [Next]를 눌러 다음 화면으로 이동해보자. 다음 단계는 Index settings인데, Index에 별도로 설정이 필요한 경우 입력한다. [Next]를 누르고 다음 단계로 넘어가자. Mappings는 정보를 입력하는 기능이다. Field별로 데이터 타입을 설정할 수 있는 메뉴인데, 이것도 기본 설정으로 그대로 두고 넘어간다. Aliases도 기본 설정 그대로 두고 넘어가겠다.

그림 6-303

마지막으로 [Create template]을 눌러 마무리하자. 마무리해보면 목록에 신규로 추가한 Template이 등록된 것을 볼 수 있다. 이 부분은 자동화 기능을 만드는 입장에서는 유용하겠지만, 개인 용도로 사용하기에는 무리가 있다. 이렇게 등록해서 사용할 수 있다는 정도만 알아두도록 하자.

중요한 내용은 지금부터다. 이 기능의 핵심은 인덱스의 설정이나 Mapping 정보를 볼 수 있다는 점에 있다. Indices 탭으로 넘어가서 Index 중에 우리가 지금까지 제일 많이 사용한 [kibana_sample_data_flights]를 클릭하여 살펴보겠다. 클릭하면 오른쪽에 세부 내용을 볼 수 있는 화면이 보인다.

kibana_sample_data_flights

Summary   Settings   Mapping   Stats   Edit settings

General

Health	● green	**Status**	open
Primaries	1	**Replicas**	0
Docs Count	13059	**Docs Deleted**	
Storage Size	5.9mb	**Primary Storage Size**	
Aliases	none		

그림 6-304

[그림 6-304]와 같이 Index의 Summary 정보를 확인해볼 수 있는데, 가령 Docs Count나 Index의 저장공간 등이다. 간단하게 Index 상태도 확인할 수 있도록 정보를 제공한다. 다음 탭으로 넘어가자. 바로 Settings 탭이다.

[그림 6-305]와 같이 Index 생성 시 설정된 정보를 확인할 수 있다. 주로 자동으로 생성되는 기본 정보이기 때문에 사용자 입장에서 뭔가 조정하거나 변경할 내용은 없다. 모든 내용을 책에 담기에는 양이 많아서 이렇게 이미지로 대체하는 것을 이해해주기 바란다.

```
kibana_sample_data_flights                                    ✕

Summary   Settings   Mapping   Stats   Edit settings


  {
    "settings": {
      "index": {
        "number_of_shards": "1",
        "auto_expand_replicas": "0-1",
        "provided_name": "kibana_sample_data_flights",
        "creation_date": "1599471876332",
        "number_of_replicas": "0",
        "uuid": "01D-zccNTuiJsmZNoL1nug",
        "version": {
          "created": "7070099"
        }
      }
    },
    "defaults": {
      "index": {
        "flush_after_merge": "512mb",
        "final_pipeline": "_none",
        "max_inner_result_window": "100",
        "unassigned": {
          "node_left": {
            "delayed_timeout": "1m"
          }
        },
```

그림 6-305

중요한 내용은 다음 탭에 있다. 바로 [그림 6-306]의 Mapping 탭이다.

보면 알겠지만, Index에 등록된 수많은 Field에 대한 Mapping 정보라고 이야기하는데, 데이터의 속성 정보를 볼 수 있는 기능이라고 생각하면 이해하기 쉬울 것이다. 내용을 간략하게 설명해보면 AvgTicketPrice 항목은 금액 항목인데 "float"로 설정되고 Carrier와 Dest와 같은 타입의 데이터는 "keyword" 타입으로 설정된 것을 볼 수 있다.

Summary   Settings   **Mapping**   Stats   Edit settings

```json
{
  "mapping": {
    "_doc": {
      "properties": {
        "AvgTicketPrice": {
          "type": "float"
        },
        "Cancelled": {
          "type": "boolean"
        },
        "Carrier": {
          "type": "keyword"
        },
        "Dest": {
          "type": "keyword"
        },
        "DestAirportID": {
          "type": "keyword"
        },
        "DestCityName": {
          "type": "keyword"
        },
        "DestCountry": {
          "type": "keyword"
        },
        "DestLocation": {
          "type": "geo_point"
        },
```

그림 6-306

이 부분이 중요한 이유는 데이터의 검색이 주요 목적인 엘라스틱서치에서는 keyword 타입이어야 인덱싱되어서 빠른 검색이 가능하고, 숫자 형태로 등록되어야 집계가 가능하며, geo_point 타입이어야 지도에 시각화가 가능하기 때문이다. 이는 데이터를 적재할 때 조정해야 할 필요가 생기기도 하는데, 그때 정상적으로 Index가 생성되었는지 확인해야 할 때 사용하면 된다. 물론 개발자와 같이 코드에 익숙한 분들은 직접 코드를 이용해 엘라스틱서치에서 확인할 수도 있다. 일단 이 책은 비개발자까지 고려한 책이므로 이렇게 Index 조회 화면을 통해 확인하는 방법을 추천한다.

다음 탭은 "Stats"다. 말 그대로 Index의 상태 정보를 보여준다. 참고만 하자. 그리고 제일 마지막에는 Edit settings 탭이 있는데, Index에 추가로 필요한 설정이나 변경사항이 있는 경우에 사용한다. Index Management는 Index에 대한 상세 정보와 현재 등록된 Index의 목록을 볼 수 있는 기능이다. 이전에도 언급했지만 이 기능은 실제로 초기 설정 시에만 살펴보고 이후에는 크게 볼 일이 없는 기능이다. 이런 기능이 있다는 정도로만 참고하자.

PART

7

키바나의 시각화 결과를
내 시스템에 적용

사용자들이 매우 손쉽게 내 데이터를 적재하고 활용하며, 분석하고 시각화
하는 기능을 살펴보며 여기까지 달려왔다. 7부에서는 잠시 숨을 고르며 시선
을 돌려본다. 지금까지 배운 내용을 바탕으로 내 데이터를 좀 더 다양한 시각
으로 보게 되었다면, 이번에는 키바나의 다채로운 시각화 결과를 바로 내 시
스템에 적용해보고 외부로 내보내서 공유하는 방법까지 알아본다.

엘라스틱서치와 키바나에서는 사용자들이 쉬운 방법으로 내 데이터를 적재하고, 분석하고, 시각화할 수 있도록 다양한 기능을 제공한다. 지금까지 설명한 내용이 대부분 내 데이터를 좀 더 다양한 시각으로 볼 수 있는 방법과 관련된 것이었다.

이번에는 이렇게 정성스럽게 만들어낸 시각화 결과를 우리의 시스템에 적용하거나, 다른 사용자에게 전달해주는 일련의 방법에 대해 소개할 생각이다. 우리는 엘라스틱서치의 데이터를 키바나를 통해 시각화했는데, 일반적으로 알기로는 키바나에 접속하여 시각화 결과를 확인해야 하는 접근성에 문제가 생길 수 있다.

그래서 우리는 키바나에서 제작한 시각화를 내가 원할 때 바로 확인 가능하도록 키바나에서 분리하는 방법을 알아볼 것이고, 다른 사람에게 내 시각화 결과를 공유하는 방법과 개발자라면 내 시스템에 키바나의 시각화 결과를 적용하는 방법을 알아볼 생각이다. 이제부터 시작해보자.

1. 시각화 기능 임베디드(Export)

키바나에서는 사용자의 편의를 고려하여 아주 쉬운 방법으로 데이터 시각화 방법을 제공한다. 그렇기 때문에 활용하는 방법에 대해서도 신경을 많이 쓴 모양이다. 왜냐하면 키바나의 모든 시각화는 URL 형태로 외부에서 호출할 수 있는 기능을 기본적으로 제공하기 때문이다.

이번에는 키바나에서 만들어진 다양한 시각화 기능을 어떻게 활용하느냐에 대한 내용을 다룰 예정이다. 시각화 기능을 외부에서 호출하는 방법과 누군가에게 전달하여 공유하는 방법 등이 될 것이다. 일단 외부에서 키바나의 시각화를 호출하는 방법부터 알아보자.

1.1 키바나의 시각화 기능 내보내기

사실 시각화 기능을 "내보낸다"기보다는 "불러낸다"는 의미가 더 적합하지 않을까 싶다. 앞서 키바나의 "Share" 기능을 대략적으로 소개한 바 있다. 여기서는 이 기능을 좀더 상세하게 알아보고자 한다.

우선 우리가 미리 만들어둔 "대시보드 테스트"라는 이름으로 저장한 시각화를 외부에서 불러내는 방법을 알아보겠다.

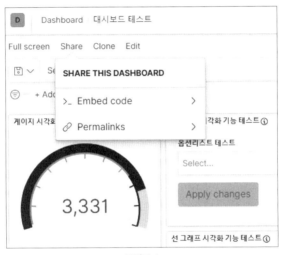

그림 7-1

[그림 7-1]과 같이 "SHARE THIS DASHBOARD"라는 이름으로 기능들이 나온다. 2가지 메뉴가 보이는데 "Embed code"가 이번에 소개할 주요 기능이다. 그 아래에 있는 "Permalinks"도 비슷한 기능이긴 하다. 두 기능의 차이점을 이야기해보자면 Embed code는 시각화 기능을 다른 위치에 삽입하기 위한 기능이기 때문에 〈iframe〉이 포함된 형태의 URL을 제공하고, Permalinks는 순수한 URL만 제공한다는 점이 다르지만, URL 자체가 동일하게 생성되므로 같은 기능이라고 보는 것이 좋겠다.

일단 [Embed code]를 클릭하면 [그림 7-2]와 같이 또 2개의 메뉴가 보인다.

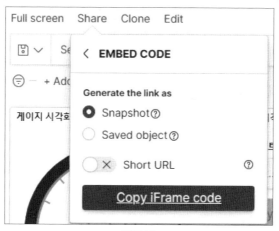

그림 7-2

이중 우리가 사용해야 할 기능은 "Snapshot"이다. 여기서 [Copy iFrame code]를 누르면 이 장의 목적인 Embed가 완성된다. 하지만 제대로 사용하려면 생성되는 코드와 내용을 이해해야 하므로 하나씩 설명해보겠다. 일단 [그림 7-2] 화면에 "Saved object" 메뉴가 있는데, "?" 아이콘에 마우스를 올리면, 뭔가 차이점이 있는 것같이 설명하고 있다.

예를 들어, Snapshot을 다음과 같이 안내하고 있다.

Snapshot URLs encode the current state of the dashboard in the URL itself, Edits to the saved dashboard won't be visible via this URL

번역 : Snapshot URL은 현재 대시보드의 현재 상태를 encode하고 있다. 대시보드의 수정사항은 URL에 표시되지 않는다.

Saved object의 가이드는 이렇게 이해할 수 있다.

You can share this URL with people to let them load the most resent saved version of this dashboard

번역 : 이 URL을 사람들에게 공유하여, 대시보드의 최신 대시보드를 볼 수 있다.

그러나 실상 두 기능의 "Copy iFrame code"의 결과는 아래처럼 차이가 없다.

Snapshot의 결과

```
<iframe src="http://localhost:5601/app/kibana#/dashboard/be1783b0-0c93-11eb-b94b-
53685b418198?embed=true&_a=(description:'',filters:!(),fullScreenMode:!f,options:(hideP
anelTitles:!f,useMargins:!t)


(생략)


time:(from:now-15y,to:now))" height="600" width="800"></iframe>
```

Saved object의 결과

```
<iframe src="http://localhost:5601/app/kibana#/dashboard/be1783b0-0c93-11eb-b94b-
53685b418198?embed=true&embed=true&_a=(description:'',filters:!(),fullScreenMode:!f,
options:(hidePanelTitles:!f,useMargins:!t),


(생략)


time:(from:now-15y,to:now))" height="600" width="800"></iframe>
```

보면 알겠지만 위처럼 embed=true 옵션이 1번 들어간 것과 2번 들어간 것이 다를 뿐인데, 무슨 차이가 있겠는가 싶다. 아무튼 두 기능의 차이는 이 정도이니 같은 기능이라고 봐도 될 것 같다. 같은 기능이라고 보고 "Snapshot" 기준으로 설명을 이어가겠다.

일단 [Copy iFrame code]를 눌러보자. 그리고 나온 결과를 메모장에 붙여 넣어보자.

붙여넣으면 iframe 형태의 코드가 생성된 것을 볼 수 있고, 우리는 이 코드를 적당한 위치에 "elastic_dashboard.html"이라는 이름으로 저장한다. 그리고 저장된 파일을 브라우

저를 통해 실행해보자. 필자는 구글 크롬 브라우저를 메인 브라우저로 사용하기 때문에
크롬으로 실행해보겠다.

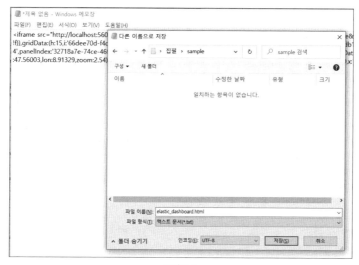

그림 7-3

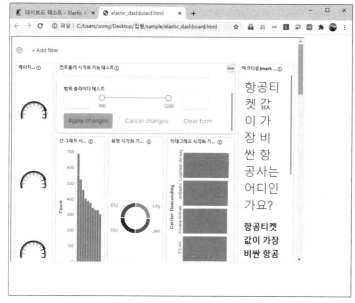

그림 7-4

그러면 [그림 7-4]와 같이 별도로 저장한 HTML 파일 안에 내가 만든 대시보드가 삽입

된 것을 볼 수 있다. 이렇게 간단한 방법으로 대시보드를 외부에서 불러다 쓸 수 있게끔 제공한다. 이번에는 키바나에서 제공하는 iFrame 코드를 살펴보자.

키바나에서는 다양한 코드를 제공하는데, 단순하게 대시보드의 URL을 제공하는 차원이 아니라, 상당히 구조화된 코드를 제공한다. 전체소스를 한번에 보는 것은 무리가 있으니, 중요한 부분을 구분하여 설명해보겠다.

1.1.1 대시보드 URL

가장 먼저 보이는 것은 URL이다.

```
http://localhost:5601/app/kibana#/dashboard/be1783b0-0c93-11eb-b94b-53685b
 418198?embed=true
```

키바나에 저장되는 모든 시각화는 화면상에 보이는 이름도 물론 있지만, 시스템 내부적으로 관리되는 일련번호와 같은 식별정보를 가진다. "dashboard"의 내부에 있는 "be1783b0-0c93-11eb-b94b-53685b418198"이라는 대시보드를 호출하는 것을 볼 수 있다. 그리고 맨 뒤에는 파라미터로 "embed=true"를 삽입하여 호출하고 있다.

다음 설정부터는 "–a" 설정에 속하는 설정들이다. 크게 내부적으로 "_a"와 "_g" 설정 값으로 구성되는 것을 알 수 있다. 깊게 파고들수록 볼 것이 많다.

1.1.2 시각화 공통 설정

```
description:''
,filters:!()
,fullScreenMode:!f
,options:(hidePanelTitles:!f,useMargins:!t)
```

대시보드의 설명, 전체 화면 모드나 패널 제목을 보이지 않게 처리하는 등 공통의 설정을 할 수 있는 부분이다. 위에 나열된 설정 외에 훨씬 다양한 설정이 있을 것으로 생각되는데 그 모든 내용을 엘라스틱서치 홈페이지에도 제공하고 있지는 않다. 오픈소스로 제공되는 솔루션인 만큼, 소스를 확인해보는 것이 좋겠다.

1.1.3 패널 설정

Panels 설정은 대시보드에 보일 시각화 기능의 목록을 보여준다. 아래의 내용을 보면 알 수 있는데, embeddableConfig가 시각화 기능에 대한 개별 설정 값을 의미한다. 설정 값을 보면 총 15개의 시각화 기능이 나열된 것을 볼 수 있다. 설정된 내역을 한번 살펴보자.

```
,panels:!(
(embeddableConfig:(vis:(defaultColors:('0%20-%2050':'rgb(255,255,204)','3000%20
-%204000':'rgb(128,0,38)','50%20-%203000':'rgb(253,141,60)'),legendOpen-
:!f)),gridData:(h:31,i:ec65b98a-74d1-4a9e-850b-7937e15263ec,w:7,x:0,y:0),id:'3e
da6420-037c-11eb-84a6-e5c5243420b2',panelIndex:ec65b98a-74d1-4a9e-850b-7937e1526
3ec,type:visualization,version:'7.7.0')
,(embeddableConfig:(),gridData:(h:7,i:f86d49c8-e196-4a7d-adc6-d8e79af12c49,w:31,x
:7,y:0),id:'3337f280-0300-11eb-84a6-e5c5243420b2',panelIndex:f86d49c8-e196-4a7d-
adc6-d8e79af12c49,type:visualization,version:'7.7.0')
,(embeddableConfig:(),gridData:(h:22,i:'98de2916-bd2c-4823-a76c-b6bbfa07a37f',w:1
0,x:38,y:0),id:'50e51990-0a38-11eb-bb95-5fe56dd87b3a',panelIndex:'98de2916-bd2c-
4823-a76c-b6bbfa07a37f',type:visualization,version:'7.7.0')
,(embeddableConfig:(vis:(legendOpen:!f)),gridData:(h:15,i:'66dee70d-f4d3-4234-
8e20-5b6911c19a29',w:10,x:16,y:7),id:'72339080-0b60-11eb-85e7-456a2adb11-
d4',panelIndex:'66dee70d-f4d3-4234-8e20-5b6911c19a29',type:visualization,versi
on:'7.7.0')
,(embeddableConfig:(vis:(legendOpen:!f)),gridData:(h:15,i:'737bed18-f9f9-4445-
ab70-429f6a8298af',w:12,x:26,y:7),id:b473be60-03aa-11eb-84a6-e5c5243420b-
2,panelIndex:'737bed18-f9f9-4445-ab70-429f6a8298af',type:visualization,versi
on:'7.7.0')
,(embeddableConfig:(vis:(legendOpen:!f)),gridData:(h:15,i:e551d354-105d-400a-
800c-50ab028d5403,w:9,x:7,y:7),id:'4be0c7a0-03ad-11eb-84a6-e5c5243420b2',-
panelIndex:e551d354-105d-400a-800c-50ab028d5403,type:visualization,version:'7.7.0')
```

,(embeddableConfig:(),gridData:(h:9,i:'5cb70e5a-5779-47e0-8af5-003af532f470',w:41
,x:7,y:22),id:'9f316fc0-03a0-11eb-84a6-e5c5243420b2',panelIndex:'5cb70e5a-5779-
47e0-8af5-003af532f470',type:visualization,version:'7.7.0')
,(embeddableConfig:(),gridData:(h:15,i:'32718a7e-74ce-46f7-aca0-ea1c05535586',
w:12,x:0,y:31),id:'2c108320-0bc3-11eb-85e7-456a2adb11d4',panelIndex:'32718a7e-
74ce-46f7-aca0-ea1c05535586',type:visualization,version:'7.7.0')
,(embeddableConfig:(),gridData:(h:15,i:aa001391-0579-407e-9f1d-e063468920f2,
w:12,x:12,y:31),id:d877f6d0-0b72-11eb-85e7-456a2adb11d4,panelIndex:aa00139-
1-0579-407e-9f1d-e063468920f2,type:visualization,version:'7.7.0')
,(embeddableConfig:(),gridData:(h:15,i:e900c06a-5b34-4795-b3dd-002cdb3fff8d,w:12
,x:24,y:31),id:'3331f700-0b6f-11eb-85e7-456a2adb11d4',panelIndex:e900c06a-5b34-
4795-b3dd-002cdb3fff8d,type:visualization,version:'7.7.0')
,(embeddableConfig:(),gridData:(h:15,i:a268f1ed-b636-485b-95e7-93c4af23247c,w:12
,x:36,y:31),id:'3d0e9e30-0b66-11eb-85e7-456a2adb11d4',panelIndex:a268f1ed-b636-
485b-95e7-93c4af23247c,type:visualization,version:'7.7.0')
,(embeddableConfig:(),gridData:(h:27,i:'3323dfc1-8ff4-4efe-96c6-a88a0cfa9023',w:
18,x:0,y:46),id:f1f60b70-0b5d-11eb-85e7-456a2adb11d4,panelIndex:'3323dfc1-8ff4-
4efe-96c6-a88a0cfa9023',type:visualization,version:'7.7.0')
,(embeddableConfig:(hiddenLayers:!(),isLayerTOCOpen:!t,mapCenter:(lat:47.56003,l
on:8.91329,zoom:2.54),openTOCDetails:!()),gridData:(h:27,i:'03cc5352-8e3f-4169-
b00f-5e8fc29baa77',w:30,x:18,y:46),id:ab944120-0a30-11eb-bb95-5fe56dd87b3a,panel
Index:'03cc5352-8e3f-4169-b00f-5e8fc29baa77',type:map,version:'7.7.0')
,(embeddableConfig:(vis:!n),gridData:(h:15,i:'7acdd91c-4773-4f16-a678-5dbd6e5a92f
3',w:24,x:0,y:73),id:b9bc76d0-03a7-11eb-84a6-e5c5243420b2,panelIndex:'7acdd91c-
4773-4f16-a678-5dbd6e5a92f3',type:visualization,version:'7.7.0')
,(embeddableConfig:(),gridData:(h:15,i:'187a4dde-19cf-4af5-8e5e-b6a21d6d10e5',w
:24,x:24,y:73),id:'0b986490-0b83-11eb-85e7-456a2adb11d4',panelIndex:'187a4dde-
19cf-4af5-8e5e-b6a21d6d10e5',type:visualization,version:'7.7.0')
)

이렇게 대시보드에 보이는 모든 시각화 기능에 대한 설정이 보인다. 그중 몇 가지만 자세히 살펴본다.

```
,(embeddableConfig:(vis:(legendOpen:!f))
,gridData:(h:15,i:'737bed18-f9f9-4445-ab70-429f6a8298af',w:12,x:26,y:7)
,id:b473be60-03aa-11eb-84a6-e5c5243420b2
,panelIndex:'737bed18-f9f9-4445-ab70-429f6a8298af'
,type:visualization
,version:'7.7.0')
```

이 정도 설정 정보를 기본적으로 갖고 있음을 알 수 있다. 시각화 기능에 대한 세부적인
설정 값까지 관리하지는 않지만, 위에서부터 보면 GridData 설정을 이용하여 시각화의
위치와 크기, 패널 위치에 대한 ID 정보를 갖고 있다. ID는 시각화 기능의 ID가 되고,
PanelIndex 설정에서는 패널 위치에 대한 ID를 보여준다. 그리고 시각화 기능의 Type 정
보와 현재 키바나의 버전 정보인 7.7.0을 보여준다. 이렇게 시각화에 대한 ID 정보와 패
널 위치에 대한 정보를 이용하여 대시보드를 구성하고 있음을 알 수 있다.

1.1.4 그 외 설정

패널 설정 외에 시각화 기능에 보일 데이터를 조회하기 위한 Query를 입력하는 기능이
있고 title을 이용하여 대시보드의 이름을 설정할 수도 있다.

```
,query:(language:kuery,query:'')
,timeRestore:!f
,title:'%EB%8C%80%EC%8B%9C%EB%B3%B4%EB%93%9C%20%ED%85%8C%EC%8A%A4%ED%8A%B8%20
',viewMode:view
```

여기까지는 모두 패널에 대한 설정이라고 볼 수 있고, 마지막으로 대시보드의 전반적인
필터와 시간 조건 등을 다음과 같이 조정할 수 있도록 제공한다.

```
&_g=(
filters:!()
,refreshInterval:(pause:!t,value:0)
,time:(from:now-15m,to:now))
```

이렇게 필터 기능과 새로고침 간격과 시간에 대한 조건을 지정할 수 있다. 물론 필터 외에 위의 query에서도 검색어를 등록할 수 있다. 그런데 이렇게 키바나 밖으로 가져온 대시보드를 어떻게 사용할 수 있을까? 이 다음 순서에는 외부로 가져온 대시보드를 사용하는 방법을 알아보겠다.

1.2 외부로 가져온 대시보드 활용 방법

시스템 개발사업에 엘라스틱서치를 활용하려는 시도에서 가장 고민되었던 부분이다. 보유 중인 데이터를 엘라스틱서치에 적재하고, 적재된 데이터를 키바나를 이용하여 대시보드를 구성한 뒤에 내가 구축한 시스템에 적용한다는 점은 매우 매력적이다. 하지만 "키바나만큼 자유롭게 검색할 수 있느냐"에 대한 걱정이 앞섰던 것 같다.

이번에는 간단한 예제를 이용하여, 키바나에서 만든 대시보드에 어떻게 새로운 검색 조건을 넣고 필터링할 수 있는지 안내하겠다. 이때 가장 처음 접하게 되는 문제는 키바나에서 제공하는 Iframe 코드를 그대로 사용하면 다음과 같이 약간 이질감이 느껴지는 형태로 보인다는 것이다.

그림 7-5

상하좌우의 끝에 iframe의 영역이 선명하게 보인다. 이 부분은 Iframe의 frameborder 설정을 변경하여 자연스럽게 바꿀 수 있다. 아래처럼 설정을 추가해보자.

```
<iframe src="http://localhost:5601/app/kibana#/dashboard/be1783b0-0c93-11eb-
b94b-53685b418198?embed=true
(생략)
query:(language:kuery,query:''),timeRestore:!f,title:'%EB%8C%80%EC%8B%9C%EB%B
3%B4%EB%93%9C%20%ED%85%8C%EC%8A%A4%ED%8A%B8%20',viewMode:view)&_g=(filters:!()
,refreshInterval:(pause:!t,value:0),time:(from:now-15y,to:now))" height="600"
width="800" frameborder="0"></iframe>
```

이렇게 frameborder를 0으로 설정한 뒤에 새로고침하면 [그림 7-6]과 같이 변경된 것을
볼 수 있다.

그림 7-6

이처럼 iframe과 본래 화면이 이질감 없이 자연스럽게 연결되듯 적용된 모습을 볼 수 있
다. 단, 키바나 시각화 기능의 배경색이 약간 회색톤인데 그 부분까지 변경되지는 않기
때문에 대시보드를 삽입할 때 적절한 색상으로 배경색을 맞춰줄 필요는 있다.

그다음으로는 대시보드에 사용자가 필요한 검색어를 적용해보는 방법을 알아보겠다.
사실 너무 간단해서 "이게 뭐람?"이라는 생각이 들지도 모르겠다. 우선 어떤 방식으로
적용할지 소개한다.

[그림 7-7]과 같이 키바나의 대시보드에서 검색어를 입력하여 뭔가를 검색해보자.

그림 7-7

"ES-Air" 항공사의 내역만 보이도록 검색어를 추가했다. 이렇게 검색하면 아마도 ES-Air 항공사의 내역만 보일 것이다. 이 검색 결과는 대시보드 내에서는 유효하지만 외부에 Share된 시각화 기능에서는 이와 같이 검색할 수 있는 기능이 제공되지 않는다.

그림 7-8

Add filter는 보이지만 검색어를 별도 입력하는 기능은 보이지 않는다. 이런 경우에 어떻게 내가 원하는 검색어를 입력할 수 있을까?

다음과 같은 방법으로 간단하게 해결할 수 있다. 위에서도 간단하게 소개하긴 했지만 하나씩 자세히 살펴보겠다. 우선 기간부터 조정해보자. 키바나에서는 보통 15분 이전 데이터부터 조회하도록 기본 설정된다.

키바나에서 제공하는 share 기능을 이용하여 소스코드를 받고, 설정 내용 중 아래 설정을 조정하면 된다. 보통 URL의 맨 마지막에 time 속성이 있는 것을 확인할 수 있을 것이다.

```
time:(from:now-15y,to:now)
```

위처럼 from이 "now-15y"로 설정된 것을 볼 수 있다. now라는 현재 일시에서 15년을 뺀 기간부터 조회하겠다는 내용이다. 그리고 to에는 "now"가 설정되어서 15년 전부터 현재까지를 검색기간으로 설정한 것이다.

그리고 "ES-Air"만 검색하기 위해서는 다음과 같이 query 속성에 검색 조건을 넣어주면 끝난다.

```
query:(language:kuery,query:'Carrier :ES-Air')
```

키바나 대시보드에서 검색했던 검색어를 위처럼 넣어주면 간단하게 검색 조건이 적용되는 것을 볼 수 있다.

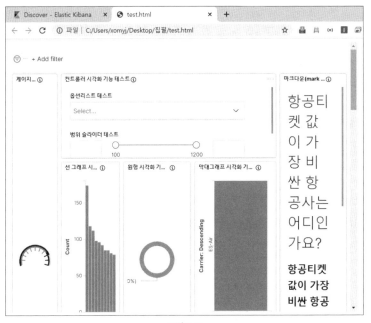

그림 7-9

[그림 7-9]와 같이 검색어가 정상적으로 적용되어 "ES-Air"의 내역만 보이도록 검색 조건이 적용되었다. 그런데 검색어가 적용된 것은 볼 수 있으나, 우리가 원하는 것은 버튼이나 뭔가 이벤트를 이용하여 다이내믹하게 활용하는 것이다. 어떻게 하면 우리가 원하

는 방법대로 대시보드를 조정할 수 있을까?

간단한 예제를 만들어 실습해보겠다.

ES-Air 검색하기
JetBeats 검색하기
Logstash Airways 검색하기
Kibana Airlines 검색하기

그림 7-10

우선 이렇게 버튼을 만들어서 javascript의 함수를 이용하여 키바나에 검색어를 적용할 수 있도록 조치해두었다. 소스코드는 다음과 같다.

```
<script>
        function EAAir(){
                document.getElementById('iframe').src = "http://localhost:5601/
app/kibana#/dashboard/be1783b0-0c93-11eb-b94b-53685b418198?embed=true
(생략)
query:(language:kuery,query:'Carrier :ES-Air'),
timeRestore:!f,title:'%EB%8C%80%EC%8B%9C%EB%B3%B4%EB%93%9C%20%ED%85%8C%EC%
8A%A4%ED%8A%B8%20',viewMode:view)&_g=(filters:!(),refreshInterval:(pause:!t,value
:0),time:(from:now-15y,to:now))";
        }


        function JetBeats(){
                document.getElementById('iframe').src = "http://localhost:5601/
app/kibana#/dashboard/be1783b0-0c93-11eb-b94b-53685b418198?embed=true
(생략)
,query:(language:kuery,query:'Carrier :JetBeats'),
timeRestore:!f,title:'%EB%8C%80%EC%8B%9C%EB%B3%B4%EB%93%9C%20%ED%85%8C%EC%
8A%A4%ED%8A%B8%20',viewMode:view)&_g=(filters:!(),refreshInterval:(pause:!t,value
:0),time:(from:now-15y,to:now))";
        }
```

```
        function LogstashAirways(){
                document.getElementById('iframe').src = "http://localhost:5601/
app/kibana#/dashboard/be1783b0-0c93-11eb-b94b-53685b418198?embed=true
(생략)
 query:(language:kuery,query:'Carrier :Logstash Airways'),
timeRestore:!f,title:'%EB%8C%80%EC%8B%9C%EB%B3%B4%EB%93%9C%20%ED%85%8C%EC%
8A%A4%ED%8A%B8%20',viewMode:view)&_g=(filters:!(),refreshInterval:(pause:!t,value
:0),time:(from:now-15y,to:now))";
        }

        function KibanaAirlines(){
                document.getElementById('iframe').src = "http://localhost:5601/
app/kibana#/dashboard/be1783b0-0c93-11eb-b94b-53685b418198?embed=true
(생략)
query:(language:kuery,query:'Carrier :Kibana Airlines'),
timeRestore:!f,title:'%EB%8C%80%EC%8B%9C%EB%B3%B4%EB%93%9C%20%ED%85%8C%EC%
8A%A4%ED%8A%B8%20',viewMode:view)&_g=(filters:!(),refreshInterval:(pause:!t,value
:0),time:(from:now-15y,to:now))";
        }
</script>

<a onclick="EAAir()" href="#" style="cursor: pointer">ES-Air 검색하기</a><br>
<a onclick="JetBeats()" href="#" style="cursor: pointer">JetBeats 검색하기</
a><br>
<a onclick="LogstashAirways()" href="#" style="cursor: pointer">Logstash Airways
검색하기</a><br>
<a onclick="KibanaAirlines()" href="#" style="cursor: pointer">Kibana Airlines
검색하기</a><br>

<iframe id="iframe" name="iframe" src="" height="600" width="800"
frameborder="0"></iframe>
```

소스코드 전체를 보는 것이 좋을 것 같아서 자주 중복되는 부분은 생략하고, 중요한 소스만 확인할 수 있도록 준비했다. 위처럼 query 설정에 내가 원하는 검색 조건을 적용하고 iframe 객체의 src 속성에 적용해주면 된다. 그리고 a 태그를 이용하여 각 function을 호출할 수 있도록 onclick 속성에 함수 이름을 설정해준다.

여기에서 조심해야 할 부분은 href를 이용하여 호출하면 안 된다는 점이다. 페이지가 이동해버리기 때문에 되도록 onclick을 사용하여 위와 같이 적용하길 권한다. 물론 href를 사용해도 가능하지만 간단한 설명을 위해 onclick을 이용한 샘플코드로 설명해보았다.

위처럼 소스코드를 준비하고 화면에서 버튼을 각각 클릭해보면, 아주 자연스럽게 검색어가 변경되면서 검색 결과를 보여주는 모습을 볼 수 있다. 이렇게 간단한 방법으로 키바나의 대시보드를 내가 원하는 위치에 적용시키고, 자연스럽게 원래 있었던 기능인 듯 사용할 수 있다. 개발자들에게 중요한 부분이어서 소개해보았다.

2. Nginx를 이용한 무인증 키바나 환경 구축

이 부분은 사실 이 책에 어울리지 않다. 그래서 오히려 "간단하게 이렇게 하면 가능하다"라고 알려주기 위해 이 내용을 썼다. 필자가 참여 중인 개발사업에서도 키바나를 활용한 시각화 기능이 적용된 부분이 상당수 있었다. 키바나의 대시보드나 시각화 기능을 활용하는 부분은 매우 유용하고 편리할 수 있었는데, 아주 큰 이슈가 하나 있었다.

유료 모듈인 X-pack을 사용하는 경우에 발생하는 문제인데, 유료 모듈 중 보안 기능을 해제하면 키바나에 접속할 때 로그인 정보를 입력해야 키바나로 접속할 수 있다. 키바나를 실행하고 접속하여 계정과 비밀번호를 입력하고 내가 보고자 하는 대시보드를 선택해야 대시보드를 확인할 수 있다. 그런데 Share 기능으로 iframe을 통해 연동된 경우에도 동일하게 로그인 정보를 요구하는 창이 나온다는 점이 큰 이슈였다. 바로 키바나의 대시보드를 연동했을 때 "자동 로그인"이 된 상태로 조회해주는 부분이 대단한 이슈였다.

일단 키바나에서는 자동 로그인이라는 기능 자체를 제공하지 않는다. 물론 엘라스틱서치의 보안 기능을 제외해서 무인증 상태로 키바나를 서비스한다면, 자동 로그인에 관련된 문제는 이슈가 되지 않을 수도 있다. 하지만 공공기관 사업과 같이 보안이 큰 이슈가 되는 환경에서는 반드시 로그인 기능이 포함된 상태의 모듈을 제공해야 하기 때문에 이 문제를 해결할 방안을 반드시 제시해야만 했다.

그래서 찾은 방법이 자동 로그인 처리를 위한 Web 서버를 중간에 하나 더 구성하는 방법이었다. 선택한 Web 서버는 경량 Web 서버인 NginX였다. 구성하는 방법은 NginX에 키바나의 로그인 정보를 NginX의 conf 파일에 설정하고, 별도의 포트인 5602로 우회 포트를 설정한 뒤에 키바나 접속을 위해 "localhost:5602"로 접속한 경우에는 설정파일에 지정된 계정으로 로그인되도록 로그인 정보를 "localhost:5601"로 포워딩해주는 것이다.

물론, 다행히도 원하는 대로 동작했고, 현재 개발된 분석 시스템에서 제 역활을 해내고 있다. 이 내용은 현재 상태에서 실습하기가 어렵고, 책의 주요 내용이 아닌 관계로 필자 개인 블로그의 포스팅 주소를 남겨두겠으니 블로그 내용을 참고해주기 바란다. 블로그의 내용은 윈도우 환경에서 실습한 내용인데, 필자가 진행 중인 사업의 환경은 리눅스 환경인데도 정상적으로 적용되었으니 잘 따라 해보기 바란다. (https://blog.naver.com/xomyjoung/221710608723)

PART

8

적용 사례와
활용 아이디어 소개

여기까지 따라온 독자들에게 박수를 보낸다. 빠른 검색과 키보드의 별다른 조작 없이 마우스 클릭 몇 번만으로 뚝딱 결과를 만들어내는 엘라스틱서치의 특장점을 충분히 알았으리라 생각한다. 이에 마지막 8부에서는 엘라스틱 서치를 도입할 때 알아야 할 사항과 엘라스틱서치의 적용 사례를 소개하고 활용 아이디어를 귀띔한다.

엘라스틱서치의 적용 사례는 이미 엘라스틱서치에서도 무수히 많이 보유하고 있다. 마지막 8부에서는 앞에서 미처 다루지 못한 몇 가지 유용한 기능을 소개하고, 실제 필자가 투입 중인 개발사업에서 어떻게 사용하고 있는지를 소개한다. 물론 공공기관에서 활용한 내용은 자세히 설명할 수 없다. 또한 캡처 자료나 내용을 노출할 수 없기 때문에 대략적인 적용 방법만 소개한다.

1. 엘라스틱서치 도입 시 참고할 내용

일단 적용 사례를 보기 전에 엘라스틱서치의 유료 버전과 무료 버전을 설명하고 넘어가야 할 것 같다. 이 책에서 소개되는 내용은 대부분 무료 버전에서 해볼 수 있는 기능이다. 그래서 평가판으로 제공되는 한 달짜리 라이선스를 적용하지 않은 상태에서 기능을 소개해왔다. 지금까지 보면 알겠지만 개인용 데이터 분석 플랫폼으로서의 엘라스틱서치 무상 버전은 이미 훌륭한 기능을 많이 제공한다. 하지만 공공기관의 사업이나 외부에 서비스되어야 하는 경우에는 유상 라이선스가 반드시 필요할 수밖에 없는 것이 현실이다.

첫째는 보안이다. 기본적으로 공공기관은 국정원의 보안 규정을 적용하여 운용하기 마련이다. 필자가 투입 중인 관세청의 사업도 국정원의 보안 규정을 준수하고, 그 외 사업도 동일하게 국정원에서 지정한 보안 수준을 지키려고 노력한다. 이런 경우 보안상 반드시 로그인 기능이 필요하므로, 이 기능이 제공되지 않는 무상 라이선스 버전의 엘라스틱서치는 사용할 수가 없다.

기본적인 로그인 기능은 제공하지만, 비밀번호의 암호화 같은 부분을 생각해보면 유상 라이선스가 아닌 이상 보안 정책상 문제가 될 수 있으니 꼭 사전에 확인하기 바란다. 물론 폐쇄 환경이 완벽하게 보장되는 환경이라면 무상 라이선스의 엘라스틱서치를 폐쇄적으로 사용하는 것도 가능할 것이다.

둘째 역시 보안이다. 로그인 기능이 아닌 데이터 자체의 보안 문제를 들 수 있다. 엘라스틱서치의 경우에는 유상 모듈인 X-pack의 Security 모듈에서 데이터에 대한 암/복호화 기능을 제공한다. 공공기관의 경우 개인정보의 활용에 대한 제약사항이 매우 엄한 편인데, 이를 위해서는 엘라스틱서치의 유상 모듈에 포함된 데이터 보안 기능을 반드시 사용하길 권한다. 물론 데이터를 외부에서 암호화하여 적재하면 되리라 생각할 수도 있겠지만 그 항목들을 검색용으로는 사용하지 못할 테니, 그것도 좋은 해결 방법은 아닌 것 같다.

이 2가지 문제는 개인적으로 무상 라이선스를 사용하는 경우에는 별 영향이 없지만 외부 민간기관이나 공공기관에 엘라스틱서치를 적용하고자 할 경우에는 큰 걸림돌이 될 수 있으니, 반드시 사전에 보안 관련 부분에 대한 검토 작업이 필요하리라 생각한다.

셋째는 노드의 수다. 엘라스틱서치에서는 내부적으로 데이터를 관리함에 있어서 노드당 2TB라는 제약을 두고 있다. 제약이라기보다는 원활한 데이터 처리를 위한 적정 용량이라고 이야기하는 것이 좋겠다. 이 부분이 주요한 이슈가 되는 이유 하나는 이렇다. 예를 들어 엘라스틱서치를 위한 서버가 1대이고, 용량이 6테라바이트라면 3노드를 구성하여 노드별로 2TB를 처리하도록 구성하기를 권장하고 있다. 보통 서버가 1대이면, 엘라스틱서치 1개 노드를 구성하리라 생각하겠지만 권장사항은 그렇지 않다. 이 부분은 엘라스틱서치를 도입할 계획을 갖고 있다면 꼭 알아두기 바란다.

이익을 위해 여러 라이센스를 구매하도록 권장하는 것은 아니라는 점을 강조하고 싶다. 효율적으로 데이터를 처리할 수 있도록 노드를 분리하는 것이라 생각하면 좋을 것 같다. 그런데 개발자 입장에서는 와닿지 않는 것이 사실이다. 권장사항이라고 가이드하니 도입 시 꼭 사전에 문의하기 바란다.

마지막으로 엘라스틱서치의 베이직 라이선스의 경우, 개인적으로 사용하는 것에는 제약이 없으나 엘라스틱서치를 이용해서 개발사업에서 활용하고 납품하는 것에는 제약이 있다. 이 부분을 많은 기업에서 오해하는데, 엘라스틱서치에는 "Opensource"용으로 소스가 공개되는 버전이 별도로 존재하고, 보통 무상으로 다운로드하여 사용하는 엘라스틱서치(현재 이 책에서 활용한 버전)는 베이직 라이선스로, 개인이 사용하기에는 라이선스 제약이 없으나 기업에서 개발사업에 활용하여 납품하는 데에는 제약이 따른다.

2. 국내 수출/입 공급망 패턴 분석 사례

이 분석 사례는 데이터의 활용에 있어서 엘라스틱서치의 고속 검색 기능과 키바나의 다양한 시각화 기술이 아주 적절하게 적용된 사례다. 아마도 이 책이 출간될 즈음에는 직원분들이 엘라스틱서치를 익숙하게 사용하고 있지 않을까 기대해본다.

엘라스틱서치는 고속의 검색엔진과 키바나라고 하는 다양하고 쉬운 UI를 제공한다는 점이 장점으로 꼽힌다. 이런 부분들을 최대한 활용해서 적용한 사례다.

관세청에는 365x24로 1년 내내 쉬지 않고 입항과 출항을 반복하는 항공기와 선박의 데이터가 입수된다. 관세청에서는 이렇게 지속적으로 입항하는 항공기와 선박 데이터를 분석하여 다양한 업무를 수행하고, 분석 수요의 대부분은 실시간으로 신고서로 제출되는 다양한 적하목록 신고서나 수입신고서의 정보를 기반으로 하여 데이터 안에서 특이점을 찾아내고, 분석하기 위한 것이다.

이러한 분석을 위해 다양한 제품을 검토했고, 그중 선택된 것이 그래프 데이터베이스인 Agens Database(비트나인)와 엘라스틱서치였다. 아젠스 그래프는 여행자와 수입업체의 관계를 분석하기 위해 활용했고, 엘라스틱서치는 빠른 검색 기능과 시각화 기능을 활용하여 분석할 수 있도록 기능을 구현하기 위해 활용했다. 그래프DB는 책의 내용과 거리가 있기 때문에 엘라스틱서치에 대한 활용 사례만 간단하게 소개해보겠다.

관세 업무에서 활용된 엘라스틱서치의 기능은 바로 공급망 분석과 관련된 업무 영역이었다. 관세청에서 하루에 입수되는 데이터, 이것은 하루 한국으로 들어오거나 나가는 모든 여행자와 화물의 전체 데이터이기 때문에 상상하는 것 이상으로 막대한 양의 데이터가 유입된다. 업무 시스템을 통해 화물, 통관, 환급, 감시 등의 다양한 업무를 수행하기 위한 서비스 영역과 정보 분석을 위한 정보계를 분리하여 운영해야 할 정도로 방대한 데이터를 분석 업무에서 활용한다.

이런 데이터를 빠르게 조회하고 분석하는 데 제일 적합한 솔루션이 바로 엘라스틱서치라고 판단했다. 엘라스틱서치의 장점은 데이터를 등록함과 동시에 인덱싱 처리를 하면서 빠르게 데이터의 조회와 집계가 가능한 것이다. 바로 이 점이 엘라스틱서치를 선택하게 된 가장 큰 이유일 것이다.

엘라스틱서치는 관세청에서 보유한 수입신고서와 란사항의 데이터를 1년 기준으로 할 때 약 8천만 건의 수입신고서와 그에 맞먹는 양의 적하화물 신고서 데이터를 적재한 후 이를 조회하는 데 2~3초 정도의 빠른 속도로 집계해내는 대단한 성능을 보여주었다.

대부분의 요구사항이 화물에 대한 공급 유형을 요소별로 집계해서 각 요소별로 필터링하면서 수입자와 수입업체의 수입 유형을 탐색하는 것이었기 때문에, 엘라스틱서치의 빠른 검색 속도와 시각화 기능은 관세청의 요구를 충족하기에 딱 알맞다고 생각했다.

또한 키바나에서 제공하는 UI는 사용자가 코딩 없이도 시각화 차트를 생성하고, 만들어진 시각화 차트를 모아 대시보드를 구성하는 등의 작업을 마우스만으로도 할 수 있을 정도로 쉬웠다. 그렇기 때문에 수행사에서는 데이터의 설계와 적재, 키바나의 사용자 교육을 수행하고, 실제 분석 업무 담당자들이 직접 시각화 기능을 생성하고 대시보드를 구성하는 등의 분석 업무를 수행할 수 있도록 가이드해줄 수 있었다.

대용량 데이터를 모든 사용자가 직접 분석하고 검색할 수 있다는 점이 엘라스틱서치의 가장 큰 장점이었다. 앞으로도 엘라스틱서치를 활용한 다양한 방법과 사용 스킬을 공유하면 좋을 것 같다.

3. 데이터 품질 확인을 위한 키바나 활용법

필자가 사업할 때 주로 사용하는 방법이기도 하다. 개발사업을 수행하다 보면 다양한 데이터 포맷을 접하게 되고, 수많은 스키마의 테이블을 만나게 된다. 그래서 테이블을 기준으로 이야기하겠다. 데이터 분석 사업을 수행하게 되면 제일 초반에 수행하는 많은 업무 중 하나가 바로 데이터의 품질을 확인하는 작업이다.

실상 관세청의 경우에는 데이터의 품질을 관리하는 조직이 따로 있을 정도로 데이터의 스키마나 데이터의 품질 개선을 위해 많은 노력을 하기 때문에 스키마를 기준으로 데이터 확보 작업을 수행하면 거의 스키마와 동일한 형태의 데이터를 유지하는 것을 볼 수 있다. 하지만 만의 하나 발생할 수 있는 데이터 오류를 위해 반드시 검증 작업을 수행해야 하는데, 그때 사용하는 방법 중 하나가 엘라스틱서치의 키바나의 머신러닝 기능이다.

이 기능은 "Machine Learning" 기능을 설명할 때 소개한 바 있는데, 테이블의 전체 데이터를 모두 분석할 수는 없지만 샘플링을 통한 데이터 분석 시에는 이것만큼 효율적인 방법이 없지 않다. 만의 하나를 위한 간편 데이터 검증 방식으로 활용하기에 더없이 좋은 방법이라고 생각한다.

4. JAVA에서 대시보드를 자동 생성하는 방법(Import/Export)

본 사업에서 활용한 기능인데, 아주 유용하게 활용했기에 책에 실기로 했다. 이 기능을 간단하게 요약해보자. 엘라스틱서치에 저장된 데이터를 키바나의 시각화 기능을 이용하여 고급지게 시각화했다고 가정할 때, 개인용 데이터 분석 플랫폼이라면 그저 혼자만 사용하면 되기 때문에 지금 설명하는 내용이 필요 없을 수 있다. 하지만 엘라스틱서치를 이용하여 무언가를 서비스하거나, 내부 보고용으로 사용한다고 생각하면 이 기능이 반드시 필요할 것이다.

JAVA를 이용하여 대시보드를 사용하는 방법을 알아보기 전에 키바나에서 제공하는 기능을 기반으로 설명을 먼저 시작해보겠다. 일단 키바나의 관리자 메뉴 중 Saved Objects 메뉴로 이동하자. 이 기능의 목적은 키바나에 저장된 모든 대시보드와 시각화 차트, 인덱스 패턴 등 객체를 관리하는 것이다. 키바나에서 생성되는 모든 객체는 JSON 타입의 데이터로 엘라스틱서치 내에 저장된다. 이렇게 저장된 객체의 목록을 볼 수 있는 화면이다.

이 화면에서는 이 시각화 기능을 다운로드할 수 있는 기능을 제공하는데, 이를 Export라고 한다. Export는 키바나에 생성된 객체를 다운로드하는 기능으로, 특정 시각화 객체를 다운로드할 수 있고 다운로드받은 시각화 기능을 동일한 형태로 키바나에 복제할 수도 있다. 우선 Export부터 알아보자.

일단 Export 기능을 제대로 확인하려면 대시보드를 Export해보는 것이 가장 효율적일 것이다. 우리가 책에서 다루고 생성한 시각화 기능을 이용하여 테스트해보겠다.

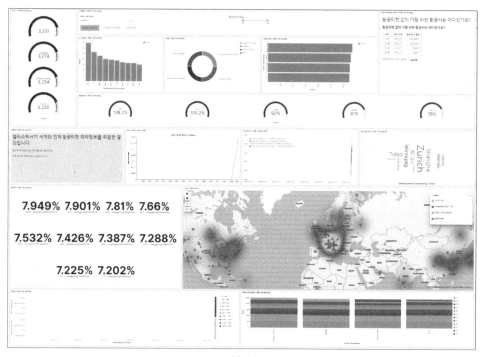

그림 8-1

이 시각화 기능은 지금까지 앞선 내용에서 설명한 다양한 시각화 차트를 집약하여 만들어낸 대시보드다. 여기서의 요점은 위 대시보드를 Export했을 때의 결과가 어떻게 나올까 하는 점이다. 위 화면은 15개의 시각화 기능과 1개의 대시보드, 1대의 인덱스 패턴으로 구성되어 있는 대시보드를 보여준다. 이 기능을 Export해보겠다.

[그림 8-2]처럼 저장해둔 "대시보드 테스트"를 선택하고 상단에 있는 [Export 1 object]를 클릭해보자. 그러면 함께 Export할 객체를 선택할 수 있게 기능이 제공된다. 그런데 이 메뉴에서는 Visualization에 대한 내역이 0건으로 나온다. 버그인 것 같다. 이 기능에서 "Include related object"를 선택하고 "Export all"을 선택한다. 그러면 다운로드 폴더에 "export.ndjson" 파일이 다운로드되는 것을 볼 수 있다. 이제 파일의 내용을 살펴보자.

Saved Objects

🔼 Export 1 object   🔽 Import   ⟳ Refresh

From here you can delete saved objects, such as saved searches. You can also edit the raw data of saved objects. Typically objects are only modified via their associated application, which is probably what you should use instead of this screen.

	Type	Title		Actions
☑	🔳	대시보드 테스트		⋯

🔍 대시보드   Type ⌄   🗑 Delete   Export ⌄

Rows per page: 20 ⌄   ⟨ 1 ⟩

그림 8-2

{"attributes":{"fieldFormatMap":"{\"hour_of_day\":{\"id\":\"num   (생략)

{"attributes":{"description":"항공사별 티켓예약건수 ","kibanaSavedObjectM   (생략)

{"attributes":{"description":"컨트롤러 기능 테스트를 위해 생성한 필터링 기능 ","kib (생략)

{"attributes":{"description":"마크다운 기능을 이용하여 시각화해본 결과입니다. ","ki (생략)

{"attributes":{"description":"항공권 예약건수 시각화 ","kibanaSavedObject   (생략)

{"attributes":{"description":"항공사별 실적정보를 볼 수 있는 시각화 기능 ","kiban (생략)

{"attributes":{"description":"Line 차트를 이용한 실적 상위 10개 공항코드 시각화 (생략)

{"attributes":{"description":"항공사별 예약건수 실적현황 조회 기능 ","kibanaSav (생략)

{"attributes":{"description":"TSVB 기능의 샘플. markdown인 상태로 저장됨",   (생략)

{"attributes":{"description":"특별한 설정은 되어 있지 않고, 기본 설정만 되어 있는 시 각화   (생략)

{"attributes":{"description":"항공사별 기간별 항공권 최대 금액 시각화","kibanaSa (생략)

{"attributes":{"description":"여행지에 대한 시각화로 가장 인기 있는 여행지역을 한눈 에 볼   (생략)

```
{"attributes":{"description":"항공권 예약금액의 시각화 기능 ","kibanaSavedOb
(생략)
{"attributes":{"bounds":{"coordinates":[[[-142.72868,81.99977], (생략)
{"attributes":{"description":"항공사별 일자별 실적을 시각화한 차트 ","kibanaSav
(생략)
{"attributes":{"description":"세로 막대 기준의 시각화 결과","kibanaSavedObj    (생
략)
{"attributes":{"description":"","hits":0,"kibanaSavedObjectMeta    (생략)
{"exportedCount":17 ,"missingRefCount":0,"missingReferences":[]}
```

내용이 길어서 뒷부분을 생략했다. 가장 중요한 것은 맨 마지막에 강조 표시한 "exportedCount":17이다. "대시보드 테스트" 1개를 Export했을 뿐인데 총 17개의 객체가 Export된 것이다. 이 의미는 대시보드를 포함하여 그를 시각화하기 위해 필요한 시각화 기능과 데이터를 연동해주는 인덱스 패턴이 포함되었다는 의미로 볼 수 있다. 모든 시각화는 Attributes라는 속성을 통해 분리되었다. 이 Export된 결과를 상세히 보면 좋겠지만 한 줄씩 읽어보면 어렵지 않게 해석할 수 있을 것이다.

각각 시각화 차트, 대시보드를 표현하기 위한 모든 설정 값이 포함되었다. 이는 Export한 시각화 기능을 다시 키바나에 Import할 수 있어야 하기 때문이라고 볼 수 있다. 또한 Export 기능을 백업 기능으로 사용하는 사용자라면 당연히 모든 설정이 포함되어야 할 것이다.

그래서 이렇게 모든 설정을 포함한 JSON 형태의 파일이 다운로드된다. 이 시각화 기능을 다시 Import해서 시각화 기능이 정상적으로 복원되는지 보겠다. 단지, 정확한 테스트를 위해 다운로드된 파일을 기존 시각화와 구분이 가능한 형태로 살짝 변경한 후에 해보겠다.

일단 export.ndjson 파일을 열고 index-pattern을 제외한 시각화 기능의 ID 앞에 모두 "import_"라는 문자열을 붙여주었다. 시각화 객체마다 고유한 ID를 변경하지 않으면 기존

기능을 overwrite하기 때문에 반드시 바꿔줘야 한다. 그리고 새로 생성된 객체를 육안으로 식별하기 위해 title과 description 속성 앞에도 "import_"를 붙이겠다.

그리고 나서 Import를 실행해보자. 어느 정도의 시간이 지나고 나면 성공했다는 메시지를 보여줄 것이다.

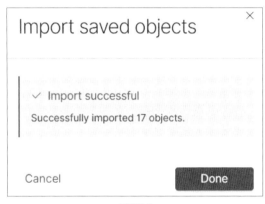

그림 8-3

목록을 보면 새로운 객체들이 자동으로 생성된 것을 알 수 있다. 대시보드를 포함하여 시각화까지 모두 생성이 완료되었고, 17개 객체가 생성된 것을 확인할 수 있다. 목록을 보면 index-pattern을 제외한 총 16개 시각화 기능을 볼 수 있다. 굳이 캡처해서 보여주지는 않겠지만 대시보드 기능으로 이동해서 대시보드 목록을 보면 "import_대시보드 테스트"가 생성된 것을 볼 수 있다. 이렇게 시각화 기능을 Export한 뒤에 Import하여 동일한 대시보드를 복제하는 것이 가능하다.

이렇게 수동으로 하는 방법도 있겠으나, 이번 사업에서는 자동화할 필요가 있었다. 필자가 참여 중인 사업에서는 키바나가 우리 시스템을 사용하는 모든 사용자에게 개인별로 사용할 수 있는 대시보드를 제공하고, 이를 자유롭게 수정하고 활용할 수 있도록 해야 하는 니즈가 있었다. 그 순간 이 기능을 꼭 사용해보자는 생각을 하게 되었고, 필자가 자바 개발자인 관계로 자바를 사용한 대시보드의 활용법에 대해 알아보게 되었다. 이렇게 터득한 그 방법을 설명해보려고 한다.

일단 중요한 것은 소스코드다. 아래 소스를 참고해보자.

```
public static void main(String[] agrs){

        //엘라스틱서치와 연결하기 위한 코드
        HttpComponentsClientHttpRequestFactory factory =
new HttpComponentsClientHttpRequestFactory();
        factory.setConnectTimeout(5000);
        factory.setReadTimeout(5000);

        final RestTemplate restTemplate = new RestTemplate(factory);
        final List<ClientHttpRequestInterceptor> interceptors =
new ArrayList<ClientHttpRequestInterceptor>();
        interceptors.add(new BasicAuthorizationInterceptor("elastic", "elastic"));
        restTemplate.setInterceptors(interceptors);

        JsonParser j = new JsonParser();

        HttpHeaders headers = new HttpHeaders();
        headers.setContentType(new MediaType("application", "json",
Charset.forName("UTF-8")));
        headers.set("kbn-xsrf", "true");

//Export하기 위한 대시보드의 검색
        ResponseEntity<String> jsonResult =
restTemplate.getForEntity("http://localhost:5601/api/saved_objects/_find?type=
dashboard&search_fields=title&search=대시보드", String.class, new Object());
        String resultJson = jsonResult.getBody();
        JsonParser jp = new JsonParser();
        JsonElement je = jp.parse(resultJson);

        System.out.println("Json Element : "+ je.toString());
        System.out.println("Total count : " + je.getAsJsonObject().get("total")
```

```
+ je.getAsJsonObject().get("total").getAsString().equals("0"));
    }
```

개발자가 아닌 분들에게는 죄송한 말씀을 미리 전하고 싶다. 위 코드는 자바 언어로 작성된 소스코드인데, 개발자들을 위해 준비한 코드이니 이해해주기 바란다. 주석에 적어놓은 것처럼 위 소스는 localhost에 있는 엘라스틱서치에 접속하고, title에 "대시보드"라는 이름을 포함한 Object를 검색해준다. 검색된 결과는 위처럼 System.out.println로 출력했다. 화면에 출력된 결과를 보면 다음과 같다.

실행 결과

```
{"page":1,"per_page":20,"total":1,"saved_objects":[{"type":"dashboard","id":"
be1783b0-0c93-11eb-b94b-53685b418198","attributes":{"title":"대시보드 테스트
","hits":0
,"description":"","panelsJSON":"[{\"version\":\"7.7.0\",\"gridData\":{\"x\":0,\"
y\":0,\"w\":7,\"h\":31,\"i\":\"ec65b98a-74d1-4a9e-850b-7937e15263ec\"}
,\"panelIndex\":\"ec65b98a-74d1-4a9e-850b-7937e15263ec\"
---- (생략) ----
{"name":"panel_10","type":"visualization","id":"3d0e9e30-0b66-11eb-85e7-456a2adb
11d4"},{"name":"panel_11","type":"visualization","id":"f1f60b70-0b5d-11eb-85e7-
456a2adb11d4"},{"name":"panel_12","type":"map","id":"ab944120-0a30-11eb-bb95-5fe
56dd87b3a"},{"name":"panel_13","type":"visualization","id":"b9bc76d0-03a7-11eb-
84a6-e5c5243420b2"},{"name":"panel_14","type":"visualization","id":"0b986490-
0b83-11eb-85e7-456a2adb11d4"}],"migrationVersion":{"dashboard":"7.3.0"}
,"updated_at":"2020-11-01T02:50:58.831Z","version":"WzMwNDAsNDVd"}]}
```

약간 익숙하게 보일지 모르는 소스코드가 나왔다. 바로 필자가 검색한 "title" Field에 "대시보드"라는 문구가 포함된 객체를 검색한 결과다. 물론 "대시보드"라는 이름을 포함한 다른 대시보드가 있었다면 2개 대시보드에 대한 내용이 모두 조회되었을 것이다.

내용을 약간 살펴보겠다. 위의 결과를 보기 좋게 다음과 같이 정렬할 수 있을 것이다.

{"page":1,"per_page":20,"total":1,"saved_objects":[
{"type":"dashboard","id":"be1783b0-0c93-11eb-b94b-53685b418198","attributes":{"t
itle":"?
,\"embeddableConfig\":{\"vis\":{\"defaultColors\":{\"0 - 50\":\"rgb(255,255,
204)\",\"50
,\"embeddableConfig\":{},\"panelRefName\":\"panel_1\"},{\"version\":\"7.7.0\",\"g
ridData
,\"embeddableConfig\":{},\"panelRefName\":\"panel_2\"},{\"version\":\"7.7.0\",\"g
ridData
,\"embeddableConfig\":{\"vis\":{\"legendOpen\":false}},\"panelRefName\":\"pan
el_3\"},{\"
,\"embeddableConfig\":{\"vis\":{\"legendOpen\":false}},\"panelRefName\":\"pan
el_4\"},{\"
,\"embeddableConfig\":{\"vis\":{\"legendOpen\":false}},\"panelRefName\":\"pan
el_5\"},{\"
,\"embeddableConfig\":{},\"panelRefName\":\"panel_6\"},{\"version\":\"7.7.0\",\"g
ridData
,\"embeddableConfig\":{},\"panelRefName\":\"panel_7\"},{\"version\":\"7.7.0\",\"g
ridData
,\"embeddableConfig\":{},\"panelRefName\":\"panel_8\"},{\"version\":\"7.7.0\",\"g
ridData
,\"embeddableConfig\":{},\"panelRefName\":\"panel_9\"},{\"version\":\"7.7.0\",\"g
ridData
,\"embeddableConfig\":{},\"panelRefName\":\"panel_10\"},{\"version\":\"7.7.0\",\"
gridDat
,\"embeddableConfig\":{},\"panelRefName\":\"panel_11\"},{\"version\":\"7.7.0\",\"
gridDat
,\"embeddableConfig\":{\"isLayerTOCOpen\":true,\"openTOCDetails\":[],\"mapCenter\
":{\"lat\":47.56003,\"lon\":8.91329,\"zoom\":2.54},\"hiddenLayers\":[]},\"panelR
efName\":\"panel_12\"},,\"embeddableConfig\":{\"vis\":null},\"panelRefName\":\"pa
nel_13\"},{\"version\":\"7.7.0
,\"embeddableConfig\":{},\"panelRefName\":\"panel_14\"}]","optionsJSON":"{\"useMa
rgins\"

,"references":[
{"name":"panel_0","type":"visualization","id":"3eda6420-037c-11eb-84a6-e5c5243420b2"}
,{"name":"panel_1","type":"visualization","id":"3337f280-0300-11eb-84a6-e5c5243420b2"}
,{"name":"panel_2","type":"visualization","id":"50e51990-0a38-11eb-bb95-5fe56dd87b3a"}
,{"name":"panel_3","type":"visualization","id":"72339080-0b60-11eb-85e7-456a2adb11d4"}
,{"name":"panel_4","type":"visualization","id":"b473be60-03aa-11eb-84a6-e5c5243420b2"}
,{"name":"panel_5","type":"visualization","id":"4be0c7a0-03ad-11eb-84a6-e5c5243420b2"}
,{"name":"panel_6","type":"visualization","id":"9f316fc0-03a0-11eb-84a6-e5c5243420b2"}
,{"name":"panel_7","type":"visualization","id":"2c108320-0bc3-11eb-85e7-456a2adb11d4"}
,{"name":"panel_8","type":"visualization","id":"d877f6d0-0b72-11eb-85e7-456a2adb11d4"}
,{"name":"panel_9","type":"visualization","id":"3331f700-0b6f-11eb-85e7-456a2adb11d4"}
,{"name":"panel_10","type":"visualization","id":"3d0e9e30-0b66-11eb-85e7-456a2adb11d4"}
,{"name":"panel_11","type":"visualization","id":"f1f60b70-0b5d-11eb-85e7-456a2adb11d4"}
,{"name":"panel_12","type":"map","id":"ab944120-0a30-11eb-bb95-5fe56dd87b3a"}
,{"name":"panel_13","type":"visualization","id":"b9bc76d0-03a7-11eb-84a6-e5c5243420b2"}
,{"name":"panel_14","type":"visualization","id":"0b986490-0b83-11eb-85e7-456a2adb11d4"}]

,"migrationVersion":{"dashboard":"7.3.0"},"updated_at":"2020-11-01T02:50:58.831Z","version":"WzMwNDAsNDVd"}]]

대시보드의 대략적인 내용을 볼 수 있다. 이렇게 자바 코드를 이용하여 내가 검색하고자 하는 대시보드를 검색할 수 있으며, JSON 형태의 리턴 값을 받을 수 있다. 중요한 것은 내가 찾고자 하는 대시보드가 잘 검색되었음을 알 수 있다는 점이다. 그리고 대시보드에 포함된 시각화의 내역도 보여준다. 대시보드를 제외하고 14개의 시각화 기능이 Panel로 구성되었음을 알 수 있다.

흐름상 대시보드의 존재 여부를 확인했으므로, 대시보드를 Export해서 Import하는 내용을 설명해야 하지만, 준비한 소스의 순서상 Import를 먼저 설명하겠다. 이유는 기능으로 개발한다고 봤을 때, Export는 최초 1회 생성한 뒤에 반복적인 Import가 가능하도록 구성하여 제공하는 것이 자연스럽기 때문이다.

우선 아래 소스코드를 보자. Import를 위한 소스코드다.

```
HttpEntity query = new HttpEntity(getElkString("import_java_"), headers);
String exportResult = restTemplate.
postForObject("http://localhost:5601/api/kibana/dashboards/import?exclude=index-
pattern&force=true", query, String.class);
```

생각보다 간단하다. query 변수에는 Import 대상이 되는 대시보드와 대시보드에 포함된 객체의 정보를 Json 문자 형태로 설정해준다. 그리고 적당한 이름으로 객체별 ID를 치환한 뒤에 Import 기능을 통해 업로드하면 완료된다. 이렇게 간단한 방법을 통해 대시보드를 Import할 수 있다.

여기서 restTemplate.postForObject() 함수는 Restful 기반으로 POST 방식 호출을 할 수 있도록 지원하는 함수다. 이외에 GET과 PUT을 할 수 있는 메소드도 제공하니 참고하기 바란다.

다음은 대시보드를 Export하는 기능이다. 이 경우에도 코드가 그리 어렵지 않다. 다음 소스코드를 보자. 대시보드를 찾는 코드와 Import하는 코드에 큰 차이가 없음을 볼 수 있다.

```
ResponseEntity<String> jsonResult =
restTemplate.getForEntity("http://localhost:5601/api/kibana/dashboards/export?
dashboard=be1783b0-0c93-11eb-b94b-53685b418198", String.class, new Object());
```

위와 같이 export api를 이용하여 대시보드의 id를 기재하면 된다. export한 결과는 다음과 같다. 내용이 무척 길기 때문에 중요한 부분만 발췌하여 나열하겠다. 이 기능을 제대로 따라하고 있다면, 직접 화면에 출력된 결과를 참고해보기 바란다.

참고로 알아야 할 점은 Export한 실제 결과에는 대시보드와 대시보드를 구성하고 있는 모든 시각화 차트의 정보가 포함된다는 것이다. 아래에는 그중 "원형 시각화 기능 테스트"와 관련된 부분을 발췌했다.

```
{
    "id": "72339080-0b60-11eb-85e7-456a2adb11d4",
    "type": "visualization",
    "updated_at": "2020-10-11T01:24:02.567Z",
    "version": "WzcwMCwyOV0=",
    "attributes": {
      "title": "원형 시각화 기능 테스트 ",
      "visState": """{"type":"pie","aggs":[{"id":"1","enabled":true,"type":"count","schema":"metric","params":{}},{"id":"2","enabled":true,"type":"terms","schema":"segment","params":{"field":"Carrier","orderBy":"1","order":"desc","size":5,"otherBucket":false,"otherBucketLabel":"Other","missingBucket":false,"missingBucketLabel":"Missing"}}],"params":{"type":"pie","addTooltip":true,"addLegend":true,"legendPosition":"right","isDonut":true,"labels":{"show":true,"values":true,"last_level":true,"truncate":100}},"title":"원형 시각화 기능 테스트 "}""",
      "uiStateJSON": "{}",
      "description": "항공권 예약건수 시각화 ",
      "version": 1,
      "kibanaSavedObjectMeta": {
```

```
        "searchSourceJSON": """{"query":{"query":"","language":"kuery"},"filter
":[],"indexRefName":"kibanaSavedObjectMeta.searchSourceJSON.index"}"""
      }
    },
    "references": [
      {
        "name": "kibanaSavedObjectMeta.searchSourceJSON.index",
        "type": "index-pattern",
        "id": "d3d7af60-4c81-11e8-b3d7-01146121b73d"
      }
    ],
    "migrationVersion": {
      "visualization": "7.7.0"
    }
  },
```

export한 결과에는 시각화 차트에 대한 ID, Type, 생성 일자나 버전과 같은 시스템 정보가 기본적으로 포함된다. 그다음에는 시각화를 생성하면서 사용한 설정을 볼 수 있다. 이 정보만으로도 이 시각화 기능이 어떤 데이터를 보여주는지 확인할 수 있다. 설정 정보에서 강조한 "terms"와 "Carrier"를 참고해본다면, 이 원형 시각화 기능은 그동안 생성한 시각화 중 Carrier를 원형 차트로 시각화한 결과라고 볼 수 있다.

그리고 references에는 이 시각화를 표현하기 위해 사용한 index-pattern이 무엇인지 설정할 수 있는 정보를 제공한다. 이 기능이 있다는 의미는, 얼마든지 나중에 시각화 차트의 기준 index-pattern을 변경하여 재배포하는 것이 가능하다는 말이 된다. 엘라스틱서치에서 자동으로 생성되는 대시보드들이 이런 식으로 자동 배포되는 것이 아닐까 생각된다.

우리는 이렇게 Export API를 통해 내려받은 대시보드의 정보를 이용하여 사용자별로 개별 대시보드를 사용할 수 있도록 구성할 수 있다. Export받은 데이터를 잘 보면 ID라고 기재된 것이 있다. 이 값은 객체별로 ID를 기재해둔 것인데, Import할 때 객체를 생성하는 ID가 된다.

이 ID의 앞에 "elk_test"라는 문자를 추가하여 Import해볼 것이다. 만약 수많은 사용자에게 개별 대시보드를 생성해줘야 하는 과제가 있을 경우 "elk_test" 대신에 "회원 ID"를 입력하여 생성해준다면, 개별 대시보드를 자유롭게 사용할 수 있도록 제공하는 것이 가능할 것이라 생각한다.

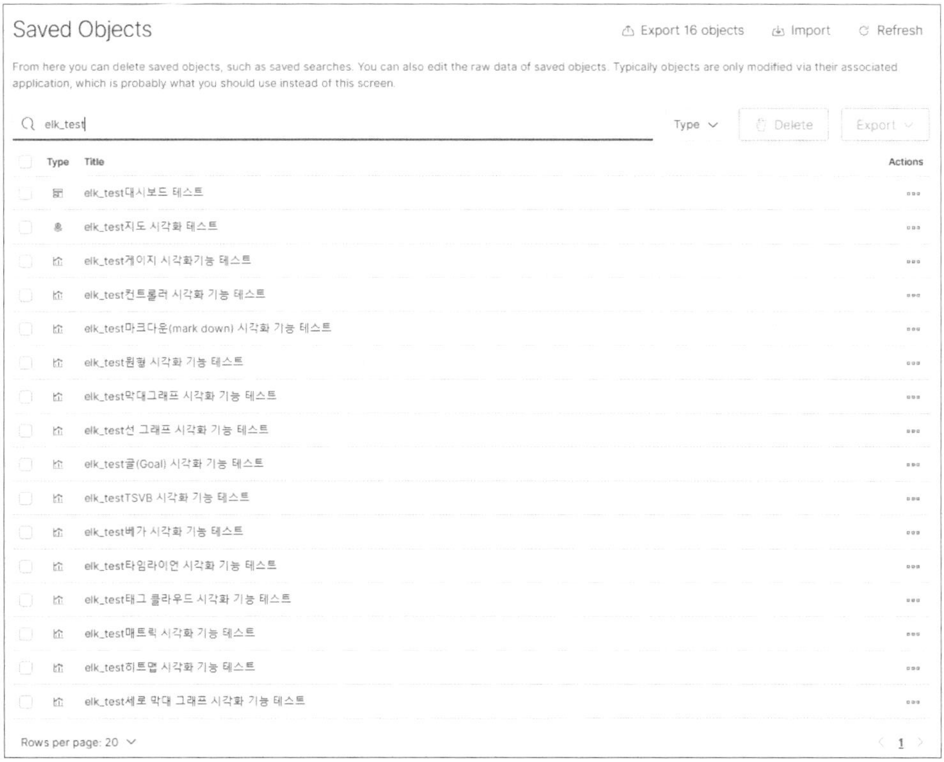

그림 8-4

이렇게 ID와 Title 앞에 "elk_test"를 추가하여 Export하면 시각화 기능이 등록된 것을 확인할 수 있다. 제대로 구동되는지는 대시보드를 실행해보면 알 수 있다.

[그림 8-5]를 보면 일부만 발췌했는데 모든 시각화 차트 이름 앞에 "elk_test"가 기재된 상태로 생성되었음을 볼 수 있다. 이 기능을 잘만 활용한다면 갖은 노력을 다해서 만

든 시각화 기능을 좀 더 널리 이롭게 사용할 수 있을 것이다. 대시보드의 존재 여부와 Export, Import까지 이에 대한 실습 코드를 기재해뒀으니 개발자분들은 용도에 맞게 적절하게 활용하기를 바란다.

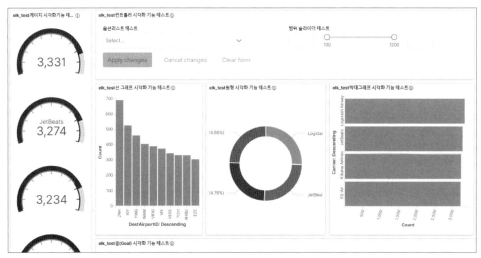

그림 8-5

마무리하며

이 책을 집필하는 동안에 많은 일이 있었다. 먼저 이 책을 쓸 당시 엘라스틱서치 7.6.0 버전으로 시작했는데, 얼마 전에 7.10.0버전이 출시되었다. 그래서 책의 실습 내용이 다소 구 버전으로 이루어졌다는 점이 아쉽다. 한두 달에 한 번씩 업데이트되는 속도가 유지된다면, 나중에 최신 버전으로 개정판을 내고 싶을 정도다. 재차 업데이트되었어도, 주요 기능은 대부분 그대로이고 UI 변경이나 메뉴 구성 등 부차적 내용상의 차이가 있을 뿐이다. 따라서 이 책을 참고하여 엘라스틱서치를 활용하는 데 큰 문제가 없을 것이라 생각한다.

일이 많아 눈코 뜰 새 없이 바빴다. 책을 쓰기 시작한 2020년 6월부터 2021년 1월까지 고객사의 빅데이터 분석 사업을 수행 중이었는데, 책을 쓰기 시작한 때가 2020년 5월이고 지금은 12월이다. 사업이 거의 마무리 단계에 접어든 매우 분주한 시기여서, 사실 평일이고 주말이고 휴식 시간이 거의 없었다.

또 8월부터는 창업 공모전을 준비하느라 2개월이나 시간을 쏟아부었다. 그런 와중에도 관세청 대회에서 최우수상을 받는 쾌거를 이룩했다. 이후에 관세청 대표로 전국대회에 출전했지만, 거기서는 성과를 내지 못하고 그만 탈락했다.

최근 빅데이터 관련 사업이 무척 활발한데, 운 좋게도 지속적으로 빅데이터 사업에 투입되어 다양한 신기술을 접할 기회를 얻고 있다. 앞으로도 집필을 통해 신기술을 소개할 수 있는 기회가 있기를 기대한다.

이 책을 집필하는 동안에 일어난 많은 일 중 가장 최근의 일이다. 빅데이터 사업을 수행한 지 4년째 되는데, 드디어 대학원에 진학하게 되었다. 집필 중 성균관대학교 지능정보융합원의 데이터사이언스융합학과 합격 통지를 받고, 다음해부터는 직장 생활과 대학원 생활을 병행해야 한다. 졸업하고 나면 데이터사이언티스트로서 현재 재직 중인 회사의 업무에 전념하여 관세 전문 데이터사이언티스트가 되도록 노력할 계획이다.

이 책을 집필하는 내내 다양한 일을 겪으며 즐거운 분주함을 만끽하고 있다. 이 기운이 여러분에게도 전해져 앞으로 좋은 일이 가득하길 바란다.

모든 일에는 시작이 중요하다. 뭐든 생각하고 있는 것이 있다면 주저 없이 시작하자. 인생에서 지금보다 더 빨리 시작할 수 있는 기회는 다시 오지 않는다. 경험이 쌓이면, 그게 무엇이든 내 것이 될 수 있다.

마지막으로 그동안 여행도 제대로 가지 못하고 집필에 집중할 수 있도록 전적으로 지원해준 나의 아내 보경에게 다시 한 번 미안함과 감사의 마음을 전하고 싶다.

"여보, 이제 캠핑하러 가자!"

찾아보기

키바나와 함께하는 빅데이터 시스템 구축 및 데이터 시각화
나만의 데이터 분석 플랫폼 엘라스틱서치

초판 1쇄 발행 | 2021년 3월 26일

지은이 | 주정남
펴낸이 | 김범준
기획/책임편집 | 이동원
교정교열 | 김묘선
편집디자인 | 정해욱
표지디자인 | 이승미

발행처 | 비제이퍼블릭
출판신고 | 2009년 05월 01일 제300-2009-38호
주소 | 서울시 중구 청계천로 100 시그니쳐타워 서관 10층 1011호
주문/문의 | 02-739-0739   **팩스** | 02-6442-0739
홈페이지 | http://bjpublic.co.kr   **이메일** | bjpublic@bjpublic.co.kr

가격 | 30,000원
ISBN | 979-11-6592-050-0
한국어판 © 2021 비제이퍼블릭

예제 파일 다운로드 | https://github.com/bjpublic/elasticsearch